진여현전 명상시 치유힐링

능혜(能慧) 김용환(金容煥)

책을 펴내며 독자에게 드리는 말씀

　　1987년 2월 중순부터 2020년 8월 말까지 충북대학교 윤리교육과에 재직하면서 상당수 일선 중등 윤리 교사 배출을 위해 헌신한 바 있습니다. 그 이후 현대시학사에서 2021년 봄, '현대시학 시인선 71', 『사랑하며 웃으며』, 2022년 여름, '현대시학 시인선 94', 『행복하며 깨치며』 시집을 펴냈습니다. 2023년에는 이 시들을 동영상으로 제작하여 유튜브에 '명상시 치유힐링' 제목으로 올렸습니다.

　　이에 대한 해설을 겸해 코로나 위기 후유증을 극복하기 위한 심신치유와 영성힐링의 구체적인 방안으로 명상시화 순서 따라 차례대로 해설을 시도하였습니다. 이 시대는 명상 관심이 매우 많아지고 있습니다. 일상생활에서 명상을 실천하는 사람도 늘어났습니다. 종교인 가운데도 명상을 실제로 경험하고 싶은 사람은 많아졌지만 세간 이목 때문에 선뜻 명상을 배우려고 하지 못하는 실정에 있습니다.

　　진여가 눈앞에 나타나게 하는 '진여현전 명상시 치유힐링'은 지혜 성장, 심신 치유 그리고 창조적 발상을 위해 유용합니다. '진여현전'이 이루어지기 위한 명상시화(瞑想詩畫) 정경들은 명상으로 활용하고, 성문사과를 위한 주제이고 시들은 명상에 필요한 '알아차림'으로 인도할 것입니다. 뒷부분 쪽으로는 전문적 내용의 명상 방법도 실었습니다. 이에 '진여현전 명상시 치유힐링' 내용을 소개합니다.

　　첫째, 명상에 대한 '알아차림'의 내용입니다. 음악 소리와 명상 시화를 이해하고 중도에서 포기하지 않고 다양한 내용을 접함으로써 결단코 포기하지 않고 명상을 점차 즐길 수 있게 됩니다. 둘째, 들숨과 날숨을 관찰하면서 호흡에 집중함으로 '명상음악'과 혼연일체가 됨으로써 일상의 잡다한 사유에서 벗어나 탈중심화에 따른 구속에서 벗어남을 맛볼 수 있습니다. 셋째, 깨달음에 대한 알아차림을 가능하게 하며, '마음은 심의식(心意識)'으로 삼위일체를 이루기에 의지와 의식으로 보고 느낀 것에서 마음으로

3

전환함으로 영성에서 평화와 기쁨을 발견하게 됩니다.

넷째, 심신치유와 영성힐링을 겸하기에 성장과 치유 그리고 영성통찰을 하게 되고, 경험 넘어 초월 세계와 초월심리 차원으로 새로운 '자기 통찰'을 체화하도록 매개할 수 있습니다. 다섯째, 진실한 '자기에로의 여행'을 떠날 수 있습니다. 의지적 자아와 달리 마음의 자기는 심원하고 깊이가 있습니다. '자기에로의 여행'은 심리적 차원에서 실존적 깊이에 이르기까지 심원합니다. 여섯째, 자기 자신의 마음을 창조적으로 설계할 수 있는 '마음 디자인'이 가능하며, 속박에서 벗어날수록 창조적 지성이 살아 숨쉬게 되고, 이를 통해 행복한 삶을 디자인하게 될 것입니다.

일곱째, 다양한 형태의 '명상시화'에서 한국과 일본의 정경, 유럽 정경, 북미 정경을 접하고 다양한 자연경관을 대하면서 리듬을 활용한 활인 심신치유와 시적 알아차림으로 영성힐링이 이루어집니다. 여덟째, 레오나르도 다빈치의 '최후의 만찬' 피카소의 '우는 여인' 샤갈의 '샤갈 마을' 등 다양한 명화와 함께 시적 알아차림을 통해 시화 속에 숨은 코드를 발견할 수 있습니다.

아홉째, 진여가 현전하는 명상시 치유힐링 체험을 심화시킬 수 있도록 명상 수련자에게 명상 중에 경험한 생각이나 '깨달음'을 일정한 시어 형식으로 담아 스스로 명상일지와 명상시를 써볼 수 있습니다. 열째, '나'라는 생각에서 벗어나며 경계에 물들지 않는 '알아차림'으로 머문 바가 없이 머물 수 있는 '심신치유'와 생멸 세계 넘어 적멸위락을 발견함으로 '진여현전 영성힐링'에 충만할 수 있습니다.

미국의 유명인, 스티브 잡스는 명상을 '간명직절(簡明直截, Simple clear and Proper)'로 풀이했습니다. 명상을 깊이 하면 할수록, 투명하고 간단해져 일상의 잡념과 혼침(昏沈)에서 벗어나 직관적 통찰이 깊어져 갈 수 있습니다. 올해는 일상이 호수처럼 투명하고 선명해져 명상시를 통한 '알아차림'에 성큼 다가서고 근원적 생명력을 일깨우는 활명(活命)으로 영성회통, 감성상통, 의사소통에 따른 마음에서 우러나는 삼소(三笑)를 활짝 터뜨리기를 기대합니다.

2024년 3월 3일

김용환 두 손 모음

차례

사다함과

아나함과

아라한과

의단(疑團)으로 삼아 명상한
'진여현전 명상시 치유힐링'과 '유튜브 명상시 치유힐링' 활용

본서의 '진여현전 명상시 치유힐링'은 '유튜브 명상시 치유힐링'과 상관 연동을 이룬다. 씨앗과 현상이 둘 다 상호의존 관계를 이루듯, 상호 호혜성을 나타낸다.

진여현전 명상시 치유힐링은 인드라망이 되어 귀한 깨달음의 열매를 맺는 그물망으로 작용한다. 유튜브 명상시 치유힐링이 백팔가지로 구성된 것은 마치 물 위의 파도처럼 주체의 여섯 의식이 객체의 여섯 경계를 과거, 현재, 미래의 서로 다른 시간에서 만나 형성되는 번뇌 파도를 영성충만으로 일깨우고 화랑에서 그림 보듯이 알아차리기 위함에서이다.

먼저 유튜브에 들어가 '명상시 치유힐링'을 검색하여 백팔 가지 가운데 한 가지를 선택하고, '구독'을 누른다. 그리고 '나의 카카오톡'으로 공유하면, 명상시 치유힐링을 활용할 때마다 편리하게 자연풍광, 멜로디, 명상시 전개를 볼 수 있다. 순차적으로 풀이하고 해설하기에, 한글 버전을 먼저 사용하고 영어버전은 따로 활용할 수 있도록 접합되어 상관 연동으로 이루어져 있다. 만약 한 달 동안 집중적으로 진여현전 명상시 치유힐링을 활용하려면, 하루 하나씩 아침, 점심, 저녁에 집중으로 사용하여 명상에 활용할 수 있다.

먼저 유튜브 내용을 검색하여 감상하고, 제목을 의단(疑團)으로 삼아 명상한 다음, 본서 풀이를 참고하면, 백팔 일 동안 명상세계로 보다 깊이 잠수할 수 있다. 생사 세계가 손바닥이라고 한다면, 손등은 진여현전이 이루어져 상락아정 열반 사덕을 드러낸다.

　'탐진치(貪瞋痴)' 무의식을 포함한 의식을 제대로 경영하면, 마침내 생사에서 자유롭고 진실로 행복한 열반 사덕이 진여현전으로 체화된다. 일상을 명상으로 이어가며 명상시를 통해 심신치유와 영성힐링에 이바지함으로써 형기의 한계를 극복할 수 있다. 심성을 극진히 함양함으로 덕성이 천치와 합치될 때까지 지속한다. 특히 유튜브의 명상시 치유힐링을 활용하여, 자연풍광, 음악 멜로디와 상관하면서 명상시를 연동시키고 진여현전 명상시 치유힐링을 체화함으로 말미암아 원만구족(圓滿具足) 공덕구현(功德具現)의 결실을 보게 되기를 두 손 모아 발원해 본다.

수다원과

명상시 치유힐링 1 # 공공행복

활인수양을 반영한 장엄정토는 『금강경』의 장엄정토(莊嚴淨土)를 통해 청정심을 구현하기 위해 반야바라밀을 실천하는 '무주(無住)'의 기화 지평을 표방한다. 『금강경』에서 말하는 무주는 장엄정토 구현의 요체이자 집착에서 벗어나는 무착(無着)의 정신이다. 장엄정토는 반야 바라밀 실천의 '메타실천(meta-praxis: 행위변화)'이다. 이는 경험에 근거하기보다 진여 회복 영성 충만에 의한 진여현전이다.

반면에 『도마복음』에서는 죽음을 맛보지 않아도 되는 이화 지평을 제시한다. 복음을 깊이 이해함은 끝과 시작을 함께 바라봄이다. 또한 '참나'의 영성을 자각하여 죄의식에서 벗어남으로 한얼의 참된 생명을 각성함이다. 천국의 복음은 끊임없는 영성의 탐구이자 실존의 빛을 발견하는 가운데, 주체가 개벽 되는 회개(悔改: metanoia)이자 영성 충만이다.

명상 필요성은 활인수양에 의한 심신치유와 영성힐링이다. 살다가 보면, 상실감이 깊어 가기에 영성 회복의 믿음을 제시하면서 명상이 시작되었다고 할 것이다. 명상은 잃어버린 나를 찾아 떠나는 영성 순례이다. 내 안에서 나를 살게 하는 근원적 생명력을 확인하고 궁극적 생명과 하나 된 나를 발견함은 우주와 하나 되는 초월 체험이다. 명상은 자신에 대한 깊은 성찰과 자각으로 시공으로 더 심화하고 확대된 나로 변화하는 초월 체험이다. 그것은 생각의 축적이 아니라 고도의 정신훈련으로 인격 고양과 상관하는 수행(修行)이다.

본래의 나를 찾는 수행으로써 명상은 일상 의식과 다르다. 일상 의식은 의식작용의 노력으로 대상의 세계가 획득되고, 그 작용이 정지하면 세계와 상관성은 사라진다. 반면에 명상 의식은 나와 세계와의 연관이 의식 표층에서 형성되는 것이 아니라 심층 수준으로 확보되기에 명상은 심층 세계를 체험하게 되는 것이다. 이에 같은 한마음에서 심(心)·의(意)·식(識)이 발생한다.

식을 기준으로 안식·이식·비식·설식·신식의 오식은 오경, 색·성·향·미·촉과 안·이·비·설·신의 오근과 화합하여 발생한다. 정신은 이를 받고, 법을 대상으로 의식을 형성한다. 여기서 오식을 통괄하는 정신과 의식을 구성하는 의식은 연결되어 있다. 의식의 입장에서 바라보면, 정신과 의식을 굳이 구분할 필요가 없다.

그런데 허공요소는 물질을 한정하기에 파생된 물질이고, 의식 요소는 정신으로서 마음과 마음의 부수를 모두 포함한다. 결국 의식은 정신과 마음을 모두 포함하는 같은 영역이라고 말할 수 있다. 생멸심의 현상세계와 차원이 다른 실상 진여는 무위법에 의한 심층적인 접근이 가능해진다.

자타 함께 더불어 행복한 활인수양의 '공공행복'은 이웃을 위해 복을 짓는 행위를 일상으로 이어감으로 다원 인연을 공덕 회향으로 돌려 법화 만개, 천국 만개를 이룬다고 할 것이다. 이 과정에서 심의식의 통찰적 일원화가 이루어지지 않는다면, 다중 지능을 활용, 감성상통으로 심식을 치유해야 한다.

가을 국화에 서리 구슬이 반짝이고 매달린 홍시가지에 참새 졸면서 무심하지만, 황금벌판 벼의 물결이 일렁이며 파도를 일으키는 데 감성상통에서 바라보면 빙그레 웃는 모습을 확인할 수 있다. 가을이 추수의 계절이지만 낙엽이 구르는 처량함으로 비친다면, 감미로운 미소 사월은 포플러 가지가 온몸을 늘어뜨리며 초록나무 가지를 통해 운율을 읊어주고, 동편 하늘 해님은 풋풋한 새벽 향기를 전하며 왕관 쓴 듯 힘차게 솟구치는 기상에서 다층 회통 영성 힐링이 이루어져 행복감을 향유한다. 이에 '공공행복', '가을달빛', '감미사월' 시를 차례대로 살펴본다.

공공행복

자타함께 행복한 공공행복
만족함에 머물지 않으며
이웃 위한 작복이루네

회향하면서 불수탐착
이웃행복 배려하는 활인
보리정견 입각한 보살실천
공덕회향으로 법화만개 이뤄

감미사월

누군가 잔인한 사월이라지만
나에겐 감미로운 미소사월
포플러 온몸 늘어뜨리네

울창한 숲속깊이 새날자
초록나무 함께 운율 읊고
해님 새벽향기 몰래 전하며
왕관 쓴 듯 힘차게 솟구치네

가을달빛

가을달빛 서늘하게 밝아오는데
연못 위 단풍잎사귀 떨어지고
앙상한 나무 밀어 속삭이며

물안개 피어오르며 춤추고
국화에 서리구슬 반짝이구나
매달린 홍시가지 참새 졸기에
황금벌판 볏 물결 일렁이며 웃다

명상시 치유힐링 2 **국화향기**

　명상은 인도의 요가학파로부터 시작되었다. 이후 붓다가 깨달음의 방법으로 활용하면서 불교의 보편적인 수행이 되었다. 요가학파는 그 후에 대승불교의 유식학파(唯識學派)로 발전되었는데, 진리체험에 대한 명상수행을 강조하였다. '요가(yoga)'의 동사 원형, '유즈(yuj)'는 '묶다' 또는 '말에 멍에를 씌운다'는 뜻으로, 둘 이상의 것을 묶어 하나로 연결한다는 의미로 조화와 균형 또는 통합과 결합을 뜻한다. 나중에 추상적 의미가 더해져 요가의 궁극 목표, 범아일여(梵我一如)를 추구하게 되었다. 우파니샤드에 의하면, 요가 수행은 정신적 노력을 통하여 현재의 자기 자신을 자신의 참모습인 진정한 자아와 연결하게 되고, 궁극적으로 브라만인 신(神)과 하나로 연결된다. 궁극적으로 요가라는 말은 '사유(思惟)' 혹은 명상이다. '명상을 통하여 오감(五感)을 제어하고 산란한 마음을 정지시킴으로 모든 감각기관을 움직이지 않고 집중하여 마음을 통일시켜 적정상태에 머무는 것'이다. 또한 붓다선정은 제법의 본질, 연기(緣起)를 깨닫기 위한 것이었다. 이는 곧 제법실상이 공(空)임을 간파하는 것이다.

　파탄잘리의 요가수트라에서는 8단계 수행법을 제시한다. ①야마(yamas, 사회계율) ②니야마(niyama, 내면계율), ③아사나(asana, 좌법) ④프라나야마(pranayama, 호흡법) ⑤프라챠하라(pratyahāra, 감각통제) ⑥다라나(dhārana, 집중) ⑦디아나(dhyāna, 선(禪)) ⑧사마디(samādhi, 삼매)이다. 최종 단계. '사마디'는 의식이 대상과 완전히 하나가 되는, 요가의 최고경지를 말한다. 이른바 심의식이 삼위일체를 이룬다.

요가는 신체훈련, 호흡훈련, 정신훈련을 중시한다. 힌두교의 경전으로는 바가바드 기타(Bhagavad Gītā)가 전해지는 데, 진리에 이르는 길로서 요가를 네 가지로 구분한다. 첫째, '지혜(智慧) 요가'는 아트만에 대한 바른 지혜를 얻는 것이다. 냉철한 분별력으로 어떠한 형상이나 체험도 놓아버릴 것을 강조하며 순수본질을 추구하여 진리와 하나가 되는 것을 추구한다. 이것은 진리의 비인격적 특성을 강조하고 냉철하고 이성적인 사람들에게 적합하다고 한다.

둘째, '선(禪) 요가'로서 몸과 마음을 평정하게 다스려 진아에게 집중함으로써 브라만과 합일되게 하는 명상이다. 자아를 다스림으로써 진리에 이르고자 하는 방편이다.

셋째, '업(業) 요가'로서 행동 또는 일을 통해 진리에 이르고자 하는데 애착과 이기심을 버리고 공평무사하게 행동함으로써 자유로워질 수 있다고 본다. 이에 사회활동을 통한 진리 구도를 강조한다.

넷째, '헌신(獻身) 요가'로서 사랑과 헌신의 방법으로 진리의 인격적 측면을 중시하고 신에 대한 사랑과 헌신을 강조하며, 감성적인 사람들에게 적합하다고 한다.

이처럼 지혜가 있어야 하는 불교의 명상과 신비주의 명상은 '지혜 요가', 자기 통찰과 통제가 요구되는 요가와 단학명상은 '선 요가', 사랑과 헌신과 믿음이 요구되는 기독교와 이슬람교의 명상은 '헌신 요가', 업(業)과 명(命)의 수행이 있어야 하는 유교 명상은 '업 요가'와 상통한다. 어떤 형태의 요가든 의식을 하나로 집중하여 개체와 전체, 나와 우주가 하나 되는 영성 체험을 중시한다.

이 활인수양에서 소리를 통한 '진언요가', 특정 형상을 활용한 '신성 요가(yantra yoga)', 신체율동에 의한 '태양 요가(hatha yoga)' 등을 활용한다. '심의식'은 삼위일체가 되어 동일한 마음에서 발생한다. 그런데 이들이 갖는 기능적 차이로 인하여 서로 유기적이며, 밀접한 상호 관계를 형성한다. 마음은 느낌을 형성하는 정서 측면을 중심으로 발생하며, 정신은 사유를 형성하는 이성 측면을 중심으로 발생하고, 의식은 감각을 형성하는 인식 측면을 중심으로 발생한다.

이렇게 동일 마음에서 마음의 정서 측면과 정신의 이성 측면 그리고 의식의 인식

측면이 상호 관계를 형성한다. 이들 상호 작용으로 마음 작용으로서의 느낌·지각·행동이 이루어지기에 심의식은 동일마음에서 발생한다. 이에 삶의 다원 요소는 인연을 통해 동일 마음에서 서로 유기적으로 영향을 주고 유기적 상호 관계를 형성한다.

서늘한 가을날 명상시 '국화향기'를 통해 세상 근심을 내려놓고 국화향기에 취할 수 있다. 이는 같은 활인수양의 서로 다른 기능 측면에 의해 분리되기 때문이다. 이렇게 몰입이 이루어지면 메뚜기는 향기에 취해 호랑나비 미소에는 무심하기 마련이다. 무심이 심신 치유에 이바지하는 것은 다중 지능의 '깨어남'이 가능하기 때문이다.

국화향기에 취하는 몰입이 명상의 한 축이라고 한다면, 호랑나비 유혹의 미소에 무심할 수 있는 것은 상황통찰이자 알아차림이다. 선정과 지혜를 양 축으로 삼아 수행이 이루어지듯이, 명상에는 몰입과 알아차림이 병행되어야 온전하게 치유로 이어진다.

그런데 한마음이 닻을 내리는 곳은 고요한 침묵을 에워싸는 다원다중다층의 바이칼 호와 같은 '근원생명'이다. 호흡명상을 통해 바이칼 호 같은 근원적 생명력을 들이쉬고 내쉬면서 심신 안정을 꾀하면 심신치유가 자연스럽게 이루어진다. 들이쉬면서 '하나', 토하면서 '둘'로 알아차림을 하면, 심신치유가 보다 효율적으로 이루어진다.

우리 마음에 올바른 믿음을 얻기 위해서는 잘못된 믿음이 성립된 과정과 똑 같은 기간을 겪어야 한다. 이에 따라, 오랜 기간의 명상이 필요하게 되며, 끊임없는 명상이 없다면 그릇된 믿음을 제거할 수 없을 뿐만 아니라 진리에 대한 믿음이 삶 속에 확고하게 자리잡을 수 없게 된다.

마음에 의해 마음의 정서 측면이 일어난다. 그래서 마음 작용으로 나타나는 마음은 여러 가지 감정을 불러일으키는 정서 측면에서 명상 수행을 통해 관찰해야 할 명상 대상을 현전할 수 있다. 호흡이 일차 대상이지만, 그 밖에도 명상하는 사람은 원하는 대상으로 마음을 정하고, 그 대상을 '알아차리고', 그 대상을 알아차리는 과정을 체험함으로써 자유의 해탈과 행복의 열반으로 나아갈 수 있다.

여러 가지 감정을 불러일으키는 마음의 정서 측면을 통해 마음은 명상 주체로서 주요 기능을 담당한다. 찬바람 추위 보채는 '겨울나무' 세찬 바람 소리에 앙상한 가지는 부러지고 상처를 남긴다. 마로니에 나무 울창한 샹젤리제 거리를 산책하는 기분으로 '개선문'을 바라보며 영성 힐링하면 행복감으로 충만할 수 있다.

국화향기

서늘한 가을날 노랑 국화들
따사로운 햇볕 자태 짓고
황금빛 허공 뿌리구나

메뚜기 종일 앉아서
국화향기 마냥 취하고
근심 놓고 세상 꿈 잊기에
호랑나비미소 관심 밖이어라

근원생명

황금꽃 체계화 에너지
푸른빛 팽창 에너지
자광 수렴 에너지

근원생명 깊은 곳
청허 흑금 교체기감
고요한 침묵 에워싸는
다원다중다층 바이칼 호

겨울나무

한해 밝아진 길목에서
지난날 되돌아보며
추억 주마등 켜다

찬바람 추위 보채고
앙상한 가지 부러지며
겨울나무 세찬 바람소리
오늘도 인고세월 무정유수

개선문

마로니에 나무 울창한 상젤리제
예쁜 들꽃 수줍게 피어 반기네
스치는 들꽃 향기 살갑도다

봄비 살며시 스쳐간 개선문
낙숫물 소리 풍경처럼 퍼지네.
황혼녘햇살 온몸으로 받아서인지
에펠탑 섬광 붉게 꽃단장하였노라

명상을 통해 활인수양이 가능해진다. 또한 마음 번뇌가 사라진 번뇌 없는 마음 해탈과 통찰 지혜를 구현한다. 마음에서 번뇌가 제거된 누진통을 원한다면, 계율을 실현하고 내면으로 마음 집중에 전념하고, 통찰을 갖추고 '빈집'에 머물기를 즐거워할 필요가 있다.

명상이 '치료(therapy)'와 '치유(healing)'에 활용되면서 많은 사람들이 관심을 둔다. 명상 체험이 확대되면서 종교, 신념, 가치관, 삶의 방법 측면에서 명상은 사람들에게 많은 영향을 미치고 있다. 인간 행복은 객관 조건과 더불어 주관체험도 중요하고, 공공행복은 궁극적으로 각자의 '마음'과 타자 마음 상통에 의존한다. 명상은 인간성에 대한 신뢰와 긍정을 전제하는 점에서 활인수양 혹은 천인합일(天人合一)의 동양사고와 상관한다.

인간이 태극(太極) 또는 천리(天理), 불성(佛性)을 지니기에, 그 본래적 자아를 찾기 위한 노력으로 명상이 필요하다. 명상은 인간의 강점에 초점을 맞춘 것으로, 인간의 부정적 심리에 초점을 맞춘 기존 심리학과 구별된다. 인간에 대한 신뢰와 인간 능력에 대한 긍정은 공공행복으로 이어져 개개인의 강점을 파악하고 계발하여서 일, 사랑, 자녀 양육, 여가 활동이라는 삶의 현장에서 활용함으로써 실현된다. 이처럼 개인의 내면적 변화가 수반되어야 기대 효과를 얻을 수 있다. 명상은 자아의 변화를 통해 다른 존재와의 관계를 변화시켜 궁극적으로 자아 발전, 인격 성숙, 세계관 변화에 영향을 미친다.

마음은 이렇게 여러 가지 감정을 불러일으키는 정서중심으로 변화를 통해 명상목적을 달성하는 주요 기능을 담당한다. 마음을 살펴 앎으로의 선한 마음작용을 일으키는 명상 주체가 되고, 이를 통해 마음 청정과 해탈을 깨달아 얻어 여러 가지 정서에서 벗어나자는 것이 주요 명상 목적으로 자리 매김한다. 마음은 정서 측면에서 명상 수행 대상이지만, 명상 주체로서 알아차림과 자유 실현에 부응한다.

금강 삼매에 들기 위한 '사마타 수행'은 평온이나 고요함을 목적으로 집중을 계발하기에 '사마디 수행'은 '정(定) 수행'이라 부른다. 반면에 '위빠사나'는 내적 통찰과 지혜를 계발하기에 '반야수행(慧)'이다. 붓다가 깨달음을 얻기 위해 행했던 위빠사나 수행은 일종의 관법으로, '사띠빠타나(Satipathāna)'라는 마음 집중의 방법이다. 이것은 마음집중을 의미하는 '사띠', 집착 혹은 접촉 즉 머문다는 뜻인 '빠타나'의 복합어로, '몸의 활동과 기능, 육체적 모든 현상에 마음을 집중하여 몸의 동작을 쉽게 감지 인식하는 것이다. 붓다가 사성제(四聖諦)와 팔정도(八正道)를 깨달아 금강삼매를 이루는 방법이다.

명상 주체로서 마음 기능을 능소화는 일편단심 민들레 닮아 별 반짝이는 밤을 지새우며 주홍빛 애타는 한숨을 읊고 적막 속 달빛을 붉게 물들인다. 때에 따라 판단이 흐려져 대상을 분별하고 집착하는 어리석은 공공치암의 혼침에서 벗어날 필요가 있다. 산란이 경증이라면 '공공치암'의 어리석음은 중증으로 혼침과 해태를 초래한다.

마음을 밝히고 성품을 깨달아 쾌활하고 안락해지면, 어리석음을 떠나 공덕을 성취하고 진여 법신에 맞닿을 수 있다. 그렇다고 진여 법신은 물속 달님처럼 호수 비친 탓으로 손을 뻗어 보지만 잡히지는 아니한다. 거울 비친 얼굴을 더듬고도 못 만지듯, 형상 없는 일체가 공상이기에 '본래무일물(本來無一物)'임을 여실지견으로 통찰한다.

그래서 명상수행을 통해 의식은 '나의 것이 아니고, 내가 아니고, 나의 자아가 아니다'라고 지혜로 관찰한다. 통찰하는 지혜와 의식은 결합되어 있다. 통찰지혜와 결합하여 발생하는 의식의 인식작용을 통해 의식을 철저히 앎으로써 깨달음에 이른다. 의식은 명상을 통해 사물을 분별하고, 판단하여 알아차리는 수행으로 명상의 대상이 되기도 한다. 이를 통해 의식이 그 바탕에 근접하고, 통찰지혜와 결합하여 열반을 성취할 수 있다.

마음은 인식측면을 나타내지만 동시에 명상수행의 대상과 명상주체 그리고 명상 목적이 삼위일체를 이룬다. 이 관계를 대상에서 구하는 '구방심(求放心)'에서 벗어나 스스로 비추어 보는 여실지견(如實知見)의 '금강삼매', 사무치고 사무쳐 여름에 피우는 '능소화', 깨닫기 이전의 어두운 마음의 '공공치암', 본래 한 물건도 없는 진여실상을 비유하는 '물속달님'의 시를 차례대로 살펴본다.

능소화

그리움 사무치고 사무쳐
꽃 피는 봄철 외면하며
무더운 여름날 피워

일편단심 민들레 닮아
별 반짝이는 밤 지새우며
주홍빛 애타는 한숨 읊고서
적막 속 달빛 붉게 물들이고나

공공치암

눈 어두워 대상인식 안되며
판단력 흐려 분별 집착에
어리석은 공공치암이라

마음 밝히고 성품 깨달아
쾌활하고 안락하게 바뀌면
어리석음 떠나 진여법신 이뤄
근원적 생명력 전신감로수 되다

물속달님

호수비친 달 잡으려
손을 뻗어 보지만
달 잡히지 않고

거울 비친 얼굴
더듬고도 못 만져
제법 일체공상이라
본래무일물 여실지견

명상시 치유힐링 4 니스해변

    정신은 마음의 이성에 영향을 미친다. 명상을 통해 정신을 포함한 여섯 가지 감각기관의 일어남을 관찰한다. 또한 행위가 이루어짐에 따라 육근 대상과 범주까지 이해하고, 이를 통한 탐진치 삼독 제거로 해탈·열반의 길을 떠난다. 또한 마음은 정서 측면에 영향을 미친다. 이에 따라 마음과 마음작용을 관찰한다. 또한 존재 지속의 마음이 작용하며, 알아차림의 마음작용으로 인하여 마음 청정과 해탈을 얻게 된다. 아울러 의식은 마음의 인식 측면에 영향을 미친다.

    의식에 대한 제행무상, 제법무아 그리고 열반적정을 관찰한다. 또한 재생의 연결식을 통해 인식과 통찰로 지혜와 결합, 깨달음을 증득한다. 명상수행에서 심의식은 기능상으로 명상수행의 대상과 주체 그리고 목적이 이루어지는 가운데 삼자 분리를 통찰한다. 이를테면, 아름다운 니스 해변을 명상하면, 비취 해변과 살랑대는 바람 그리고 떨어지는 별을 바라보며 수평선 갈매기 노니는 가운데 등대 깜박임과 태양 아폴로 마세나 분수 분출을 연상한다. 심·의·식은 뜻의 동의성과 기능상의 분리성이 있으며, 동일 마음에서 상호 간에 밀접한 연관관계를 갖는다. 의식은 두 가지로 이해된다.

    의근(意根)이 법경(法境)을 대상으로 하여 형성된 의식, 오식(五識)을 통괄하는 의식이다. 의근도 두 가지로 이해되는데, 법경 대상으로 의식을 형성하는 의근과 오식과 의식사이에서 오식내용을 의식이 종합적으로 판단하는 작용으로서 의근이다. 법경 대상으로 의식을 형성하는 의근과 오식내용을 의식이 종합적으로 판단하도록 작용하는 의근이다. 명상을 통해 명상행자는 원하는 대상으로 마음을 향해 대상을 주시하고, 그 대상을 분명히 알아차리는 활인수양 과정을 경험하게 된다. 그래서 마음은 명상 주체로서 명상 대상을 향하고, 그 대상을 분별하며, 분명히 알아차리는 과정을 경험한다.

일생 심신은 변하지만, '나(我)'는 한결같이 '나'로 상정된다. 이에 '나'는 심신의 배후에 존재하는 본체요 주인공이다. 이러한 '나'에는 주재성(主宰性)이 포함된다. 마음의 주인공으로 성질이 필요하다. '나'라는 육근이나 오온에는 상일이나 주재가 없다. 무상하기에 상일하지 않고, 괴롭기에 주재성이 없다. 이는 곧 육근이나 오온이 나의 실체가 아님을 방증한다. '나'라는 생각, 육근·사대·오온(六根·四大·五蘊)은 내가 아니고(非我), 나인 것이 아니다(非我所). 상일·주재성의 실체가 없기에 무아(無我)로서 '나'는 현상계 판단을 구성한다.

그렇다고 무아가 '나(我)'를 부정하거나 '참나(眞我)'를 배격하지는 아니한다. 돌이켜 참구(參究)하면, 무아(無我)는 나의 부정이 아니며 마음바탕, 영성의 '참나(眞我)'를 찾기 위한 요건이다. 세존께서는 최후 설법, "나에 의지하고 법에 의지하라."는 말씀에서 '나의 주인은 나이며, 나를 제어하는 것은 곧 나이다.'라고 선언한 바가 있다. 또한 의식에 대해, 인식하여 알아차리고, 분별하며, 분명히 알아차린다. 의식은 명상 주체로서 명상 대상을 인식하여 알아차리고, 분별하며, 분명히 앎을 활인수양으로 형성한다.

정신은 의식종류이고, 사람의 생각과 관련된 지각 능력의 한 부분이며, 감각기관이다. 또한 정신과 의식의 모든 기능이 마음의 영향을 받는다. 그래서 심의식은 명상 수행을 통해 상호 간에 영향을 미친다. 이같이 심의식은 명상 수행 주체로서 상호 간에 밀접한 연관성을 갖고 작용한다. 이에 안팎경계 사라진 내외명철이 이루어지고, 생각을 벗어난 근본 깨달음의 구경각으로 해탈지견을 이루어 생멸자재를 성취한다. 과보세계가 영향을 미치더라도 밝은 햇살 품은 그림자로서 영향을 미칠 뿐, 난 생명에서 깬 생명으로 전환을 이루기에 구속에서 벗어나 베풂의 덕행을 이어가는 보시공덕으로 나아간다. 이를 '니스해변', '내외명철', '과보세계', '보시공덕'을 통해 살펴본다.

니스해변

아름다운 비취빛 자갈해변
살랑대는 바람 파고들며
떨어지는 별들 수놓네

달빛아래 정한 흐르며
수평선 갈매기 한가로이
홀로선 등대 깜박이게 하고
태양아폴로 마세나분수 뿜네

내외명철

안팎경계 사라진 내외명철
식심분별 망상 타파하고
안심입명 구족이로세

삼십이상 원만구족
제법실상 즉비원만에
생각 벗어난 구경각으로
해탈지견 생멸자재 성취네

과보세계

모양 잡힌 보시 실천
허공에 쏜 화살처럼
과보세계 맞이하다

사바세상 낡은 집채
새집처럼 눈에 들어와도
그리움 사무친 파도일 뿐
밝은 햇살 품은 그림자로세

보시공덕

난 생명에서 깬 생명실상
육신육체에서 법신법체
구속 얽매임 벗었네

과음 과식하지 않으며
야밤 적당한 수면 취하네
함께 사는 생활습관 연마해
베풂 덕행 이어가는 보시공덕

명상시 치유힐링 5 # 다보탑전

　　명상은 무아를 깨달아 '참 나'로서의 공덕을 이루어 청정법신 오른편에 안착하도록 구조화되어 있다. 세존은 '무아를' 설파했지만, 참나'를 구현하도록 많은 생명을 일깨웠다. 녹야원(鹿野園)에서 초전법륜을 마친 붓다께서는 '우루벨라(uruvelā)'로 향해 가시는 도중, 나무 그늘에서 잠시 선정에 드셨다. 그때 마침 그 부근에 행락을 나왔던 사람들이 귀중품을 챙겨 달아난 한 유녀(遊女)의 행방을 묻자, 세존께서 이같이 말씀하셨다. "젊은이들, 잃어버린 자기 자신을 찾는 일과 도망친 유녀를 찾는 일중에서 어떤 것을 더 시급하게 찾아야 한다고 생각하는가?"

　　역사적으로 '무아설(無我說)'은 달마가 제기한 마음바탕, '참 나'를 찾는 달마선(達磨禪)과 상관한다. 진여실상이 '제법무아(諸法無我)'인데 과연 '참나'는 존재하는 것일까? 오온 가운데 색온은 물질이요 수·상·행·식은 정신이다. 업력 등 비본질적인 것이 함께하는 영혼(靈魂)은 비아(非我)이다. 현상계의 '나'는 실체를 부정하는 비아(非我)로 상정할 경우라도, 마음 바탕으로서 영성마저 부정되는 것은 아니라고 할 것이다.

　　'진속이제(眞俗二諦)'의 중도실상을 고려할 때, 현상계와 본체계는 서로 분리되는 둘이 아니라 상호의존의 상관 연동 관계에 있다. 현상계에 국한된 개념을 확대해석하면, 무아와 마음바탕은 나뉘고 무착이 무아와 마음 바탕을 함께 겨냥했음을 망각하기 쉽다. 세존 당시 우파니샤드의 '범아일여(梵我一如)' 사상에는 우주 창조의 신(神), 브라흐만(梵)과 그가 창조한 인간 개개인의 아트만(atman, 我)이 그 성질에서 같다는 주장이 제기되었다.

그런데 당시 세존은 존재하지 않은 신이 창조한 아트만(atman, 我)을 인정하지 않았다. 또한 불교의 삼법인(三法印)에서 현상계는 변화하여 항상 힘이 없는 이 없으므로 제행무상(諸行無常)이요, 현상계는 '상의상관(相依相關)'의 연기법(緣起法)에 의해 생주이멸(生住異滅)의 마음과 성주괴공(成住壞空)의 우주를 주기적으로 반복 구현함으로 불변 실체를 상정할 수 없기에 제법무아(諸法無我)로 설하였다.

그런데 세존은 『대반열반경(大般涅槃經)』에서 현상계가 아닌 본체는 상락아정(常樂我淨)의 '불성(佛性)'으로 존재한다고 설하면서, 최후설법에서는 자등명(自燈明)·법등명(法燈明)이라고 밝혔다. 이는 곧 열반적정(涅槃寂靜)의 진아(眞我)를 깨닫도록 당부함이다.

심·의·식의 기능적 측면에서 살펴보면, 의식은 명상수행 흐름에 연속성을 갖고, 정신은 명상수행 흐름에 이해를 수반하고, 마음은 명상수행 흐름에서 변화를 수반한다. '심(心)'을 마음 자체라고 한다면, '의'는 인식작용이 이루어지는 기능이나 장소, '식'은 인식기관과 인식대상이 만나 생기는 앎이라고 할 것이다. 이같이 심·의·식은 기능 차이로 인해 활인수양의 다원 소통 작용을 일으킨다.

여기서 마음은 계정혜 삼학에 의한 팔정도 정서 치유를 담당하고, 정신은 이성 치유를 맡고, 의식은 인식 치유를 이행하기에 심·의·식에 의해 다원 소통에 따른 심신 치유가 가능해진다. 또한 다원 소통 치유는 삼매와 지혜의 심미 토대를 구축, 영성 충만에 의해 깨달음으로 나아가는 길을 마련하게 된다. 명상수행으로 마음은 청정무구한 세계로 나아갈 수 있다고 할 것이다.

청정은 심미체험으로 다원 소통이 가능한 몰입의 자연풍광과 알아차림의 명상시를 통해 계·정·혜 삼학과 팔정도로 연결된다. 팔정도에서 계학은 바른 언어·바른 행위·바른 생활, 정학은 바른 정진·바른 사념·바른 집중, 혜학은 바른 견해·바른 사유이다. 이를 바탕으로 심·의·식은 '다원인연(multi causal matching)'의 심신치유가 된다.

다보탑전에서 옷자락 겹친 속살 모습을 바라보고 있으면, 황홀 혼몽에 홀로 미소 지으며 이러한 청정성을 깨닫는다. 주관과 객관이 아우러지는 '능소일체'에서는 지혜 광명을 체험하며 일시적이 아니라 항상 빛나는 상방광명임을 느낀다. 이를테면, 일본의 쿠사마 화가는 아버지에 대한 사랑과 증오의 갈등에서 번민을 일으켰다. 그러나 쿠사마는 명상을 통한 심신치유 경험으로서 내면 상처를 예술세계로 승화시키면서 대작을 완성하는 쾌거를 이루었다고 할 것이다.

『금강경』에서 강조하는 무주는 이러한 생각을 그대로 반영한다. 장엄정토의 구현은 마음에서 생겨난 생각들, 일체 욕망 그리고 사상(四相)에서 야기되는 관념의 상(相: 눈에 보이든 보이지 아니하든)에 빠지지 말고, 일체 번뇌와 망상을 버리고 명상을 통해 정진(精進)을 이룩함에 관건이 있다. 청정심으로 자신을 비우고 장엄정토에 의해 공성(空性)과 계합(契合)하여, 맑은 거울처럼 깨끗한 마음을 증득한다. 아울러 반야로써 중생을 화육하고 돕는 무주가 그 요체이다. 이같이 다원 소통에 의한 활인수양 명상시화로서 심신치유가 가능함을 '다보탑전', '능소일체', '구걸행각', '부정치유'를 통해 살펴본다.

다보탑전

불꽃 이리 튀고 저리 튀면서
밤낮 정소리 요란하더니만
다보탑전 백운다리 섰네

꽃 쟁반 팔모난간 자태
옷자락 겹친 속살 비치고
멀리서 푸른 하늘 받들면서
황홀혼몽 홀로 미소 짓는구나

능소일체

보는 주관 보이는 대상
지혜광명 한 몸 일세
마음 빚는 능소일체

즉심즉불 사사무애
산수 투영된 해수로세
정념 솟구치는 실상지견
시방삼세 상방 대광명일세

구걸행각

홈 디포 가까이 구걸행각
구걸 몫 배나온 여인 몫
베푸는 장면 며느리 몫

보시 받곤 담배 한 모금
시간 길어지자 손자 잠들며
식사시간 맞춰 신사 등장하고
차 태워서 보시 챙겨 떠나구나

부정치유

부정치유 항상 따뜻하지는 않고
여인 향할 때 갈등 낳았으며
편집강박 쿠사마 괴롭히고

근원적 생명력으로 선회하며
내면상처 예술품으로 승화되고
물방울무늬 그물망무늬 빚어내며
일점에서 무한 공간 뻗는 일취월장

인간은 영성(靈性) 혹은 불성(佛性)이 깃들어있는 신령한 '영혼의 몸'으로서 잘 가꾸어야 한다. 이는 우주생명 에너지가 우주에 기운으로 영성으로 충만함을 의미한다. 영혼의 몸에는 마음바탕에 영성이 존재한다. 상락아정에 영성이 깃들어 있다. 장엄정토는 영혼의 몸을 깨끗이 정화해서 우주생명의 청정한 공성(空性)과 계합, '더없이 높고 바른 깨달음(無上正等正覺)'의 성취와 상관연동을 이룬다.

노화를 진행하는 가운데 죽음의 허무주의에 빠지면, 마음바탕마저 부정하기 쉽다. 영성을 부정하면 육도윤회와 이를 벗어나는 도리로서 생사해탈이 해체되고, 근원적 생명력에 대한 믿음의 기반마저 무너진다. 시아(是我) 또는 비아(非我)는 영성 존재를 상정하는 개념이다. 청정심에 이른 장엄정토 존재들에게 '나(我)'라는 생각은 없으며 사상(四相)의 허울마저 사라진다.

망상을 멸진시켜 청정심을 증득하여 유심 정토에 이른 보살에게도『금강경』의 '무주(無住)'가 방편이자 명약이다. 상락아정의 열반은 마음바탕 영성충만을 전제로 한다. 따라서 껍데기로서 색(色)에 집착하지 않고 발심하는 무주를 강조하며, 청정심으로 이루어진 장엄정토를 깨닫기 위해서는 무주를 표방하지 않을 수 없다. 명상시화에서 다양한 풍광을 배경하는 하는 근거는 바로 무주심을 표상한다. 심미토대의 명상시화는 심·의·식의 다원소통 측면에서 심신치유를 가능하게 한다. 먼저, 마음의 작용은 즐거움, 고통, 쾌감, 불쾌 등을 느끼며 여러 가지 감정을 불러일으키는 활인수양의 정서 작용을 일으킨다.

자연풍광을 통한 고요를 중심으로 마음 정화로 정서 안정을 꾀할 수 있다. 명상 시를 음미하면서 팔정도의 바른 정진·바른 사념·바른 집중을 상기하고, 명상수행으로 마음은 청정하게 치유할 수 있다. 이 과정을 통해 마음의 청정성을 확립한다. 정신은 착하고 건전한 것뿐만 아니라 악하고 건전하지 못한 방향으로도 이끈다. 이를 통해 선악을 식별하고 바르게 판단하는 능력, 이성 기능을 수행한다. 계 중심 명상을 통해 탐·진·치 삼독(三毒)에서 벗어나 이성으로 정신을 밝게 치유한다. 탐·진·치 삼독에서 벗어난 마음은 밝은 마음이다. 이때 정신은 삶에서 건전한 것을 이끌고, 건전하지 못한 것을 치유한다.

이에 바른 언어·바른 생활·바른 행동을 중심으로 명상 수행을 통해 정신은 밝게 치유되며, 이 과정을 통해 계(戒) 청정이 확립된다. 이같이 정신은 계율 청정 중심으로 치유할 수 있다. 아울러 의식은 인식하여 알아차리고, 식별하며, 분명한 앎을 가능하게 하며, 이를 통해 사물을 분별하고 판단하여 알아차리는 인식 작용을 가능하게 한다. 이에 혜학 중심으로 명상 수행을 통해 통찰 지혜와 결합, 인식으로 의식에 의한 괴로움을 활인수양으로 치유할 수 있다.

이때 의식은 통찰 지혜와 결합하고, 이를 통한 의식변화로 인식적으로 이루어진 괴로움을 소멸시킨다. 이에 의식을 통해 혜학중심의 바른 견해·바른 사유의 명상 수행으로 괴로움을 치유하고, 이 과정을 통해 반야 지혜의 청정무구 확립이 이루어진다. '대양해'를 통해 생멸파도 이편의 고통을 상기하지만 명상시화를 통한 마음 청정, 계율 청정, 지혜 청정을 확립함으로 생멸파도 저편의 진여 광명에 한 걸음 다가선다. 이를 통해 육진경계의 티끌이 제거됨으로 지혜광명 노사나불의 친견하고 장엄공덕 성취를 만끽할 수 있다.

나이가 들수록 뇌세포가 감소되는 비애감을 치유하고 사명대사가 왜군 앞에 당당했듯이 지혜충만으로 위풍당당할 수 있게 된다. 이에 따라 복을 짓되 공덕을 회향하고 스스로 당당함으로써 영성힐링의 행복감으로 말미암아 복덕을 구족하고 법화가 만개하는 활인수양의 세계 일가를 구현할 수 있다. 이러한 뜻에서 '대양해', '멸진합각',

'노인지혜', '불수복덕'을 차례대로 음미한다.

대양해

작은 파도 미세 물방울
일렁이며 바다 안구나
사랑 넘치는 대양해

부서지는 물살숨결
아비 끌고 어미 미는
대양수레 위 석양미소
생멸파도 저편 진여광명

노인지혜

나이 들면 성숙 필요하듯
지혜충만하고 당당하면
노인지혜 나이 초월해

왜군 앞 위풍당당한
사명대사 걸음걸음마다
왜 장수 기선 제압하고서
생사초연 아집 분쇄하였노라

멸진합각

제법 무자성 깨침으로
노사나불 친견하고
육진경계 허무네

멸진합각 노사나불
진로망상 사라짐으로
육진경계 허문 빈탕으로
지혜광명 삼세요달이로세

불수복덕

복을 짓되 받지는 않고
원만구족 알아차리고
공덕 회향하고나

불수탐착 자재로
인욕바라밀 이루고
자작자수 복덕 구족해
법화만개 세계일가 일세

명상시 치유힐링 7 마타리꽃

명상시 치유힐링에서 마음 챙김을 적극적으로 활용한다. 마음 챙김은 심신치유를 위해 자아 회복 또는 자기 존중 증진을 목적으로 한다. 마음챙김에서 어려운 문제는 자아의 '무실체'에 관한 것이다. 현대과학에서는 이 개념이 이질적이지 않다고 한다.

특히 인간유기체를 분자와 원자로 구성된 세포 집합으로 보기에 신체와 주변 환경 간의 경계선이 임의적이라는 사실을 수용한다. 마음챙김이 심신치유와 연관되지만, 영성힐링 차원에서 보면, '무아에 대한 통찰'을 함양하는 목적이 있다. '마음챙김'은 '현재 경험에 대한 순간순간 알아차림과 수용'이다. '마음챙김'을 '순간순간 펼쳐지는 경험에 대해 순간적으로 평가하지 않으면서 주의를 기울이는 것'으로 정의한다면, '수용'은 대상을 공감하거나 긍정적 존중을 표시하기에 활인수양의 심신치유 효과가 있다.

마타리꽃을 대하며 '멈춤 없는 사랑'의 꽃말을 알아차릴 때, 평가보다 수용한다. '지수화풍'이 모인 마타리꽃 색(色, form)에서 '수상행식(受想行識)'이 합쳐진 마타리꽃 명(名, name)을 떠올린다. 비판의식은 '색'에서 이루어지기보다 '명'에서 이루어진다. 분별취상 없이 수용하여 알아차리면 선정에 들어 대상을 있는 그대로 수용하고 심신이 안락하고 평온해진다.

달팽이는 사방이 칠흑 같은 어둠에서는 방향을 상실하지만 달님이 온화한 빛을 비추면 달마중 가듯 방향을 회복한다. 소도신비에서 보듯, 대상을 수용하면 금싸라기

햇빛 맞이하듯 자아의 무실체성을 활인수양으로 체득할 수 있다. 이에 '마타리꽃', '명색인연', '달팽이로', '소도신비'를 차례대로 살펴본다.

마타리꽃

멀리 있어서 만날 순 없지만
노란꽃술 전하는 마타리꽃
바람타고 꽃말 전하노라

멈춤 없는 사랑꽃말
은근과 끈기 첨삭하여
세상 끝나는 그날 까지
함께 다하리라 맹세하노라

명색인연

수상행식 합쳐진 명
보고 듣는 행동인
정신이라 말하네

지수화풍 모인 색
인연해체로 죽음오고
분별취상 없이 조견하면
선정 들어 임종 맞는 열반

달팽이로

깊은 어둠 사방칠흑 내리깔리자
달팽이 갈길 몰라 멈추어 서고
온 길 갈 길 모두 망설이고

구름 가린 달님 방실방실
이심전심 미소 머금었기에
달팽이로 사뿐히 걸음마하고
스스로 다시 감아 달마중 가다

소도신비

반만년 역사 단숨에 삼키고
천지인삼재 균형 이루며
새벽 용트림 소도신비

홀연히 동녘 하늘에서
금싸라기 햇빛 쏟아지고
시름시름 내리던 비 사이로
무겁게 드린 먹구름 동강나다

명상시 치유힐링 8 　무궁조화

　　스토아 철학자들은 영성의 앎을 '양심'이라는 개념으로 발전시켰고 기독교는 이것을 계승하였다. '양심'은 '내면지식'으로 로고스(logos)를 따르는 일종의 그노시스(gnosis)라고 할 것이다. 『도마복음』은 헬레니즘 철학을 전승한 것으로 추측된다. 『도마복음』에서 제기된 편재하는 하나님 나라는 천국복음과 상관하여 '영성지식'과 연결되어 현재적 '내재성'과 '평범함'으로 드러났다. '평범함'은 일상의 삶으로 체험되는 '소박성'으로 영성으로 자아를 경영하고 살아가는 삶이다.

　　『도마복음』은 예수말씀을 해석함으로 자신 내면에 있는 빛을 밝히고, 진리 발견에 참여한다. 존 도미니크 크로산(John Dominic Crossan)은 자신의 영성추구 과정 모델로서, 『도마복음』의 예수를 견자(見者)이자, 갈릴리 유대인 견유학자(犬儒學者)로 인식하였다. 그에게 예수말씀은 영성의 삶으로 체화되어 생명환희로 이어지고 죽음조차 초월한다. 복음천국은 복음으로 죽음을 맛보지 않기에 '하나님의 나라'를 이 땅에서 구현할 수 있음을 선언한다. 언어진술에는 네 의미 층이 발견된다.

　　네 층은 문자 의미, 마음 의미, 영성 의미, 신비 의미의 층이다. 유대교 카발라 전통에서도 표면 의미, 비유 의미, 영성 의미, 신비 의미로 다중지능 인식이 이루어짐을 인정하였다. '마음챙김'에서도 고정화된 지각에서 탈피하여 모든 사건을 마치 처음 발생한 것처럼 여기며 자신 경험을 '있는 그대로 직면하는 것'이 중요하다.

주위가 고요해졌을 때, 드러나는 자신과 세계를 새롭게 체험하는 심리자유 상태에서 이루어지는 무아 체험과 흡사하다. 이에 마음챙김은 '지금 여기'의 즉각적인 경험이 유지되도록 하기 위한 '주의집중'을 가능하게 하며, 동시에 현재 순간의 경험을 향한 특별지향으로 이해할 수 있다. 이러한 의식지향은 '호기심, 개방, 수용'을 그 특징으로 삼는다고 할 것이다.

이를 통해 현존하는 실재에 대한 주의력과 자각을 증대시키고, 자기 자신의 생각과 감정에서 분리하여 일정한 거리를 두는 가운데 무아를 느끼는 것이 중요하다. 마음챙김은 부정적 사고와 느낌을 배제하고 단지 지나가는 정신적인 사건으로 인식하게 되는 '메타-인지 통찰'(meta-cognitive insight)이다.

마음 챙김은 '현재 경험에 대해 주의를 기울이는 것'으로 무아에 대한 자각으로서 알아차림을 중시한다. 아울러 '있는 그대로 직면하여 집착하지 않는 객관화, 메타 인지 통찰, 주의 조절' 등의 다양한 측면을 포함한다. 꿈나무 성숙을 위한 무궁 조화 노력, 통달 무아 알아차림에 의한 환희 법열, 망상 집착 굴레에서 벗어난 반야 광명 희열, 자비 발양과 발고대수로 공공행복 구현이 마음 챙김 명상효과이다. 이에 '무궁 조화', '무아적멸', '망상집착', '신통구현'을 살펴본다.

무궁조화

튼튼한 나무 뻗을 수도 있고
좋은 열매 결실 맺고 지고
흙 버팀목 역할 다하고

흙 받치지 못한다면
생명결실 이루지 못해
미래 꿈나무 성숙함 위한
무궁조화 중토 구족함이라

무아적멸

색과 수상행식 오온명색
관념 사람생각 붙어도
마군항복으로 퇴치

장미가시 제거하듯
갈애뿌리 잘나버리면
통달무아 진여법신구족
무아적멸 환희법열 이루세

망상집착

인생태반 분별 수반하는
망상집착 고통추임새
아견망상 집착이네

인견망상 세간 집착
중생견 생명애착 잇고
수자견 수명연식 집착에
반야광명 분별망상 삼키다

신통구현

경전사경으로 신통공덕
깨달음 정각 이르기에
자유실현 구현하네

자비 발고대수하고
지혜 가행정진 이뤄
보복하지 않는 지계로
복된 공공행복 이루구나

박달나무

　명상시 치유힐링 의미는 명상시를 통해 자신과 동일시한 대상에서 자신을 분리하여 무아를 체험하거나 집착하지 않고 대상을 받아들이는 동시에 고착된 자아의 허상을 떨쳐버릴 수 있도록 하는데 목적을 둔다. 이러한 이유로 '집중된 주의'는 치료 접근 전략 선택에서 우선순위로 부여되고, 또 마음챙김 명상에서 공통된 치료 기반으로써 활인수양의 위치를 확보한다고 할 것이다. 주의 기반으로 배양되는 '탈중심화'의 치유 의미는 무엇인가를 살펴볼 필요가 있다. '탈중심화'는 자신을 생각으로부터 분리하는 것, 거리를 두는 것을 뜻하며 일어나는 생각과 자아를 동일시하지 않는다.

　탈중심화의 본질은 의지와 상관없이 자동으로 이루어지는 사고, 감정, 환상 흐름을 자기와 동일시하는 습관에서 벗어나 알아차림으로써 이를 중지하고 해체해 간다. 이 과정을 통해 탈중심화는 생각과 감정에 밀착된 터널시야에서 벗어나 보다 더 확장된 시야로 유연한 사고를 통해 감정으로의 변화를 마련해 준다.

　이것이 탈중심화의 뛰어난 심신치유 영성힐링 효과이다. '박달마무'와 바위가 한 몸이 되어 하얀 꽃을 묘하게 피우지만, 습관적 중심화로 말미암기에 바위와 벗어난 자신 모습으로 돌아가는 것이 치유효과를 나타낼 것이다. 탈중심화로 무명업장을 녹이고 마군을 항복받을 때, 마음챙김으로 깨어있기에 활인수양으로 안심안인 한다.

　곰과 함께 사람 되고자 '원화위인(願化爲人)'의 꿈을 꾼 맹호는 인욕하지 못해 바라던 꿈을 접는다. 아직도 우리에 갇힌 채 어슬렁어슬렁 할 뿐이다. 이에 마음을 밝히고 본선을 깨우치는 마음챙김으로 어둠 갈라낸 법신은 법신을 구독하여 광명으로 바꾸고자 실상참회에 들어간다. 이를 다룬 '박달나무', '무명정각', '맹호지몽', '실상참회'를 차례대로 살펴본다.

박달나무

구불구불 돌담장 길 따라서
박달나무 바위 한 몸으로
하얀 꽃 묘하게 피우고

박달 바위 부둥켜안아
하나로 깊은 포옹하기에
정체 밝히라고 말을 건네자
이미 하나 된지 오래부터라네

무명정각

어리석은 무명업장 녹이며
정각으로 전환하는 찰나
마군항복으로 청정법신

자비가득 펼쳐진 극락
반야선 조견 텅 빈 충만
과거 현재 미래마음 불가득
지금 여기 깨어있어 안심안인

맹호지몽

태고 옛적 사람 되길 원했지만
백일치성 감당치 못하고 끝내
호랑이 변신하지 못했구려

천지진동 괴력 구족하고
섬광 타는 맹호지몽 꾸며
주먹코 큰 눈망울 번득이나
우리에 갇힌 채 어슬렁어슬렁

실상참회

호화장인 스스로 그린 그림
호랑이에게 잡아먹히듯이
십악범부 아수라 살고

마음 밝히고 성품 깨쳐
구하는 마음에서 해방되면
십선보살 어둠 갈라낸 법신
실상참회로 본각상조 이루구나

배롱나무

『장자』에서는 '귀로 듣는 단계', '마음으로 듣는 단계', '기(氣)로 듣는 단계', '비움(虛)을 통해 듣는 단계'를 거론하고 있다. 도에 들어가기 위해 '마음 굶김'의 '심재(心齋)'가 요청된다고 할 것이다. 노년에 들어 죽음을 두려워하지 않으려면 영성 직관이 요청된다. 예수 말씀으로 영성 의미를 발견함도 영성 직관에 속한다. 『도마복음』에서는 여러 경우 수를 통해 죽음을 맛보지 않는 사례를 제시했다.

첫째는 『도마복음』 도입부에 나타난다. 이는 인간이 죽지 않는다는 사실명제가 아니라 생명의 고귀함을 드러내기 위한 영성의 상징 체계로 드러남이다. 천국 복음과 상관하여 영생을 신앙 미끼로 투척하지 않음이다. 둘째는 시작에 서 있는 사람이 만물 근원, 본래 시작으로 되돌아가서 성찰함이다. 이로써 만물 분화되기 이전의 원초적인 미분상태를 감지하고 시작과의 연동을 상관적으로 알아차린다.

셋째는 변하지 않는 '참나'로서 '순수존재'를 느끼는 경우이다. 류영모의 '없이 계신 하나님'에서 모든 '존재 바탕(ground of being)'으로 '참나'를 알아차린다. '참나' 의식은 '귀향', '화해', '재회', '구속(救贖)', '종교(religion)'로 귀착한다. '참나' 영성으로 '있기 전에 있음'을 깨닫고, 자유인으로 설 수 있어 나무로 비유한다.

습관 행위로 발생되는 습관 장애 관련 질병 치유에 유용한 방안은 '탈 연쇄' 방안이다. 이는 '자기조절 능력의 강화'를 기대할 때 유용한 접근방식이다. '재 감각'은 일종의 노출 효과로 사건에 대한 두려움과 회피 없이 수용과 평정심으로 대상을 수용한다. 불쾌감을 거부하려는 심리 반응을 괴로움의 원인으로 보고, 거부와 회피하는 마음에서 오히려 수용을 선택한다.

　노출이 기능할 때, 두려움이나 경험 회피는 작동하지 않기에, 이는 불안장애, 공포증 관련 질병 치유에 유용하다. 재감각은 습한 기운이 햇볕에 노출될 때 사라져 버리듯, 명상을 통해 내면에 가라앉아 있던 부정 정서, 부정 사유를 직면함으로써 특성 따라 제어한다.

　이는 불안과 공포 등에서 벗어나 마음의 평정심을 기대할 때 유용해진다. 이를 통해 외적 스트레스나 내적 정서에 적절한 자기조절능력을 통해 심리 문제를 완화하게 된다. 이처럼 마음 챙김의 주요 치료기제로서 '수용, 탈동일시, 사회적 거리 두기, 상위인지 자각' 등이 수반된다. 눈부시게 흰 등 켜두는 '배롱나무'에서 타자 위한 배려를 느끼게 된다. 갈애 때문에 구하는 마음이 생기니까 마군을 조복 받으려면 무아를 통달하고 진여 법신과 계합하는 방안으로 진여현전을 모색한다. 적멸 자재에 이르는 무상의 보리심으로 탈연쇄와 재감각을 이루어 구방코뚜레서 벗어날 수 있다. 이로 말미암아 유루복덕에서 벗어나 '무위복락'을 향유하며 무심으로 무위 세계에 들기에 놀부심술을 극복해 무위청정의 무루 지복을 누릴 수 있게 된다. 이에 '배롱나무', '보리반야', '무루복천', '심술극복'을 차례대로 살펴본다.

배롱나무

오시는 길 잘 기억하도록
눈부시게 흰 등 켜두리
붉은 빛 함께 비추게

행여 못보고 지나칠까
열흘 불 밝힐 생각이네
꽃 등불 내내 매달아두어
한시도 그 모습 잊지 못하리

보리반야

흐트러진 묘심 찾는 구방
구하는 마음 벗어나야
마군조복 평정회복

적멸자재 이른 보리
갈애 삼킨 반야 자재심
무아통달 진여법신 구족
구방 코뚜레서 벗어남이라

무루복천

매화 향기처럼 없는 듯
분홍연꽃처럼 있는 듯
분별차별 벗어났네

누구 아랑곳 않고
감싸며 품는 한으로
무심으로 짓는 무루복
울타리 떠난 돌봄이로세

심술극복

개는 여물먹지 않지만
여물통 독차지하기에
소 못 먹게 하구나

관습 얽매인 흥부
놀부 매번 골려주네
심술극복 치유 받으며
청정회복으로 환희 입정

죽음을 이미 맛본 아담과 비교하여 볼 때, 죄의식에서 해방된 사례는 죽음에서 자유롭게 된다. 하나님의 형상대로 지음을 받은 최초 사람이 아담이지만, 죄의식으로 말미암아 그 품격이 떨어졌다고 전한다. 이는 '참나' 발견의 자유인과 '참나' 상실의 억압받는 스트레스 인과의 현격한 차이를 드러낸다. 아담은 큰 능력과 부유함을 가지고 이 세상에 나왔지만, 죽음을 맛보았다. 그 비결은 아담의 원죄의식을 떨쳐냄에 있다고 할 것이다. 또한 참 생명을 체화함으로 죽음을 맛보지 않음이다. 비록 하늘과 땅이 말려 올라가는 천지개벽이 일어난다고 하더라도, 생명으로 살아 계신 이, 예수의 비밀 말씀을 듣고 참 생명을 얻는 활인수양이다.

이처럼 『도마복음』에는 죽음을 맛보지 않는 사례로서 '참나' 영성자각과 영성충만으로 죄의식에서 벗어나 참 생명을 체화하는 사례를 제시하고 있다. 이를 통해 영성탐구와 죽음을 비껴가는 진리추구의 모습을 발견한다. 이는 주체적인 개벽을 일구어가는 영성탐구로서 '참나' 순례여정에 적극적으로 동참함을 뜻한다. 이른바 내면의 신성을 찾아 성령을 추구하는 일종의 구원 방식이다.

『도마복음』의 천국 복음은 시공이 나누어진 천당이 아니라 주체적 개벽의 참여를 말한다. 『도마복음』의 예수가 보여준 구원방식은 해탈여정이다. 이것은 고독한 단독자로서 실존심연을 살피며 영성으로 깨치며 융합(融合)으로 나아가 분별조차 제거된

'자웅동체의 원초(androgynous primordially)'이다. 예수에게 종말은 묵시라기보다, 오히려 살아 있는 예수로서 종말론적 분위기를 창출함이다.

도마복음의 종말론은 실존적 계시이다. 이에 종말은 시간종료가 아니라 삶의 완성이다. '종말(end)'은 시작에 임해서 설정한 삶의 '목적(end)'이 상관연동을 이룬다. 이에 '회개하라 천국이 가까웠느니라'는 천국복음의 선포에 나타난 '하나님 나라'는 '일상성'과 '평범함'으로 드러난다. '지금 이곳'에서 드러나는 천국복음으로서 '하나님 나라 임재'는 현재성이며, 끝에 있는 것이 아니라 오히려 시작을 발견함에 있다고 할 것이다.

이에 따라 명상의 다양한 치유요소 가운데 '주의집중'에 주목하는 이유는 심·의·식의 다원소통 측면에서 치유를 가능하게 할 뿐만 아니라 무아통찰의 영성힐링과 상관하여 시종일관을 위한 '탈중심화'를 이끄는데 유용하게 작용하기 때문이다. 반응은 경험 자체를 자기 자신과 동일시하면서도 비판적인 '주의집중'이 수반되기에 어떠한 반응도 수용하면서도 그것과 자신을 동일시하지 않는다.

주의집중의 가치는 받아들이는 대상 감각 의식을 자신과 동일시하거나 집착하지 않고 놓아버릴 수 있게 한다. '주의집중'은 마음챙김 명상에서 공통된 치유 기반으로서 위치를 확보하고 있다. 이처럼 명상시화를 통해 체득되는 '주의집중'은 자신을 의식적인 사유로부터 분리함으로 말미암아 일어나는 사유를 의지발동의 자아와 동일시하지 않는 데 있다.

명상시를 통한 마음챙김의 치유기제는 '알아차림을 통한 무아적인 자기이해'를 가능하게 하는 데 있다. 아울러 '무아 통찰을 통해 타자에 대한 자비심 배양'에 이바지하기에 타자와 또는 이웃과 더불어 행복한 공공행복 구현에 앞장서는 공덕구현과 그 실천에 초점을 두고 있다.

'백황새'가 차가운 바람을 거슬러 날아오르며 외로운 벗과 더불어 꿈을 좇아 허공을 주유하거나, 복 짓는 지혜의 마음으로 공덕실천에 매진하며 '복전복혜'를 일구어 가는 것도 눈 속에 피는 설중매처럼 신통방통 향기 새어 나오게 하기 때문이다. 이에 한민족의 유구한 겨레얼에 담겨 있는 '민족정신'은 공덕을 축적함으로써 형성된다.

아울러 세계인과 더불어 살아갈 수 있는 세계시민의식으로 세계정신문화의 구심점을 이루는 생명력을 발휘한다. 인종갈등 편견으로 공공분노에서 자유롭지 못한 사람들이 늘어나 총기사건이 끊임없이 야기되고 있음에도 불구하고 명상시를 통한 마음챙김의 치유기제가 '무아적 자기통찰을 통해 타자에 대한 자비심을 지속으로 배양한다면 희망을 갖는다. 상처를 다스리는 '연금술사'로 다시 태어나 앙증맞은 치유호박을 잉태하는 공덕실천 주체로서 세상에 아름다운 법의 향기를 발산한다. 이에 '백황새', '복전복혜', '민족정신', '연금술사'를 차례대로 살펴본다.

백황새

차가운 바람 꽤 매서운데
백황새 어디로 가는지
외로운 벗과 더불어

먼 수평선 바라보며
해맑은 눈 바다 잠기네
허공 솟는 나래 바람소리
꿈 쫓아 하얗게 펄럭이고나

복전복혜

깨끗하게 티끌 흔적 사라진
복 짓는 지혜의 마음으로
복전복혜 일구어가네

부드러운 말씀 사이에
신통방통 향 새어나오고
성 안내는 얼굴 마주하며
눈 속에 핀 설중매 환대로세

민족정신

한겨레 유구한 민족정신
겨레얼 상생살림으로
인류평화 일구었네

오대양육대주 한집안
민족정기 우뚝 세우고
오색인종 한 형제자매로
세계정신문화 구심이루세

연금술사

코로나 사태 장기화 되면서
인종갈등 편견을 형성하여
공공분노 치유 절실하다

사랑하며 웃으며 시어로
물방울 그물망무늬 이루고
상처 다스리는 연금술사로서
앙증맞은 치유호박 잉태하고나

명상시 치유힐링 12 서귀포가

　천국복음에서 '지금 여기'에 천국이 임하기에, '하나님 나라'로 들어가는 것이 아니라 천국을 '지금 여기'서 구현하는 것이다. 그것은 초월적 내재가 융합되어 나타난다. 『누가복음』에서도 『도마복음』의 영성해석과 상통하지만, '하나님 나라'를 내세 나라 또는 미래 사건이라고 기술하였기에 명상의 관점에서는 오류를 범했다고 할 것이다. 참 생명을 맛봄으로 죽음 대신에 삶을 환희하는 느낌을 중시한다. 신성을 발견하면서 '지금 여기'를 활인수양으로 향유한다.

　이는 하나님의 내재만을 강조하는 범신론과 하나님의 초월만을 강조하는 초월주의 신관을 동시에 배격하는 고도의 은밀한 상징 체계라고 할 것이다. '하나님 나라'는 삿된 의식이 멈추고 성령이 깨어나면서 생명을 깨닫는다. 존재의 참을 아는 것은 영성 지식이고, 그 앎은 생명을 먹고 마시며 참 생명의 희열을 얼나로 확인하는 가운데, '참나'를 실현함에 있다. 이른바 신성을 현재성으로 깨닫는 것이 중시된다고 할 것이다.

　무리 중 제일 큰 한 마리가 길을 잃었다. 목자는 아흔아홉 마리 양을 놓아두고 그 한 마리를 찾아 나선다. 이런 어려움을 겪게 되지만, 양들에게 '나는 아흔아홉 마리보다 너를 더 귀히 여긴다.'고 말한다. 죽음 대신에 생명 환희를 실존적인 체험으로 삼아서 천국은 죽어가는 장소가 아니라 이 땅에 널려 있는 영성 체험이자 영성

충만임을 깨닫는 일종의 통찰이다. 이에 인간은 자기 그물을 바다에 던져 바다에서 작은 물고기들을 잔뜩 잡아 올리는 지혜로운 어부다.

지혜로운 어부는 작은 물고기 중에서 좋고 큰 고기 한 마리를 찾아내고, 다시 작은 고기들을 모두 바다에 던지는 일상을 이어간다. 마찬가지로 명상시 치유힐링은 무아적인 자기이해로 영성힐링에 기여한다. 먼저 독립 개체로써 의미를 부여했던 '자아'는 조건변화에 따라 새로운 발전적 개인으로 존립 가능성을 나타내기에 영성힐링으로 그 가치를 재발견한다. 개체 의지에 따른 삶의 형성은 자유로움의 표시로서 현실에 대한 개체 책임감을 느낀다.

다원 조건에 의해 이루어지는 무아의 가변성은 개체의 창조적 발전 가능성을 확인시켜 주면서 영성힐링을 실감한다. 또한 무아의 통찰로 이어지는 다원 연기 현상은 삶과 세상에 대한 고착견해에서 벗어나게 할 뿐만 아니라 사유 유연성을 확보한다. 고정되고 고착된 견해는 있는 그대로 진여실상에 둔감하게 할 뿐만 아니라 편협한 시야에 묶이도록 만든다. 심리적 자아의식으로 경직된 사유형태를 유지할 때 쉽게 야기되는 현상이다. 이에 무아통찰은 현상에 대한 새 관점과 열린 사유를 제공한다.

특히 '무아통찰'은 '자아'라는 개념을 약화시키면서 '자아'가 아닌 것도 없다는 인식이 강화되면서 모든 개체의 다원 연계성을 부각시킨다. 이러한 인식은 자아에 대한 보호나 관심은 줄이면서 다중지능을 발전시켜 개개인의 상호연계성을 강화한다. 그 결과 자타를 구별하는 분별이 감소 되면서 모든 존재들을 자기화하는 가운데 '대아'로서 확장되는 느낌을 느끼도록 한다.

이때 일어나는 감성연대 의식은 고립된 개체가 아닌 전체와 다원연계 느낌으로 다가와 마침내 자아를 포함한 모든 대상을 끌어안아 대아로 나아가게 한다. 이 결과가 갖는 의미는 노력하지 않아도 이루어지는 자비심을 표출시키게 된다. '무아 통찰'은 자비로 이어지며 자비 행위는 저절로 상대 존재와 가치를 존중한다. 이러한 삶의 태도는 원활한 다원 연계성을 확보하게 한다. 상처받은 심리현상은 타자와 원활하지 못한 관계로 발생한다.

'무아통찰'에 의한 '자기 이해'는 개인과 타자가 맺고 있는 상호 의존적 다원 연계 구조가 드러나고 서로 열린 관계 지속이 가능해진다. 이 같은 개방·수용의 다원

연계성 확보는 갈등 문제 해결로 귀결된다. 마음 챙김 명상에 의한 '무아통찰' 인식이 강화되면, 고착된 자아관념이 초래하는 제반 심리 문제로부터 자유롭게 할 뿐만 아니라 정신건강의 지표가 되는 긍정적 다원 연계성 확보에 기여함으로 미래천국을 '지금 여기'서 활인수양으로 체화하도록 한다.

'서귀포가' 명상시는 칠십리 해변 길의 올레길 걸은 소회를 다른 시로서 오징어 배들이 다가서며 환하게 불 밝혀주기에 산책이 한결 수월함을 알아차리도록 한다. 아울러 아득한 수평선 저편 노을이 붉게 물드는 모습에서 '다원 연계성'을 실감한다. 자아를 바치며 섬기는 무아의 '봉헌순례'는 인간 섬김에서 신에 대한 봉헌으로 나아가게 알아차리도록 하고 자연 섬김에서 사람 봉헌으로 인도한다.

달빛 고인 슬픔의 개체로서의 한을 씻고 씻지만 그 회한이 계속 남아 있기에 걷고 또 걸으면서 나비처럼 훨훨 마음을 비우며 마주하는 산티아고 순례길에 햇살이 가득 고임에 환희 의식으로 충만토록 한다. '반월허수'는 살아도 산 바가 없음을 깨닫도록 하기에 그 맵시도 허량으로 찾아보면 흔적 없는 '본래무일물'임을 알아차리도록 한다. 청정한 실상이해의 '원명성광'은 무아통찰에 따른 일가화락이며 다원 연계성 확인으로 이어진다.

서귀포가

오징어 배들이 다가서며
환하게 불 밝혀주기에
산책 한결 수월하다

익숙해진 서귀포가
서귀포 칠십리 해변 길
올레길 따라서 걸어보니
아득한 수평선 노을 붉네

봉헌순례

바치며 섬기는 봉헌순례
인간 섬긴 신 봉헌에서
자연 섬김 사람봉헌

달빛 고인 슬픔 한
씻고 씻어도 남기에
걷고 걸으며 나빌레라
산티아고 순례 햇살가득

반월허수

죽어도 죽은 바가 없으며
살아도 산 바가 없기에
반월허수 맵시도 허량

호수에 떠오른 반달
찾아보면 그 흔적 없고
하늘 보면 반월 떠 있으니
생사원융 무애추임 닮았구료

원명성광

개똥에 넘어지지는 않고
소똥에 자빠지지 말고
보는 주인공 챙기세

청정한 원명성광
제법 일체공상이라
일가화락 허공 사라져
극락왕생 길 본래 없고나

　명상시 치유힐링 적용범주는 우울증, 불안, 분노, 만성통증, 스트레스 완화 등의 심신문제 완화와 영성힐링 차원의 조절 능력 강화이다. 이 범주의 치유힐링 효과는 치유기제로서 '주의집중'의 효과이다. '주의집중'에 포함된 치유전략은 마음챙김의 치유기제로서 탈동일시와 탈연쇄, 재감각 과정을 촉진한다는 점이다. 탈동일시에 따른 탈중심화는 경험에 대한 습관적인 반응양식을 조절하며, 거리두기를 통해 경험을 활인수양으로 처리하도록 유도한다.

　그렇지만 마음챙김 명상을 전체적인 맥락에서 이해할 때, 영성힐링으로서 근원적인 힐링기제를 발견할 수 있다. 이는 곧 '알아차림을 통한 무아적인 자기이해'로서, 영성힐링 가치는 '무아적인 자기통찰'이 이루어지면서 타자에 대한 자비심 배양이 함양된다고 할 것이다. '무아적인 자기통찰'은 고정된 자아관념에 의해 초래된 각종 심리문제로부터 자유로움을 제공하며, 상대에 대한 배려와 관심적인 태도가 이루어지도록 함으로써 타자와의 원활한 관계성을 유지하고 다원연계성을 실천하는데, 많은 이바지를 한다.

　이런 차원의 치유접근법은 개인의 각종 심리고통을 대처함에 대중적이지 않고 보다 근원적이며 영성차원의 접근을 기능하게 할 수 있다. 따라서 명상시 치유힐링에 따른 마음챙김 명상의 효율적인 치유효과를 고려할 때, '무아통찰의 자기이해' 측면이 부각될 필요가 있으며, 이러한 영성힐링이 보다 더 적극적인 치유접근법으로 활용하기를 기대한다. '섬광행복'은 과거 회상을 떠올리며 어둠바닥 심연에서 생각을 비추어 볼 때 상기할 수 있는 행복이다.

자신이 비록 알지 못해 칠흑 어둠서 헤매고 있더라도 번쩍하는 무아통찰의 섬광을 찾으면, 홀연히 내면심연 빛으로 가득한 영성에 접근하여 영성힐링이 이루어진다. 무아통찰에 의해 오고 감이 없는 '불거일여'를 비춰보면 본처 고향으로 돌아감이며 고통 세월을 청산하고 새날을 맞이함이다.

무아통찰에 의해 생사 몽상을 여의었기에 영혼의 자유로움을 맛보는 해탈지견이 허공에 가득해 솔향기 오롯함이 묻어나는 환희를 느낀다. 허공경계 벗어난 '오불견공'은 허공가득 깨달음에 충만하기에 허공 빗긴 새 환희를 맛본다. 영성회통으로 마음을 일원으로 통하는 섭심의 대원경지를 경험한다. 세상에 아름다운 일이 많지만, 원수 사랑이 아름다운 축복이다. 원수에게 베푸는 '원수축복'은 일심반쪽 사랑으로 무아통찰이 작용하는 영성회통이다.

섬광행복

회상 어둠바닥 심연에서
생각들 비추어보면서
섬광행복 상기하다

자신 알지 못하면
칠흑 어둠서 헤매지만
번쩍하는 섬광 찾게 되면
내면심연 빛으로 가득하고나

불거일여

거래 없는 진여 비춰보니
대륙 떠난 본처귀향이고
가는 세월 사라진 새날

깊은 밤 초승달 품고
생사 몽상 여의었기에
해탈지견 허공가득하며
솔향기 오롯함 묻어나노라

오불견공

허공경계 벗어난 깨달음
허공가득 각심충만에
오불견공 능견이라

관자재심 보고지고
조견오온 비추어보는
무량수 무량광 지견으로
섭심반조 대원경지 이루다

원수축복

세상에서 아름다운 축복
원수 베푸는 원수축복
원수사랑 표시로세

사탄은 예수원수
앙고라마라 붓다원수
일심반쪽으로 그들 통해
진영일심 여실지견 투과네

명상시 치유힐링 14 **스코틀랜드**

『도마복음』은 근본적으로 기존의 예수 신앙을 거부하며, 예수 말씀에 대한 새 해석과 실존 자각으로 그 자리를 메운다. 일종의 해탈구원론을 가르친 예수는 구약 하나님과 결별이자, 새 '아버지의 나라'를 복음의 천국으로 선포했기 때문에 니체보다 더한 무신론에 가깝다고 할 것이다. 메시아사상의 기독론은 유대 전통이지만, 종말론은 조로아스터교 영향을 받은 재림사상이다. 역사적 예수는 동방순례에 따른 개벽적인 사유로 활인수양을 조망한다.

도마복음이 제시한 역사 속의 원형 예수는 바리새파와 달리 헬레니즘 문명이 번성한 갈릴리 풍토에서 이루어졌다. 아울러 레바논·시리아 인도지역의 동방사유 영향을 받았다. '내가 나의 왕이 된다.'는 명제도 도마복음의 상징 체계를 제대로 이해하지 못한다면, 사람과 사자 사이의 종적 위계로 파악, '사자를 잡아먹는다.'는 해석을 낳기도 하였다. 예수는 종말론의 종말을 선포함으로 시작에서는 법고 창신 가치를 살렸으며 죽음을 맛보지 아니하는 영성충만과 영성체화를 제시했다. 그가 가르친 안식은 일종의 해탈이었다. 안식할 장소조차 필요 없다는 실존적 고백에서는 '지금 여기'에서 천국복음의 하나님 나라가 열린다는 메시지를 전하고 있다.

복음천국은 『금강경』의 무주(無住)와 상통하며, '해탈마저 거부한 보살은 '대승정신'이다. '여우도 굴이 있고 공중의 새도 쉴 수 있는 보금자리가 있는 데, 인자는 머리

둘 곳조차 없다'는 예수의 탄식은 이러한 무주심을 그대로 설파한 것이라 할 것이다. 도마공동체는 쿰란공동체 같이 규율을 지키며 집단생활보다 오히려 느슨한 연대를 유지한 방랑자의 삶이었다.

현대사회는 물질 가치보다 건강한 심신을 중시하는 삶을 행복의 척도로 삼고 있기에 유기농산물을 선호하거나 요가나 명상요법 등을 통해 심신 건강을 추구한다. 웰빙과 힐링 추세는 자연과의 조화와 행복을 의미하는 문화로 확대되었다. 이는 복지 양면을 포괄한다.

명상(meditation)과 의학(medicine)은 어간이 'medi'로 같은데, 'medi'라는 말은 라틴어의 'mederi'에서 파생한 것으로 '치료하다'는 뜻이다. 명상은 의학과 달리 몸의 치료라기보다 마음의 괴로움을 치유한다는 뜻으로 새긴다. 현대인의 정신안정과 신체건강에 대한 욕구는 심신치유로서의 웰빙에 이어 영성힐링에 대한 관심이 증대하는 추세에 있다고 말할 수 있다.

현대사회에서는 웰빙(well-being)과 힐링(healing)을 통해 정신과 신체를 포함한 건강한 삶의 유지를 행복의 척도로서 간주한다. 웰빙은 물질풍요와 함께 질적으로 고양된 삶의 가치를 추구하는 현대인들의 정신욕구에서 비롯된 문화현상이다. 이 현상은 고통을 벗어나 깨달음과 행복을 추구하는 내면자각의 깨달음과 연관되어 있다. 유럽순례에서 드러난 '스코틀랜드' 에든버러 풍광은 한가로이 양떼가 풀을 뜯고, 놀라운 은총의 호소력을 가진 백파이브 행진이다. 이러한 풍광은 천지인삼재 녹음방초로 '심신일여'의 은혜를 느끼게 한다.

심의식이 삼위일체를 이루듯이, 겨울의 뿌리줄기 가지는 삼라만상을 아우르는 법신, 가을의 열매 결실은 공덕회향의 보신, 봄여름의 잎사귀 꽃은 천억 화현의 응신이다. 복과 지혜를 함께 닦는 '복혜쌍수'는 공덕회향으로 말미암아 무아통찰의 자비심을 발양하는 계기로 작용한다. 물질과 정신의 가합으로 오온은 수상행식 정신요소와 지수화풍 물질요소 병합에 대한 '오온법성'의 알아차림이 되어 명상시를 통해 법성원융 원적삼매 깨침으로 활용한다.

스코틀랜드

생명녹색이 살아 숨쉬는
스코틀랜드 에든버러
한가히 양떼 풀 뜯고

바람 일렁이는 물결
근원적 생명력 숨쉬기
어매이징 은총 백파이브
천지인삼재 녹음방초 가득

삼신일여

겨울 뿌리줄기가지 법신
봄여름 잎사귀 꽃 응신
가을 열매 결실 보신

삼신 다르지만 일여
어둠허공 밝은 허공일여
산 허공 강 허공 산하허공
세 몸 다르나 실상 하나로세

복혜쌍수

복 지혜 함께 닦는 복혜쌍수
유루복덕 지혜 회향함으로
인과 너머 무루복 되고

복 닦는 칠보 코끼리나
공행 아라한과 성자보다
복혜쌍수 보살들 수승하며
공덕회향으로 복 지혜 겸하다

오온법성

물질정신가합 오온신
수상행식 지수화풍
여실히 알아차림

오온취한 법성원융
불생불멸 해인삼매
자유공동체 구현으로
법성원융 오온법성원적

　천국은 빛의 모습으로 모양이 없기에 무상(無相)이라고 할 것이다. 노자는 '도는 무엇인가?'를 물었다. 그것은 결코 이름을 붙일 수 없다고 했다. 이른바 무상(無相)이기에 '모습이 없는 모습(無狀之狀)'이라고 할 것이다. 이에 따라 예수의 천국복음은 『금강경』의 무상(無相) 정신과 상통한다. 동양인 풍모를 띤 예수 스케치들은 노장·공자·석가의 영성인문학과 상봉하며, 고독한 초월자로서 구원에 이른, 『숫타니파타』의 '홀로 가는 코뿔소'와 만난다. 『도마복음』에서 은밀한 말씀을 강조함은 비의(祕義)와 구별되며, 오히려 난해한 상징의 증거라고 할 것이다.

　예수는 기적을 행하는 '마술사'라기보다 무지와 악으로 전락한 타락한 죄인의 군상을 다시 죄에서 해탈한 자유인의 원형으로 회복시켰다고 할 것이다. 이 같은 자유독법의 『도마복음』 주해가 의도하는 실천적 메시지는 교조적인 기독교를 개신하여 포용적인 명상수행 기독교로 거듭나길 바라는 보살서원과 그 궤를 같이한다고 할 것이다. 인도불교가 선불교로 변형되듯 서구 기독교가 동방서교로 변형되는 과정이 '역사적인 필연'일 수 있다. 이에 도마복음 없이 공관복음을 이해하기는 문헌비평으로 불가능에 가깝다고 할 것이다.

　해탈의 자유실현의 순례를 위한 명상시 치유힐링으로는 집중명상과 통찰명상이 있다. 집중명상인 '사마타(samatha)' 수행은 어떤 특정한 대상에 주의를 집중하는 것으로 시화명상이 있으며, 통찰명상인 '위빠사나(vipassana)' 수행은 지금 여기서 일어나는 느낌이나 생각을 판단치 않고 고요히 살피는 '마음챙김(mindfulness)'이다.

이러한 명상을 수행함으로써 경험하게 되는 것은 몸과 마음의 속성을 알 수 있고, 생각이 줄어들며, 집중력이 강해진다, 실제를 보게 되고, 인연을 알게 되며, 연기실상을 알게 되고, 관찰 자아가 강화된다. 전통적인 '간화선(看話禪)'도 명상의 한 형태로서 초기불교에 기반을 둔 위빠사나를 적극 수용하여 간화선 체계로 통합한 것이지만 명상이 스트레스를 줄여서 행복해지려고 한다면, 선(禪)은 무아 또는 진아(眞我)를 추구하며 자아통찰의 긴장 끈을 놓치지 않는다.

마음챙김 명상을 임상에 처음 적용한 것은 1990년, 존 카밧진(John Kabat Zinn) 박사의 8주간의 명상훈련 프로그램, 마음챙김에 기반을 둔 '스트레스 감소프로그램(MBSR)'이다, 그 이후 명상을 적용하여 여러 프로그램이 개발되었다. 최근 미국 심리치료에서 가장 인기 있는 모델이 마음챙김으로, 마음챙김에 근거한 심리치료는 과학적으로 지지를 받는 치료의 제3 물결이 되고 있으며, 동양의 명상과 서양의 심리학·인지과학 결합을 통한 '융합(convergence)과 통섭(統攝, consilience)'의 치유모델로 작용한다.

명상시 치유힐링은 시적 알아차림에 기반을 둔 명상훈련 프로그램이다. 명상이 심리치료에 활용되는 세 가지 기술로서는 마음챙김의 위빠사나, 집중의 사마타, 연민의 자비명상이 있다. 집중의 사마타는 주의를 안정시키기 위해 호흡과 같은 하나의 대상에 초점을 맞춘 알아차림이고, 마음챙김의 위빠사나는 평정과 통찰을 기르기 위한 알아차림으로, 두드러진 것에 순간순간 초점을 맞추며, 집중해서 정서나 몸의 감각을 알아차리는 것이다. 자비명상은 진정, 안락, 수용을 위해 '좋은 마음가짐'을 알아차리고 지속적으로 훈련한다.

안개 자욱한 연못가에 피어나는 '연꽃잎'에서 숨 쉬는 모습을 바라보고 집중하며 쪽빛 하늘, 물결 일렁임, 자욱한 안개꽃 춤에 맞추어 부스스 피어나는 낌새를 알아차린다. 아울러 '서산오도'를 통해 생사 몸 이대로가 열반과 상통함을 알아차릴 수 있다. 애착분별과 취사간택에서 자유로운 길이 되어 '상선약수'를 일상에서 체득한다.

이는 곧 머문 바 없는 발심이고, 모양 취함 없는 베풂이며 마음 앙금 남기지 않고 물처럼 바람처럼 흘러갈 뿐인 심심묘법이라고 할 것이다. 이 묘법은 구름 올라가 비가 되는 '운등치우'와 상통하여 고유한 자성 없음을 알아차리게 한다. 게다가 무아 통찰로 말미암아 멸진합각에 들게 됨으로써 노사나불을 마침내 친견하게 되면서 허공이 사라진 본래의 참된 면목을 활인수양으로 알아차린다.

연꽃잎

안개 자욱한 연못가에
연꽃 피어나 숨쉬고
여백 함께 하도다

쪽빛 하늘 비친
물결 일렁임 장단
자욱한 안개꽃 춤추고
부스스 연꽃 피어나고나

서산오도

강물 위 백운 피어오르며
맑은 물 통 바위 감싸며
생사 몸 이대로가 열반

자수자작 멸진입정
애착분별 무취사간택
주먹 감싸 쥔 서산오도
평지풍파 이대로 적멸이세

상선약수

선한 행위 흐르는 물같이
흐를 뿐 목표는 없기에
무주상보시 자유자재

머문 바 없는 발심에
모양 취함 없이 베풀어
마음 앙금 남기지 않기에
물처럼 바람처럼 흘러갈 뿐

운등치우

구름 올라가 비되는
섭리가 운등치우
자성 없음일세

경계 없는 고요
지혜로 멸진합각
노사나불 친견하는
허공사라진 본래면목

명상시 치유힐링 16 **영지불매**

장엄정토는 미망의 '나'로 존재하는 유위법이 아니라 '참나' 자각의 무위법이다. 이 유위법의 세계에 관해서는 붓다께서 법으로 설한 세계이지만, 무위법에 관해서 붓다께서는 방편으로 설한 세계가 전부이다. 현상계의 정토는 온갖 구분과 분별로 지어진 상대 세계이다. 그런데 정토는 상념으로 만들어지고 언어로 구축된 세계이다. 진여법계의 장엄정토는 마음을 밝히며 실체 없음을 무아(無我)로 증득하고 생겨나지 않음의 불생(不生)을 깨달은 '명심견성(明心見性)'에 속하기에 그것을 인연으로 삼아 셀 수 없는 수많은 공덕다발을 성취함에 활인수양의 요체가 있다.

이에 "별들처럼, 허깨비처럼, 등불처럼, 환상처럼, 이슬처럼, 거품처럼, 꿈처럼, 번개처럼, 구름처럼 이처럼 조건된 것을 보아야 하리." 지켜보고 관하라고 하였다. 삼계 육도를 윤회하는 유위법의 세계는 중생 업력이 만들어 낸 소작(所作)이다. 장엄정토는 집착이 사라진 반야바라밀로 청정심(淸淨心)으로 이루어진 정토이다. 이는 곧 일체의 상을 여읜 청정한 마음으로 살아가라는 뜻이다. 색에 머물러 마음을 일으키지 말며, 소리, 냄새, 맛, 접촉과 법에 기인한 마음도 내지 말고, 머문 곳 없이 그 마음을 내어야 한다고 밝힌다.

현대인들에게 '위빠사나(vipassana)' 수행의 '마음챙김'은 치유 방법으로서 주목받고 있다. '마음챙김'에 해당하는 '사띠(sati)'는 '기억하다(samsarati)'는 의미이다. 마음챙김은 과거보다는 현재에 대한 주의집중이나 깨어있음을 말한다. 『대념처경(大念處經)』에서는 마음챙김 수행의 일곱 이익을 말한다. 마음청정, 슬픔극복, 비탄극복, 육체 고통소멸, 정신 고뇌소멸, 팔정도에 도달함, 열반성취를 위한 것이다. 이것이 곧 네 가지 마음챙김의 확립이다. 이들은 마음챙김 수행을 통해 얻는 효과이지만 대상을 조작하거나 통제하지 않으면서 대상을 '지금 여기'에서 '있는 그대로'를 보는 태도이다.

현대사회에서 자기중심적 사유나 이기주의 경향에서 벗어나 명상시 치유힐링으로 이타적으로 바뀌면서 시적 통찰을 통해 자비와 연민을 넓혀갈 수 있다. 명상 수행을 통해 얻을 수 있는 덕목은 지혜로운 통찰이다. 지혜통찰은 '영지불매'에서 드러나듯이 손가락 개폐를 '지금 여기'에서 여실히 알아차리는 것을 말한다. 이는 곧 일진영성으로 대상에 대한 분별이나 자아의식의 집착 없이 실지실견(實知實見)하기에 밝은 영성으로 회통함을 의미한다. 오묘한 지혜가 '섬광지혜'로 이어지면 분별 망상도 내려놓고 자아도 의식하지 않기에 만상을 잊어버린 듯하며 늘 깨어있음이다.

다원 연계 현상을 분석해 보면, '상응상관'의 모습을 나타낸다. 여리실견으로 느끼는 것을 현량식이라 한다면, 선악 행위를 빚는 것은 조업식이고, 종자 갈무리는 종자식으로 마감한다. 본래무일물의 영성상응의 영성충만은 이러한 의식을 벗어난 초월의 식이다. 연생연멸하는 인연상은 고유한 자성이 없기에 마땅히 머문 바 없이 마음을 일으키는 '응무소주(應無所住)'의 무주심 도리를 중시한다. 물형당자 비친 일파만파에 마음 쓰지 말고 무심히 바라보고 물들지 않는 무위도리를 일상으로 살려가는 것을 일컬어 '평상심의 도'로서 알아차린다.

영지불매

손가락 펴면 다섯 모으면 하나
펴고 모음 장단은 자유자재
개폐 알아차림 영지불매

일진영성 알아차리며
대상미혹 없이 신령하고
엄지를 알듯 실지실견으로
분별 집착 벗고 밝아지고나

섬광지혜

정성으로 도 들어가고
묵묵히 도 지키기에
은근히 관대하다

자신 잊어버리고
하던 일 그침으로
오묘한 지혜 섬광일어
항상 잊은 듯 깨어있노라

상응상관

거울 비친 대로 바라보며
여실히 느끼는 현량식
선악행 빚는 조업식

분별취사 사량식
종자갈무리 종자식
정식 지각 상응하지만
본래면목 영명 상관상응

응무소주

연생연멸 인연상은 무자성
마땅히 머물지를 않기에
무아 해탈 열반이로세

보고 듣고 느낀 양태
흐르는 호수 띄워놓고
자세히 들여다보노라면
물형단자 비친 일파만파

명상시 치유힐링 17 **오미자차**

심리치료사가 스스로 자기를 내세우지 않는 무아(無我)를 유지한다면, 내담자도 자신을 더욱 '온전히 작용하는' 상태로 이끌어 스스로 자신을 관찰하며 내면에서 스스로 일진영성(一眞靈性)을 발견할 수 있다. 서구 심리학은 심리적 부조화의 문제로 인해 야기되는 다양한 문제들을 자존감의 회복이나 자아강화 및 의식을 확장하려는 방향으로 활인수양을 모색한다.

그러나 명상시 치유힐링에서는 인간의 삶이 '고(苦)'라는 인식에서 부터 출발, 내면자각을 통해 자아(自我)는 가아(假我)일 뿐이며, 고정되고 집착할 만한 자아가 없음을 알아서 무아(無我)를 영성힐링 차원에서 알아차리는데 그 요체가 있다. 이 관점은 자아(自我)를 강화하기보다 자아를 벗어나야한다는 입장이다. 삶의 실존에서 고(苦)는 업(業)에 따른 마음의 조건화 작용으로 일종의 다원연기(多元緣起) 현상이다. 선(禪)의 관점에서 고(苦)는 공안(公案)이다. 고통을 해결하면 업을 끊고 깨달음으로 향하는 에너지를 떨친다.

그 에너지가 바른길을 찾으면 더 이상 고(苦)는 어둠의 나락으로 떨어지지 않고 공(空)으로 환원된다고 할 것이다. 선(禪)은 공(空)을 체득함으로써 업(業)에 따른 마음의 조건화 작용에서 벗어나는 것이며, 마음속에 완전히 작용하는 영성회통으로 불성(佛性)을 이끌어내는 방법이라고 할 것이다. 중생고통을 근원적으로 해결하기 위해 번뇌에서 벗어나 영성회통 차원으로 불성(佛性)의 무한한 잠재력을 회복함으로 마음의 왜곡과 편견을 없애고 해탈의 진정한 자유와 열반의 참된 행복을 향유하는데 그 목적을 둔다.

조선 영조임금이 복용한 '오미자차'는 감칠맛이 있으며 천식을 퇴치하고 피부를 빛나게 하는 위력이 있다고 한다. 이에 벗과 함께 마시면 마음이 편안하게 되고 냉한 겨울철 기운을 스스로 다스리며 한국전래 구기자차와 함께 복용하면, 냉기예방 뿐만 아니라 신선풍류도를 즐길 수 있다고 한다. 봄날 꽃이 떨어지는 낙화 현상은 '성신합도'의 맛을 우려낸다.

차 맛을 느끼되 변화하는 맛에 현혹됨이 없이 다선일미로 한결같이 느낀다면, 차 맛에 우러난 일진영성과 계합하는 도리에 깨어 있기에 육진경계에서 벗어난 한 맛의 기품에 다가선다고 할 것이다. '수선화송'에서 나타나듯이 고운님 마음속 깊이 산소충전을 시키는 수선화 향기는 뿌연 안개 속 호숫가 울림으로, 수선화 꽃잎 떨림 따라 삶이 무르익어가는 것을 느끼도록 한다. 시작 끝 통하는 '원만인과'는 본처귀향 소식이자 지난해 잇는 새해 맞는 태도이다. 다원 연계 소식은 원만인과 도리로 깊어가는 마음고향 복귀 소식이다.

오미자차

조선 장수임금 영조 복용오미
다섯 맛 얽힌 감칠맛 내며
천식퇴치 피부 빛나다

벗과 함께 마셔 편하고
냉한 동절기운 다스리며
한국전래 구기자차 동반한
신선풍류 냉기예방 오미자차

성신합도

봄날 낙화현상은 성신합도
차 맛 맑은 물 화합 맛
불생불멸 실상몰록

차 맛 알되 정수 몰라
여시불지견 진로 망상동
육진경계 쫓는 피로퇴치서
일체제법 자재대로 상주법신

수선화송

간밤 가랑비 사뿐히 내리니
노란 꽃 새록새록 피어나
희망 새봄 향기 전하네

고운님 마음 속 깊이
산소 충전 수선화 향기
뿌연 안개 속 호숫가 울림
수선화 꽃잎 떨림 익어가도다

원만인과

시작 끝 통하는 원만인과
대륙 떠난 본처귀향이고
지난해 잇는 새해로다

깊은 밤 초승달 뜨고
생사 몽식 여의었기에
멸진합각향 허공 가득해
솔향기 오롯함 묻어 나구나

명상시 치유힐링 18 **옥수수**

영성충만으로 '참나'를 회복하는 것이 참 생명 그대로의 본연이다. 보살이 보시할 때, '나는 주고, 상대는 받으며, 베푸는 물건이 있다.'고 한다. 이는 보시는 될지언정 보시바라밀은 아니다. 보살이 아상(我相), 타상(他相), 시상(施相)의 관념에 사로잡혀 집착하는 보시는 세간의 보시이다. '집착 없이 이루어지는 보시'가 보시바라밀이다. 장엄정토는 반야바라밀을 실천하는 '메타실천(meta-praxis: 행위변화)'이다. 진여실상에 토대를 둔다. 생멸심의 현상계와 차원이 다른 진여는 무위법에 따른다. 보살은 지혜를 구하건 중생을 구하건 활인수양의 장엄정토에 존재한다.

아울러 모든 법의 공성에서 이루어진 '승의제(勝意諦)'로 구성된다. 장엄정토는 법신(法身)의 장엄으로 '참나'와 연동되어 중생 스스로 '있는 그대로의 모습'을 깨닫는다. 청정심으로 불국토를 장엄하게 하는 것이 장엄정토이다. 육조혜능은 장엄을 이같이 특화했다. '세간장엄'이다. 세간 장엄은 '사찰'이라는 '신성 공간'을 장엄함이다. 이 장엄은 불교 의례를 통한 실천 행위이다. 경전을 외우며, 염불하고 사찰에 보시하며 대덕스님께 공양하는 것으로 그 행함이 유위로 이루어지기에 장엄정토가 되지 못한다.

아울러 정토장엄은 마음을 지성스럽게 하고 청결하게 밝혀 털 끝 만큼의 망령된 생각도 일으키지 않아 만행을 구족시킨다. 붓다께서 '불국장엄'을 말씀하신 것은 실제로는 장엄이 아니다. 그 까닭은 '이름으로 붙여 말하는 불국장엄'에 국한되기 때문이다.

개인적 고통 원인도 외부 영향 없이 개인에게만 있는 것이 아니라 사회 환경에 의해 상대적으로 영향을 받으며 발생한다. 현대인은 스트레스나 상대 빈곤 등의 외적 요인으로 인한 고통이 커져서 가기에 외적 사회 영향력을 무시하고 개인의 내적 요인만으로 치유하기는 한계가 수반된다고 할 것이다. 따라서 개인적 원인과 함께, 사회적 요인을 함께 고려해야만 완전한 치유가 가능할 수 있다. 명상시 치유힐링은 치유에 대한 중도적인 입장이다. 개인의 심리치유는 사회치유를 고려할 때 명실상부한 치유로서 생명력을 발휘한다. 외연이 사회구조를 형성하기에 개인 삶은 사회구성원 협력으로 이루어진다. 이타적인 삶을 사는 것이 자신을 위하는 삶이기에 사회적 차원에서 명상시를 통한 알아차림으로 보살 실천을 해야 한다. 자비와 나눔의 사회공동체는 모든 존재가 연결되어있다는 상호의존성을 중시한다. 모든 살아 있는 존재가 연결되어 있다는 다원연기 지혜에서 비롯된 자비실천은 차별이 없으며, 지혜와 자비를 더불어 체득하기는 심경일여 이치이다.

'옥수수' 한알 맛보는 순간 땡볕 견뎌낸 인과를 감사하고, 보석 같은 알갱이와 함께하는 순간 삼복더위도 잊고 모든 존재와 연결되어 있다는 상호의존성을 체득할 수 있다. 마음과 경계가 둘이 아닌 '심경일여' 도리를 통해 노사나불 보신을 친견하는 공덕실천을 깨닫게 되고, 공덕장엄에 의해 국화 우려 낸 새 맛도 예전 맛과 별반 다름없다는 다선일미(茶禪一味)를 상기한다. 간경참선 염불송주가 '수행응보'를 이루겠지만, 실상은 연못 비친 그림자를 발견함이기에 그 실상은 본래무일물의 면목을 찾기 위함이다. 근원적 생명력을 체득하면, '원정원신'에 접근, 주천을 이룬다. 티끌 육진이 시방 삼세를 함유하는 것을 깨달아 해인삼매 청정기운이 햇살처럼 실감 나게 된다.

옥수수

열병식 참석한 군인군상
가지런한 옥수수알갱이
땡볕 견딘 보람 있네

보석 닮은 알갱이
한알씩 입속 들어가며
삼복 무더위 열기 쫓고나
지금 여기 행복마을 이루다

심경일여

마음과 경계 둘 아닌
심경일여 보신친견
공덕 충만하고나

구름사이 비 뿌려
이슬방울 녹아내리고
국화 새로 우려냈더라도
차 맛 예전 그 맛 그대로

수행응보

연못에 비친 자기 그림자
바라보며 지켜본다면
연못 빠지지 않구나

간경참선 염불송주
수행응보 이루겠지만
연못 비친 그림자 통해
본래면목 찾기 위함일세

원정원신

근원적 생명력 체득하면
원신 정과 기로 나뉘어
용호 소주천 이루구나

정기신 체용 원신
광대원만 무애대비용
티끌육진 시방삼세함유
해인청정 온기햇살 충만

명상시 치유힐링 19 **외돌개**

'몸'으로 하는 불국장엄이 있다. 이 몸을 경건하게 잘 간수하는 것을 의미한다. 구체적으로 사람을 존중하고 배려하는 행위로 삶을 살아가는 자세다. 육조혜능은 배려 행위가 절간 번듯이 하는 불사(佛事)보다 위대하다고도 했다. 이 행위는 유위행위이기에 행위변화, 메타실천에 의한 장엄정토를 중시한다. '인격존재'는 존재와 비존재의 동가(同價)이다. 붓다께서 '인격 존재'에 대해 말씀하신 것은 '존재가 아닌 것'을 가르치기 위함이다. 말하자면, '인격존재'이다. 실상 그것은 존재도 아니고 존재가 아니다.

그리고 불사 장엄이나 배려 장엄보다 더 근본적이고 위대한 장엄은 '스스로의 법성'에 대한 명상에서 우러나온 법성 장엄이다. 청정심의 불국 장엄은 영성의 '참 나'를 밝혀 환하고 밝게 유지한다. 사상(四相)을 여읜 붓다로서 장엄을 이룩함을 뜻한다. 몸은 '상의상관(相依相關)'하는 일종의 가상이자 '가립(假立)'이기에, '무소득심(無所得心)'으로 평상을 유지하기에 머물지 아니하는 무심(無心)이 토대를 이룬다. 보살은 마땅히 청정한 마음을 내어야 하니, 색에 머물러서 마음을 내지도 말고, 소리, 향기, 맛, 접촉, 법에 머물러서 마음을 내지도 말아야 하나니, 아무 데도 머무는데 없이 마음을 내어야 한다.

명상시 치유힐링을 통해 자기 몸과 마음에 대한 관찰력이 증가하면, 자기조절능력이 생긴다. 특히 몸(身), 감각(受), 마음(心), 현상(法)의 '사념처(四念處)' 수행으로서 마음챙김은 자신을 조절하는 능력을 높여주기에 심신치유가 가능하며 건강을 원래상태로 회복시켜 줄 수 있다. 명상시 치유힐링은 무아(無我)라는 관점변화를 가능하게 한다. 명상을 통해 회나 자연과 상호 연결된 존재라는 인식을 갖게 되면서 활인수양의 영성힐링이 생긴다.

명상을 통해 새로운 관점으로 영성충만의 변화를 불러온다. 궁극적인 자기변혁은 '나(我)'라는 에고(ego)로부터의 해방이며, 자신과 우주가 연결된 존재로 인식되는 인지 변화가 수반되기에 스트레스와 고통이 생기더라도 사태를 보다 안정적이고 균형 있게 보는 능력을 발휘할 수 있다. 또한 명상시 치유힐링을 통해 자연풍광과 상응하는 시적 통찰에 따른 주의집중이 커지면 커질수록 치유능력도 증대한다. 마음집중으로 '일념(一念)'이나 '무념(無念)'에 이르면, 부동심이 되어 괴로움에서 벗어날 수 있는 심신치유력이 생긴다.

아울러 명상은 '지금 여기'에서 일어나는 현상들을 관찰하는 마음 훈련으로 현상을 분명히 알아차림으로써 인식의 주체와 객체에 대한 분별없이 자신을 객관적으로 바라보고 마음평정을 유지할 수 있다. 특히 명상은 판단을 유보하고 수용적 태도를 유지함으로 심신치유의 능력을 키울 수 있다.

대상에 대한 즉각적인 반응을 나타내거나 판단적인 태도는 내면에서 감정과 사고, 태도 등을 결정하여 마음에 들 때는 조건 없이 받아들이지만, 마음에 들지 않으면 조건 없이 거부하거나 배척하는 태도를 보인다. 명상은 있는 그대로 알아차림으로 편견 없는 관용 태도로 심신치유능력을 고양시킨다.

제주도를 방문하면 외로이 구슬픈 '외돌개'의 경관을 마주한다. 황우지해안 현무암으로 에메랄드 빛깔 띄우고 있지만 자생 소나무와 멋진 앙상블을 이룬다. 한 폭 멋진 동양화를 떠올리게 되겠지만, 최영장군이 원군을 퇴치한 자취를 알아차림으로 외로움은 공동체와 더불어 한다는 공공의식을 일깨울 수 있다. 늙고 병들어 죽기 전에 알아차림은 '영명신성'으로 삼라만상의 거래가 '연기성'임을 깨닫고 해탈지견의 가치를 알아차림이다.

이러한 일진영성은 전도몽상의 옷을 벗어 던지는 일대사라고 할 것이다. 이를 위

해 청빈낙도의 무위자연으로 복을 지으면서도 누리지는 않고 항상 진여자성을 비추어
보고 알아차리는 '안분지족'을 실천한다. 아울러 부질없는 생각을 거두고 일체 속박의
족쇄를 내려놓으며 청주를 누비는 무심천과 같이 '유유자적'하게 살아가는 태도를 '평
상심시도'로 알아차려 영성힐링 한다.

외돌개

외로이 구슬픈 외돌개풍광
황우지해안 현무암으로
에메랄드빛깔 띄우다

올레길 코스 출발선
자생소나무 멋진 앙상블
한 폭 멋진 동양화 빚으며
최영장군석위장 원군퇴치구나

안분지족

분수 맞고 편안한 안분지족
강물 바다에 들어 강 잊고
도에 들어 자신 잊고나

청빈낙도 무위자연으로
구함 내려놓고 만족하네
복 지으면서 누리지는 않고
진여자성 항상 비추어보구나

영명신성

늙고 죽기 이전 할 일
영명신성 깨달음으로
법화정토 법계구현

거래연성 공 법성
연기성기 해탈지견
일진영성 알아차리며
전도몽상 벗고 극락왕생

유유자적

청주 꽃피고 파리 달 밝고
청주 보물 직지심체요절
파리 하늘에서 반기고

부질없는 생각 거두면
천지기운 스치는 호시절
코로나 대유행 잊어버리고
속박 방하착 무심천 흐르네

명상시 치유힐링 20 우수절기

천국복음은 겨자씨처럼, 처음에는 작지만 점점 커진다고 말한다. 그 변화의 가능성이 일단 실현되면, 엄청난 위력이나 위용을 발휘한다. 누룩이야기는 『공관복음』에서 나온다. 다만 차이가 있다면, 『공관복음』에서는 아버지의 나라를 누룩에 비유했다면, 『도마복음』에서는 누룩을 가져다가 반죽으로 빵을 만들고 곡식이 가득한 항아리를 이고 가는 여인에게 비유하였다. '아버지의 나라'는 작은 양의 누룩을 가져다 반죽에 넣어 큰 빵을 만드는 여인과 같다. 아버지의 나라는 곡식이 가득한 항아리를 이고 가는 '여인과 같다. 천국에서 '아버지의 나라'는 힘센 자를 죽이는 영웅적 용기와 불굴의지가 요청된다.

이는 『금강경』의 무아와 상통하기에 이기적 자아, 육체적 자아를 굴복시켜 복음천국에 들어가서 참된 자유를 성취한다고 비유했다. 이에 따라 영성의 '참나'는 '옛날의 자아'와 결별한다. 법신을 본 자는 다른 삶의 비전을 갖는다. 칼리 신이 한 손에 칼을 들고 다른 손에 피가 흐르는 원수의 목 잘린 머리를 들고 있음과 상통한다.

이 싸움은 처절하여 부모와 거리를 두며 혈연관계를 끊어버리기에 출가(出家: leaving home)로서 영성의 길을 가는 길벗들과 영성공동체를 이룬다. 이러한 깨달음에 의해 복음천국이 열려 '아버지의 나라'에서 일상생활로 영위한다. 아버지의 나라는 힘센 자를 죽이기 원하는 사람과 같다. 그는 손수 그 일을 해낼 수 있을까 시험

삼아 자기 집에서 그의 칼을 뽑아 벽을 찔러보고 나서야 그 힘센 자를 죽였다. 누구든지 아버지의 뜻을 행하는 사람이 내 형제들이요 내 어머니이다. 그들이 내 아버지의 나라에 들어갈 사람들이다. 누구든지 내가 하는 것처럼 자기 아버지와 어머니를 미워하지 않으면 나의 제자가 될 수 없다고 말한다.

자연 명상을 통해 계차별관을 닦으려면 바깥의 온갖 견고한 모습으로서의 견상(堅相), 대지, 초목, 벽돌, 기와와 자갈, 마니, 진주, 유리, 나패, 산호, 옥 등을 취하고 그 모습을 취하고 나서 다시 안의 견고함을 알아차린다. 이같이 『유가사지론』에서는 자연에서 볼 수 있는 견고한 모습을 계속으로 관상하고 그 관상 느낌이 안으로 전달되면 몸 안의 견고한 느낌에 대해 알아차리도록 한다.

외부에 대한 위빠사나의 관찰이 적용되는 동시에 내부의 몸에 대해서도 관찰함을 시설한다. 이때 신심치유 기제는 견고한 모습으로 나타나는 여러 가지 '지성(地性)'의 작용이다. 이를테면, 드넓은 대지와 땅과 바위 등을 활용한다.

이 원리로 수계(水界)에 대한 명상은 물 모습뿐만 아니라 그 소리를 함께 관찰한다. 화계(火界)에 대한 명상은 불의 모습과 그 안의 따뜻함에 대해 관찰하고, 풍계(風界)에 대한 명상은 바람과 바람이 내부와 부딪히는 소리를 관찰한다. 또한 공계(空界)의 명상은 바깥의 모든 허공, 사방과 막힘이 없는 곳, 걸림이 없는 곳, 여러 물질이 모인 곳의 구멍, 틈, 굴, 수용하는 곳을 바라보며 공계를 명상한다.

이 곳의 여러 공간을 보고서 몸 안에 있는 비어 있는 공간도 알아차린다. 일상에서 가까이 보고 느끼는 하늘과 비어 있는 공간에 대한 관찰과 명상이 자연명상이다. 물질에 막혀 있을 뿐 허공은 어느 곳에서나 존재한다. 팽팽한 하늘이 느슨해지며 벗은 나무가 견고함으로 말미암아 갈증을 면하지만, 이월 산 초경을 내부적으로 앓고 있음이다. 호수 위 백조 누비고 버들잎은 춘풍에 살랑이며 두꺼운 동복 벗고 생명 봄이 '우수절기'를 통해 가까이 다가옴을 명상한다.

항상 가까이 보고 느끼는 하늘과 비어 있는 공간을 관찰하고 알아차림을 통해 허공경계를 벗어난 자리에서 '오불견공'의 깨달음을 알아차린다. 인간은 스스로 몸을 지탱하고 있지만 이는 몸속에 있는 다양한 마음의 요소로 지탱하고 있을 뿐이다. 실제로 인간은 외부의 수승한 자연환경에 영향을 받는 가상 존재이다. 더 넓은 자연환경

기세간은 마음과 상통하는 마음의 또 다른 표현이고, 마음의 또 다른 일부이다. 외부
환경에 대한 인식은 마음 토대이고 깨칠 수 있는 조건임에도 불구하고 나와 분리된
것처럼 환경을 인식한다.

이에 '업보경영'을 통해 육바라밀 실천으로 유기체를 이루며 육바라밀을 실천한
다. 이를테면, 보살핌은 보시바라밀, 정의 구현은 지계 바라밀, 예의 지킴은 인욕 바
라밀, 한마음 수행은 정진 바라밀, 주일무적은 선정 바라밀, 진실무망(眞實無妄)은 반
야 바라밀과 연계된다. 상대세계를 떠나 마음의 번뇌장을 정화하고 불살라 버림으로
'이행영절'하는 정각추구 발심을 활인수양으로 구족한다.

우수절기

팽팽한 하늘 느슨해지며
벗은 나무 갈증 면하고
이월 산 초경 앓고나

호수 위 백조 누비고
버들잎 춘풍 살랑이다
두꺼운 동복 벗고나보니
생명새봄 가까이 있음이라

업보경영

단것 먹다보면 자유로운데도
고통 느끼면 업보결과로세
업보경영 육바라밀실천

보살핌 보시 바라밀실천
정의 구현 지계 바라밀행
예의지킴 인욕, 한마음 정진
주일무적 선정, 진실무망 반야

오불견공

허공경계 벗어난 깨달음
허공가득 각심충만에
오불견공 능견이라

관자재심 보고지고
조견오온 비추어보는
무량수 무량광 지견으로
섭심반조 대원경지 이루다

이행영절

둘로 나뉜 상대세계 떠나
번뇌장 정화하고 불살라
이행영절 정각심 이뤄

공 무상 무원 삼종삼매
형상 벗고 소원 벗어남에
중생제도 능행 원만성취행
중생무변서원 번뇌무진서원

명상시 치유힐링 21 # 원융미소

「공관복음」에는 도둑을 조심하라는 말이 나온다. 도둑은 여섯 감각기관이고 자기 중심적 생각이나 감정이다. 이기적 욕심이나 질투, 그리고 영성지식이다. 이들은 내면으로 들어와서 영혼을 훔치는 일이 다반사(茶飯事)이다. 대상에 대한 탐심이 사라지고, 내면에 깊이 자리 잡고 있는 마음의 보석, '참 나'를 깨닫기 위해서는 용사다운 기개(氣槪)가 요구된다. 이 기개는 천국 복음을 듣고 깨달아 예수의 구경(究竟) 신학을 오늘에 살려 존재 심층을 드러내는 활인수양이다.

깨침 열면 사제는 '길벗'으로 바뀐다. 도둑이 어디로 들어올지 알 수 있는 사람은 다행이다. 그리하면 그가 일어나 힘을 모아서 대비할 수 있기 때문이다. 내 입으로부터 마시는 사람은 나 같이 될 것이고 나도 그 같이 되어, 감추어진 것들이 드러날 것이라고 한다. 장엄정토와 천국복음은 심층의식에서 만난다. 표층의식에서 장엄정토는 땅이지만 심층의식에서 청정심이자 보시 완성이고 영성충만이다. 표층의식에서 천국복음은 물의 세례이지만, 심층 의식에서 천국 복음은 성령과 불의 세례이다. 심층으로 '하나님의 종'에서 '하나님의 자녀'가 되어 천국자체를 상속받는다.

또한 심층의식에서 장엄정토는 관조의 반야바라밀로 성취되며, 천국복음은 예수 복음에 감추어진 비밀을 깨닫는 영성충만이다. 우리는 여기에서 『도마복음』이 '깨달음의 복음'으로 자리매김할 수 있다. 로마 제국을 통일한 콘스탄티누스 황제는 기독교를 공인하면서 '하나의 하나, 하나의 신조, 하나의 성서'로서의 통일시켰다. 325년, 니케아 공의회가 열렸다. 여기서 예수를 하나님과 '동질'이라고 주장한 이집트 알렉산드리아 추기경, 아타니시우스(Athanasisus)는 예수의 인성(人性)을 강조한 아리우스(Arius)파를 물리치게 되고, 기독문헌 27권을 선별하여 『성경』으로 확립하였다.

아울러 추기경의 영향력을 내세워서 367년, 나머지 복음서를 '이단'으로 몰아 파기 처분하였다. 이들이 나중에 이집트에서 발견된 다른 복음서 내용과 상치되는 것은 당연한 귀결이라고 할 것이다.

동양의 『신심명(信心銘)』에서는 '텅 비어 밝게 스스로 비춰니 애써 마음 쓸 일이 아니다(虛明自照 不勞心力)'하고 말한다. 아울러 '일체에 머물지 아니하니 가히 새겨놓고 기억할 것이 없다(一切不留 無可記憶)'고도 한다. 살다보면, 특별히 자신이 좋아하는 것이 있으면 집착하지만 그것으로 말미암아 상응하는 괴로움이 수반된다.

그러나 어느 것에 특별히 마음 가는 것이 없다면 머무를 필요가 없는 무심(無心)을 이룬다. 일체 현상에 머물지 않을 때, 마음은 허공처럼 텅 비어 있고 성품이 밝게 비추니 애써 마음 쓸 일이 사라진다. 성품에 맡기면 대도와 합쳐져, '소요자재(逍遙自在)'할 수 있다. 일체를 본성에 맡기면 대도와 합쳐지고, 텅 비어 밝게 비춰보는 눈이 열린다. 이 개안은 '송과선(pineal gland)'과 직결되어 있다.

이것은 내분비선으로서 솔방울 같은 모양을 한다. 사춘기의 개시를 억제하는 물질을 분비하거나 피부색을 희게 하는 멜라토닌을 형성한다. 청정법신에서 새어 나오는 '원융미소'로서 묘음향기를 구족하고 사상의 제나 벗어나 있기에 심미세계 연주하기에 얼이 새겨 있는 참된 생명을 표상한다.

비록 '육진경계'의 모양이 다가오더라도 꿈꾸는 주인공만 있고 경계 따라다니는 소는 사라졌기에 자취 없이 그 영향에서 벗어나게 된다. 감각에 물든 마음으로 불나방처럼 불을 보지 못한 채 따뜻한 기운만 보고 날아든다면 '여시조로'의 꼴불견에서 벗어날 수 없다. 근원적 생명력은 깊고 깊어 지극히 미묘하게 작용하기에 '인연소기' 모양을 다양하게 빚어내지만, 대상에 사로잡힌 우매한 소가 떠났기에 자유와 행복이 함께 하는 활인수양이 이루어진다.

원융미소

청정법신 우린 원융미소
묘음향기 구족하기에
관음담은 진여실상

사상 제나 벗어나
생명 법수 가득하고
혜안 심미안 연주하기에
얼 새긴 참 생명 모습이네

육진경계

소를 타고 집에 돌아오니
사람만 있고 소는 없고
해는 중천에 가득하며

육진경계 소는 없지만
꿈꾸는 주인공 그대로네
초당 고삐만 덩그러니 남아
자취조차 찾을 길이 없나보네

여시조로

불나방 불을 보지 못한 채로
따뜻한 기운보고 날기에
여시조로 꼴불견일세

무상 알아차리지 못해
얼굴 비친 연못으로 돌진
그림자만 쫓는 방랑자 신세
새봄 상큼향기 통째 놓칠세라

인연소기

근원적 생명력은 깊고 깊어
지극히 미묘하게 작용하여
인연소기 모양 빚네 그려

하나 안에 일체가 있으며
일체 안에 하나 함께 하기에
하나 일체이며 일체 하나이더라.
티끌마다 능히 시방삼세 품었노라

명상시 치유힐링 22 유리광천

　　이집트의 기독교 최초 수도원, 파코미우스(Pachomius)의 수도승들은 수도원에 있던 이단 문헌들을 빼내 항아리에 넣고 밀봉한 다음 산기슭 큰 바위 밑에 감춰두었다. 이렇게 숨겨진 문서가 1945년 12월 이집트 카이로에서 남쪽으로 500Km 떨어진 나그함마디(Nag Hammadi)에서 발견되었다.

　　열세 뭉치로 묶여 있는 파피루스 서류 뭉치들 속에는 52종의 문서로서 발견이 되었다. 여기서 『도마복음』, 『빌립 복음』, 『마리아복음』 등이 있었다. 이 문서 중에서 주목을 받은 것이 『금강경』과 상통하는 『도마복음』이었다. 여기서 예수는 스스로 '깨친 이'로서 제자들에게 '깨침'을 가르친 분이다. 또한 『공관복음』보다 10년에서 20년 정도 오래된 전승으로 판명되었고, 114절 복음 중심으로 수록되었다. 그런데 여기에는 기독교 핵심교리, 재림, 종말, 부활, 심판, 대속 등에 대한 언급이 없다. 내 안에 빛으로 계시는 하느님을 아는 깨달음이 거듭 나는 길이기에 이 길을 통해 천국에 이른다고 한다. 늙은이도 갓난아기에게 배워 '어린아이와 같이 자기를 낮춤', '할례받기 이전의 남녀 미분화 상태를 회복함' 등은 『금강경』의 불이(不二)와 상통한다. 진여와 현상계는 둘이 아니기에 술취한 상태, 잠든 상태에서 깨어나 영성 '참나'에 눈 뜨면, 의식변화를 맛볼 수 있는 데, 이는 곧 그리스어, '메타노이아'(metanoia, 회개)로서 천국은 의식변화에서 초래한다고 말할 수 있다.

"회개하라. 천국이 가까웠느니라."라고 외치며, 천국복음을 강조했을 때, 그 지평은 '의식(noia)'의 '변화((meta)'이다. 의식변화는 이분법적 나눔 의식에서 영성 '참나'의 '하나 됨'을 깨달아 '하나님'으로 주체변혁을 꾀함으로, '지금 여기'의 천국복음을 실화지평으로 내세우는 데 관건이 있다. 아브라함 이전부터 있었던 우주 생명을 참 생명으로 자각하여 인간 존엄을 회복함이다.

종교 핵심은 영성과의 만남이다. 각자 자신의 더욱 수준 높은 잠재력을 활성화하여 명상시 치유힐링으로 영성을 일깨운다면 좁은 종교의 매력은 점차 감소할 것이다. 의도적이며 주관적인 '자아'는 행동적이지만 객관적인 지표와 수평으로 교감한다. 이를 통해 사회적 상호주관은 통합규범으로 연계된다. 이제는 열린 자세로 과학개념을 확장하여 영성과학을 받아들일 필요가 있다.

종교는 과거의 독단적·신화적·마술 단계를 벗어나 영성힐링에 근거하여 우주의 보편마음으로 승화시킬 필요가 있다. 명상시 치유힐링을 통해 자연경관 명상의 심신치유와 시적 알아차림의 영성힐링을 꾀할 수 있다. 인류는 진화 선상에서 전근대 종교와 근대과학 수준에 크게 나아가지 않았다. 인류 문명 중심이 높아질수록 깊은 영성체험이 일반화 될 수 있다. 이 진화는 개인의 내면 영역에 국한되기보다 사회적으로 통합의식으로 사회적 통합차원을 열어가야 한다.

사회 통합차원을 열기 위해 근대 및 탈근대를 벗어나 더불어 행복한 공공행복 시대를 펼칠 필요가 있다. 공공행복 시대를 열기 위한 명상시 치유힐링에서 사념처 수행은 '사마타(止)'와 '위빠사나(觀)'의 균형 잡힌 실천 수행이다. 명상수행으로 사념처를 알아차리고, 사념을 올바르게 유지하는 앎으로서, '바른 지혜(正知, sampajāno)'를 가능하게 만든다. 명상수행으로 마음을 청정하게 하고 슬픔과 비탄을 극복하여 고통을 경감시킬 수 있다.

검은 나목 섬세한 가지마다 '유리광천'은 푸름에 떨고 백운 닮은 상념의 멍에를 물리치며 홍매화 가지 닮은 붉은 기염을 토해내 심신을 치유토록 한다. 이에 따른 '업장소멸' 이루어가는 공덕실천으로 '난 생명'에서 '깬 생명'으로 변하기에 일거수일투족이 활인수양으로 이어진다고 할 것이다.

나무에서 물고기 구하는 '연목구어'는 결코 구할 수 없음을 상징하지만 일체 유심

소현 이치를 깨닫게 됨으로 얻지 못할 물건도 없다는 차원에서 영성힐링을 가능하게 한다. 일체법에 자성 없음을 요해하면 이대로가 조화의 기쁨이자 법화구현이니, '일가 화락'을 성취하여 만물 진여를 비추니 안으로 비추는 이 지혜로 말미암아 오온의 가 상적 고통에서 벗어나 심신치유를 원만하게 성취한다.

유리광천

막혔던 몸 세포 터럭 구멍마다
길 뚫으며 유리광천 이뤘도다
우화등선 환희 밀어 닥치네

검은 나목 섬세한 가지마다
유리광천 푸름에 바르르 떨고
백운 닮은 상념멍에 물리치고서
홍매화 가지 붉은 기염 토하고나

업장소멸

업장 소멸 이룬 일체 공덕
난 생명에서 깬 생명으로
일거수일투족 자유실현

지수화풍에 수상행식
일합상 이룬 진공묘유
무분별취상 머물지 않기에
공덕회향친절 몸에 배었구려

연목구어

나무에서 물고기 구해도
결코 구하지 못함은
제 눈 못 봄 일세

눈 실명한 적 없고
만사 눈도장 찍으며
보지 못한 물건 없기에
유심소현 이치 그대로네

일가화락

일체법에 자성이 없듯이
집이대로가 조화기쁨
십년송주 법화구현

일가화락 성취하고
구름 얼음비를 보며
물 진여 바로 비추나니
조견오온 고통 벗어났노라

인생박자

청정심의 장엄정토는 '탐진치'의 애증심이 사라진 청정심이다. 이 청정심(淸淨心)은 모양에서 모양 아님을 비추어 관조하는 '정심장엄(淨心莊嚴)'에 그 요체가 있다. 이는 명상시 치유힐링과 상관한다. 대승가치의 행위변화와 회개정신은 큰 수레바퀴를 굴린다. 개체의 깨달음에 치중하던 발상에서 이타명상을 강조하면서 종교문화를 혁신하였다. 특히 『도마복음』은 대승정신을 담아 전통적인 예수전승과 또 다른 궤적을 보여주고 있다. 이것은 헬레니즘 문명권 속의 인도적 사유와 팔레스타인 사유를 제시하였다.

대승가치를 반영하는 장엄정토는 『금강경』의 장엄정토(莊嚴淨土)를 통해 청정심으로 구현하기에 경계에 물들지 않고 청정자성으로 나아가 반야바라밀을 실천하는 '무주(無住)'의 기화지평을 열었다. 『금강경』에서 말하는 무주는 장엄정토를 구현하는 요체이고, 공사상이자 무착(無着)이다. 『도마복음』에서는 죽음을 맛보지 않아도 되는 영성자각의 로고스로 이화지평을 제시하였다. 예수는 타인에게 금욕을 강요하지 않았지만, 스스로 사자위엄을 보여주었다.

말씀을 깊이 있게 이해하기, 끝과 함께 시작을 바라보기, '참나'의 영성을 자각하기, 죄의식에서 벗어나기, '참 생명' 각성하기 사례이다. 천국복음은 끊임없는 영성탐구이자 실존의 빛을 발견하는 충만으로 주체개벽의 회개(悔改: metanoia)이다. 장엄정토는 반야바라밀 실천의 '메타실천'이다. 이는 경험에 근거하기보다 진여(眞如) 상관하여 무착(無着) 연동의 행위변화를 의미한다. 생멸심의 대상이 되는 현상계와 차원이 다른 진여는 무위법으로 이루어진다.

보살은 법의 공성 토대의 '승의제(勝意諦)'에 근거하여 반야바라밀을 실천한다. 장엄정토는 법신(法身) 장엄으로 스스로 '있는 그대로 모습'을 깨닫는데 요체가 있다. 청정심으로 불국장엄하게 하는 것을 일컬어 장엄정토라고 한다. 『도마복음』의 구원론에서는 예수신앙보다 천국복음에 대한 새로운 해석과 실존자각을 중시한다. 해탈로의 구원을 가르친 예수는 '아버지의 나라'를 복음천국으로 선포함으로써, 『금강경』의 무주(無住)·무상(無相)과 상관연동으로 분별 사라진 '자웅동체의 원초(androgynous primordially)'를 깨닫게 하였다.

현상계와 현상계 너머의 진여는 둘이 아니기에 술 취한 상태, 잠든 상태에서 깨어나 영성의 '참나'에 눈을 뜨면, 의식변화를 맛볼 수 있다. 이를 '메타노이아(metanoia, 의식변화 또는 회개)라고 한다. 의식변화는 이분법에서 벗어나 영성의 '참나'를 깨닫는 주체변혁이면서 일상에서 중도실화를 살려 냄이다. 이 길은 아브라함 이전부터 있었던 개체에 내재하는 '참 생명' 깨침으로 인간존엄을 회복하는 길이다. 이 빛은 『금강경』의 무주의 중도실화에 의한 정심(淨心)의 장엄정토와 상관연동을 이룬다고 할 것이다.

『자애경』에 따르면, 자애명상 수행자는 '계(戒)'를 지킴으로써 생명 소중함이나 정직함, 온화함으로 사랑을 방사함을 목표로 삼는다. 자애명상은 분노나 성냄을 일으키지 않도록 하는 해독제 역할을 한다. 자애(慈愛) 병행으로 어떤 수행보다 빨리 고요하게 되는 결과를 초래하기에 명상수행 초심자들에게 적합하고 안전한 수행법으로 알려져 있다. 또한 자애명상은 모든 사람이 행복해지는 공공행복을 위한 활인수양이다.

『자애경』에 따르면, 자애명상 목적이 '평온상태를 성취하는 것'과 그 결과 '다시 윤회하지 않도록 함'이다. 이처럼 자애명상은 열반으로 이끄는 특징이 있다. 또한 자애명상은 신체적이고 정신적인 안정은 물론 부정적 심리 성향들을 제거하는 심신치유를 이룬다. 자애명상은 개인안녕은 물론 사회를 평화와 조화로 이끌기에, 세간 이익과 출세간 공덕에 이바지한다. 자애명상은 자심해탈을 얻으며, 범천탄생을 예비한다.

자비와 사랑의 명상으로서 자애명상은 일상생활의 행복리듬을 가져오게 함으로 효율 극대화를 향한 '인생박자'를 가능하게 함으로 자기내면을 고요히 비추고 자리이타 일을 성취하도록 일깨우기에 원만행복의 결실을 맺게 한다.

이처럼 영성으로 알아차리는 '여실지견'은 다선일미로 차 맛 속 정수를 느낄 수 있기에 진로망상의 육진경계를 해체시킨다고 할 것이다. 일을 하다 보면 일에 얽히는 '응사물누(應事勿累)'로 말미암아 사람은 물질 경계에 묶이어 힘들게 되고 응당 스트레스를 받는다. 이로 말미암아 중중무진의 잡초를 형성하더라도 애착분별을 거두면, 본래무일물 실상에 계합, 영성힐링을 가능하게 한다.

인생박자

인생박자 일상생활 행복리듬
리듬으로 살기에 경쾌하며
참 면목 비추어 밝고나

효율극대화 향한 박자
자기내면 고요히 비추고
자리이타 성취토록 일깨우며
환희원행 원만행복 결실이루네

여실지견

영성으로 알아차림
차 맛 속 정수로
여실지견일세

몸속 알아차림
차 맛 정수 몰라
진로망상 여실지견
육진 쫓는 분별 망상

응사물누

일하다 보면 얽히는 응사물누
사람 물질에 묶이어 힘들고
응당 스트레스 받기 쉽고

풍요 편리함 누리더라도
문명 스트레스 그림자로세
응사물누 자유롭기 원한다면
분별 집착 떠나 일진영성 살다

일진영성

깬 생명 일진영성 감사하고
손가락 펴면 다섯이지만
감싸 쥐면 한 주먹이네

화초 옆 잡초 무성한데
잡초 허울만 있을 뿐이라
중중무진 잡초세계 이뤄도
애착분별 거두면 본래무일물

명상시 치유힐링 24 입춘대길

삶의 원만구족은 한밤 꿈속에서 안락함을 누린 것을 깨달아 죽음의 대상이 되는 내용에서 벗어나 명상을 통해 불생불사의 법을 수립하는 것이다. 수련이 아무리 아름답다고 하더라도 역시 기억으로만 남게 된다. 모든 것을 저승사자가 가로 마구 버티고 있으니 환락행은 믿을 수가 없다. 자비심 없는 저승사자는 무고히 죽이고 있는데 지혜로운 자는 한가롭게 놀고 있다.

남섬부주 사람들의 수명은 정해지지 않았지만, 북구로주 사람들의 수명은 한정되어 있다. 혹자는 태내에서 죽고, 혹자는 태어나면서 죽고, 혹자는 기어 다닐 때 죽고, 혹자는 뛰어다닐 때 죽는다. 개개의 젊은 사람도 점차로 죽음으로 향하는데 익은 과일이 떨어지는 이치와 같다. 사대로 이루어진 몸이 균형을 잡지 못하고 증감을 가져와 병이 생기고 마침내 생명을 앗아간다.

지옥은 네 가지로 나뉜다. 대유정지옥, 근변지옥, 한랭지옥, 고독지옥이다. 지옥의 고통은 할 업의 힘이 다할 때까지 당할 수밖에 없다. 근변지옥에서 근변은 팔종 지옥의 네 개 담장과 네 개 문이 있고, 그것들의 밖에는 쇠로 된 성곽이 둘러싸고 있으며, 그 칠성에도 문이 네 개가 있다. 각각 문밖에는 대유정보다는 작지만, 네 개의 유정지옥이 자리 잡고 있다. 불구덩이 갱과 시체구덩이 갱이 있고, 그 밖은 시체가 썩는 냄새를 풍긴다.

또한 살아가며 겪는 '트라우마' 고통은 자신이 존재하고 있는 시공과 상관없이 생각과 감정과 감각이 과거로 향하도록 하면서 과거를 살게 한다. 생각과 감정은 끊임없이 과거로 흐르기에 현존하기가 어렵다. 현존을 증명할 수 있는 것은 '지금, 여기'에서 신체로 살아가는 경험이다. '지금 여기'를 경험하기 위해 느낌으로 신체경험이 신경생물학적 경험과 일치하도록 한다. 명상시 치유힐링에서 '알아차림'은 '지금 여기'를 알아차림이다. 현재 이 순간에 주의를 기울임으로써 마음현상이나 상태를 활인 수양으로 알아차린다.

이로 말미암아 일상의 습관적이고 자동적인 감정, 생각, 경험에서 벗어난다. 정신과정에 대한 심사숙고는 일종의 메타인지로서 자신의 심리과정을 재평가하는 과정이라고 할 것이다. 이러한 알아차림의 메타인지는 '지금 여기'의 경험이 여실하게 두드러지도록 한다. 이것은 일종의 확장된 자기 인식으로 '지금 여기'의 신체에 머물며 실행하는 마음챙김을 메타인지로 순환하는 삶의 원동력으로 삼는다.

세상 하얗게 바뀌고 찬 냉기 귓전에 스치지만 차가운 삭풍 물러나게 하고 새봄 기약하는 '입춘대길' 시는 새로운 희망의 알아차림이다. 또한 '입도시성' 시는 적멸자재 지혜의 성취를 위한 입도로서 반야인연으로 적멸법락 계기를 만드는 알아차림이다. '인연소치' 시는 세상만사 생멸인연 작용을 그린 것으로 이에 그치지 않고 해탈지견의 출세인과로 이어지게 한다. '자가진단' 시는 꾸준히 명상함으로써 분노조절도 실타래처럼 풀어 영성힐링으로 인도한다.

입춘대길

입춘대길 눈발 흩날리고
온 세상 하얗게 바뀌어
따뜻한 봄 생각 쫓다

찬 냉기 귓전 스치며
푸른빛 온 대지 스미니
차가운 삭풍 물러나구나
새봄 기약하는 봄바람 향기

입도시성

적멸자재 지혜 성취위한 입도
보고 듣고 생각하고 말하는
이것이 무엇인가 묻노라

생사고통 여읜 방편으로
설중매 하얀 평등계 펼치듯
반야성도 정토인연 맺고 나서
적멸법락 이뤄 입도시성 이루세

인연소치

세상만사 생멸상 인연소치
복 지은 천당 죄로 지옥
해탈지견 출세인과로세

원융미 출출세간 이뤄
파도너머 상방광명 보네
무지개 원만보신 드러내며
환희법열 생멸자재 복혜쌍수

자가진단

자가진단, 때와 장소 불문하고
짧은 시간 꾸준히 진행하면
혈압계 자율신경 호전일세

이유 없이 짜증 지속하거나
주요치 않은데 안절부절못하며
사소함에 분노조절 어려울지라도
자신 돌아봄에 실타래가 풀어지네

장엄여의

아우구스티누스는 젊은 시절 맛보았던 비극적인 경험 때문에, 영육 이원론에 근거하여 육을 악으로 간주하던 마니교의 영향을 받아, 인간의 나약함을 강조하면서 인간 성욕이 아담과 하와의 타락을 낳았고 이로 말미암아 '원죄'를 모든 사람이 뒤집어쓰고 있다고 주장하였다. 이 원죄로 말미암아 지옥에 떨어질 운명에 있지만, 하나님의 예정으로 절대적인 사랑과 은혜를 입어 구원이 가능하다는 예정설을 제기하였다.

그 당시 원죄를 인정하지 않고 자신의 구원을 이루어야 한다는 펠라기우스(Pelagius)와 논쟁을 불러일으키게 된다. 아우구스티누스의 신학은 가톨릭 신학에 결정적인 영향을 불러일으켰으며, 종교개혁 당시에는 개신교 신학에 결정적 양향을 남겼다. 특히 그의 예정설은 장 칼뱅(Jean Calvin)을 통해 많이 회자하였다.

명상시 치유힐링에 활용하는 다양한 자연정경 만다라는 심신치유에 기여할 뿐만 아니라 마음의 중심을 찾고 자연과 우주와의 합일을 모색함으로 영성힐링을 가능하게 한다. 무의식적으로 만다라를 그리는 현상은 내적 기쁨과 질서, 생명 의미를 회복하게 한다. 무심코 그린 만다라 형태는 내적 갈등과 삶의 위기를 벗어나 내면질서와 조화를 발견토록 된다.

만다라를 통해 의식과 무의식의 균형을 회복하고 중심을 잡을 수 있도록 하기에 만다라는 개인 또는 집단의 미술치료 뿐만 아니라 가족의 치유 프로그램에도 활용된다.

가족치료에서 '자기 만다라(Self Mandala)' 표상은 근원적인 존재나 창조적 힘을 모색토록 한다. 동심원을 그리면서 신체와 정신 간의 상호작용을 보여주거나, 자아를 둘러싼 우주의 다원연계 작용을 확인하도록 한다. 자아 정체감이나 자존감 회복을 위해 자연 정경과 연계된 만다라를 그리거나 명상수행에 활용한다.

만물 돕기 위해 태어나 이웃 행복을 위해 살아가는 모습을 그린 '장엄여의' 시는 꽃이 자신 위해 향기를 뿜지 않는 모습을 알아차리도록 함으로써 만사여의 심층 세계를 만다라로 재현한다. '정극통광' 명상시는 비와 얼음의 공통속성을 알아차리게 함으로 근원적 생명력으로서 물의 진수를 메타인지 하도록 한다.

'일시무시' 명상시에서는 세상에 진 빚을 상기하고 갚고자 발심하게 함으로 진여성품을 깨치게 하거나 허공마저 분쇄하는 '본래무일물' 영성통찰 만다라를 펼친다. 신심의 원력으로 화엄삼매를 성취하고자 발원하는 '자성원성' 시에는 불생불멸의 청정법신이 현신과 체용을 이루어서 법성 만덕으로 공덕을 성취하는 만다라를 표상한다.

장엄여의

강은 자신의 물마시지 않고
태양 자신 비추지 않으며
나무 자기열매 피하다

만물 돕기 위해 태어나
이웃 행복해야 자신 좋고
꽃 자신 위한 향 뿜지 않듯
장엄여의 함께 만사여의 구현

정극통광

지극정결 빛 통하고
자작자수 인과투철
십년송주 아미타

비얼음 구름 보며
물속 진여 알아차려
정극통광 여실지견으로
시방삼세 삼위일통 일세

일시무시

홀로 세상 태어나 시작하지만
허공장보살 함께 살아감에
실은 시작한 바 없고나

거짓처럼 조각난 파편
원래 자취 없는 환영이라
열반과 세상 진 빚 갚음조차
성품 깨쳐 허공마저 일체유심조

자성원성

자성원성 원융무이상
신심원력성취 이뤄
씨앗 열매 맺노라

중중엄 화엄삼매
불생불멸 해인삼매
청정법신 체용 이뤄
법성만덕 불신원만 충만

명상시 치유힐링 26 전도몽상

　　서양의 레이몽 파니카(R. Panikkar: 1918-2010)는 가톨릭 수도사이자 미국 캘
리포니아의 산타바바라 대학교수로 재직했다. 그는 『종교 간의 대화(The Intra-
religious Dialogue)』, 『신체험(The Experience of God: Icons of the Mystery)』,
그리고 『존재의 리듬(The Rhythm of Being))』등에서 영성에 관한 다양한 성과를
나타냈다. 파니카에 의하여 정초된 우주신인론 영성은 '신적인 것(Theos)'과 '하느님
의 영(Spiritus Dei)', '인간적인 것(Anthropos)'과 '사람의 생명(Vita Hominis)',
'우주적인 것(Kosmos)'과 '땅의 생기(Anima Mundi)'를 함께 연동하여 유기체적 실
재로서 다루었다.

　　우주신인론 영성은 실재의 세 가지 차원이 실재의 마지막 구성을 드러내는 필수
불가결한 삼원 관계라는 사실을 강조한다. 파니카는 예수가 그리스도이지만 그리스도
는 예수만이 아니라고 강조하였다. 다석도 하느님의 존재는 하나이면서 모든 것이 절
대인 동시에 절대적인 '빔'의 무로 보았으며, 한사상의 '한' 개념과 상통함을 언급하
였다. 파니카는 인도 힌두교를 정점으로 하는 동양사상과 로마 가톨릭 사상을 정점으
로 하는 서양사상을 회통시키고자 노력하였다.

　　그는 인간과 우주와 신이 상즉상입(相卽相入: 우주생명이 서로 대립하지 않고 융
합해 작용하며 무한히 상관연동 관계를 유지함)하는 파노라마를 연출한다고 보았다.

하느님의 얼, 또는 영이 주관하는 나는 얼나(靈我)이고 참나(眞我)이다.

얼의 생명을 얻은 자들은 바탕을 이루는 '바탈'의 성(性)을 살려낸 '얼나'로서 하느님 영과 불성에 통한다고 할 것이다. 파니카는 우주생명을 우주신인론 영성 관점에서 자연과 우주를 고립된 물질이 아니라 살아 움직이는 에너지로 파악하였다. 우주생명은 단순한 물질이나 전환가능한 에너지가 아니며, 세계 역시 단순한 거주지나 실재의 확장된 일부분이 아니다. 모든 외부 실재나 초월 세계 까지도 시공차원과 세계의 존재를 전제하지 않으면 안 된다.

세계 외부성이나 초세계성 조차도 세계적인 것 또는 세속적인 것과 연관되어 있다. 신적 차원이나 인간이 없는 우주 차원은 따로 존재할 수 없다는 주장을 폈다. 인간은 가치 내면화를 통해 그 가치를 바탕으로 사고와 판단의 틀을 만든다. 가치는 받아온 교육, 겪어온 인생 경험을 통해 형성되고, 내면화되며, 사고의 틀은 이러한 가치를 바탕으로 하기에 쉽게 깨지거나 바뀌지 않는다고 한다.

이처럼 중생미혹의 불각은 본각이 제대로 알려지지 않음을 뜻한다. 불성에서 본각이 본유(本有)이면, 시각(始覺)은 당과(當果)이다. 본각은 '무명을 따라 움직이는 수동상태 생멸의 수염본각(隨染本覺)과 '부동의 진여'에 근거한 성정본각(性淨本覺)으로 나뉜다. 수염본각은 생멸 무명에서 벗어나 불각에서 시각(始覺)으로 전입할 때의 양상을 말한다. 성정본각은 깨달음의 '진여'로서 거울에 비유된다.

중생이 무명을 여의고 불각에서 벗어나 생명치유로 바뀌려면, '전식득지(轉識得智)'의 공공작용이 요청된다. 여기서 수염본각의 발심은 원각을 현전하도록 일체번뇌를 멈추게 하는 '사마타(smatha)로서 집중적인 지관(止觀)'을 요청한다. 진여본각을 비출 힘이 없는 것을 일컬어 전도몽상의 망념이라고 한다. 이 망념이 멈추고 발심의 공덕이 나타나게 되면 번뇌는 사라지고, 마음은 청정과 고요를 회복하게 된다. 결국 전도몽상의 망념으로는 진여본각을 비출 수 없다.

원각이 두루 비추는 적멸과 달리, 주객을 이원으로 나누고 분별하는 알음알이에 사로잡히면, 망념의 멍에에서 자유로울 수 없다. 진여본각은 성품을 보고 알아차리는 거울이다. 거울은 여실히 비추기에, 일체모양이 하나도 어그러짐 없이 선명하게 드러난다. 반야심경 지송은 진여본각에 비추어 현상을 그대로 드러나 망각의 늪에 빠지지 않도록 반야정수를 집약하여, 법회에서 독송되고 회자되었다.

온갖 법의 공한 이치를 밝히고, 발심을 일으킨 보살이 이 이치를 관하여 일체고난을 면하고 활인수양 하는 인연 공덕을 설한다. 망념을 다룬 '전도몽상'을 깨쳐 '제호상미'를 맛보며, '입동냉기'를 견디며 노을 단풍을 관함으로 마침내 명상시, '자업자득'의 법칙을 규명하고 생명 깨침을 노래할 수 있다.

전도몽상

이변분별 삼제차별 벗어나
막힘없는 명철반야 지혜
식심 떠나 원명이루네

삼십이상 팔십종호로
꿈꾸는 색신 묻어버리고
생사파도 벗은 적멸이락에
사무침으로 전도몽상 벗었노라

제호상미

잡혈우유서 낙 생수 숙수
숙수에서 제호 나오니
최상 맛 깨침 닮았다

세수하며 코 만지듯
젖먹이 얼 나 엄마 찾듯
씨앗이 자라 열매 결실 맺듯
가까운 최상 맛은 제호상미다

입동냉기

국화꽃 서리 영롱한 반짝임
까마귀 홍시 입맛 쩍쩍
단풍낙엽 들판이도다

입동냉기 추위 몰며
노을 단풍 장엄하구려
앙상한 나뭇가지 흔들며
성큼 다가온 겨울 손잡았네

자업자득

스스로 지어 받게 되는
자업자득 올바른 인연
콩 심은데 콩 나네

관자재 보고지고
관세음 경청하기에
넓게 보고 깊게 듣노라
생명 깨침도 일순간 일세

정월만월

혼이 육체의 물질 한계를 취할 때, 그 혼을 "자아(ego)"라고 부른다. 혼이 자신을 한얼 반영으로 볼 때, 얼 또는 영성이라 한다. 자아는 영혼이 감각의 지각들에 얽히게 될 때 영혼이 획득하는 일종의 그릇된 의식이다. 자아의식은 의식적 상태와 잠재의식적 상태에서 활동이 이루어지며 반(半) 초의식까지에 영향을 미친다. 환시는 그 상태를 넘어서는 것으로 얼 지각이 가능하기에 영성 가치가 있다.

모든 유형의 꿈에서 에너지는 지각 활동과 근육 활동에서 이완되어 두뇌에 축적된다. 직관과 초의식은 같다. 영혼이 자신의 직관은 물론이고 두뇌에 축적된 에너지를 사용해서 자기 생각들을 어떤 실제적인 경험들에 집중하고 그것들을 물질로 구현할 때 초의식 환시들이 발생하게 된다. 초의식의 꿈은 진실하다. 그런 꿈들은 미래의 환시들이거나 전생의 '데자뷰(DÉJÀ VU)'의 경험일 수 있다. 진정한 환시는 의식으로 야기되는데, 초의식의 상태에 도달한 경우에도 환시를 생성한다. 그러나 반(半) 의식의 꿈은 잠자는 동안에 생성된다.

환시들과 고차원적 영성의 성취에 해를 끼치는 모든 환각은 잠재의식의 마음에서 나온다. 환각들은 눈을 감은 상태에서도 눈을 뜬 상태에서도 보일 수 있겠지만, 그 환각은 상응하는 현실성을 갖지 못한다. 그 환각들은 어떤 영상을 투사하기 위하여 육체에서 이완된 어떤 에너지를 사용하는 잠재의식의 마음에 의하여 생성되어 비추어지는 일종의 정신 영상들이다. 히스테리와 몽유병은 해로운 잠재의식 상태이다.

꿈들로 이루어진 잠재의식적 영화나라에서 샛길로 빠지지 않는 것이 중요하다. 그것은 각성된 의식의 상태 동안에 감각들에 얽혀드는 것만큼 나쁜 것이다. 주의의 탐조등을 무한자 한얼에 비추고 계속 거기에 두며 다른 모든 것을 스쳐 지나간다. 그리고 성량이 풍부한 구원의 돌파구가 사랑하는 가슴의 마이크를 통하여 울려 퍼진다. 지혜 목소리가 마음의 에테르 속을 떠다니면서 삼매의 황홀경에 동조된 가슴을 찾는다.

어렸을 적부터 환경 반응을 통하여 내적 정신적 환경이 형성된다. 생각과 정신적 습관들로 이루어진 내적 정신적 환경이 자동적으로 행위들을 인도한다. 그렇기에 좋지 못한 정신 습관들은 그 근원에서 소멸시켜야 한다. 그렇지 않으면 습관의 뿌리로 작용한다. 발심 일으킨 보살은 '반야 바라밀'을 성취하는 삼매(三昧 Samadhi)를 통한 청정성 회복의 생명 치유가 가능하다. 이는 일체가 공(空)이라는 직관으로 지혜를 갖추면서, 경전 독송으로 나아가서 반야를 향하면서 동시에 중생 구제를 서원하게 된다. 진실한 지혜반야는 중생에 대한 무한하고 자비로운 자비심을 일으켜 활인수양을 이룬다.

결국 관세음보살이 큰 지혜로 깨달음의 언덕에 이르는 깊은 수행을 하실 때, 인간을 비롯한 모든 존재를 이루는 다섯 가지 구성요소, 물질적 형상과 느낌, 생각, 의지, 인식 작용은 모두 고정된 실체가 아니라 텅 빈 공임을 훤히 비추어 보기에 마침내 모든 괴로움과 불행에서 벗어날 수 있다. 발보리심을 일으킨 보살의 일체의 도는 반야바라밀다행이다. 이러한 지혜를 통해 생사의 차안에 머물지 않고, 자비가 있어 피안에도 머물지 않는다. 차안과 피안의 중간에도 승의(勝義)가 머물지 않아 두 변을 모두 타파함으로 공성의 반야 통찰의 현관을 드러낸다.

반야통찰의 원리는 지혜(智)로써 수다원(須陀洹, 색계와 무색계 미혹을 끊은 성자), 사다함(斯陀含, '一來'로서 세상 미련이 남아 있지 않아 한 번 오는 성자), 아나함(阿那含, '不還'으로 인간계에 다시 오지 않는 성자), 아라한(阿羅漢, 생사초월로 다시 몸 받지 않는 '不生', 공양 받는 '應供' 성자), 벽지불(辟支佛, 홀로 깨달은 獨覺·緣覺의 성자)을 건너고 관법으로 반야통찰 원리이다. 이는 곧 반야의 공성(空性)을 깨달아 얻음으로, 다섯 범주를 포괄한다.

진여 실상을 통찰하는 실상반야(實相般若), 일체경계에 통달하는 경계반야(境界般若), 경전문자에 통달하는 문자반야(文字般若), 지혜를 통달하고 보시를 포함한 육바라밀 선행(善行)을 하는 권속반야(眷屬般若), 일체의 교화방편을 알아차려서 자리이타 방편을 두루 사용하는 방편반야(方便般若)이다. '정월만월'에 달님보고 기원하며, '조동법성'으로 원융하며 '조요심원'으로 근원적 생명력을 통찰, 마침내 허공마저 삼켜버리는 '정묘묘각'에 든다.

정월만월

설날 지나 보름날 되면
보름달님 두둥실 떠서
만인소원 접하고나

간절한 기도소리
달님 방긋 웃으시되
소원이 너무 많아지면
스스로 달님 되길 바라다

조동법성

법성 이 몸 깨쳐 동행하는
조동법성 오온 몸으로
발심 정진수행하다

자비 가득 펼친 극락
반야조견 텅 빈 충만에
진언지송 깨침 수반하기에
오온 몸 너머 법성원융 이뤄

조요심원

마음변화는 반연하지만
조요심원 성통함으로
근원적 생명력 안다.

야밤 초승달 뜰 때
생사몽식 여의었기에
멸진합각 번뇌 사라지고
청정법신 솔향 은근하구료

정묘묘각

살면서 돌아보는 회광반조
교언영색 태깔 벗어나고
자심 비추는 조견광명

보고 듣고 느낀 태깔
흐르는 달빛 비춰보면
기만허위 벗기는 무일물
허공마저 삼켜는 정묘묘각

사다함과

존재심연

사회 트라우마(trauma)에 대해 명제 윤증(明齋 尹拯, 1629~1714)은 실심실학(實心實學)으로 선비다움을 보여주었다. 그는 조선사회의 정치적인 현안이자 학문논쟁 대상인 '예송(禮訟)'에 대해서 개방적이었다. 당시의 '예송(禮訟)'은 이학(理學)의 철학적 원리와 종법(宗法)과 연계되어 최고 권력, 왕권의 정통성에 대한 논쟁으로 이어졌다. 실제로 권력을 놓고 목숨을 건 정치적 논쟁이었기에, 윤증은 '이'(理)의 무위를 강조하였다. 당시의 명제 입장은 율곡의 '이론(理論)'을 계승한 것이라고 말할 수 있다. 일찍이 율곡은 조제론(調劑論)을 펴면서까지 남인의 화해(和解)를 주창하였다. 그의 예학은 김장생(金長生)과 이이(李珥)의 학맥에 연원을 두었다.

그는 기호학파 예학의 종장으로서 깊은 영향을 미쳤다. 그의 실학은 천리(天理)를 인식하고, 의리를 분별하며, 구체적 정사(政事)와 생산 활동이 가능한 지식과 능력을 중시한다. 실학은 '실사구시(實事求是)'에 목적을 둔다. '실(實)'의 개념은 '천리'이다. 명제는 율곡의 이기(理氣) 관점에서 '마음(心)'을 설명한다. '마음(心)'은 모든 이치를 갖추고 만사에 대응하지만, 그 형체는 기로써 이루어진다. 올바른 지각은 정확하고 객관적 판단이다. 공정함의 영성이 '허령(虛靈)'이다.

'허령불매(虛靈不昧)'는 '마음'의 본체가 '맑고 고요하며 지각기능을 완전히 갖춘 영성작용'을 의미한다. 명제는 한 '마음'을 인심과 도심으로 나누는 것은 잘못이라고 주장하였다. 인심과 도심이 실심의 '메타(meta)'로 만나기에, 실심으로 다리 놓는 영성이 가능해진다. 현대윤리는 메타인지 방식의 '윤리적 사고'를 중시한다. 공감능력은 개개인의 행복을 넘어 세계시민 공동체 구성원들이 공공행복을 메타 관점에서 생각하고 결과를 국제규범으로 판단한다. 메타인지는 다양한 편견을 인식하고 편견과 차별 상태에서 벗어나도록 돕는다.

법은 크게 세속의 법으로 전하는 속제(俗諦) 또는 세속 떠난 법으로 전하는 진제(眞諦)로 나뉜다. 속제는 온갖 분별이 이루어지지만, 진제는 그 어떠한 차별도 허용하지 않는다. 얻을 수 없음을 얻는 것이 진제의 공(空)이다. 공에는 실체라고 여길만한 것이 존재하지 아니한다. 이른바 존재 심연이다. 속제는 수많은 중생을 제도하는 방편이지만, 진제는 제도할 중생이 존재하지 않는 진여이다. 여기에는 중생과 성인이 따로 없고, 아상, 인상, 중생상. 수자상도 없어 평등심을 지향한다고 할 것이다. 진제에서 얻을 수 있는 것은 하나도 없는 뜻의 '본래무일물'을 통찰하는 이른바 '반야통찰'이 가능하다. 이것은 채움이 아니라 비움이다. 반야 통찰에서 '제일의공'으로 열반이 공하다는 것을 관찰한다.

열반에는 실체가 없기에, 그 무엇에도 집착하지 않는다. 열반은 그 어떤 실체가 아니기에 '무지(無智)'이고, 그 어떤 것도 얻을 것이 없기에 '역무득(亦無得)'이다. '인지치료'는 내버려두는 수용을 통해 '지금 여기'에 대한 자각을 알아차린다. 경험을 단순하게 알아차리고 관찰하는 방식으로 관계를 맺는다. 공의 세계는 형상 없어 눈으로 보는 세계도 아니고 의식 세계도 아니다. 늙고 죽는 것도 아니며, 늙고 죽는 것이 다함도 아니다. 괴로움도 없고 괴로움의 원인인 집착도 없고 괴로움의 소멸도 없으며 괴로움의 소멸에 이르는 길도 없다.

아무것도 얻을 것이 없는 까닭에 반야 바라밀다에 의지, 일체 마음의 걸림에서 벗어난 '존재 심연'에 이른다. 마음에 걸림이 없으니 뒤집혀진 헛된 생각에서 벗어나고자 '지성감천'으로 하늘 감동을 자아낸다. '제지현해' 도리를 깨달아 자유를 실현하고, 마침내 열반에 이른다. 이는 감천의 결과이며 온몸을 자연에 맡긴 꿩처럼 천수를 누린다. 아울러 만월처럼 갖춘 '중도실상'을 깨달아 얻는다.

존재심연

존재심연에 사랑 파도치고
명성과 재물이 아니라
허영과 허욕 멀고나

존재심연 떨림 맞춰
행복 고동소리 여객선
뱃고동 소리 박자 맞춰
한 살림 채비 분주하고나

지성감천

사람 머리 하늘같으며
사람 배 땅 닮았다
지성감천 도 성취

일월광명 극진하고
천지음양 정성 모아
생사찰나 호흡 관하면
원래모습 밝고 또 밝고

제지현해

닭은 해가 뜨면 닭장 나오고
해지면 닭장에 들어와 쉬네
온몸 주인에게 내맡긴 채

숲 사는 꿩 아무데나 가고
백 걸음 물 한 모금 먹으며
눈이 쌓인 때 굶기 다반사지만
스스로 삶 이루며 천수 누리노라

중도실상

파도 멈춘 바다 비치듯
업풍 잠잔 진여실상
꿈 깨고 침상 보네

자신 욕망 멈추고
바람소리 고요할 때
본래진면목 드러나서
하늘만월 여실지견이네

　영성충만에 이르는 의식 사다리는 네 단계이다. 이른바 영성의 우주의식, 그리스도 의식, 영혼 의식, 자아의식이다. 자아는 영혼이 육체의식과 감각적 집착으로 내려선 마지막 단계이다. 신으로부터 흘러내린 의식과 에너지로 밝아진 감각은 세상을 드러내고, 자아를 그 원천으로부터 그리고 다른 창조물로부터 분리되어 떨어져 있는 것으로 본다. 육체 새장은 한얼의 반영으로 포획하였는바 그것이 영혼이다. 영혼은 망각 상태에 있을 때 육체 새장을 자신의 자아로 간주하고 육체의 모든 한계를 자신의 한계로 생각한다. 이 상태에 있는 영혼을 자아라고 한다. 자아가 육체와의 관계의 일시성을 깨닫거나 자신의 불멸을 깨달을 때, 그것은 다리 놓는 활인수양으로 작용한다.

　그리스도 의식은 창조를 통하여 자신을 표현하는 성부(聖父)가 반영된 의식이다. 우주 의식은 창조 안에서는 물론이고 창조를 초월해서도 자신을 표현하고 있는 성부 의식이다. 예수에게 있는 의식은 그리스도 의식이다. 그는 그 우주적 깨달음으로 세상의 모든 슬픔을 자신의 것으로 느낄 수 있었다. 그는 그리스도 의식을 통한 구원 방법을 모든 이에게 보여주기 위해 한정된 고투를 견뎌냈다. 모든 이가 그와 함께 그 의식으로 "일으켜질" 수 있도록 한 것이다. 지상에서의 마지막 고투가 끝났을 때 그는 우주의 무한의식으로 다시 들어갔다. '확연대오(豁然大悟)'는 명상수행 가운데 자연 영위의 법칙을 보고 순간적으로 깨우치는 것이라면, '확철대오(廓撤大悟)'는 수행 가운데 쌓였던 번뇌와 그 어떠한 생각이나 자각도 사라지고 캄캄한 상태에서 환하게 빛을 발하며 갑자기 깨쳐 사다리 자체가 없음을 확증한다. '참 그래서 주(主) 크리슈나는 다음과 같이 말하였다. '천 명 중에서 한 명이 나를 추구하고, 나를 추구하는 천 명 중에서 한 명이 나를 안다.' 진군하는 도중에 만날 수도 있는 정신적 기적들의 정원에 현혹되거나 만족하지 아니한다.

언제나 새로운 기쁨을, 즉 모든 힘이 나오는 발전기를 추구한다. 결의로, 그분의 존재를 가리는 베일을 헤치고 부수어 버린다. 사다리를 타고 올라가서 체득하는 신명 체험은 성스러운 영으로 임석(臨席)하는 제단으로 이루어진다. 침묵에서 획득되는, 이루 말할 수 없는 평화에서 모든 산만함이 잠잠해질 때까지, 해로운 자질과 상반되는 건설적 자질로 정복할 필요가 있다.

어떤 대상을 아는 것에는 세 종류가 있다. 단순히 표층을 아는 것과 심층 의미를 함께 아는 것, 그리고 다차원의 복합으로 알아 통찰을 수반하는 것이 그것이다. 단순히 표층을 아는 것을 '상(想)의 인식 작용'이라면, 이면(裏面)의 심층 의미를 함께 아는 것을 '식(識)의 알아차림'이라고 할 것이다. 이와 달리 다차원의 복합으로 알아 깊은 이해를 수반하는 것을 일컬어 통찰이라고 한다.

아이가 백 원짜리 동전을 보고 하얗고 둥글며 단단한 것으로 아는 것은 표층을 아는 것이다. 어른이 같은 동전을 보더라도 달리 느끼며 이것은 돈이고 얼마의 가치라고 이해하는 것은 심층을 아는 것이다. 금속세공인이 그 동전을 보고 구리와 여러 물질이 복합으로 합금되어 있어 제작할 때 어느 정도의 비용이 들어갔지만, 실지가와 액면가의 차이를 발견하는 것은 통찰로 아는 것이다.

어린아이 보는 방법이 단순히 아는 것이라면, 어른 보는 방식은 심층의미를 아는 것이고, 금속 세공인이 보는 방식은 통찰의 지혜로 보는 방식이다. 이 방식은 액면가에서 벗어난다. 통찰로 대상을 바라보면 복합적으로 알아차린다. 이때 대상의 관점에서 실상을 알아차린다. 처음에는 자신을 지속으로 지켜보면 낯설게 느껴진다.

마치 다른 사람이 거울에 비춰있듯, 다른 시각에서 느껴지고 바라보게 된다. 지속하면 심층 이해를 수반한다. 자신에 대한 이해가 커지면서 답답함도 은산 철벽으로 다가온다. 더 진지하게 통찰하면 껍데기를 벗겨 가식을 포기하고 빛처럼 가볍게 바뀐다고 할 것이다. 반야 통찰에서는 광명이 생겨 냉철하게 자신의 '지금, 여기'의 모습을 보고, 어느 순간 자신의 허상을 벗긴다. 자신이 가진 한계와 모순을 통찰하면서 편견과 고정관념으로 바라본 자신에게서 물러선다.

이제 자기 생각에서 벗어나 변화를 받아들이는 수준으로 의식이 전환된다. 명상의 수행에서도 이 같은 현상이 일어난다. 초기에는 외형적 모습과 익숙함을 느낀다. 몸의 자세나 형태, 움직임, 일반적 느낌, 감정, 생각을 알게 된다. 앉아 있을 때 앉아 있는 모습, 들어오고 나갈 때 들어오고 나가는 모습, 차를 마실 때 찻잔을 드는 자신을 지켜본다. 명상이 진행되면서 익숙함에서 내면느낌, '새로운 순수'를 발견하게 된다. '진홍모란'도 단순히 바라보는가 하면, 심층의미로 다가설 수 있기에 마침내 '진여묘오'를 발견하게 된다. 이로써 어리석은 '치암(痴暗)'의 무명을 걷어내고 마침내 '진여실상'의 통찰로 나아가는 계기를 마련한다.

진홍모란

진홍모란 여기저기 피며
눈물 날 정도 눈부시고
뼛속 깊이 향 스미다

은빛나락 뿌리면서
주변 감로수 솟구치다
영랑으로 눈부신 진홍모란
모란시인 무상세월 탕감하다

진여묘오

광대하늘 이불 보료로 덮고
풍성대지 침낭으로 삼아
뾰족 산 베개로 베고

오대양 술잔 따르며
단숨에 한 모금 들이켜
취기추임새 소매 펼럭임에
금강산 봉축 닿을까 저어하다

치암중죄

적멸자재 무지 치암중죄
무명애착 갈애심 깊어
자수자작 생기무명

끊임없는 애착분별
허공 치솟는 업식으로
새 꿈꾸는 분별취상 집착
풍지평파 일으킨 줄 모르네

진여실상

참으로 그러한 진여실상
상념 훈습 벗어난 자리
법신 매개한 소용돌이

물질에도 머물지 않고
촉감에도 벗어나 있으며
법에 머물지도 아니하면서
집착 낳는 개신 해체된 실상

명상시 치유힐링 30 집시연가

.

켄 윌버(K. Wilber)의 『아트만 투사』와 『육안·심안·영안』에 제시된 윌버 모형에 따른 의식의 스펙트럼은 이와 같다. 먼저, 태고단계는 신체, 감각, 지각, 정서와 동작을 포함한다. 이것은 장 피아제(Jean Piaget)의 감각운동지능, 마슬로우(Abraham Maslow)의 생리욕구, 제인 로빈저(Jane Loevinger)의 자폐 공생체계, 땅 자리, 물자리, 신체, 생기(生氣), 생명력과 상관한다.

첫째, 마술단계는 단순한 심상, 상징, 최초의 조악한 개념, 혹은 최하위 이지적 결실을 포함한다. 이는 응축, 전위, '상념전능'을 드러내는 의미서 '마술적'이다. 아리에티(Arieti)의 '고논리(Paleologic)', 피아제의 '전 조작'의 사고, 제3차크라로서 불의 자리이다. 그것은 로렌스 콜버그의 '전 인습적 도덕성', 로빈저(Loevinger)의 '충동적 자기방어' 단계, 마슬로우 '안전욕구'와 상관연동 된다.

둘째, 신화단계는 장 겝서(Jean Gebser)가 '신화적'이라고 명명한 단계이다. 이것은 제4 차크라로서 바람자리, 베단타 의식과 대승불교 상념 의식으로 '오구의식(五俱意識)과 6식 마음의식수준이다. 이것은 로빈저의 순응자와 의식-순응 단계, 콜버거 인습단계와 상관한다.

셋째, 합리 단계는 피아제의 형식적 조작사고, 명제이거나 가설-연역의 추론, 제5 차크라의 공, 의식의 몸과 상념의식의 절정에 해당된다. 이는 로빈저의 의식적이며 개인주의 단계, 콜버거의 인습 이후 도덕성, 마슬로의 자기 존중 욕구와 상관 연동 된다.

넷째, 심혼(Psychic) 단계는 켄타우루스 영역(the Centaur)과 하위의 정묘 영역을 하나의 일반단계로 포함한다. 그것의 인지 구조는 통합논리, 제6차크라로서 지혜, 대승불교 사량식(思量識)과 베단타 지성(知性)의 시작수준 단계이다. 이는 마슬로우의 자기실현 욕구, 제임스 브로톤(James Broughton)의 통합단계와 상관한다.

다섯째, 정묘 단계는 오로빈도의 개오(開悟), '말나식'과 '이성의 몸'의 절정수준, 내밀한 의미에서의 직관, 감상주의나 육감 의미가 아닌 것, 플라톤적 이데아 보고, 진언으로서 '종자 만트라(bija-mantra)', 제7 차크라의 정수리 단계, 마슬로우의 자기초월과 상관한다.

여섯째, 인과 단계는 모든 수준의 비현현(非顯現) 기저이며 여여(如如)로서 성장 및 발달극한, 최상의미에서 영(Spirit) 폴 틸리히(Paul Tillich)의 대인(Big Person)이 아닌 '존재기저Ground of Being'이다. 이는 스피노자의 '영원실체(External Substance)', 헤겔(Hegel)의 '절대정신(Absolutes Geist)', 제7 차크라와 그 너머, 베단타 지복(至福), 일체종자식(一切種子識)과 상관한다.

'집시연가'는 세상에서 구슬픈 노래이다. 지구 종말을 맛보기라도 하듯이 처량한 곡조이다. 이러한 슬픔을 극복하기 위해 진여삼매의 길을 제시한다. 일체의 현상이 마음이 빚어낸 '그림자'임을 이해하고, 진여의 법신에 몰입하는 방법을 취해 진여삼매에 들게 된다.

이를테면, 법신, 비로자나불 표상의 다섯 종자를 요도, 배꼽, 심장, 미간, 이마의 다섯 군데에 정착시키고 고요히 바라보는 관법으로 법신을 조견한다. 이러한 관법으로 자신이 '지수화풍공(地水火風空)'의 다섯 가지 구성요소, 오대(五大)로 이루어진 '오륜(五輪)'의 바퀴임을 통찰함으로 마침내 죄업 소멸, 반야 지혜 청정성을 회복한다.

'진여삼매'를 체득하고자 몸에 본존을 관상하며 갖가지 망상을 쉬고, 본존과 삼밀 가지로 계행과 삼업을 청정하게 전환해, 고요히 관조하는 사마타(奢摩他)를 바탕으로, 선정을 이루어, 마침내 등지(等至) 지속에 따른 삼마발제(三摩拔提, 'samapatti')에 이른다. 진언지송을 함께 활용하여 일여로 관통하여 전식득지를 이루고, 내면의 빛이 유동적으로 흘러 양 눈 중간에서는 빛이 저절로 회전한다.

이러한 영성 빛의 회광반조에 의해 광명 환희가 나타나면서 주문 지송은 저절로 이어진다. 이에 '치암무명'의 괴로움을 없애고 진실하여 허망하지 않음을 알게 하는 '아제아제 바라아제 바라승아제 모지사바하'의 '반야바라밀다주'를 활용한다. 이 진언 지송을 통해 '생사 괴로움이 없는 피안 언덕'을 향한다.

'반야 완성'을 향하는 인생목표에 길잡이가 되면서, 인류 생명을 위하는 자비심으로 '동체대비(同體大悲)' 의식과 어우러져 피안의 언덕을 함께 넘어간다. 이는 피안 언덕을 향한 초월이요, 율려의 리듬과 상통하는 조화로서 평화와 환희의식을 수반한다. '촉경취사'를 일삼게 되는 업의 어두운 길에서 벗어나 상방 광명을 예비한다.

집시연가

세상에서 구슬픈 곡조 연주
코펜하겐 부둣가 집시형제
바이올린 울린 집시연가

신종악기 그림 새긴 샤갈
지붕으로 사라진 날렵 몸짓
구슬프고 강렬한 음색 토하다
지구 내일 사라지기라도 하듯이

치암무명

과거무명 현재애취 미래노사
어리석음 생사파도 낳기에
늙음 죽음 항상 동반하네

노사수레 운용업식 멈추면
이생희락 정생희락 이희묘락
불고불락 들어 생사파도 벗노라
치암무명 다스려 맛보는 적멸자재

진여삼매

생각 그치고 바로 보면
지혜광명 비추어보고
진여삼매 몰입하고

향상심 원성원만
원력심 공덕장엄에
정념 비추는 자유자재
일체법 유심소현 터득하다

촉경취사

생각경계 따른 미혹
선택하거나 버리면
재물 사람 벗노라

조견오온 해탈지견
육진 촉경취사 다스려
해인청정 햇살 비추기에
상방광명 정토연화 만개네

명상시 치유힐링 31 **천진성품**

'인문학(Humanities)'은 어원적으로 '인간본성'을 의미하는 라틴어의 '후마니타스'(humanitas)에서 유래하였다. 인문학에서는 그것에 상응하는 전반적인 회통 가능성을 중시한다. 자본주의 발달에 따라성장을 중시하면서 본성 탐구와 타인과 공감 능력을 상실하였다.

그런데 외적인 성장보다 더욱 중요한 것은 내면의 진실성이다. 그 이후 구조조정이 심화되고 성과를 내지 못하는 사람은 무능력한 인간으로 낙인찍혀 정리 대상으로 퇴출이 되면서 계량화되기 어려운 인문 연구보다 외적 성과 결과에 내몰리는 경쟁사회로 치달았다. 21세기는 내면 진실성 회복을 위한 활인수양을 요청하게 되었다.

인문학은 인간과 관련된 근원적 문제와 함께 사상과 문화 등을 중점으로 연구하면서 회통에 집중하였다. 현대사회는 물질적으로 풍요롭지만, 정신은 피폐하여 스스로 생각하며 해답을 찾는 힘이 점진적으로 무너졌다. 이러한 퇴락에서 벗어나 가치창조의 힘을 모색하기 위해서는 소통가치의 체계적 정립이 과제가 되고 있다.

의천의 성상원융 회통에는 21세기 인문학이 요구하는 회통가치의 청사진이 있다. 대각국사(大覺國師) 의천(義天: 1055~1101)은 '공제(空諦)'의 관점을 살리고자 원돈일승(圓頓一乘)으로 인간 본성에 닻을 내리는 '이화화통(理化會通)'을 제시하였다. 이화의 닻은 어디에 삶의 뿌리를 내릴 것인가를 가늠하는 잣대가 되어 성문·연각·대승의 삼승을 일승으로 회통시키는 회삼귀일(會三歸一)을 제시하였다.

지혜반야에 근거한 '자유자재(自由自在)' 생명치유는 진언지송 원리로 나타난다. 진언지송은 천진성품 발현을 통한 성현의 길이며, 육도(六道: 천상, 아수라, 인간, 아귀, 축생, 지옥의 여섯 갈래)의 질곡에서 벗어나 불보살과 일체성현 가피력을 받아 '육도'에서 자유자재할 수 있는 원리이다. 반야심경의 말미에는 진언을 염송하는 진언지송(眞言持誦)이 제시되어 있다. 이른바 '석가모니'의 명호를 부르는 염불처럼 일심(一心)으로 통일하게 만드는 효과를 통해 원만구족의 공덕(功德)으로 이어진다고 할 것이다.

반야심경에 나타난 생명치유의 명상원리는 청진성품 회복을 통한 발보리심, 광명환희, 반야통찰, 그리고 자유자재를 위해 '대승일심(大乘一心)'의 큰 신심을 일으킨다. 이는 곧 '자리이타(自利利他)'의 보살실천으로 나아가게 한다. '캠브리지대'를 다닐 당시, 흑사병이 창궐하자 뉴턴은 캠버리지대를 떠나 시골로 낙향했지만, '천진성품'에 의해 자연의 신비를 해명하고 만유인력 법칙을 깨달았다.

아름다운 대학도시, 킹스칼리지의 파르도교수는 한국을 고래에 비유하고 일본과 중국에 시달린 과거 새우 신세에서 벗어나 이제는 강대국 반열에 들어 고래로 승천하게 되었다고 찬사를 아끼지 않았다. 명상을 통한 생명치유는 '상구보리(上求菩提)'·하화중생(下化衆生)'의 보살실천으로 이어진다.

생명치유의 공덕(功德)을 한국인 전체에게 회향(回向)시킨 결과라고 말할 수 있다. 천진 성품을 망각한 생각을 거두고 마음 본바탕을 깨달아 가장 높고 바르고 밝은 지혜로써 생사를 초월하고 청정·광명·자재에 이를 수 있음을 알 수 있다. 경우에 따라 신비하고 가장 밝고 가장 높은 진언지송으로 고난을 물리치고 진실을 깨닫는다.

생명존재의 리듬'에서 성찰하면, 피안의 언덕으로 갈 수 있는 것이 일상에 대한 새로운 알아차림으로 깨달음이라는 것을 확인하게 된다. 모양에서 벗어나 '통달 무상'을 오달해 솔개가 창공을 빙빙 맴돌고 푸른 하늘 광명 햇살이 가득한 가운데 형형색색 봄꽃을 피우는 '춘사월일'의 호시절을 맞이한다.

천진성품

법신 찾아보니 한 물건 없고
성품대로 진여 천진성품
오온구름 점차 걷히다

탐욕 성냄 우치 삼독
서귀포 외돌개 물안개
왔다 갔다 헛되이 누비고
본래무일물 그 자리 돌고나

캠브리지대

흑사병 창궐한 17세기 뉴턴
캠버리지대 떠나 시골낙향
만유인력 법칙 깨닫다

아름다운 대학 도시
캠강 양안 킹스칼리지
파르도교수 한국고래비유
양강 시달린 새우 고래승천

통달무상

모양 떠나 열반 머물지 않고
신통으로 묘한 쓰임 이뤄
사상 견서 자유롭구나

가리왕 난도질 했어도
인상 없어 분노치 않고
중생상 없어 취사선 없고
수자상 없어 몸 중심 여의네

춘사월일

솔개 창공 빙빙 맴돌고
센느강 유유히 흐르며
백운 강변 걸터앉네

푸른 하늘 광명 햇살
형형색색 봄꽃 피우며
오페라 하우스 발레공연
춘사월일 녹색방초 가득해

명상시 치유힐링 32 **풍경소리**

한얼의 개별화된 파도가 한얼의 바다와 섞여서 하나가 되기 전, 그 영혼은 '원인체(原因體)', 유체, 육체 감금의 벽들을 깨야 한다. 소금물이 들어 있는 물병이 다른 물병에 그리고 그 물병이 또 다른 물병에 들어있는 세 물병이 바다에 떠다닌다는 '예시(例示)'는 이 점을 분명하게 제시한다. 인간은 세 몸으로 되어 있다. 먼저 16개의 화학 원소(元素)들로 구성된 육체이다. 다음은 19개 원소(마음, 자아, 심령, 지성, 10 감각, 5 기운)로 구성된 유체, 그리고 35 원소(육체 16원소 및 유체 19원소에 대응하는 씨알 상념으로 구성된 영체(靈體) 또는 상념체(想念體)이다.

영혼은 '상념체'의 "병"에 갇혀 있고, 그 병은 영적 무지(無知)라는 마개로 막혀 있다. 육체가 죽은 다음에, 유체는 충족되지 못한 욕구들이라는 조화롭지 못한 진동을 가지고 가는데, 그 욕구들은 다른 육신들로의 체현(體現)에서 해소되어야 한다. 유체감각은 실질적 기관(器官)들이다. 육체 감각들은 그 기관들의 표현 도구이거나 표현하는 방식이다. 유체는 감각으로 생성된 욕구와 행위의 성향(性向)을 발현시키고자 또 다른 육체를 취한다. 욕구는 에너지를 조종한다. 충족되지 못한 욕구들은 충족을 향하여 조종되는 추진력(推進力)을 갖고 있는 에너지를 형성한다. 유체는 표현의 도구가 빠져 있으므로, 이런 성향들을 물질로 구현하기 위해 또 다른 육체로 환생한다고 할 것이다.

우리들은 가끔 자신이 가진 잘못된 믿음이 있는 것은 아닌지 되돌아보면서 그것과 '거리두기'를 시도할 필요가 있다. 풍경소리를 듣다 보면, 자신도 모르게 '거리두기' 체험을 할 수도 있다. 이처럼 거리두기를 시도한다는 것은 관점 전환을 시도하는 것과 같다. 관점 전환은 단순히 지적 탐구과정을 거쳐서 이루는 것이 아니다. 객관세계의 올바른 앎을 추구하는 지적 작업은 인간 고통의 문제해결에 일종의 보조수단에 불과하다고 할 것이다.

　지적인 작업에서 한 걸음 더 나아가 나의 마음 소재를 바라보고, 마음을 멈추는 실천 작업이 이루어져야 한다. 이러한 마음 멈춤 시도가 바로 명상 수행의 시작이다. 명상은 외적인 대상을 추구하는 것이 아니라, 잃어버린 나를 찾아 떠나는 수행의 길이다. 명상은 내면에서 나를 살게 하는 생명의 근원을 확인하는 활인수양이다.

　명상의 일차적인 작업은 습관적인 마음에서 일어나는 마음의 자동 전환을 막아보는 것이다. 구체적인 삶의 현장 속에 있는 일상적인 마음은 일상생활 속에서 생겨나는 습속과 자기 경험, 그리고 자신이 받은 교육 때문에 형성된 가치관과 그것에 따른 생활의 습관체계가 자신을 구속하기 때문이다.

　이 마음에 근거하면 시비분별을 하게 되고, 자기중심적인 사고에 빠져들게 될 가능성이 크다. 어떤 문제 상황에 접하면, 자신도 모르게 편견에 사로잡힌 행동으로 옮겨간다. 그렇게 되면 의견차이, 가치관차이가 일어나서 분란이 생기고, 결국 삶의 고통을 야기하게 되는 것이다. 명상은 일차적으로 이러한 일상마음, 즉 습관적 마음으로서 '習心(habitual mind)'으로부터 일정한 거리두기를 감행한다.

　이에 '풍경소리' 뿐만 아니라 '초목향기'도 거리두기에 도움을 준다. 추수감사에서 흉조방지를 겸행하는 서양의 축제행사, '할로윈날' 행사는 쥐불놀이를 닮았지만, 일종의 거리두기 체험이다. 태조와 무학 대사 사이의 '투열농담'은 일종의 현실 벗어나기를 위한 교감 체험이라고 할 것이다.

풍경소리

여름밤 고요 익어감에
먼데서 바람 불어와
풍경 살 울림 크다

보고픈 마음으로
풍경 파문 이루기에
친구 마중하듯 반기며
정겨운 동심원 키워가네

초목향기

작년 정성으로 새 꿈 심으니
올봄 희망 꽃들 피어났고
나비 분주한 초목향기

멀리 떨어져 있기에
그 형태 보이진 않지만
너무 멀다고 이르지 말라
항상 다가서는 총총 빗방울

할로윈날

만성절 전야 축제일은 할로윈
추수호박 파서 등촉 밝히고
등촉가 방문 선물 받구나

저승계 표상하는 괴기물
분장하여 모방하는 축제일
추수감사 흉조방지 겸행하는
축제행사 쥐불놀이 닮아있노라

투열농담

태조 무학 사이 투열농담
돼지 같이 보이는구료
붓다 같이 느낀다네

돼지 눈에는 돼지
부처님 눈에는 불상
품격언어 상통하기에
흥부 기가 막혀 웃노라

피안안착

생각은 에너지이므로 힘이다. 상념은 에너지로 이루어져 있다. 에너지는 그 자체가 힘이다. 유리 겔라(Uri Geller, 1946~) 같은 영 능력자가 스푼을 정신력으로 구부리거나 나침반의 바늘 방향을 돌리거나 먼 거리에 있는 환자를 염력으로 치료하는 것이 가능하다. 아인슈타인의 공식 'E=mc²'는 모든 물질이 에너지로 되어 있음을 보여준다. 우주가 에너지로 되어 있다는 것은 공감사항이다.

동양에서는 진작부터 우주를 '기(氣)'로 보아 에너지질료의 덩어리로 생각하였다. 상념체를 쉽게 해체시킬 수 있는 것도 있지만, 아주 거대한 힘을 가진 상념체도 있는데, 이는 과거 수없이 반복하여 습이 된 상념체이다. 업은 하나의 씨앗과 같은 것으로 쉽게 해체되지만 그것이 계속 반복되어 커다란 상념체를 형성하는 것은 습이다.

습은 한 번에 해체할 수 있는 것이 아니다. 사람들이 자신의 행위가 잘못되고 악한 것인 줄을 알면서 욕망에 따라 반복적인 행위를 하면, 상념체의 크기와 힘이 증가하고, 마귀가 된다. 명상수행자는 자신에 있는 상념체가 무엇인가를 파악하는 것이 필수이며 그것이 어떤 식으로 다가오고 영향을 주는지를 살피는 것도 중시한다.

수행자가 깨어 있는 사람이라면, 상념체를 파악한다. 명상수행이 깊어질수록 베일에 가려져 있던 상념체가 형체를 드러내는데, 잠복한 상념체가 다가올 때 감당할 역량이 필요하다. '공력(功力)'을 길러놓는 것이 필요하다. 가장 깊은 심층일 것이 큰 문제이다.

그것은 가장 크고 힘 있는 상념체이며, 부조화의 상념체를 근본적으로 파괴하면, '누진통(漏盡通)'에 바로 든다. 번뇌와 망상이 완전히 끊어지고 모든 것을 다 아는 육신통(六神通) 가운데 오신통까지는 수행자나 귀신도 얻을 수 있으나, 누진통은 불보살, 그리스도가 얻을 수 있다.

명상은 한자를 사용, 명상(冥想)으로 표기하거나 '명상(瞑想)'으로도 표기한다. 앞의 '명(冥)'은 '어둡다'는 뜻이고, 뒤의 '명(瞑)'은 '눈을 감다'는 뜻이다. 해석하기에 따라서 뒤 어원의 명상은 '눈을 감고 고요히 생각하는 것'이 되고, 앞 어원의 명상은 '생각을 어둡게 한다.'는 것으로 달리 말한다면, '생각을 멈춘다.'라고도 해석할 수 있다. 실제로 수행되는 명상의미와 부합하는 것은 후자에 가깝다고 할 것이다. 이처럼 명상은 단지 생각만 멈추는 것이 아니다.

끊임없이 일어나고 있는 우리의 욕구도 멈춘다는 것이다. 명상을 하는 동안에는 자신이 가지고 있는 욕구도 내려놓고, 생각도 그치고 마음을 비운 상태로 전환한다는 듯하다. 욕구와 생각을 그친다고 해서 자거나 멍청한 상태로 있는 것이 아니라 오히려 정신이 또렷이 깨어 있게 되기에 알아차림이 제대로 일어난다고 할 것이다. 노자는 욕구와 생각을 내려놓고 또렷이 깨어 있는 것을 일컬어 '허(虛)'와 '정(靜)'으로 표현하였다.

'허(虛)'라는 것은 우리의 욕구와 욕망을 내려놓음이고, 고요함의 '정(靜)'은 사물과 사건을 온전히 볼 수 있는 깨어 있는 마음을 유지하는 것이다. 달리 말한다면 자신의 생명을 진실하고 주체적으로 깨어있게 한다는 것이다. 이에 노자는 비움의 '허(虛)'를 극점까지 밀고 가고, 고요한 '정(靜)'을 지키는 것에 독실해지라고 주문한다.

노자의 수행공부는 '허일이정(虛一而靜)'으로 '일(一)'은 마음을 한 곳에 쏟아 집중하는 '전심(專心)'을 일컫는다. '피안 안착'에 이르기 위해서도 마음을 한 곳에 쏟아붓는 집중이 요구된다. '평상심도'를 이어가면서 일체 과거의 그림자에 걸리지 않아야 하며, 벗개 불 스치듯 지나가야 한다. 감추어 둔 숨긴 달항아리 깨듯, 욕심에서 벗어나 집착하는 번뇌 조복을 '항복기심'의 명상시에 볼 수 있듯이 항복을 받고, 애잔함이 묻어나는 포르투갈 민중음악, '파두'로 승화한다.

피안안착

깊은 반야 조견오온 피안안착
일체과거 꿈으로 조견하며
의념행처 꼭두각시 보네

감수감각 바람결 물거품
대상경계 거울비친 투영이라
수신수명 아침이슬 조견하기에
지금여기 벗개 불 번쩍 스치고나

평상심도

앞장서 독점하려는 욕심 벗어나
사로잡힌 역순경계 내려놓고
평상심도 지키며 살아가다

세찬 비바람 몰아치더라도
인존 회복위해 승부수 띄워
은근한 타자환대 기대 살피며
숨긴 달 항아리 깨며 미소 짓다

항복기심

오온구성 당체연생 집착번뇌
상락아정 전도몽 착각번뇌
불생불멸 공견 주착번뇌

그 마음 항복 받기위해
신심 발원으로 신해하고
해행으로 실천수행 몰입해
발보리심 진여상주 점점가입

파두음악

잔잔한 애잔함 묻어나는
리스본민중 파두음악
아리랑 꽤 닮았구나

달빛아래 슬픔 묻고
갈매기 수평선 떠가며
검은 돛배 불빛 너울너울
에그 타르트 감미 스미고나

명상시 치유힐링 34 행복사계

오늘날 우리 주위를 돌아보면, 많은 사람들이 인생의 행복 세계에 대한 상도(常道)을 제대로 알지 못하여 외물변화에 구속되고, 자신의 감성 욕구에 이끌려 자신을 소모하면서 병들어 가고 있다. 행복하려면, 여기에 멈춤이 필요하다. 노자는 '현람(玄覽)'을 깨끗이 씻어 흠이 없게 할 것을 주문한다.

현람은 현묘한 거울이라고 할 것이다. 현묘한 거울은 우리의 청정한 마음을 가리킨다. 마음의 번뇌를 '척제(滌除)'함으로 번뇌를 씻어 내고, 제거할 필요가 있다. 따라서 우리의 마음에 먼지와 때가 끼지 않도록 씻어내는 것을 일컬어 '척제현람'이라고 한다. 우리의 마음을 씻어 내는 과정이 '척제현람'의 과정이 도가적인 '명상'이다.

명상을 통해 욕구와 생각을 덜어내는 훈련을 실천하는 것이다. 창에 쌓인 먼지를 닦아 내듯 욕구와 생각을 닦아 내다 보면, 인식체계와 욕구 체계를 떠나서 자기 자신과 세상을 투명하게 바라볼 수 있게 된다. 욕구와 생각의 색안경을 벗고 자기 자신과 세계를 여실하게 바라본다. 이에 명상수행의 길은 지식 탐구의 길과 구별된다. 일상 경험은 채움의 방식으로 나가지만, 명상을 수행하는 공부는 비움의 방식이다.

자신의 밖에 있는 '객관지식'을 추구하는 학문과 달리 명상은 자신 내면의 주체 생명에 대해 관심을 두고, 자기 내면을 향한다. 자신을 고양하는 길은 채움이 아닌 '비움'이다. 다시 말해 '채움'을 추구하는 경험학문에 수반되는 욕망과 자기 상실 문제를 성찰하고, 그러한 것을 벗어나기 위한 결단이 '비움'이다. 비움을 통하여 도달하는 것이 '허정(虛靜)'이고, '무아(無我)'이다. '행복사계'에서 여름밤의 좌절과 겨울고독이 필요한 이유도 이와 같다. 청정자성 법신과 공덕장엄 보신은 '항일삼용'으로 체용, 평화를 깨뜨린 푸틴의 독단에 대한 '현악사중주'는 일종의 견책이자, 생명 근원에 이르는 '향상일구'이다.

행복사계

행복사계 믿으며 정원 가꾸고
봄에 영원행복 꿈꾸어 보며
여름 한밤 좌절감 맛보며

가을에 수확기쁨 나누며
겨울에 고독내면 일궈가고
내면촛불 상처치유 몰입하며
영혼정화로 내봄 행복 기다리네

항일삼용

천지만물 일월성신 항일삼용
한결같은 청정법신 하나 몸
인과응보 변화신용 삼용

청정법신 허공자체지만
공덕장엄 지혜로 보신되고
백천억 변화신 만나 응신으로
항일항삼 체용연동 일여이루네

현악사중주

세계대잔 악몽 떠올리고
푸틴 전쟁종식 염원한
비엔나 현악사중주

모차르트 세레나데
가파른 숨결 잠재우는
비발디사계 하이든농담
드보르 신세계로 인도하네

향상일구

근원 이르면 경계 사라지고
중생 옷 입을 필요 없으니
옷 입으면 허수아비로세

옷 벗어도 역시 허수아비
인연 따라서 오고감 있지만
꿈 깬 본래면목 거래 없으니
온바 간바 따로 없는 진여실상

명상시 치유힐링 35 **행복조화**

　행복조화는 대화로 가능하다. 대화(dialogue)의 어원은 희랍어, '다이어-로고스(dia-logos)'에서 파생한 말이다. 희랍어 '다이어(dia)'는 '통과하다'는 뜻이고, '로고스(logos)'는 '한 존재의 독특한 본질'을 의미한다. 대화(dialogue)는 서로의 이성·주장·본질에 깊숙하게 파고 들어가기에, '상호 침투(mutual penetration)'이다.

　대화는 '나'와 '너'가 영성적으로 교류하여 존재의 깊이로 들어감이다. 이 과정은 자신의 정수가 깨어지는 실존적 아픔과 자신의 정체성을 잃어버릴 수도 있는 위험이 항상 도사리고 있다.

　기독교인이 불자와 대화한다고 생각할 때, 자신 안에서 기독교와 불교가 만나 대화가 이루어지는 내면 대화가 중요하다. 파니카는 '종교 간의 대화(interreligious dialogue)'라는 말 대신에 '종교의 내적 대화(intra-religious dialogue)'라는 말을 즐겨 사용하였다. 먼저 대화를 하다 보면, 자신이 믿는 종교의 우월성을 증명하고 나타내려는 내심이 은연중에 발동한다. 자기 종교의 우월성을 전제하기에 다른 종교와 대화를 해야 거기서 얻을 것이 별로 없다고 선입견을 갖게 되고 자기의 절대성을 재확인하는 정도에 그친다.

　그 다음 여러 종교의 다원성을 인정하고 서로가 공존하도록 허용하고 서로 존경하는 태도이다. 이러한 태도는 서로 갈 길을 가도록 허용해주고 인정하는 태도로서 평행선이 된다. 이 밖에 또 다른 방법을 거론한다면, 그것은 종교의 공통점을 모아 '세계종교(global religion)'를 만드는 것에 의존한다. 이 경우 조작적으로 되어서는 아니 되며 활인수양에 근거해야 한다.

우리가 이러한 허위의식에 사로잡히면, 진실이 아닌 것을 진실처럼 꾸며내고, 온당한 방법보다는 간편 방식으로 삶의 문제를 해결하려는 경향성을 나타낸다. 노자가 부정적인 행위라고 하는 '유위(有爲)'와 '인위(人爲)'가 발생한다. 노자가 말하는 '유위(有爲)' '인위(人爲)'는 현대 용어로 말하자면 '조작(造作)'이다. 조작한다는 것은 진실을 외면하고, 무엇인가 거짓으로 꾸며내는 것이다. 그런데 이러한 조작행위는 원래 오래 가지 못한다고 할 것이다.

그래서 노자는 '발꿈치를 들고 서 있는 사람은 오래 서 있을 수 없고, 가랑이를 벌리고 어거적 어거적 걷는 사람은 멀리 갈 수 없다. 스스로 자신을 드러내면 밝지 않고, 스스로 옳다고 우기면 밝지 않고, 스스로 과시하면 공이 없고, 스스로 뽐내면 오래가지 못한다."고 말한다. 그것을 우리의 일상으로 바꾸면 '~인 척하는 것'이다. '잘난 척', '있는 척', '잘해주는 척', '예쁜 척', '잘생긴 척' 등으로 실제로 그렇지 않은데, 사실인 것처럼 꾸며 포장함을 말한다. 이러한 '척 하는 것'이 허위의식으로 드러난다. 사실이 그렇지 않은 데, 그런 '척하는' 꾸미는 인생은 지나치면 병적 상황으로 치닫는다.

이에 노자는 "대도가 폐하니 인의를 제창하고, '지교(智巧)'가 출현하니 큰 거짓이 생긴다. 가정에 불화가 생긴 뒤에 효도와 자애가 있게 되고, 국가가 혼란한 뒤에 충신이 생겨난다."고 했다. 이를테면, 부모와 자식 간에 따뜻한 마음을 서로 주고받고, 배려와 존중의 관계가 실질적으로 실행된다면, '효도'나 '자애'라는 용어를 사용하지 않고도 부모와 자식의 관계가 진실성을 유지할 수 있게 된다. 군주나 신하가 자신의 본분에 충실하면, 국가는 자연스럽게 안정되고 평화로울 것이다.

'행복조화'를 이루기 위해서도 차이 속 조화와 상대를 존중하고 배려하는 실천이 이루어져야 한다. '해탈법락'도 인 연법칙을 깨닫고 실천하여 보현원력을 보살 실천으로 두루 펼치는 데 관건이 있다고 할 것이다. 천마외도는 하는 척 하지만, 위풍당당한 '황금사자'는 조작이 아닌 진실에 근거, 자신의 존엄을 지킨다고 말할 수 있다. 적막처럼 고요한 밤에 어선이 빈 배로 돌아오는 듯 보이겠지만, 진여실상은 달빛을 가득 채워 '허공편만'을 이루었다고 평가할 것이다.

행복조화

일치한다고 행복조화 아니라
서로 다르지만 화목이루고
차이 속 어울림 싹트다

근원적 생명 지켜보며
인격 갖춘 생명 살림에
자신과 상대 조화 우려내
상대존중 배려마음 깊어가네

해탈법락

인연으로 의타성 깨닫고
법성으로 무애 달하면
분노조절 이뤄지고

역력고명 하기 때문
보리심광 뿜어내면서
보현원력 두루 펼치는
해탈법락 본지풍광일세

황금사자

굴에서 나온 황금사자 효후함성
천마외도 여우 뒤꽁무니 빼네
우렁찬 목소리에 놀란 형국

살며 돈 명예 사람 구하면
종노릇하다 일생 탕진하고나
주인공 되려하면 구함 내려놓고
취사 벗어나 황금사자 회복하시려

허공편만

열길 낚싯줄 곧장 드리우니
한 물결 일렁임에 따라서
일만 물결 따라오고나

적막처럼 고요한 밤
한 없이 차가운 깊이
입질 전혀 시도치 않아
허공편만 달빛 싣고 오다

초대 기독교인들은 구세주, 그리스도를 '예수'라는 역사적 인물에서 보았다. 그래서 예수를 그들이 기대하던 '메시아'라고 생각하고 '그리스도'와 일치해서 "예수 그리스도"가 탄생한 것이다. 그런데 자기 이웃을 위해 목숨을 내어주는 불보살이나 인도의 요가 행자에게서 기독교인들은 '그리스도 모습'을 생생하게 보고 다른 방식으로 체화한다. 그 결과 불교의 체험에서도 '그리스도 모습'으로 드러나지 아니하는 색다른 구세주나 보살의 모습으로 재현될 수 있다.

기독교인이 다른 종교를 알게 되는 것은 다른 종교만 아는데 그치는 것이 아니라, 자기가 몰랐던 자기종교를 더욱 잘 알게 된다. 자신을 잘 알려면 이웃을 제대로 보라는 지혜의 마음을 부각시킨다. 지혜 마음을 깨닫게 하고자 '정혜결사'를 만들어 고려 불교에 자정의 새바람을 일으킨 보조국사(普照國師: 1158~1210), 지눌은 성과 속의 경계마저 허물어진 불교계를 정화하고 정법을 실현하고자 한 계정혜의 참스승이며 고려인의 그리스도였다. 평생 호시우행(虎視牛行)의 자세로 범처럼 날카롭게 살피고 소처럼 우직하게 걸었던 지눌의 수행 정신은 오롯이 살아 움직여 돈오점수의 방편으로 독려했다.

지눌은 종밀이 현시진심 즉 성교에서 말한 전간문과 전수문을 받아들여서 이것으로 선교를 통합했다. 선종은 전간문에 가깝고, 교종은 전수문에 가깝다. 그 근거는 선종에서는 조사의 가르침을 듣는 사람이 가르침을 듣자마자 해탈하게 하는 점에 근거하기 때문이고, 교종이 전수문에 가까운 이유는 원교의 가르침이 사사무애(事事無碍: 현상과 현상에 장애 없다)한 것이어서, 그 가르침에 여러 뛰어난 언변이 포함되어 있기 때문이다. 그는 「원돈신해문(圓頓信解門)」에서 중생이 본래 성불한 존재이기에 자신이 부처인 것을 깨닫기 위해 한 번에 깨달음에 이르는 돈오 이후, 점진적으로 하나하나 배워 가면서 깨달음에 이르는 점수를 강조하였다.

우리의 일상은 외부 자극에 쉽게 빠져들기에, 조작하려는 마음에서 자유롭기 어렵다. 그 원인은 세 단계로 나뉜다. 먼저, 감각욕망을 무절제하게 추구하는 자연생명의 '분치(紛馳)' 때문에 제멋대로 날뛰는 경향이 크다. 사람은 이성 능력을 갖추지만, 감성욕구도 발한다. 이들이 조화를 이룰 때, 삶은 유지된다. 그렇지만 적절한 이성통제에서 벗어나 감성욕구의 충족에만 빠져들면, 삶의 쾌락만을 추구하고, 더욱 강렬한 감각적 욕망충족에 종속된다. 감각기관이 외부로부터 받아들이는 자극이 강할수록 의식은 자극에 종속되어, 진정한 자아마저 상실하게 된다. 오색(五色)은 눈멀게 하고, 오음(五音)은 귀먹게 하고, 오미(五味)는 입을 상하게 한다.

다음은 외적 다양한 감각자극이 강할수록 감각기관은 처음 반응하다가 익숙해지면, 둔감하거나, 무감각해진다. 감각기관은 더욱 강렬한 자극을 요구한다. 일상에서 쾌락추구를 위한 조작이 도리어 그 쾌락에 종속하게 만들고, 종국적으로는 고통으로 떨어진다. 감각적 욕망 충족에만 매달리는 것이 아니라, 한 걸음 더 나아가 심리정서에도 묶인다. '명예심', '기교', '자기과시' 등의 심리정서가 조작에 이르게 하는 원인이다.

사회적으로 높은 지위나 명예를 갖춘 인물을 표방하면, 그 명예를 획득하고자 서로 끊임없이 경쟁하고, 자신을 희생한다. '유행'을 만드는 것과 '스타'를 만드는 것은 상품소비를 위한 전략이 감추어져 있음에도 불구하고, 치닫는 삶의 만족 때문에 오히려 우리의 삶을 나락으로 빠뜨리는 원인으로 작용한다.

그리고 마지막으로 단계는 이데올로기 같은 관념조작이다. 사회적으로 통용되는 이념이나 사회문화와 제도, 관습도 실제로는 상대적이다. 그러나 그것을 절대화한다면 문제가 발생한다. '아름다움'은 추함을 전제한다. 이같이 감각 욕망의 추구, 공명심과 과도한 명예욕, 이념 왜곡 등은 허위의식으로 조작을 낳고, 외물 유혹에 이끌려 자신의 본성을 상실한다. 본성 상실은 삶을 부자연스러운 단계로 추락시킨다. 이에 조작이 발생하고, 자유롭지 못하며 거짓을 얘기한다. 이러한 것들은 생명의 자유자재에 대한 속박이자 질곡이다. 이러한 질곡과 속박에서 벗어나기 위한 지혜로운 방안이 '무위(無爲)'이다.

제주바다에 입수하는 '행복해녀'는 시퍼런 작살에 몸을 맡기면서도 감성 요구에 응한다. 이에 감성 욕구에서 벗어나 '활심진여'도 함께 일깨우고 참됨을 알아차릴 필요가 있을 것이다. 다양한 삶의 '희로애락'은 감각적 요구뿐만 아니라 심리정서에 예속시킨다고 할 것이다. 그러나 '회광반조'의 명상을 활용하여 관념의 조작에서 벗어나 기만과 허공마저 해체하여 활인수양에 이를 수 있다.

행복해녀

행복해녀 제주해 입수해
두 눈은 뜨고 입 열고
못내 뭍을 토하고나

돌 틈새 정 묻어두고
남몰래 옷가지 벗고나
시퍼런 작살 몸에 휘감고
부풀어 오른 가슴 내맡기다

활심진여

생로병사 번뇌 망념 일깨우고
불생불멸 생사경계 비추며
상락아정 진면목 밝히고

생각 멈추고 망견 다스려
꿈꾸고 헤매어도 다리 펴고
바다 진주 캐도 옷 젖지 않아
활심진여 새하얀 웃음 머금고나

희로애락

모양 판단으로 희로애락
이슬구름 서리 다르나
법성 물로 관통하네

법상인식 차별상모양
호불호 치닫게 되면서
변화색상 가슴시리지만
불생불멸 성품통달이루네

회광반조

살며 돌아보는 회광반조
교언영색 태깔 벗어나
자심반조 조견광명

보고 듣고 느낀 태깔
흐르는 달빛 비춰보면
기만허위 드러난 무일물
허공마저 삼켜버린 묘각심

명상시집

　　일반적으로 '영성주의(spiritualism)'라고 불리는 정지용 시론에는 무심 가치가 깔려있다. 시는 절대와 자아 관계를 관심 대상으로 삼고, 시인은 유한사물을 통해 무한 가치를 발견하려는 관점이 '영성주의'로 나타났다. '영성주의'는 고난을 인내하며 존재 유한성을 묵묵히 받아들이는 '순종'으로 이어져 무한존재와 우연히 만난다. 정지용의 후기 시문학의 「백록담」은 이 성찰을 시작 주제로 삼는다. 후기 시문학에서 정지용은 고난 순응을 보이며 무심 가치를 탐색한다.

　　아울러 그는 시와 예수는 성육신이라는 존재 유비 구조에 관심을 나타낸다. 견딤은 피조물로서 자신의 무력을 인정함이며, 고난을 수용함으로써 무심에 이르는 일종의 '순종' 방식이다. 당대 절망상황에서, 존재허무와 담담히 마주하는 태도는 정지용의 무심가치를 시적 영성주의로 승화된다. 정지용의 시집 『백록담』에서 주요작품은 「백록담」이다. '한라산소묘'라는 부제가 붙은 이 작품은 원래 1939년 『문장』 3호에 처음으로 발표된 것이다. 한라산 정상의 화구호(火口湖)는 지상 차원에서 최정상의 높이를 의미한다.

　　산문 형식을 취했으면서도 자연스러운 율조와 심상으로 시적 효과를 나타낸다. 화구호는 '하늘'과 같은 의미가 되면서 '나의 얼굴'과 맞닿아 있어 '나'의 기진맥진·고독·연민·고통 수난을 통해서 기도조차 망각하는 몰아경지에 이른다. 화구호로 더 이상

'산'과 '하늘'이 따로 분리될 수 없으며, 백록담과 순례자가 주객 일여의 경지를 이루기에 우주와 인간, 세계와 자아는 활인수양을 나타낸다.

명상을 통해 습관적 마음에서 거리두기를 시도하고, 인위적이고 조작하는 마음을 비우는 과정으로 비움의 실천을 한다. 이 과정에 관점과 태도 변화를 수반한다. 관점 전환이 '비움'이다. '비움'은 구체적인 삶의 현장에서 일어나는 실천이다. 비움을 실천하기 위해는 감각 욕망의 '멈춤'과 자존감으로부터 발휘되는 소박한 삶이 요청된다. 만족할 줄 알면 욕되지 않고, 멈춤을 알면 위태하지 않으니 장구할 수 있다. '멈춤'은 우리 자신이 가진 감각적 욕망에서 이루어진다. 노자가 말하는 무신(無身)은 육체 자체를 부정하는 것이 아니다. 육체적 욕망이나 삶에 불필요한 집착을 내려놓는 무아로서 욕망의 집착을 끊어버리는 것을 말한다. 욕망 집착을 끊기 위해서는 감각적 욕망으로 흐르는 문을 닫으라고 한다.

욕망의 구멍을 막고, 욕망의 문을 닫으면, 종신토록 수고스럽지 않을 것이며, 욕망의 구멍을 열고, 번잡한 일들을 더하게 되면 종신토록 구제받을 수 없다. 구멍은 감각적 욕망이며, 문은 감각기관이다. 구멍이 열리고, 문이 열렸다는 것은 끊임없는 욕망 추구의 흐름 속에 자신을 맡겨 버려 그 고통의 굴레에서 벗어나지 못함이다.

구멍을 막고, 문을 닫았다는 것은 명상에 깊이 잠기듯이 고요히 정좌하여 이목 기관을 닫고, 욕망을 내려놓는 것이다. 아울러 마음에서 일어나는 모나고 날카로운 부분을 꺾고, 분별을 제거할 것을 주문한다. 노자는 스스로 드러내지 않으니 분명하고, 스스로 옳다고 하지 않으니 빛나고, 스스로 과시하지 않으니, 공이 있고, 스스로 교만하고 자부하지 않으니 오랠 수 있다고 한다. 심지어 사람들과 다투지 않으니 천하에 그와 다툴 사람이 없다.

우리 마음속에 자기만 옳다고 하는 자기중심 사고, 그리고 경쟁심과 상대적 빈곤감이 사라진다면, 우리는 보다 자유로운 삶을 살아갈 수 있다. 조작을 일으키는 마음의 명상으로 다스려, 습심(習心)을 도심(道心)으로 전환해 나가면, 외물에 이끌려 물욕 추구에 묶인 자신을 놓아두고, 한 단계 높은 현동(玄同) 단계로 나아갈 수 있다. 구멍을 막는 '색태(塞兌)', 문을 닫는 '폐문閉門', 모난 것을 제거하는 '좌예(挫銳)', 분별을 제거하는 '해분(解分)'을 거치고 난 뒤 만물과 자연스럽게 서로 화합하고 조화를 이루는 현동(玄同)으로 나아간다. '명상시작'은 '감성 치유'를 낳고, '도구 이성'을 벗어나 '영성 힐링'으로 이어주는 선물이라고 할 것이다.

명상시작

유럽을 순례하고서
명상시작 펴내며
기쁨 공유하고

바로 보는 정견
비추어 아는 조견
활용으로 현대시학
행복하며 깨치며 탄생

감성치유

꿈꾸고 잠든 의식에서
벗어나고 치유하면
둥근 빛 찾아오고

물듦 없이 깨끗한
감성치유 이뤄지며
텅 빈고요 알아차림에
경계 없는 법성게 부르네

도구이성

고즈넉한 가을대풍광
단풍잎새 물들이며
멋진 추풍광 연출

도구이성 중독돼
본래면목 잊었구려
반조공덕 회복하려면
명상시치유힐링 절실해

영성힐링

일념삼천 대천의 세계
펼쳐진 본래무일물
코만지듯 반갑네

마음도 아니고
한물건도 아니 구료
만고강산 순례할 즈음
삼신산 자손점지하도다

이중주시

도스토옙스키는 러시아 민중들의 가장 고상하고 가장 뚜렷이 드러나는 특징은 정의감으로서 정의에 대한 목마름이었다. 그것은 외부의 피상적인 껍질을 제거하고 편견 없이 내면 그 자체를 주의 깊고 면밀하게 들여다보도록 했다. 정의는 민중 삶에서 그들이 추구하는 주요 가치이지만 인간 내면의 고통 문제와 상관한다.

초월지향 정의의 구체성은 개인 차원에서 정의감으로 토로하며 타인과 상호작용에서 정의를 실천하는 의지로 나타나 감성 상통에 따른 감성 치유로 이어진다. 이에 러시아 민중들에게 '정의'는 러시아 민중 삶에서 추구하는 공적 가치이자 삶을 통해 실천하는 내면 가치로 작용하기에 공공성을 드러낸다.

라스콜니코프와 사회주의자들이 생각하는 정의는 규범 정의로서 변화되어야 하는 사회적 이상이었지만 등장인물 정의는 고통스러운 삶을 견디며 사랑을 실천하는 근거로 작용하였다. 현실에 부재하는 초월정의를 강조하지만, 그 추구하는 방향에서 구별된다.

앞에 있는 것이 공적 영역을 강조한 것으로 환경과 사회문제에 역점을 둔 것이라면, 뒤에 있는 것은 사적 영역을 부각시킨 것으로 인간본성과 영혼기반의 영성힐링에 역점을 둔다. 정의문제는 일차적으로 사회 차원에서 제기되지만, 인간 실존과 상관 연동한다. 정의는 죄와 벌, 분배와 감성치유 영성힐링과 무관하지 않기 때문이다. 범죄에 대해 제대로 된 처벌이 이루어지지 않는 경우, 분배 불공정으로 말미암아 가난하고 어려운 처지에 놓인 이들이 제대로 돌봄을 받지 못하도록 전락한다.

소녀의 가족에서처럼 부정의와 불공정을 느껴 감성치유를 요청하며 의롭지 못한 사회를 정의사회로 만들기 위해 법과 이론, 도덕과 윤리에 호소하는 것이 아니다. 오히려 계산 없이 이루어지는 초월정의를 통해 에너지의 원천으로서 '초월사랑'이 이루어져 개인의 경험, 도구적 이성의 한계를 넘어서고 있다.

세속가치 추구에서 한 발짝 물러나서, 우리는 그것을 새롭게 반성하고, 관점 전환을 통해 마음의 평온함과 균형감을 찾을 수 있다. 이에 자존감을 바탕으로 진정한 만족으로서 '상족(常足)'을 찾기를 강조하는 데, 이는 소박한 속에서 모색할 수 있다. 세상 사람들은 아주 밝으나, 나만 홀로 멍한 것 같고, 세상 사람들은 세세하게 따지지만, 나만 홀로 삶의 근원, 도를 향하여 나아한다. 약삭빠른 세상 사람들의 마음과 비교하여 자신의 마음을 어리석은 이의 마음의 '우인지심(愚人之心)'으로 전환한다.

'우인지심'은 시대조류에 처져 있는 듯하고, 세상 물정을 잘 모르는 어둔한 사람처럼 보인다. 그러나 우인지심의 사람은 세속에서 벌어지는 이익 다툼에서 한 발짝 물러나 유연하고 부드러운 자세로 삶에 임하기에, 노자는 어린아이와 같은 마음으로 '영아(嬰兒)'를 강조했다. 그는 물이 흘러가듯 부드럽고 자연스럽게 일을 처리하기에 세상 사람들이 보기에는 '유약(柔弱)'하게 비치지만 부드럽고 연약하기에 활인수양을 지속할 수 있다.

이중주시 가운데 한 축, '공공행복', '견성오도', '가을달빛', '감미사월' 명상시를 통해 자존감을 바탕으로 이웃사랑, 성품 깨우침, 소박한 가을달빛, 감미로운 사월풍광으로 드러나 '운율'을 전한다. 또 다른 축은 '국화향기', '근원생명', '겨울나무', '개선문'으로 이들 명상시를 통해 '영아(嬰兒)' 의식의 순수상태를 표상한다.

공공행복

자타 함께 행복한 공공행복
만족함에 머물지 않으며
이웃 위한 작복이루네

회향하면서 불수탐착
이웃행복 배려하는 활인
보리정견 입각한 보살실천
공덕회향 법화만개를 이루네

견성오도

새벽별 보고 깨달은 소식
녹수 바위 휘감음이요
오성 강물 입수로세

밧줄 보고 놀란 가슴
뱀 말미암은 의문 일세
도망치는 업력 빚어내나니
숨 참는 고통 벗은 견성오도

가을달빛

가을달빛 서늘하게 밝아오는데
연못 위 단풍잎사귀 떨어지네.
앙상한 나무 밀어 속삭이며

물안개 피어오르며 춤추고
국화에 서리구슬 반짝이구나
매달린 홍시가지 참새 졸기에
황금벌판 볏 물결 일렁이며 웃네

감미사월

누군가 잔인한 사월이라지만
나에겐 감미로운 미소사월
포플러 온몸 늘어뜨리고

울창한 숲속깊이 새날자
초록나무 함께 운율 읊고
해님 새벽향기 몰래 전하며
왕관 쓴 듯 힘차게 솟구치네

국화향기

서늘한 가을날 노랑 국화들
따사로운 햇볕 자태 짓고
황금꽃 허공 뿌리구나

메뚜기 종일 앉아서
국화향기 마냥 취하고
근심 놓고 세상 꿈 잊기에
호랑나비미소 관심 밖이어라

근원생명

황금꽃 체계화 에너지
푸른빛 팽창 에너지
자광 수렴 에너지

근원생명 깊은 곳
청허 흑금 교체기감
고요한 침묵 에워싸는
다원다중다층 바이칼호

겨울나무

한해 밝아진 길목에서
지난날 되돌아보며
추억 주마등 켜다

찬바람 추위 보채고
앙상한 가지 부러지며
겨울나무 세찬 바람소리
오늘도 인고세월 무정유수

개선문

마로니에 나무숲 울창한 상젤리제
예쁜 들꽃 수줍게 피어 반기네
스치는 들꽃 향기 살갑도다

봄비 살며시 스쳐간 개선문
낙숫물 소리 풍경처럼 퍼지네
황혼녘햇살 온몸으로 받아서인지
에펠탑 섬광 붉게 꽃단장하였노라

명상시 치유힐링 39 **하늘너비사랑**

『도덕경』은 약 5,000자, 81장으로 되어 있으며, 상편 37장의 내용을 「도경(道經)」, 하편 44장의 내용을 「덕경(德經)」이라 한다. 오랫동안 변형 과정을 거쳐 기원전 4세기경 지금과 같은 형태로 고정되었다. 여러 가지 판본 가운데 대표적인 것으로는 한(漢)나라 문제(文帝) 때 하상공(河上公)이 주석한 것이다.

『도덕경』의 상경의 37편을 『도경』이라고 하는 데, 도의 본질을 밝힌 것이 「체도(體道)」이며, 몸을 보양하는 길이 「양신(養身)」이고, 무위로 다스리는 이치가 「안민(安民)」, 도의 경지에 들어간 경지가 「현덕(顯德)」이니 이를 살펴본다. 『도경』「체도(體道)」에서, '도라고 말할 수 있는 도는 변함없는 도가 아니며, 이름으로 말할 수 있는 이름은 변함없는 이름이 아니다. 이름이 없을 때는 우주의 시작이며 이름이 있을 때는 만물의 어머니이다.

그러므로 항상 욕심 없음은 그 묘함을 보고 항상 욕심이 있음은 미세하게 움직이는 그 모습을 본다. 이 둘은 다 같은 데서 나왔고 이름만 서로 다를 뿐이며, 그 둘은 같아서 모두 현묘하다. 아무리 알려 해도 알 수 없는 그것은 모든 사물의 현묘함이 들고나는 문이다.'라고 한다.

『도경』「양신(養身)」에서, '세상 사람들은 누구나 미가 되는 것은 언제나 미인 줄 알지만, 그 미(美)인 것이 오히려 추가 된다는 것을 모르며, 누구나 선이 되는 것은 언제나 선인 줄 알지만, 그 선이 도리어 악이 된다는 것을 모른다. 있는 것과 없는 것은 서로 생겨나고, 어려움과 쉬움이 서로 이룩되고, 긴 것과 짧은 것이 서로 드러나며, 높음과 낮음이 서로 기울고, 홀소리와 닿소리가 서로 어울리며, 앞뒤가 서로 따른다. 이렇기에 성인은 무위가 하는 대로 맡긴다. 행하되 말로 가르치려 들지 않고, 만물이 이루어지되 말꼬리 달지 않으며, 낳되 갖지 않으며, 되게 하되 그렇다고 믿지 않으며, 공을 이루고도 연연하지 않는다. 이렇게 하지만 머물러 연연하지 않기에 영원히 사라지지 않는다.'

『도덕경』에서 '아래에 머문다.'라는 의미의 '처하(處下)'는 겸양하고, 한 걸음 물러나 양보하며, 남들이 싫어하는 아래에 머물려고 하는 삶의 태도를 강조한다. 강과 바다가 시냇물을 흘러들게 하는 까닭은 그것이 낮은 곳에 잘 처하기 때문이다. 그러므로 시냇물의 왕이 될 수 있다고 한다.

세속인들은 대부분 '높은 곳' '빛나는 곳' '명예'가 있는 곳을 향하여 부단히 자신의 삶을 소모하면서 남들과 경쟁을 벌인다. 노자는 아래에 머문다는 의미의 '처하(處下)'를 강조했다. 그리고 그는 '부쟁(不爭)'을 강조했다. 유약하고 겸허한 마음을 가지고 있으면 타인과 다투지 않을 수 있다. 노자는 최고의 선으로 '상선(上善)'은 물과 같다고 한다. 물은 만물을 이롭게 하지만 다투지 않으며 중인들이 싫어하는 곳에 머물게 됨으로써 도에 가깝다. 또한 성인은 사람들과 다투지 않으므로 천하에 그와 다투려는 사람이 없다.

명상수행을 통해 도달하려는 목표는 이상적 인간을 실현함이다. 이상적 인간은 주어진 시간과 공간의 한계 속에서 삶의 의미와 책임을 실현한 사람이다. 동양에서 이상적 인간을 지향하는데, 영성적 인간실현 가능성을 언제나 활인수양에서 찾는다.

노자에게서 수양은 비움의 '손(損)'에서 시작한다. '비움'은 자기 극복, 자기개혁을 전제로 한다. 이상적 인간을 실현하기 위해 새 관점으로의 전환이 요구된다. 자기 극복과정이 자기치유 과정이며, 명상은 이 목표에 도달하는 실천이다. 명상은 외적 대상을 추구하는 것이 아니라, 잃어버린 나를 찾아 떠나는 수행의 길이다. 또한 명상은 내면에서 자신을 살게 하는 근원적 생명을 확인하는 것이다.

명상은 습관적 마음에서 일어나는 아뢰야식의 자동 전환을 막는다. 구체적 삶의 현장 속에 있는 일상 마음은 일상에서 생겨나는 습관과 자신의 경험, 그리고 자신이 받은 교육에 의하여 형성된 것이다. 이에 근거하면, 자신의 삶의 기준에 의하여 시비 분별을 하고, 자기중심 사고에 빠지기 쉽다. 이처럼 '하늘너비사랑'에 접근하고, 이판 사판 아우르는 '얼나웃음'을 머금으며, 분노를 사전에 감지하는 '분노감지'로 인생의 여건을 알아차리고 극복할 줄 알기에 사람은 '인생 조건'에서 승리할 줄 알며 '처처 작주'로서 주인공이 된다.

하늘너비사랑

하늘너비 사랑 펼칠 수 있다면,
파란 하늘에 띄워 둔 내 마음
그대 가슴에 담뿍 박힐 텐데

인적 드문 강가 봄 깊어 가고
바람 잠든 뜰에 꽃잎만 쌓이네
해 질 무렵 구름 저녁노을 물들고
산에는 여기저기 홍관조 고이 우네

얼나웃음

구름 사이로 쏟아져 내리는
태양빛의 작열하는 광선
수평선 파도에 닿는다

삼라만상 품어 주면서
이판사판 함께 아우르는
순진무구 함박꽃 얼나웃음
태초 비롯함으로 거슬러간다

분노감지

사람의 분노는 전염력이 강하다
분노는 불처럼 자신을 태운다
초기진화가 절실히 요청된다

명상의 브레이크를 밟아본다
분노가 더 큰 고통 수반하면서
전염되어 화재를 수반하지 않도록
분노감지는 숨은 고통 알아차림이다

인생조건

인생조건은 이겨보라는 신호이다
싸워 이기면, 인생승리 만들고
매혹 있는 사람으로 바뀐다

시대사명이 사람에게 있다
삶의 중심에 사람 존재하기에
사람은 삶을 바꾸는 주인공으로
신비로운 생명력 사용할 줄 안다

명상시 치유힐링 40 사랑의 사계

　　『도경』 「안민(安民)」에서, '아는 것이 많아 현명하다고 하는 자를 높이지 마라. 그러면 백성이 다투지 않게 된다. 얻기 힘든 재물을 귀하게 여기지 않으면 백성들이 도둑질하지 않게 되며, 지나친 허욕 보이지 않으면 백성마음이 문란하게 되지 않는다.

　　성인이 세상을 다스리는 것은 아래와 같이 한다. 마음을 비우게 하며, 배를 부르게 하고, 허영의 뜻을 약하게 하며, 몸을 튼튼하게 해주라. 그리고 항상 백성에게 지식을 앞세우지 않게 하고, 욕심을 부리지 않게 할 것이고, 아는 자들이 턱없는 일을 저지르지 못하게 하라. 무위로 정치를 하면 다스리지 못할 것은 하나도 없다.'

　　『도경』 「현덕(顯德)」에서, '도의 경지에 들어 간 선비가 된다는 것은 그 모습이 미묘하고 깊고 깊어서 아무리 깊이 헤아려도 알 수가 없고 아무리 따져 보아도 알 수가 없다. 그러므로 억지로라도 그 모습을 비유해 본다면 이와 같을 것이다. 추운 겨울 냇물을 건너기를 망설이는 코끼리 같구나! 사방을 두리번거리며 두려워 조심하는 개 같기도 하구나! 초대받아 손님으로 간 것처럼 엄숙하구나! 앞으로 녹아 물이 될 얼음처럼 풀리는구나!

　　그냥 있는 그대로 나뭇등걸처럼 꾸밈이 없구나! 텅 빈 고을처럼 비어 있구나! 탁류에 휩쓸려 있는 것 같지만 맑은 물이구나! 누가 탁류에 머물러, 가만히 있으면서도 서서히 맑게 할 것인가? 누가 편안히 영주하면서 활동해 서서히 맑음을 살아나게 할 것인가? 이러한 도를 간직한 자는 무엇을 채울 욕심을 부리지 않으며, 무슨 일이 있어도 채울 욕심을 내지 않는다. 그러므로 그러한 이는 있던 것을 버리고 새것을 이룩하려고 하지 않는다.'라고 말한다.

명상시 치유힐링은 명상시를 통해 사물 본질을 깊게 통찰하여 변화된 삶을 가능하게 한다. 사랑의 사계를 가꾸어 가려면, 시명상과 차명상을 겸하는 것이 효과적이다. 그런데 차에는 약리 효과뿐만 아니라 각성 효과가 있어 마음 본성을 직관하게 하는 매개물로 이해할 수 있다. 차를 준비하고 마시며 명상시를 감상하는 일련의 과정을 기반으로 어울림과 소통할 수 있다.

아울러 시와 차에는 비움의 충만, 위로와 공감을 일깨워 주는 요소가 내재하여 있기에 심신을 편안하게 함은 물론 열린 마음을 지향하게 한다. 이는 건강과 행복을 지향하는 사회복지의 목적에도 부합하는 것이라고 할 것이다. 시와 차에 내포된 심리 치유 효과를 상기하며 다선일미의 가치를 일깨우고 살려갈 필요가 있다.

급변하는 사회적 추세를 예측하고 신속하게 대응하지 못하면, 자칫 살아남기 어려운 시대가 되었다. '사람 없는 대화(untact)'와 '사람 접촉(human touch)'이 균형과 조화를 기반으로 삼는 새로운 변화를 예측하고 적응하는 삶이 무엇보다 요청되고 있다.

이에 대한 대안이 명상시와 차명상의 접촉이다. '사랑의 사계'에서 사랑의 확인이 가슴의 파문으로 가능하기에 인간 접촉이 무엇보다 중요한 것임을 확인하는 활인수양 시대이다. 타자와 사랑을 나눔으로 진실에 접근하게 되고 희망을 품게 된다. 막걸리 두 사발 시흥으로 생기를 찾고 '맘나웃음'을 터뜨린 김삿갓의 여흥, 적당한 중용의 감각을 요구하는 '약의 경계', 이웃을 위한 살림살이의 깊이를 갈파하는 '인생법칙'을 차명상을 하면서 함께 음미해 본다.

사랑의 사계

남을 사랑함은 하느님 얼굴 봄이다
약간의 희망마저 사랑을 잉태한다
사랑의 가치 사라지면, 죽음이다

위대한 사랑은 어머니 통하지만
확인은 가슴 파문으로 이루어진다
사랑에 빠짐으로써 진실이 다가온다.
인생은 사랑의 꿀을 먹고 사는 꽃송이

맘나웃음

김삿갓 여흥은 시 쓰는 일
장군이 졸 마음껏 다루듯
말을 철저히 조련함이라

막걸리 두 사발 시흥으로
얼굴주름살 함박꽃 피우고,
찌든 오장육부 생기 찾으며
생멸자재 맘나웃음 터뜨렸다

약의 경계

약과 독의 경계, 몸 인식에 따른다
보약도 독으로 인식하면 독이다
독을 약으로 인식하면 약이다

약성분 적당하면 병균을 죽인다
그 양이 지나치면 몸을 파괴한다
음식도 적당히 먹으면 보약이 된다
과식하면 좋은 음식도 독소로 바뀐다

인생법칙

강은 자신의 물을 마시지 않으며
태양은 스스로를 비추지 않는다
나무는 자기 열매 먹지 않는다

사람은 서로 살리는 존재이다
이웃이 행복할 때, 자기 빛난다
꽃이 자신 위해 향기 뿜지 않듯이
이웃 위한 살림살이가 인생법칙이다

『덕경』은 하편 44장으로, 무위의 덕을 말한 「논덕(論德)」, 삼덕보배를 다룬 「삼보(三寶)」, 천하 봉사의 도를 「천도(天道)」 상대에게 베푸는 덕을 「현질(顯質)」에서 다룬다. 이 가운데에서 「논덕(論德)」에서는, '지극히 높은 덕은 인위의 덕이 아니며, 인위의 덕이 아니어서 덕이 된다. 지극히 낮은 덕은 덕을 행했다고 들추어내 덕이 없어진다. 지극히 높은 덕은 자연의 덕이며 하지 않는 것이 없다.

그러나 지극히 낮은 덕은 덕을 행했다고 하면서도 덕을 행할 수 없는 것이 있다. 높은 인은 어질되 어질지 않음이 없고, 높은 의는 실천하되 실천하지 못함이 있으며, 높은 예는 행하되 응하지 않으면 팔을 휘둘러서라도 행하게 한다.

도를 잃은 뒤에 덕을 부르짖게 됨이요, 덕을 잃은 뒤에 인을 주장하게 된 것이며, 인을 잃은 뒤에 의를 앞세우게 된 것이고, 의를 잃은 뒤에 예를 강조하게 되었다. '예'라는 것은 충성과 믿음이 얄팍해진 것이고, 세상을 어지럽히는 머리가 되며, 예에 밝음을 앞세우는 것은 어리석음의 시작이다.

이러하여 대장부는 수수하고 꾸밈없이 넉넉하게 살고, 얄팍한 잔꾀 따위에 머물지 않으며, 겉과 속이 다르지 않고 한결같아 진실하게 살고, 겉보기만 화사한 것에 머물지 않는다. 대장부는 얄팍하고 꾸민 것을 떨쳐 버리고 수수하고 꾸밈없는 것과 표리가 한결 같은 진실을 취한다.'

『덕경』「삼보(三寶)」에서, '세상 사람들은 내가 말하는 도가 크다 하면서 어딘가 모자란 데가 있다 한다. 무릇 큰 것은 크기 때문에 모자란 것처럼 보인다. 모자란 것 같은 것이 오래 간다. 만일 온전하게 큰 것임을 알 수 있다면 이미 그것은 작은 것이다. 나에게 세 가지 보물이 있다. 나는 그 보물을 지녀 잘 간직한다. 첫째 사랑이요, 둘째 검약이며, 셋째 다투어 나서지 않음이다.

사랑하기에 용감하며, 검약하므로 풍족하고, 다투어 앞서지 않으므로 사물을 좋게 이룬다. 그러나 지금은 사랑을 버리고 한사코 용기만을 추구하고, 검약을 버리고 한사코 풍족하기만을 바라며, 뒤로 물러서기를 버리고 한사코 앞에만 서려고 한다. 그래서 망하고 만다. 사랑의 마음으로 싸우면 반드시 승리하며, 사랑의 마음으로 지키면 견고하다.'

『덕경』「천도(天道)」에서 '하늘의 도는 활을 메우는 것과 같도다. 활을 메울 때 위는 눌러 주고 아래는 치켜 올려 주며, 남아 있는 긴 줄을 덜어내 모자란 줄에 더해 준다. 이처럼 하늘의 도는 남는 것에서 덜어내 부족한 것에 보태 준다.

그러나 인간의 도는 그 같지 않아 부족한 것에서 덜어내 남아도는 쪽에 바친다. 누가 남아나는 것으로 천하에 봉사할 것인가? 오로지 하늘의 도를 따르는 자 밖에는 없다. 이러하므로 성인은 일을 하되 그 대가를 바라지 않으며, 공을 이루고도 그것에 연연하지 않으며, 남보다 현명한 체를 않는다.'고 한다.

명상시를 감상하고 차를 마시면 정신이 맑고 또렷하여 사물을 있는 그대로 보고 알아차리는 도의 향기처럼 '적적성성'(寂寂惺惺)이 이루어진다. 명상시와 차명상을 기반으로 하는 '다선일미((茶禪一味)'의 효과는 깨달음의 수행을 넘어 매체이론, 인지과학, 그리고 심리치유 등 다양한 현대명상 방법과 접목함으로써 새로운 융합명상으로 변용되는 다중지능 경향을 나타낸다. 자아성찰과 내면 감정을 진솔하게 표현하는 명상시에는 다양한 사유와 감정의 결이 담겨 있어, 그 반향과 울림의 진폭이 넓고 깊을 뿐만 아니라 타자와 더불어 신선한 공감과 다원다중다층 소통을 가능하게 만든다.

자연풍광과 멜로디를 들으며 차를 준비하고 마시면 명상 사유의 상징과 이미지가 함축된 치유의 힘이 작용한다. 그래서 명상시를 기반으로 하는 다선일미의 체험으로 자아 성찰을 통한 위로와 공감, 비움과 충만을 일깨워 주는 요소가 내재되어 있어 심신을 편안하게 할 뿐만 아니라 지혜의 증장과 열린 마음을 지향하게 한다. 이는 활인 수양으로 건강과 행복을 지향한다.

장엄한 생명의 명상시, '일출사랑', 박장대소 심장에 뿌리를 두고 온몸을 털어내며 웃는 '몸나웃음', 회상을 이어가면, 칠흑 어둠에서 상기하는 놀라운 '섬광기억'이 되살아나고, 타인의 실수를 거울삼아 '타산지석'으로 스스로의 지혜 증장을 꾀하며 차를 들이킴으로 세계가 한 울타리임을 느끼며 연기의 법칙을 체감한다.

일출사랑

근원적 생명력과 하나 되는 순간
수평선 박차고 찬란한 여의주
위풍 담담한 위용 자랑한다

삼라만상 제 빛깔 가락으로
우주교향곡 합주하기 시작한다
영원과 순간이 하나로 꿰뚫리기에
장엄생명 서사시 찬미하는 일출사랑

몸나웃음

수천 개의 눈을 가진 밤의 여신
단 하나 눈을 가진 낮의 대왕
낮과 밤 한 몸 이루어 웃네

마음은 수천 눈 구족한 여신
영성출납 심장은 태양의 대왕
밤의 여신 떠나고 어둠 사라지면
박장대소 심장 몸나웃음 터뜨리네

섬광기억

회상은 어두운 심연서
생각들 가다듬으며
섬광 빛 찾음이다

자신 알지 못하면
칠흑 어둠서 헤맨다
헤매며 빛을 찾다 보면
마침내 섬광기억 스친다

타산지석

남의 실수에서 배운다
실수를 모두 겪기에
인생은 너무 짧다

적을 만들지 않고
대화로 풀어가려면,
실수로 교훈 삼는다
타산지석이 귀감이다

명상시 치유힐링 42 **사랑의 가치**

　『덕경』「현질(顯質)」에서 '미더운 말은 꾸미지 않고, 꾸민 말은 미덥지 않다. 선한 사람은 어눌하고, 구변 좋은 사람은 착하지 않다. 진실로 아는 자는 박식하지 않고, 박식한 자는 진실로 아는 것이 없다. 성인은 덕을 쌓아두지 않고 남을 위해 베풀어 주므로 더욱 자기에게 덕은 불어나고, 남과 더불어 이미 나누었으므로 덕은 많아진 다. 자연은 이롭게 돕되 해치지 않고 성인의 도는 남을 위해 일하되 다투지 않는다.' 이처럼 노자는 도를 만물 기원으로 지칭했으며, 그것에 이름을 붙일 수 없지만 굳이 명명한다면 '도'라고 했다. 노자는 도를 '무(無)'라고도 했다. 무는 절대적이고 무한한 힘을 가지고 있다. 무에서 유가 생성되고, 유가 다시 무로 돌아가는 원리에 따라 만 물이 생성되고 멸한다고 보았다. 만물 생성은 무위(無爲)에 따르며, 인간도 천지 만물 의 구성체인 만큼 무위를 따르는 것이라고 여겼다. 무위를 통한 지배를 강조해 탐욕 은 전쟁의 원인이라고도 했다. 또한 문화는 지식의 발전을 가져오기에 순박한 자연 상태로 돌아가야 한다고 주장했다.

　그리하여 탄생한 노자의 이상적 국가 형태가 '소국과민(小國寡民)'이다. 그러나 『예기집설대전』에서는 '오직 위대한 성인만이 도를 온전히 하고, 덕을 모두 갖추고, 그 예의에 대해서도 모두 갖춰서 치우치거나 소략하게 되는 실수가 없다.' 그리고 군 자가 도를 즐거워함은 소인이 욕망을 즐거워함과 같다고 하여, 소인은 항상 근심스러

위하는 원인을 분석한다.

명상을 통해 얻은 마음의 부동 상태를 일컬어 '삼매(samādhi)'라고 한다. 『청정도론』에서 삼매는 마음(心)과 심소(心所)를 하나의 대상에 적절하게 모아 두는 것으로, 그러한 경우 대상에 산만함이 없이 머물게 될 때 삼매에 든다. 기법 측면에서 볼 때, 명상은 요가, 참선, 사념처, 초월명상과 같이 인도 기원 전통 명상방법, 단전호흡을 비롯한 호흡수련, 태극권 같은 역동 명상이 있다. 미국에는 벤슨(Benson)의 이완반응법(relaxation response), 캐링턴(Carrington)의 임상표준유형 명상법(clinically standardized meditation, CSM) 등의 명상법이 전한다.

또한 선가(禪家) 수행자들이 깨달음을 얻기 위한 과정에서 차는 소중한 도구가 되었으며, 현대에 이르러 차명상으로 발전되었다. '차명상'은 참선과 상관하고, 차를 활용한다선(茶禪), 명선(茗禪) 등이활용되어 현대명상 치유 프로그램으로 개발하면서 차를 마시면서 참선 하는 것을 일컬어 '다담선(茶湛禪)'이라고 한다. 명상시와 차명상은 지관(止觀)을 쌍수(雙修)하는 수행으로 선가에서 활용한다.

다선(茶禪)의 기원은 중국의 조주종심(778-897)선사가 깨달음을 얻기 위해 멀리서 찾아온 납자에게 '차 한 잔 들게(喫茶去)'라는 화두에서 시작하였다. 조주언급에는 분별심을 용인치 않았으며, 모든 의심과 번뇌 망상을 여의고 '지금 여기'를 알아차리고 중시하라는 주문이다. 이에는 '평상심시도' 가르침이 함축된다.

그의 가르침은 원오극근(1063-1135)에 의해 '다선일미'로 발전하였다. '다선일미'는 원오극근이 영천선원에 주석하며 『벽암록』을 저술할 때 졸음을 물리치고자 벽암천의 온천수를 길어 와 차를 끓여 마신데서 유래했다. 그의 '다선일미'는 초의의순(1786-1866)과 금란지교, 추사 김정희(1786-1856)에 의해 '명선(茗禪)'으로 변용되었다.

타자에 대한 사랑이 하느님 얼굴의 친견이라는 '사랑의 가치', 서역달마 감로법문의 기연에 관한 '벽안미소', 배려실천 사례로서의 '사회적 거리두기', 크면 클수록 더욱 넓고 깊어져 가는 '인생투자'에 관한 명상시를 음미한다.

사랑의 가치

남을 사랑함은 하느님 얼굴 봄이다
약간의 희망마저 사랑을 잉태한다
사랑의 가치 사라지면, 죽음이다

위대한 사랑은 어머니 통하지만
확인은 가슴 파문으로 이루어진다
사랑에 빠짐으로써 진실이 다가온다.
인생은 사랑의 꿀을 먹고 사는 꽃송이

벽안미소

서역달마 한 쌍 푸른 눈앞에
일천불 한 줌 먼지 되었네
당대 무비석학 승려 신광

벽관달마 감로법문 청취일념
왼팔 절단하고 백설 물들이며
벽안미소 활연대오 법맥 이었다

사회적 거리두기

서로 위하는 사회적 거리두기
인격 존중하는 사랑의 기술
자신과 상대 함께 위한다

예쁘다 함부로 꺾지 않듯
꽃 사랑하면, 수분 공급한다
햇볕에 두고 시들지 않게 한다
사회적 거리두기는 배려 실천이다

인생투자

세상에 쉬운 일은 없다
거저 얻는 것도 없다
응당 수업료를 낸다

인생투자 크면 좋다
귀한 것, 얻기 위해서다
대가 치르면서 참아야 한다
크면 클수록, 넓고도 깊어진다

자기 껍데기의 한계들을 깨고 나오는 것처럼, 영혼은 영안에 대한 집중과 직관의 부리로 쫌으로써 유한한 우주 껍질을 깬다. 명상할 때 미간에 집중함으로써 우리는 초의식의 상태를 야기한다. '그러므로 너의 눈이 하나라면 너의 온몸은 빛으로 가득 찰 것이요'(마태복음 6:22)라고 한다. 명상 중에 영안(靈眼)의 빛을 보는 사람은 성령, 또는 성스런 진동의 세례를 받는다고 한다.

영안은 색깔로 음미한다. 바깥쪽의 황금색 고리, 그 안쪽의 암청색(暗靑色) 구체(球體), 청색 안쪽의 오각형의 별이 음미된다. 이 별은 비둘기의 입을 상징하고, 청색과 황금색 후광은 비둘기의 양 날개를 펼친다. 이 영의 비둘기를 흔히 '성령(聖靈)'에 비유한다. 빛나는 눈을 통하여 신의 빛으로 인도될 것이다. 죽음은 호흡의 사슬로부터의 자유일 뿐이며 호흡 없는 한얼 영성으로 인도된다.

한얼의 품에서 벗어나 유랑하던 방탕(放蕩)한 영혼은 육화로 방랑(放浪)하면서 경험들을 수집(蒐集)한다. 광물계의 어둠을 통과하고, 계속해서 식물 생활의 회랑(回廊)들을 통과하고, 새와 짐승의 살아 있는 전당으로 갔다가 인간 육신 옷으로 다시 갈아입는다. 자신을 추방해서 자신의 편재(遍在)가 감금되게 한 얼은 수많은 육화를 통하여 죽음과 춤을 추지만, 마침내 깨어나 불멸성을 깨닫는다.

편재하는 자신의 저택으로 돌아온 방탕한 영혼은 유랑하는 자신의 모든 형제들을 완전한 자유의 집으로 불러들이려는 목적에서 육화를 원한다. 탕아(蕩兒)이기에 평화의 집에서 벗어나 멀리 유랑한다. 아버지가 기다리고 있으니 사랑을 구걸할 필요는 없다. 생득권리를 요구한다. 아버지는 자식과 하나 되기 원하는 영성자녀의 최상 요구를 즉각적으로 받아들인다. 명상시와 함께 차를 마시며 자신을 관조하는 차명상은 심신을 청정하게 할 뿐만 아니라 에너지가 생기게 하고 늘 깨어 있도록 해준다. 명상시와 차명상을 통한 심신치유는 알아차림의 '여실지견(如實知見)'의 지혜를 드러낸다.

이처럼 명상시와 차명상은 심신의 이완과 청정심을 갖게 하고 알아차림의 기능을 향상하게 한다. 또한 차를 마시며 하는 명상은 자각과 집중력 그리고 정신력을 키워주는 효과를 나타낸다. 명상시와 함께 차를 마시면서 하는 다양한 형태 활동은 활인수양의 촉진제로 활용된다.

이를테면, 찻물 끓이기, 찻잔의 온도, 찻잔의 질감, 차의 색깔, 맛, 향기 등을 이용한 차명상은 자연스럽게 일상과 명상거리를 좁히고 일상에서 명상을 친숙하게 할 수 있게 작용한다. '다선일미' 생활에서는 '평상심이 바로 도(平常心是道)'임을 실천한다. 차를 마시는 동안 현재 머무르고 있는 그 마음이 알아차리며 깨어있는 마음이다.

명상시와 함께 차명상은 심리고통과 갈등을 해소하고 일대 자유를 얻기 위해 스스로 자기 행동을 단속하는 '계(戒)'이고, 정서적 안정을 꾀하는 '정(定)', 법을 선택하는 인지통찰의 혜(慧)이다. 이는 계정혜 삼학을 계발하기 위해 노력하는 명상이기에 이를 변화시켜 계(戒), 정(定), 혜(慧) 삼학의 수행체계를 갖춘 명상시와 함께하는 차명상이 필요하다고 할 것이다.

시와 차가 조화를 이루듯이, '영육조화'는 영성교감의 산물로서 서로에 대한 신뢰를 깊게 한다. 무심이 깊어 가면 신통이 생기지만, 아뢰야식이 대원경지로 전환하기에 이르면 구경각에 이르렀다고 말할 수 있다. 직지무심에서 더욱 깊은 직지의 심체로 나아가면, 신통과 결별하고 순수 청정자심으로 돌아간다. 이러한 대원경지를 일컬어 등각과 구별되는 오묘한 깨달음으로서 '묘각'이라고 한다.

점진적 수행으로 점수의 과정이 사라진 돈오돈수의 귀의처에 이르게 되면, '박장대소'를 터뜨린다. '크레용'을 사용하는 사람에 따라 그림이 다르게 나타나듯 아뢰야식 경영방식에 따라 상락아정 열반사덕을 갖춘 구경각에 마침내 도달한다. 더 이상

미세한 번뇌조차 사라지기에 '의지 향방'에 따라 대원경지에 이르기도 한다.

영육조화

광활한 자연이 우리를 부르는데
좁은 공간에서 서로 원망한다
많은 장벽을 두기 때문이다

서로 서로 두꺼운 벽 허물고
유목민처럼, 사막의 바람처럼
영성교감의 세상 이루어야 한다
서로를 더욱 믿으며 사랑해야 한다

박장대소

종착은 없고 변형만 있기에
향유할 뿐 머물지 않는다
롤러코스트 타보는 인생

장면마다 고독 엄습하면,
어제를 오늘과 분리시킨다
얼마쯤 벗어났는지 거울보고
느슨해지면 박장대소 터뜨린다

크레용

사람은 살아 숨 쉬는 크레용
한걸음 걸음 옮길 때마다
천연색 그림이 그려진다

어떤 그림은 아름다운데
어떤 그림은 보기 흉하다
색칠 크레용 삶의 태도이다
먹칠 크레용 번지기가 일쑤다

의지향방

의지향방 두 갈래 나뉘게 된다
선을 지향하는 선의지와 함께
악을 향하는 의지 작용한다

애매모호한 상태에 이르면
검증 방법 투과가 유용하다
과정을 투명하게 공개하면서
결과 공정성 진단하고 살핀다

명상시 치유힐링 44 **대숲사랑**

　『죄와 벌』의 등장인물은 정의롭지 못한 사회에서 부당함을 느끼며 살아간다. 고통에서 초월사랑을 실천한다. 공리주의, 초인사상을 통해 정의롭지 못한 사회를 바꿔보려는 가난한 휴학생 라스콜리니코프, 오빠 라스콜리니코프를 돕고자 자신을 희생하는 것이 두냐와 그녀 어머니 풀헤리야 이바노브나, 사회와 공동체 구성원들로부터 돌봄을 받지 못하는 소냐와 그녀 가족들에서 이 모습을 발견했다. 그들의 고통은 정의와 맺는 상관관계에서 차이가 드러난다. 라스콜리니코프는 가난으로 휴학하고 하숙비가 밀리고 이틀 굶었다. 그를 괴롭히는 것은 육체적 고통만이 아니라 자신을 위해 원치 않는 결혼을 감행하려는 여동생 두냐, 그리고 모든 것을 희생하는 어머니에 대한 미안함과 죄책감 등이었다. 이로 인한 정신 고통, 사악하고 탐욕스러운 전당포 노파로 인해 대다수 불행한 사회 분노를 나폴레옹처럼 단숨에 해결하지 못하는 용기 없는 자신에 대한 불만으로 가득한 고통이었다.

　그는 인간과 세상에 대한 혐오, 자신에 대한 불신, 우울, 무기력에 빠져 있다. 그에게 초인사상은 자신을 구원하고 정의롭지 못한 세계를 정의롭게 바꿀 수 있는 탈출구처럼 여겼다. 그는 마호메트와 예수처럼 지상에서 고통을 받는 초인이라면 마땅히 성스러운 위업을 달성하고자 고통을 감내해야 하기에 일종의 '초인고통 의식'에 빠졌다. 범죄 이후 모든 것에 대한 증오와 혐오, 소외감, 고독에 대한 그의 욕망 등은 더욱 증가하게 된다. 그의 고통은 그가 초인임을 지향하는 충동 자체이다. 인류를 향한 성육신의 말씀을 전하는 초인과 달리 그는 초인모방에 그칠 뿐 진전이 없었다.

당나라 시인, 노동(盧仝, 795-835)은 「칠완다가」에서 '첫 잔에는 목과 입술을 적시고, 둘째 잔에는 외로움과 답답함을 제거하고, 셋째 잔에는 가슴이 열려 오천권의 문자로 그득하고, 넷째 잔은 가볍게 땀을 내서 평생의 불평을 다 털구멍으로 발산하고, 다섯째 잔에는 살과 뼈가 맑아지고, 여섯째 잔에는 신령한 신선과 통하며, 일곱째 잔은 마실 수가 없고, 오로지 양쪽 겨드랑이에서 맑은 바람이 이는 걸 깨닫는다.' 고 말하며 일곱 잔 차 효능을 적극적으로 언급했다. 노동의 이러한 차 마심의 영향은 후대 수행자들에게 영향을 미쳤다.

고려불교의 중흥기틀을 마련한 보조 지눌(1158~1210)의 법을 이어 받아 선시 세계를 발흥시킨 진각 혜심(1178-1234)은 차를 맑음과 비움의 횡단매개로 삼았다. 차가 번뇌를 해소하고 마음을 맑게 하여 깨달음을 성취하는 데 있어 횡단 매개로 작용하는 것으로 인식했다. 그래서 그는 차를 끓이며 무궁한 은혜를 느끼고 한 잔의 차를 마심으로써 집중과 통찰이 향상되고 심신이 청정해지며 번뇌가 사라짐을 차를 통한 맑은 기운 회복으로 보고 무궁한 은혜를 노래했다.

차를 마심으로써 피곤이 사라지고 몰려오는 졸음을 쫓아내고 뼛속까지 맑은 기운으로 번뇌를 쫓아주는 차가 더없이 은혜로우며 소중하다는 것을 표현하고 있다. 뼛속까지 맑은 기운으로 번뇌를 씻어주는 차는 어둡고 산란한 상념들을 떨치고 밝고 맑은 세계로 되돌아가는 조화로운 경지를 노래한다. 십장생으로 칭송받는 대나무 숲에서도 이러한 은혜로움을 발견하기에 '대숲사랑'을 노래하고, 감정 깊은 곳까지 교류함으로 '감정교류'를 통해 마음을 비우고 스스로를 지켜갈 수 있다. '마음먹기'에 따라 변화에 따른 '변혁대응'을 지혜롭게 대처할 수 있다. 명상시를 통해 이들 세계를 탐색한다.

대숲사랑

대나무는 온몸으로 영묘 소리 내며
모여 숲 이루고 유현가락 읊는다
십장생 하나로 칭송 받을 만하다

대나무는 온몸 올곧음 드러내며
댓잎 푸름 눈요기 즐겁도록 한다
댓잎 자리 푹신함 아늑하게 하기에
대숲사랑은 마음 비우는 심신치유다

감정교류

호시절 자신 지키려면 강해야 한다
힘을 키워가는 역량함양만큼이나
마음 지킴이 주요 핵심과제이다

마음을 지키는 좋은 방법은
딱딱치 않고 부드러워짐이다
온 마음 다해 울고, 웃어 본다
감정 깊이 흐르도록 내버려둔다

마음먹기

행동은 마음 따라간다
몸도 마음 따르기에
마음먹기 중시한다

파괴마음 공격 충동
왜곡마음 몸을 비튼다
몸 마음 합쳐 파괴한다면,
본인과 타인 모두가 다친다

변혁대응

변혁대응은 변화에 수반된
대응방식을 터득함으로
습관에서 벗어남이다

대응방식에 따라서
약이 되거나 독 된다
자동반응 고통 더해진다
내면변혁이 더욱 절실해진다

'백록담'이라는 시 외에 『백록담』 시집 맨 앞에 수록된, '장수산 1'은 산문체 작품이면서도 긴밀하게 짜인 운율이 특이하다. 이 시는 정지용 시인이 황해도 재령 땅의 장수산 어느 골짜기에 와 앉아 있는 느낌, 초연하고 무심한 마음을 대변한다. 골짜기가 깊고 울창하니 메아리 소리가 쩌르렁 하고 돌아올 것 같다고 묘사한다. 실은 나무가 베어지지도 않았으며 메아리가 나타난 것도 아니다. 울울창창한 숲이 그만큼 심정적으로 고요하다는 의미로 다가온다.

또한 이 시는 산중의 시각적 심상을 통해 정밀하게 형상화한다. 이 작품의 시적 대상이 되는 겨울 달밤의 산중으로, 밤의 정밀과 고요는 눈 덮인 산중달밤을 동일 정신공간으로 새롭게 형상화한다. 고요한 자연의 정경과 깊은 내면의식을 교묘하게 조화시켜 시적 성취를 고요함과 대비시켜 보여 준다.

'장수산 1'에서는 시적 대상을 하나의 정밀세계로 형상화하는 데 '고요'를 내세운다. 이로써 시적 대상과 대응하는 서정자아의 내면의식을 함께 제시한다. 장수산의 고요에서 서정자아 내면 의식은 깊은 시름으로 빠지지만, 견인으로 극복한다. 이로써 인간과 자연이 일체화를 이룬다. 시의 구성에서 시행종결을 거부하고 호흡을 지속시키려는 점, 내면 의식 추이를 보이는 독백 어투는 이 과정을 형상화하기 위한 기법적인 배려이다.

승려가 승패에 집착하지 않는 모습을 제시함으로 무심가치를 대변한다. 아울러 겨울 한밤의 장수산 골짜기의 고요 속에 꿈과 슬픔 모두를 묻어버리고 싶은 심정을 토로한다. 장수산 깊은 골짜기 바위에 앉은 시인은 세상을 초연한 차분한 마음을 입증한다. 고요와 함께 흰색으로 맑고 청정한 무심가치를 차를 마시면서 함께 묘사하는 정지용 시인경지를 다시 한번 확인할 수 있다.

우리는 차를 우려내는데 있어 중요한 것으로 물을 들 수 있다. 찻물에 대해 명대, 장원(張源)은 『다록(茶錄)』에서 '산마루에 나는 샘물은 맑고 가볍고, 산 아래 나는 샘물은 맑고 무겁다. 돌 속의 샘물은 맑고 달며, 모래 속의 샘물은 맑고 차가우며, 흙 속의 샘물은 맛이 산뜻하다.'고 했다. 초의(1786-1866)는 '차는 물의 마음이요, 물은 차의 몸이다. 참다운 물이 아니면 그 정신을 드러낼 수 없고, 정채한 차가 아니면 그 몸을 꿰뚫어 채울 수 없다'고 고백했다.

혜심은 찻물의 주요성을 인식하고, 손수 찻물로 활용할 수 있는 샘을 팠으며, 돌 샘에서 솟는 물을 신령스러운 샘물을 '영천(靈泉)'이라고 말하며 이를 찻물로 활용하여 차를 끓여 마시고 화두를 들고 '조주선(趙州禪)'의 선정에 들곤 했다고 전한다.

아울러 혜심은 소나무 뿌리 위에 덮여 있는 이끼를 털어 낸 뒤, 돌구멍에서 솟는 맑은 물을 길어 차를 끓여 마시고, 그 맛과 향으로 맑은 정신을 견지하며 조주선사, '차 한 잔 들게' 하는 '끽다거' 화두를 들고서 선을 실천했다. 차를 집어 찻잔에 넣고 끓는 물을 부어 우려내는 '점다(點茶)'는 고려시대에 유행했다.

이에 이규보(1168-1241)는 '향기로운 차는 진정한 도의 맛(香茶眞道味)'이며, '한 잔의 차는 곧 선의 시작(一甌卽是參禪始)'이라고 갈파했다. 그는 자주 손수 차를 끓이고 그 일에만 몰두하면, 점다삼매에 들어 자신도 잊어버리는 좌망경지, 무아경지에 이르렀다. 이에 홍등 밝히는 홍매화만 있는 줄 알았는데, 청등 밝히는 청매화도 있음을 알아차린 '매화사랑', 명상시와 다도가 일여를 이루듯 사랑과 웃음을 동반하면, '웃음동반', 삼매를 터득하고 근원적 생명력과 연대하며 살아가는 '삶의 주체'로서 자각하기에 '다중경력' 시대에 보다 넓고 깊게 살 수 있는 활인수양의 토대를 이룬다.

매화사랑

어렸을 때 눈에 처음 비친 매화꽃
홍등 밝히는 홍매화만 알았는데
청등 밝히는 청매화도 있었다

코로나 실의에 빠진 가슴 열고
걸음 멈추며 눈 크게 뜨게 한다
청실홍실 함께 빛나는 황홀꽃불에
뼛속 깊은 찰거머리 어둠 몰아낸다

웃음동반

하루 동안 감사 시간 찾아온다
웃음동반 하여 새로 시작하면
딱딱한 태도와 경직 막는다

사랑하며 웃으며 살다 보면
행복의 비파는 켜지게 마련
비관태도 도움이 되지 않는다
인생은 생각하기보다 재미있다

삶의 주체

스스로가 옳다고 판단하고
그 판단에 대해 숙고하며
결단을 실천으로 옮긴다

자신의 판단과 선택으로
결정과 실천이 아우러지면
근원적 생명력과 연대함으로
삶의 주체 동반자 모습 보인다

다중경력

다중경력의 시대 가까이 왔다
직무 하나로 평생 견뎌내며
살아가기 이제 어려워졌다

다중경력이 꿈을 넓힌다
동사형 꿈을 꾸어야 한다
자기준비 자기관리 시대다
깊은 우물은 넓게 파야 한다

명상시 치유힐링 46 **목화홀씨**

장자는 전국시대 중기 송나라(B. C.369-286) 왕족의 후예로 본명은 장주이다. 춘추전국시대는 전쟁이 끊이지 않았고 살육과 권모술수로 뒤덮인 엄청난 혼란기였다. '장자'는 저자 이름이면서 책 이름이기도 하며 이야기 형식으로 문학적 상상력을 표현한다. 후대 당나라 현종은 장주를 매우 높이 평가하여 그와 그 책을 『남화진경』이라고 불렀다. 기원후 4세기 북송의 곽상이 33편으로 편집한 것이 오늘에 이른다. 「내편」은 7편, 「외편」은 15편, 잡편은 11편이다.

내편 1편 제목은 「소요유」이다. 큰 물고기 곤이 큰 새인 붕이 되어 때를 기다리다 대해인 남명으로 날아간다는 이야기가 멋지게 펼쳐진다. 장자의 자유 정신이란 자기와 사물을 잊고 삶을 통 큰 정신으로 향유하는 것이다. 친구 혜자와의 조롱박 이야기도 나오는데 '무용지용' 즉 세상에 쓸모없는 것은 없다는 메시지를 전한다. 제2편 제물론에는 유명한 나비의 꿈. 조삼모사 등의 이야기가 등장한다. 여기에서는 잡다한 세상 이야기들, 땅의 소리에 대한 분별심(機心)을 버린 망아(忘我)의 길, 하늘 소리를 권유한다.

이 세상 모든 물적 변화란 상대주의(相對主義)라는 의미이다. 다시 말해, 옳고 그름의 표준이란 것은 없다. 이 나비가 장주의 꿈인지 이 장주가 나비의 꿈인지조차 모르며 무엇이 참 존재인지 우리는 알 수가 없다는 주장을 폈다. 제3편은 「양생주편」인데 소를 잡는 천민 포정의 이야기다. 도는 멀리 대단한 곳에 따로 있는 것이 아니다. 달인경지에 오른 포정의 기묘한 손길에도 도가 있음이다. '순리대로 처신하며(安時處順)' 욕심을 버림으로 천성을 보존하는 '전생보신(全生保身)'을 권한다. 제4편 「인간세편」에서는 쓸모없는 상수리나무 이야기와 기형인 '지리 소'의 이야기가 등장한다. 이처럼 『장자』 전편에는 차 맛과 같이 '만물제동(萬物齊同)' 평등 정신이 드러난다.

차에는 다양한 빛깔, 향기, 맛이 있고, 그 차이가 미세하여 알아차림의 좋은 대상이다. 차 맛 구분은 집중력을 향상할 뿐만 아니라 심신을 이완시키기에 건강한 삶을 영위하게 한다. 고려 말의 성리학자, 목은 이색(1328-1396)은 「다후소영(茶後小詠)」에서 정성스럽게 좋은 차를 마시는 과정에서 육근청정 효과를 이렇게 묘사한다.

'작은 병에 샘물 길어 깨어진 쇠솥에 노아 차 달이네. 귀가 갑자기 밝아지고 코로 향기를 맡고나. 갑자기 자연히 눈이 환해지니 밖으로 보이는 데에 티끌이 없고나. 혀로 맛본 후 목으로 내려가니 살과 뼈가 똑발라 비뚤어짐이 없도다. 마음은 한 뙈기 좁은 밭이지만 밝고 깨끗하니 생각에 그릇됨이 없도다.'

육근(六根)은 밖을 향해 열려 있어 밖의 경계에 대응하고 반응하여 인식작용을 일으킨다. 육근이 외경을 접하고 일으키지만, 그 마음은 본성이 아니다. 이색은 차를 달여 마심으로 육근이 청정해지고, 생각에도 그릇됨이 없다고 한다. 차를 마시면 귀로는 솥에서 끓는 계곡물 흐르는 소리와 시원한 솔바람 소리 듣고, 코로는 멀리 퍼지는 아름다운 차 향기 맡으며, 혀로는 '감로(甘露)' 차 맛 느끼고, 눈은 사악한 것을 보지 않아 마음은 절로 맑아진다.

차를 마시며 심신 상태를 알아차리면 지나간 일이나 기억, 미래 불안이나 초조함에서 벗어나 '지금 여기' 마음에 집중하며 깨어있다. 이 '깨어있음'이 깨달음으로 이끄는 통찰력이다. 노아 차는 싹에 이슬을 머금을 때 딴 중국차다. 차가 군자 성품과 다르지 않아 사특함이 없다. 찻물을 잘 끓이는 것은 차 맛을 얻는 비결이다. 좋은 물을 구하였더라도 끓이는 데 실패하면 맛있는 차를 우려낼 수 없다.

차물을 끓일 때는 너무 서두르지도 말고, 너무 약한 불도 아니며 적절한 온도로 끓여야 한다. 찻물 끓는 소리를 자연 그대로의 음률을 빌어 '전나무에 비 내리는 소리로서 회우성(檜雨聲)', '봄 강물 흐르는 소리', '솔숲에 스치는 바람 소리로사 송풍성(松風聲)' 등으로 표현한다. 맑은 물을 사용했으니, 빛깔도 곱고, 향기 또한 그윽한 춘설차는 선차의 맛을 우려낸다. 조건에 따라 차를 끓이고 마시는 동안과 그 이후, 고요함으로 사유하는 명상은 뇌파를 낮추고 스트레스 원인을 해소한다.

문익점이 가져온 목화홀씨 열 알 가운데 한 홀씨가 꽃을 피운 명상시, '목화홀씨', 울음 삼킴의 덕성을 요한다는 명상시, '미래어른', 차를 비롯하여 상대에게 베푸는 기쁨으로 살아가기를 염원하는 명상시, '희망기원', 공포 그늘이 서서히 사라져가는 명상시, '무지갯빛'을 음미하며 다선일미를 음미해 본다.

목화홀씨

문익점이 가져온 목화홀씨 열 알
그중에 한 홀씨가 꽃을 피웠다
한 홀씨 백 홀씨로 흩날렸다

앤디 워홀 전시회 개봉됐다
신비로운 작품들이 즐비했다
동영상은 애연가 모습 이었다
연기 속으로 마릴린 먼로 흩날렸다

미래어른

어른은 쉽게 울지 아니한다
울면 상대 슬퍼할 것이며
더욱더 아파할 것이다

슬픔을 삼킴이 당연하다
이러한 사실 깨치는 순간
미래어른의 성장 판 갖춘다
울음 삼킴이 어른 성장의 길

희망기원

사람 손발 되어 봉사하는 소를 닮아
겸허하고 수수하게 겸손 빚어내며
상호존중 위해 서로 수용한다

일상고통에서 벗어나 희망 품고
살아 있음 온몸으로 감사하면서
누군가에게 희망되는 연민을 담아
베푸는 기쁨으로 희망기원 채워가리

무지갯빛

깊은 공포 자극하면
무지개가 희망이다
마음이 밝아진다

공포를 이겨 내면
두려움에서 자유롭다
공포의 그늘 물러난다면
내면의 무지갯빛 밝아진다

명상시 치유힐링 47 **가슴고동**

장자는 전편을 통하여 우주 만물의 근원은 도이며 자연의 본성, 순리를 따르는 무위(無爲)를 추구함으로써 생명을 보전하고 세상을 온전하게 할 수 있다고 보았다. 사실 장자는 우리에게 도가 무엇이고 어떻게 도를 터득해야 하는지를 체계적으로 가르치는 책은 아니다. 군데군데 우리의 얼굴을 씻겨주는 대신 그저 우리 앞에 슬그머니 거울을 들어준다. 그리하여 진정한 자기를 깨닫게 하고, 절대적 자유와 생명력이 약동하는 삶, 호쾌한 삶을 묘사한다.

도가 사상의 선구자 격인 노자의 도덕경에 비하면 장자는 노자의 주석 정도로 여기는 때도 있지만 사실은 노자 철학과 장자 철학이 따로 발전해오다가 기원전 2세기쯤 한 학파 체계로 다루어졌다. 이 과정에서 장자 사상 중심에 노자 사상이 첨가된 것으로 보면 장자를 노장철학의 주축으로 봐야 한다는 주장도 제기되었다.

공명심 높은 사람들은 자기 재주를 과시하고, 다른 사람의 잘못을 지적한다. 스스로 깨끗이 하고 삼가 하되(齋戒), 나서지 않고 자기를 비우는 '좌망(坐忘)'과 '심재(心齋)'를 권유한다. 제5편 「덕충부」는 개인의 물욕, 옳고 그름, 나아감과 물러섬의 분별 망상을 버려 덕이 내면에 충실하면 유형세계서도 유유자적할 수 있으므로, 본성이 온전하면 안과 밖이 다르지 않고 덕을 외부에 드러내지 않아도 온갖 공덕이 이루어진다고 할 것이다.

성인은 소요하는 데 알음알이 지식을 재앙 근원으로 여기고, 도덕규범조차 속박으로 간주하며, 덕은 교제 수단으로, 기교는 장사 수완으로 여긴다. 하늘이 나를 먹여 살리는데 인위를 취하지 않으며 크고 큰 천덕을 이룬다. 차 한 잔은 세상살이에 따뜻함과 배려, 소통과 공감의 삶을 영위하게 한다. 옛 선사들은 차를 마심으로 통찰을 향상하고 분별심 여의고 자신을 관조하며 깨달음에 이르렀다. 그들은 차와 선을 별개로 여기지 않고 차를 달이고 마시며 향유하는 과정을 거치며 '법희선열(法喜禪悅)'을 맛보았다. 차 안의 '가르침(法)'과 '명상(禪)'의 즐거움이 함께 녹아 있기 때문이다. 선사들의 구도와 깨달음을 향한 '다선일미' 수행은 현대인들의 불안과 스트레스, 우울증을 극복할 수 있는 마음치유의 한 방법이다. 차명상은 차와 물, 차와 다기, 차와 사람 그리고 사람과 사람의 어울림이다. 한 잔의 차를 권유하고 마심으로 어울리며 소통할 수 있다. 그 전형적으로 어울림이 함허 득통의 「다게송(茶偈頌)」으로 드러나 압권의 '다선일여(茶禪一如)' 게송을 이루었다.

'한 잔 차에 한 조각 마음이 나오니(一椀茶出一片心)
한 조각 마음이 차 한 잔에 담겼네(一片心在一椀茶)
이제 차 한 잔을 맛보게도 하시나니(當用一椀茶一嘗)
한 번 맛보면 무량기쁨 솟아나리니(一嘗應生無量樂)'

진산화상을 위해 향을 올리고 차를 올리며 내린 법어 게송이다. 한 잔의 차에서 한 조각의 마음이 나오고, 한 조각 마음이 차 한 잔에 담겨 있음을 노래하며, 차를 마시면 한없는 근심 걱정이 사라지고 즐거움이 솟아나니 차를 마실 것을 사형에게도 권한다. 함허도 차의 효능을 알고 차를 즐겨 마시며 교유하고 차를 권했다. 함께 차를 권하고 마시면 마음에 맺힌 응어리가 풀리고, 마음이 탁 트이니 상호 교감과 소통이 이루어지는 것이다. 차는 다분히 나눔과 어울림, 그리고 소통의 활인수양 효과를 나타낸다.

차를 마시므로 반조할 수 있는 여유를 가질 뿐만 아니라 타인과 함께 나누어 마심으로 얻는 공감과 즐거움을 나눌 수 있다. 차를 권하고 함께 마시는 행위에는 남을 배려하고 위하며 베푸는 마음이 작용하고 있어 심신치유 의미가 담겨 있다. 산사는 수행자에게 세상의 번거로움과 현실의 시비분별을 떠난 공간이다. 산사에 의탁해 한 가로움을 찾고, 탈속한 영성세계를 지향한다. 사람들이 현상에 마음 빼앗기고 빈자리를 탐욕으로 채우고자 텅 빈 본래 마음을 망각하고 살아가기 쉽다면, 함허 선사는 산승으로서 구름과 달을 벗 삼으며 화로에 차를 달이고 산중 사는 맛을 담박하게 드러내고 있다. 그 맛은 '가슴고동'으로 이어지고, 유연함에 대한 '알아차림'이 돈독해져서 '시선하강'으로 말미암아 보이지 않던 이들이 '죽마고우'로 다가온다.

가슴고동

멈춰서 들으면, 가슴고동이 들린다
귀로 듣거나 머리로 듣기보다는
가슴으로 들으면, 경험 너머다

경험 너머로 우리를 이끌어주는
다정하면서 친밀한 알아차림이다
알아차림이야말로 명상의 핵심이다
거기서 비로소 주요 영감을 발견한다

알아차림

질병에 자신 지키려면, 강해야 한다
힘을 키워가는 역량 강화만큼이나
알아차림 주요한 핵심과제

알아차림의 유효한 방법은
딱딱하지 않은 유연함에 있다
온 마음 다해서 울고, 웃어본다
감정 깊이 흐르다보면 치유 된다

시선하강

별을 찾으려면, 등불을 끈다
비로소 별이 환하게 보인다
별빛도 진정으로 나타난다

주변이 어두워져야 보인다
등불 내리면, 은하수 보인다
시선하강으로 상대 마음에서
상대의 진정한 모습이 보인다

죽마고우

죽마고우 좋은 치유 된다
오랜 친구이기 때문이다
인연이 기쁨을 빚는다

마음이 온통 어지럽고
사회적 거리두기 할 때
오래된 인연 만나는 것은
햇빛 쨍쨍한 거리 나감이다.

명상시 치유힐링 48 조화무궁

양주는 묵자가 개인보다 공동체를 앞세우고 있다는 판단이었다. 맹자는 양주가 지나치게 개인을 중시한다고 보아 양주를 비판했다. 『한비자』에 따르면 바깥의 사물을 가볍게 여기고 삶을 중시하는 '경물중생(輕物重生)'이 양주학파에 대한 당시의 평가였다. 마땅히 위험한 성에 들어가지 않고, 군대에 몸담지 않으며, 천하의 큰 이익과 그 정강이의 털 한 터럭을 바꾸지 않는다고 한다. 임금들이 그를 좇아 예우하면서 그 지혜를 귀하게 여기고 그 행동을 고상하게 여겨 바깥 사물을 가볍게 여기고 삶을 중시하는 선비라고 생각했다

조주(778~897)의 '끽다거(喫茶去)'의 전통을 복원한 것으로 평가받는 초의의순(1786~1866)은 다문화 중흥의 실질 기반을 마련했다. 1824년, 39세 때 초의는 차츰 자신의 명성이 알려지자 대흥사 동쪽 계곡으로 들어가 두어 칸 초가를 얽어 일지암자를 짓고, 이곳에서 40여 년 간을 홀로 지관(止觀)에 전념하면서 '다선삼매(茶禪三昧)'에 들었다. 그때 한 잔 차를 마시면 차와 선이 하나 되는 경지를 「두륜산 초암」이라는 시를 통해 이렇게 드러냈다.

연못가에 심어진 영산홍 피면
다홍색 꽃무늬 연못에 투영되어

환희정경 속에서 다선 이루어지고,
달 연못 잠기면 섭리 물속 잠기는데
그 분위기 속에서 한 잔 차를 마시면
차선이 하나 되는 신선경지 이른다.
이것이 바로 다선일여 아니겠는가?

　선사들이 맑은 차 한 잔으로 선정에 드는 모습은 세속 얽힘과 인간적인 고뇌를 벗어나 자성을 체득하는 법열과 여유를 보여준다. 일지암자에서 초의는 차밭을 일구어 차를 직접 만들고, 연지를 만들고 좋아하는 영산홍과 자미화의 나무를 심는다. 백운천에서 간짓대로 끌어온 온 '유천수(乳泉水)'로 끓인 차의 색향을 즐기고 마시면서 다선삼매에 들곤 했다. 우거진 숲을 헤치고 흘러나오는 물이 대나무 대롱을 타고 내려와 돌확에 담기는데, 초의가 자랑하던 어머니 젓 같은 샘물, '유천(乳泉)'이었다.

　달이 연못에 비칠 때면 우주섭리가 물속 잠기는데 유천수로 끓인 차를 마시면 신선경지이다. 다선일미로, 대상에 마음을 집중함으로 그 순간은 욕망이나 성냄에서 벗어나게 된다. 선현들은 깨달음을 물 흐르고 꽃이 피는 '수류개화(水流花開)' 소식으로 표현했다. 중국 송대 문장가, 황정견은 '고요히 앉은 곳에서 차를 반이나 마셨는데(靜坐處茶), 향은 처음이나 다름없고(半香初), 차 마신 기운이 오묘하게 작용할 때 물 흐르고 꽃이 핀다(妙用時水流花開)'고 했다.

　찻잎이 나올 무렵 차나무에 그늘을 만들어 싹이 햇빛을 덜 받게 재배하여 만든 차가 '옥로다(玉露茶)'이다. 초의는 푸른 옥색 같기도 하고 연한 연두색 같기도 한 영롱한 찻물이 작고 하얀 찻잔에 담겨 돌려지고, 그 맑고 향기로운 차는 몸과 마음을 열어 하늘 거니는 경지에 들 수 있게 하는 힘을 지니고 있다고 한다. 맑고 향기로운 차는 골수를 신선으로 바꿔 하늘나라 백성이 되게 한다.

　차나무의 뿌리는 땅 속에 잠재해 있는, 우주를 있게 한 눈에 보이지 않는, '이(理)'를 흡수하여 기(氣)로 바꾼다. 차를 마시는 것은 우주의 기를 마시는 것이다. 차를 마시면 몸에 땀이 흐르고 몸이 가벼워지는 현상이 생긴다. 차가 기운을 발산하기 때문이다. 차의 기운이 몸 기혈을 뚫어주기에 기운이 생기고 몸 또한 가볍게 되면서 번뇌가 점차 해소된다. 이기묘합처럼 우주의 '조화무궁'은 신비롭고 매혹적 삶으로 이끌고, 사막의 바람처럼 '영성교감' 이루는 데서 광활 자연을 흡입한다. 세상에 죽음으로 이끄는 바이러스가 있다면, 치유의 웃음 '바이러스'도 존재하기 마련이다. 이에 고요한 중심으로 돌아가게 하는 '회광반조' 명상시를 음미해 본다.

조화무궁

조화무궁은 서로 다른 상태로
보기 좋은 어울림 만듦이다
조화로운 무궁화 피운다

서로 다른 사람이 만나서
조화무궁을 이루어 낸다면,
신비로우며 매혹적 살림이기에
배려사랑 사회적 거리두기 앞선다

영성교감

광활한 자연이 우리를 부르는데
좁은 공간에서 서로 원망한다
많은 장벽을 두기 때문이다

서로 서로 두꺼운 벽 허물고
유목민처럼, 사막의 바람처럼
영성교감의 세상 이루어야 한다
서로를 더욱 믿으며 사랑해야 한다

바이러스

세상이 바이러스에 감염되고 있다
죽이는 바이러스가 있는 반면에
살리는 바이러스도 존재한다

자신을 정화하고 치유하며
생명 살리는 웃음의 바이러스
나타나면, 감염 퇴치할 수 있다
웃음의 치유 바이러스 필요하다

회광반조

삶의 자질구레한 상황에서
고요에 머무는 연마기술
회광반조가 절실해진다

문제에서부터 당당하고
고요중심을 잃지 않으면
파국 몰아갈 사건에서조차
평화 상태로 그냥 통과한다

금상첨화

육신을 회춘하는 방법으로 초고속으로 운동하며 함께 소용돌이치는 힘의 다발들을 일깨울 필요가 있다. 작은 세포가 다양한 육체 조직을 형성하고 운용하기 위하여 생화학적 힘으로 집결이 되어 있다. 이 세포 분자들은 소용돌이치는 원자·양성자(陽性子)·전자)들로 만들어진다. 이것들은 생명력이 응결된 지성 불꽃으로 만들어진다. 생명력의 불꽃 표면에는 감각 파도가 있고, 그 아래는 생각과 감정과 의지, 그리고 기억의 파도가 작동한다. 또한 모든 진동파(振動波)의 층 아래는 '참나'가 숨어 있기에 그 파도를 감상하며 지켜보고 있다고 할 것이다.

자연에서 도를 배우고, 그것을 통해 청정무구의 구도심을 일으키는 것을 중시한 초의선사는 그윽하고 편안하게 보름달을 담은 찻잔을 살포시 안고 명상에 잠긴다. 오가는 말 속에 차향이 있음이 아니라 맑은 심성 속에 있는 둥근 찻잔은 보름달처럼 떠오른다. 찻잔 속에 달 향기를 담아 마셔 보는 선승은 탐욕과 무언가에 집착하여 얽매여 있는 사람에게 집착을 놓는 비움을 향유한다.

요즈음 다인(茶人)들은 보름달을 무대 삼아 '헌다', '다시 낭송', 녹차 등의 찻잔을 나누는 자리를 마련해 대중과 차를 마시며 명상시를 읊고 명상을 시도한다. 달빛 차 명상은 욕망에 대한 집착을 완화시킨다. 아울러 불안과 스트레스를 안고 살아가는 현대인에게 '비움 충만'의 미학이 자리 잡도록 한다. 명상시를 통한 좋은 만남과 심신

치유와 영성힐링을 가능하게 한다. 초의는 『다신전(茶神傳)』에서 영혼을 일깨우는 도인의 찻잔 자리에 대해 혼자 마시는 차를 '일인신(一人神)'이라고 해서 신비 경지에까지 이른다고도 했다.

찻잔 자리는 가능하면 사람이 적어야 한다는 것이고, 또한 조용해야 한다는 것이다. 그것은 차가 갖고 있는 근본성질이 맑고 조용한 성품과 조화를 이루기 때문이다. 『동다송』의 마지막 송에서 초의선사는 물욕 밖의 고상한 마음에서 우러나오는 다선일여의 수행생활을 이같이 노래하고 있다.

> 밝은 달은 촛불이요 벗이니라(明月爲燭兼爲友)
> 흰 구름 방석 되고 병풍 되네(白雲鋪席因作屛)
> 대나무 소리 솔바람 시원하여(竹籟松濤俱簫凉)
> 맑은 기운 뼈 가슴 속 스미네(淸寒瑩骨心肝惺)
> 백운명월 두 손 허락하니(唯許白雲明月爲二客)
> 도인 차 자리로 이보다 좋으랴(道人座上此爲勝)

이처럼 분별과 차별을 뛰어넘은 무심경지에서 차를 마시며 자연과 합일된 세계극치를 보여준다. 차를 통해 느낄 수 있는 감각을 알아차림으로써 명상시를 통해 알아차림을 하듯이 자연스럽게 생각을 멈추게 되고 생각 멈추면 마음은 저절로 고요해진다. 명상가에게 밝은 달, 흰 구름은 수행을 돕는 기연(機緣)이다. 꿈을 사명감으로 이어주는 '금상첨화'도 이 고요한 마음이 그 바탕을 이룬다. 근원적 생명을 일깨워 하양웃음을 머금어 참된 면목으로 살아가는 '활명삼소', 인생 고독을 견뎌야 하는 '망망대해', 초의선사처럼 초인되어 짐승의 삶을 건너뛰는 담백한 명상시, '극기초인'을 음미해본다.

금상첨화

꿈이 생긴 날 소중한 날이다
의미 부여하고 사명 더하면
위대한 인생 새롭게 온다

꿈 묻는 사람이 필요하다
묻고 답하며 꿈은 성장한다
꿈 종착역에 사명감 찾아온다
사명감이 나를 벗는 새 길 연다

활명삼소

생로병사 번뇌근원 일깨우고
불생불멸 생사거울 비추며
상락아정 진면목 밝히네

생각 멈추고 망견 다스려
꿈꾸며 헤매도 다리 편하고
바다 속 진주 캐도 젖지 않네
하양웃음 크게 세 번 터뜨리고나

망망대해

망망대해에서 외롭게 표류할 때,
구조선 보이면, 살아날 수 있다
살리는 것은 타자 구조선이다

코로나바이러스 사태같이
위기일수록 타자 도움으로
생명을 건질 수 있을 것이다
고독 견뎌내야 구조선이 보인다

극기초인

차라투스트라는 군중 향해 말했다
그대에게 초인 가르치려 하노라
인간은 모두 극복할 존재이다

초인과 짐승 사이 존재하여
이쪽 가면, 초인의 삶이 되고
저쪽 가면, 짐승의 삶이 흐른다
극기초인은 자기 극복한 존재다

기분전환

  1377년, 청주흥덕사에서 세계서 가장 오래된 금속활자, 『백운화상초록불조직지심체요절』은 '직지인심견성성불(直指人心見性成佛)'이 요체로서 조사선 무심을 드러냈다. 이는 마음의 본성, 무심을 바로 깨닫는 돈견(頓見)으로 자기 성품을 조견하는 활인수양에 이바지한다.

  백운화상(白雲景閑, 1298-1374)은 75세 되던 1372년, 선관(禪觀)의 안목을 자각하고 조사선풍 법맥계승의 뜻을 담아, 비구니 묘덕의 시주를 받아 청주 흥덕사에서 1377년 7월, 금속활자체로 인쇄하였다. 『백운화상초록불조직지심체요절』은 역대조사게(偈), 송(頌), 찬(讚), 가(歌), 명(銘), 서(書), 법어(法語), 문답(問答) 가운데 선별하여 찬술했다.

  우리는 백운경한 무심진종에서 자리이타 공공성을 발견할 수 있다. 무심선이 확립시킨 본래면목 무심가치는 백운선사 '무심가(無心歌)'에서 드러나듯, 인간 본성에 대한 무한신뢰와 삶의 긍정적 가치를 반영한다. 조사선에서 파악한 중생본래 진실은 순수 본성을 지닌 인간존재이다. 인간 본연의 본래면목을 밝히고 인격 본래성을 구현하는 무심진종은 인간의 본래면목을 자각, 자리이타를 보살행으로 실천하는 돈오견성의 문이라고 할 것이다. 이는 지혜와 자비의 자리이타를 행하며 무심 가치를 드러낸다.

  현실세계와 가상세계가 융합된 '메타버스(meta verse)' 시대를 살아가는 현대인들은 엄청난 상실과 불안, 그리고 스트레스를 느끼고 있다. 극복방안으로 건강과 행복을 추구하는 정신문화 가치에 기반을 두고 있는 명상시와 차명상 문화일 것이다.

명상시 독송을 경청하며 정성을 다해 차를 끓이고 마시며 자기성찰을 하고 상대방과 대화를 나누며 소통하고 공감을 이룰 수 있다.이를 기반을 두는 다선일미 명상 시세계는 심신을 맑게 하고, 상실과 불안 그리고 스트레스를 극복할 수 있다. 특히 심신안정과 정신적 만족을 얻게 할 뿐만 아니라 명상시와 차명상을 매개로 더 편안하게 서로 소통할 수 있게 한다.

이처럼 명상시와 차명상 문화는 의사소통과 공감을 형성하며 원활한 대인관계를 위한 방편으로 활용된다. 집단 구성원 간의 배려와 이해, 우애 등을 통해 대인관계 적응능력이 배양됨으로써 상호존중하고 협력하는 사회소통과 기능이 점진적으로 향상될 수 있다. 그것은 명상시를 읽고 차를 마심으로 상호 오감이 열려 심신이 편안한 분위기에서 대화가 순조롭게 이어지고 연대 의식을 고양시킨다.

이에 시와 차는 마음의 본질을 통찰하게 하는 횡단매개 메타버스다. 명상시와 차 명상을 통해 조용히 관조하면 스스로를 바라보게 되고, 그 안에서 지혜가 우러나오게 된다. 차와 함께 한 명상수행 경지와 빼어난 시적 상상력 기반의 '다선일미'가 구도와 깨달음의 표현이기에 깨닫게 되는 것은 나와 너의 이분법적 사유 너머 그 모든 존재와의 상호 연기적인 관계를 통찰할 수 있기 때문이다. 명상시를 통한 격조 있는 법의 향기와 아우러지는 다향의 향기로움은 심신을 맑히고 의식을 깨어 있게 한다. 아울러 상호조화와 베풂, 공감과 소통으로 갈등과 분열을 치유하면서 건강한 공공행복 추구와 소통과 화합을 통한 연대 의식을 고취하는 이바지를 한다. 그렇지만 현대인들은 비어도 저절로 충만해지는 본래 마음을 망각하고 살아간다.

번잡한 삶 속의 명상시 한 수와 차 한 잔 여유는 지친 마음을 쉬게 하고 따뜻하게 하며 향기롭게 할 수 있다. 탐욕과 성냄, 어리석음이라는 삼독(三毒)으로 이루어진 화택(火宅)에서 삶을 살아가는 현대인들에게 시를 읊고 차를 마시며 명상에 드는 '성성적적'으로 심신을 치유하고 영성힐링으로 깨어나게 한다.

명상시의 알아차림과 물, 불 그리고 차의 조화를 통해 그윽한 차 향기와 맛을 음미하며 소통하고 공감하면서 인식의 폭을 넓힌다. 명상시와 차명상을 통해 눈으로는 시의 빛깔을, 코로는 차의 그윽한 향을, 혀로는 감미로운 차의 맛을 즐기고, 귀로는 물 끓는 소리, 손으로는 다기를 어루만짐으로써 오감이 전체적으로 열리는 순간을 맞이하게 되고 심신이 가볍고 청정해진다.

이는 '기분전환'으로 이어지고, 변덕스러운 호기심충족이 아니라 절제로 사물에 다가서는 '절제미학'을 음미토록 한다. 청각장애를 뛰어 넘어 사랑하기에 '청각장애' 명상시를 통해 침묵교감이 이루어진다. 오온(五蘊) 가운데 식음(識陰)의 경계를 벗어날 때, 대원경지 오도송이 이루어진다. 영아 같은 무심을 구경각(究竟覺)으로 느끼기에 안주하는 마구니 습벽을 벗어나기 힘들겠지만, 구경각으로 고요와 밝음이 어우러지면 돈오, 대원경지에 들어 '여실지견'에 이른다.

기분전환

베풀고 나누며 기분전환 한다
현명이 어리석음 환대하지만
풍요는 가난 마중한다

기쁨이 일어나지 않고
우울함이 다가올 때라도
멀리 멀리 산책을 떠나본다
지리화엄 단풍 곱게 물든다

절제미학

행복한 사람은 안정감이 있다
행복을 가슴으로 껴안는다
절제미학으로 평안하다

떠들썩한 즐거움이나
안달하는 욕망 아니다.
변덕스러운 호기심 뒤에는
불안정과 반전이 수반된다

청각장애

청각장애로서 사랑 이루어졌다
서로 평생의 반려자를 원했다
영원히 함께할 동행 바랐다

소리를 듣지 못하는 사람끼리
서로를 의지하면서 함께 살았다
침묵의 세계가 소통으로 바뀌었다
아이들 위해 강해지는 부부 되었다

여실지견

이 몸으로 태어났을까 염려한다면,
거울을 볼 때마다 고통 자란다
원망하면, 길도 사라져버린다

이 몸으로 어떤 기여할까?
배려하면, 나의 일이 보인다
자신의 타고난 모습 그대로를
여실지견으로 새 길 인도 받는다

명상시 치유힐링 51 The love in the width of the sky

생명력은 온갖 형태의 잠재의식, 각성의식, 초의식, 그리스도 의식으로 자신을 표현하는 광대한 근원적 생명력의 발현이다. 단단한 물질인 육체는 외적으로는 매우 작은 공간을 점유하지만, 그 '물질(substance)'은 내면에 실제로 응결된 영성의 우주의식이기에, 본질적으로 광대하고 편재하게 펼쳐져 있다. 물질의 본성은 변화양상을 나타내고, 끊임없이 움직이는 기운이다. 육체는 태어난 이후로 끊임없는 붕괴와 소생을 겪는다. 육체는 운동의 양상을 전개하므로 운동 없이 살 수는 없다. 육체는 밖에서 음식, 액체, 산소, 햇빛으로 생명력을 불러일으키고 내면 영성으로 근원적 생명력과 조율하게 된다.

우주 생명력의 내적 원천으로부터 나오는 활력으로 육체를 활성화 시키며 개신(開新)한다. 편재하는 전기에너지는 항상 육체로 흘러든다. 우리는 그 과정을 의식하고, 법칙을 알면서 물리현상에서 벗어난다. 죽음은 육체상태의 일시적 정지일 뿐, 자아, 영혼, 카르마의 활력의 운동들이 새로운 육체를 갈아입고 재등장한다.

마음은 육체의 왕이다. 영성의 한얼을 발현시키는 육체는 젊은 한얼이다. 영성으로 충만하면, 죽음을 맞은 낡은 육체는 폐기되고 새 육체에 활력을 불어넣을 수 있다. 명상으로 평화와 조화를 육체의 모든 세포 속으로 불러들인다. 독일의 통합문학치료사, '오르트(Ilse Orth)'는 메타해석을 강조하였다. 이는 '이해하는 것을 넘어 포용과 공감'을 의미한다. 뉴스를 시청할 때, 이 뉴스가 나에게 어떠한 의미가 있지? 스스로에게 질문하고 스스로 생각하는 훈련을 하며 스스로를 바라보는 힘을 키우는 것을 '메타적 자기 성찰(meta self-reflection)'이라고 한다.

현대인에게는 명상시 치유힐링에 대한 메타 해석이 필요하다. 사람은 느낌에서 자유로울 수 없으며 정신적 고통으로부터도 자유로울 수 없다. 실존적 몸을 어떻게 극복할지 고민할 필요가 있다. 이에 메타적 해석을 시도함으로 명상시 치유를 통한 느낌은 '일어나고 사라짐을 관찰하는 지혜'로 발전하게 된다. 명상시 치유는 '도입, 작업, 통합, 새 방향 설정' 단계로 습관화된 무의식을 발견한다.

먼저 자연풍광과 함께 명상시를 느껴본다. 몸에서 밖으로, 그리고 다시 외부로부터 몸 속으로 옮겨지는 과정을 느껴본다. 자신의 몸속에서 어떤 느낌이 느껴지는지 지금의 그 느낌을 적어본다. 몸속에서 일어나는 느낌, 혹은 그 반응을 형용사로 표현해 본다.

우리의 몸은 외부 자극이나 순간적 상황이 만들어 내는 즉흥적 정보들을 인지하는 순간에 반응하기 마련이다. 주위에서 일어나는 것들이 정보가 되어 몸으로 들어가 반응을 불러오고 이 반응은 다시 정서에서 인지영역으로 '상향-하향(top down-bottom up)' 순환을 통해, 몸에서 내부로 흐른다. 이 과정에서 창의적 에너지를 형성한다. 이 에너지는 내부에 잠재해 있는 심신 치유력을 스스로 찾아가도록 도와 자신을 표현하고 대변할 수 있는 가장 좋은 친구로서 이야기 할 수 있게 된다. 몸 느낌을 치유 삼는 동작 중심, '표현예술치유(movement-expressive arts)'가 된다. 이들에게 몸은 알아차림의 매개체(vehicle)가 된다.

몸의 감각, 자세, 몸짓은 역사와 문화, 현재 존재방식의 반영으로 예술이 가진 창조성 원리와 실제를 배워감으로 우리 삶의 모든 측면에 그것을 적용할 수 있도록 한다. 이 작업의 핵심은 삶의 경험들의 전체적인 이야기가 움직이고 살아있게 하고 몸을 통해 접근하고 활성화하는 것이다. 동작은 몸의 원초적 언어이기에 움직이는 것은 깊은 느낌과 기억을 환기시키고, 움직이는 방식 또한 우리의 무의미하고 반복적 패턴들을 드러나게 한다. 우리 몸에 존재하는 모든 것, 절망, 혼란, 불안, 화, 즐거움은 동작으로 표현할 때 나타난다.

그 동작이 온전한 표현으로 지각되고 해석될 때, 통찰과 변화를 위한 매개체로서 작동하게 된다. 이렇게 '지금 여기'에 몰두하는 능력은 창조활동의 필수요소이다. 알아차림의 메타해석은 위기와 혼란 상황에서도 '발 디딜 곳을 찾아내고 활인수양 길로 이끈다.

메타해석으로 '하늘너비사랑(Love of the width of the sky)'에 접근하고, 이판 사판 아우르는 '얼나웃음(The innocent baby's smile)'을 머금게 되며, 분노를 사전에 감지하는 '분노감지(The anger detection)'로 인생여건을 기민하게 알아차리고 극복할 줄 알기에, 사람은 '인생조건(The condition of life)'에서 승리할 줄 아는 주인공이 된다고 할 것이다.

Love of the width of the sky

If I can spread love of the width of the sky
I am sure my heart in the blue sky,
It would be stuck in your heart

Spring gets deeper by a deserted river
Only the petals are piling up in the wind
A sleeping garden at dusk clouds, evening sun,
The bird in a red cap sings everywhere in
the mountain

The innocent baby's smile

The pouring through the clouds
The blazing rays of the sun
Reach horizontal waves

The one who's embracing them
Together with both reason and event
The innocent baby smile with bursting flower
Even the beginning of the world would be
reversed

The anger detection

Human anger is highly susceptible to infection
Anger burns itself like a burning fire
It's needed to extinguish at first

To step on the meditation brake
The anger involves the greater pain
So that it doesn't get infected greater fire
The anger detection is a hidden pain recognition

The condition of life

The condition of life is a sign of winning
If you win in a battlefield, you'll win
It turns into a fascinating person

The mission of times is on the people
There's ritually a person at the heart of life
People are to be life-changing main characters
They would know the way how to use mysterious
vitality

명상시 치유힐링 52 The four season's love

  우리의 영성을 방해하는 것으로 네 가지의 마군(魔軍)을 떠올리게 된다. 첫째, 번 뇌마(煩惱魔)로서 탐욕을 비롯한 모든 번뇌는 우리의 몸과 마음을 시끄럽게 한다. 둘 째, 음마(陰魔)로서 오중마(五衆魔)라고도 말하며 다섯 가지로 고통을 일으킨다. 셋째, 사마(死魔)로서 죽음이 사람의 목숨을 빼앗고 영성을 망각한다. 넷째, 천자마(天子魔) 로서 욕계의 제 6천의 타화자재천이 좋은 일을 방해하기 때문이다. 타화자재천은 욕계 중 가장 높은 곳에 위치한 가장 수승한 하늘이다. 육욕천(六欲天) 가운데 제6천으로, 이곳에 있는 신(神)들은 바라는 대상을 스스로 만들어 놓고 즐길 뿐만 아니라 다른 신들이 만들어낸 대상도 자유롭게 즐긴다고 한다.

  타화자재천마를 벗어나면, 모든 욕계는 벗어나는 것이다. 이것을 우리가 영성의 측면서 생각한다면, 마지막 탐욕만 벗어나면 모든 탐욕에서 벗어나는 것이지만 이것을 못 끊으면 다시 탐욕에 함몰되기가 쉽다. 따라서 탐욕으로부터 완전히 자유롭기까지 영성해방이 된 것은 아니라고 할 것이다. '영성'은 신령스러운 성능(性能)을 말한다. 대화를 통해 '영성'은 근원적 생명력을 표상하는 것으로 수렴되기에 활인수양의 전망 을 나타낸다.

  개체 생명과 우주 생명이 상관 연동되어 영혼이라는 자리매김이 이루어지고 그 부정적 상황에 해당하는 영혼의 식민지화, 영혼의 영토화에 대한 다각도의 해법이 모색된다. 혼(魂)의 영역이 이기적 편협성을 나타냄으로써 식민지화를 수반한다. 또한 '참나' 또는 '한얼'의 영(靈)의 영역은 우주생명의 근원적 생명력과 연계되어 혼을 깨어나게 하거나, 근원적 무지를 자각한다.

명상시 치유힐링은 명상시를 통해 사물본질을 깊게 통찰하여 변화된 삶을 가능하게 한다. 사랑의 사계를 가꾸어가려면, 시명상과 차명상을 겸하는 것이 효과적이다. 시와 차에는 비움의 충만, 위로와 공감을 일깨워 주는 요소가 내재되어 있기에 심신을 편안하게 함은 물론 열린 마음을 지향하게 한다. 시와 차에 내포된 심리치유 효과를 상기하며 다선일미의 가치를 일깨우고 살려갈 필요가 있다.

몸은 여러 차원에서 각기 다른 느낌이 들게 되고, 모든 현상은 느낌으로 모여 마음의 기초가 된다. 느낌은 호불호에 대해 욕망과 불만족을 유도한다. 느낌의 호불호에 따라 생각과 행위는 영향을 받는다. 따라서 명상시 치유힐링은 느낌에 직면하고, 물러나고, 벗어나 느낌특성과 그 내용을 통찰하는 체험이 가능해진다. 이 체험은 신체와 정신의 균형 잡힌 자기면역력을 키운다. 이렇게 단련된 각 개인의 정신건강은 또한 연대 공동체를 만든다. 이것은 명상시 치유힐링의 지향 목표이다. 인간존재의 왜소함과 위대함을 동시에 드러내 줄 수 있는 것이 있다면, 그것은 느낌일 것이다. 명상시 치유힐링은 자신의 혼자 힘으로 자신의 심리를 들여다보는 길이다.

스마트폰과 같은 기술문명이 눈멀게 한 몸에 대해 명상시를 매개로 관찰한다. 명상시 치유와 동작 중심의 표현예술 치료를 통해 몸이 통찰과 변화로 이끄는 매개체라는 사실을 깨닫는다. 이러한 몸의 느낌은 충전 에너지로 전환된다. 그렇기 위해 우리는 느낌이 초래하는 현상들과 거리를 두고 느낌의 본질을 있는 그대로 바라볼 수 있어야 한다. 명상시 치유힐링은 이것을 가능하게 하며, '더 나은 오늘'에 대한 실천적 대안이 될 것이다. '사람 없는 대화(un-tact)'와 '인간 접촉(human touch)'의 균형과 조화를 기반으로 새로운 변화를 예측하고 적응하는 삶이 무엇보다 요청되고 있다. 그 대안이 명상시와 차명상의 접촉이다.

'사랑의 사계(The four season's of love)'에서 사랑의 확인이 가슴의 파문으로 가능하기에 인간 접촉이 중요한 것임을 확인하는 시대이다. 타자와 사랑을 나눔으로 진실에 접근하고 희망을 품는다. 막걸리 두 사발 시흥으로 생기를 찾고 '맘나웃음

(The mind's smile)'을 터뜨린 김삿갓의 여흥, 적당한 중용 감각을 요구하는 '약의 경계(The boundaries of medicine)', 이웃위한 살림살이 깊이를 갈파하는 '인생법칙(The laws of life)'을 차명상과 함께 음미해 본다.

The four season's of love

Thinking of the four seasons of love,
A dream of eternal love in spring
Frustration raises up in summer

In fall, shares joy of harvesting together
In winter, lonely inner growth is achieved
The love the more can make to heal wounds
If you would purify your soul, the warm love
comes

The mind's smile

Kim Sat God's Entertainment is a poetry
writing job
As if the general were handling simple soldiers
To the fullest He's a master of words

Two bowls of liquor to poetic inspiration
With wrinkles on face, he got smile with flower
Looking for a stuck internal organs for active vitality
He burst out laughing at the freedom from
life and death

The boundaries of medicine

They are boundaries of medicine according
body recognition
A supplement is a poison, if it is recognized
as a poison
If a poison is recognized as medicine, it is a
medicine

If medicinal properties are adequate, it kill germs
If the amount goes too far, it would destroy
a body
If we eat moderately, it could be good for our
health
If we would overeat, the good food also could
turn into the toxin

The laws of life

The river does not drink its own water itself
The sun doesn't shine on the sun itself
Trees don't eat their own fruit

Men are beings who save each other
When a neighbor is happy, he rather shines
Just as flowers don't smell fragrance for themselves
The living for neighbors deserves to be called
the law of life

명상시 치유힐링 53 The love of sunrise

　명상하는 동안 자제력에 의하여 생명력을 지각신경들로부터 유체로 차단할 때, 생명력은 내면으로 흐르게 되고 미간의 우윳빛에 집중한다. 내면으로 향하는 이 유체의 흐름과 내면의 빛은 영혼, 자아, 직관에 대한 인간 지혜의 양식이자 공물이다. 이런 원기들과 내면으로 흘러드는 그것들의 영성 지각들 그리고 영안의 빛은 잠재해 있는 얼의 재능을 계발하는 데 필요한 요소들이다. 평소의 잠자는 습관은 평소의 마음 상태를 보여준다. 그것을 식별하는 능력은 자기교정을 필요로 하는 활인수양 지점을 알려준다.

　초의식의 꿈에서 영은 영사기사로서 영상을 직관의 화면에 투사한다. 그것은 잠재의식에서 영화필름을 가져오는 것이 아니며, 직관의 렌즈를 사용하고, 육체에서 이완된 에너지를 활용하여 에테르로부터 사건들을 촬영해서 그것을 초의식의 꿈으로 투사하는 것이다. 꿈에는 에너지의 요소가 수반된다. 에너지 없이는 무엇이든 보이지 아니한다. 에너지는 생각을 나타내게 된다. 에너지와 결합된 신명의 상념으로 우주를 생성한다. 우리가 에너지에 대한 통제권을 갖는다면 우리도 신명처럼 공공창조 반열에 동참할 수 있다. 에너지는 물질과 의식 사이의 연결 고리이다. 꿈은 의식, 이완된 에너지, 상념으로 만들어진다.

　명상시를 감상하고 차를 마시면 정신이 맑고 또렷하여 사물을 있는 그대로 보고 알아차리는 '적적성성'(寂寂惺惺)에 이른다. 신체는 마음으로 확장되고 체화된다. 느낌은 바로 이러한 몸과 마음의 경계에 자리하여 마음을 구성하는 요소가 된다. 느낌의 호불호에 따라 우리의 생각과 사유가 무의식적으로 영향을 받는다.

이때 명상시 치유힐링은 스스로 자신의 마음을 들여다보는 수단이 되어 심신치유 의미를 나타낸다. 우리에게 갈애가 아닌 팔정도, 고통이 아닌 명상시 치유의 삶을 선택하도록 이끈다. 이러한 명상이 우리 삶의 방식으로 체화된다면 개개인은 물론 우리가 속한 공동체문화도 건강하고 안전하게 발전할 것이다 명상시와 차명상을 기반으로 하는 '다선일미((茶禪一味)' 효과는 수행을 넘어 현대명상 방법과 접목함으로써 새로운 융합명상으로 변용되는 경향을 나타낸다.

성찰과 내면감정을 진솔하게 표현하는 명상시에는 다양한 사유와 감정의 결이 담겨 있어, 그 반향과 울림의 진폭이 넓고 깊을 뿐만 아니라 타자와 공명연대를 이룬다. 자연풍광과 음악멜로디를 들으며 차를 준비하고 마시면 명상사유의 상징과 이미지가 함축된 치유의 힘이 작용한다. 명상시를 기반으로 하는 다선일미의 체험으로 자아 성찰을 통한 위로와 공감, 비움과 충만을 일깨워 주는 요소가 내재되어 있어 지혜의 증장과 열린 마음을 지향하게 한다.

장엄한 생명 서사시, '일출사랑(Love of sunrise)', 박장대소 심장에 뿌리를 두고 온몸을 털어내는 '몸나웃음(The body's smile)'으로 나타난다. 회상을 이어가다 보면, 칠흑 어둠에서 상기되는 놀라운 '섬광기억(The flash memory)', 타인의 실수를 거울삼아 '타산지석(To take one's mistake as a mirror)'으로 스스로의 지혜 증장을 꾀하며 차명상을 통해 세계 한울타리임을 느끼고 인연 체감한다.

Love of sunrise

The moment to become with fundamental vitality
The stained glass with a brilliant horizon
which boasts a dignified appearance

Their color in their own melody
The cosmic symphony begins to play
The eternal and momentary penetration into one
The epic poem of dignified life admiring
love of the sunrise

The body's smile

Queen of night with thousands of eyes
The only eyes of the day the king
Laugh in one day and night

In thousands of eyes equipped in the Goddess
Spiritual heart is in charge of an account of
the great
Queen of night leaving when darkness is
completely gone
Laughed out loud to clap hands and to burst
out laughing

The flash memory

The recalling is a dark abyss
If thoughts straightened out,
It's to find the flashlight

If you don't know yourself,
Wandering in the pitch darkness
If you wander like a planet and look for light,
Finally the flash memory could be passed
through the brain

To take one's mistake as a mirror

To learn from other people's mistakes
It's liable to make various mistakes
Life's too short to learn in one life

It's better not to make enemies
To solve by way of a conversation,
It's to make a lesson by other's mistakes
To take one's mistake as a mirror is a role
model

명상시 치유힐링 54 The value of love

상념은 영화필름이고, 이완된 에너지는 전류이며, 의식은 영사기이다. 악몽은 잠재의식으로 야기된 꿈에서 이루어진다. 악몽들은 에너지를 더 많이 사용한다.

초의식 꿈에서는 호흡과 심장이 더욱 고요해진다. 환시들은 근육과 심장 부위에서 의식적으로 에너지를 철수시키고 그 에너지를 미간으로 향할 때 생성된다. 자아는 꿈의 활동에서 어떤 의식적 역할도 맡지 아니하게 된다. 그래서 우주 의식의 활동 비전에서 자아는 자신의 고요한 위상을 차지하지 않기에, 무아인 셈이다.

최면과 몽유병은 역설이다. 몽유병은 의식적 과정을 잠재의식으로 통제하는 것이며, 잠재의식의 영화필름을 상영하고자 근육과 사지를 사용한다. 다른 사람의 의지가 의식의 마음을 통제하기 위하여 잠재의식으로 작용할 때 최면이 이루어진다. 최면은 정신적 자유를 빼앗고 두뇌를 위험에 빠트릴 수 있다. 마음을 멍하니 비워두는 것은 지혜로운 방편이 될 수 없다. 떠돌이 영혼들이 에테르 속을 돌아다니다가 유령의 최면, 또는 빙의 현상을 야기할 수 있다.

모든 꿈을 다 기억하지는 못하더라도 과거에 꾸었던 꿈의 흔적들은 어렴풋하게 남아 있을 수 있다. 꿈은 잠재의식의 활동으로 만들어지는 것인데 낮에 경험했던 일들을 꿈에서 재연되는 것이 일반적이다. 그런데 어떤 경우에는 앞으로 있을 일들을 꿈속에서 미리 겪기도 한다. 그런 꿈들을 확실하게 기억하지는 못하더라도 어떤 상황에서 그 장면이 겹쳐오면 어디선가 분명히 봤던 느낌이 든다.

그러나 명상을 통해 얻은 부동 상태를 일컬어 '삼매(samādhi)'라고 한다. 『청정도론』에서 삼매에 든다는 것은 마음(心)과 심소(心所)를 하나의 대상에 적절하게 모아 두는 것을 의미하며, 그럴 경우 대상에 산만함이 없이 머물게 될 때 삼매에 든다고 한다. 명상은 요가, 참선, 사념처, 초월 명상 같이 인도 기원의 전통적 명상법, 단전호흡을 비롯한 호흡수련, 태극권과 같은 동적 명상이 있다.

몸은 물리적 영역뿐만 아니라 마음과 조화를 이루는 몸이다. 몸은 신체와 신경계 그리고 그 둘로부터 생성된 마음을 의미한다. 몸은 정신과 물질이 서로서로 의지하는 쌍둥이로 작용한다. 신체와 마음은 서로를 조건으로 모방하며 닮아간다. 이 같은 몸과 마음은 '상향(bottom-up)'과 '하향(top down)' 두 과정으로 상호 작용한다. 또한 선가(禪家) 수행자들이 구도와 깨달음을 얻기 위한 과정에서 차는 소중한 도구가 되었으며, 현대에 이르러 차명상으로 발전되었다. '차명상'은 참선과 상관하고, 차를 활용한 다선(茶禪), 명선(茗禪) 등에 활용되어 현대 명상 치유 프로그램으로 개발되면서 차를 마시면서 참선하는 것을 '다담선(茶湛禪)'으로 일컬어 적극적으로 활용한다. 명상시와 차명상의 만남은 지(止)와 관(觀)을 쌍수(雙修)하는 수행으로 선가에서 활용되었다. 다선(茶禪)의 기원은 중국의 조주종심(778-897)선사가 깨달음을 얻기 위해 멀리서 찾아온 납자에게 '차 한 잔 들게(喫茶去)'라는 화두에서 시작하였다. 조주의 언급에는 분별심을 용인치 않았으며, 모든 의심과 번뇌 망상을 여의고 '지금 여기'를 소중히 여기라는 '평상심시도' 가르침이 함축된다. 그의 가르침은 송나라, 원오극근(1063-1135)에 의해 '다선일미'로 발전했다.

'다선일미'는 원오극근이 영천선원에 주석하며 『벽암록』을 저술할 때 졸음을 물리치고자 벽암천 온천수를 길어 와, 그 온천수로 차를 끓여 마신데서 유래했다. 원오극근의 '다선일미'는 조선의 초의의순(1786-1866)과 금란지교, 추사 김정희(1786- 1856)에 의해 '명선(茗禪)'으로 변용되었다. 타자 사랑이 하느님 얼굴 친견이라는 내용의 '사랑의 가치(The Value of love)', 서역 달마 감로법문의 기연에 관한 '벽안미소(The blue eyes' smile)', 배려 실천 사례로서의 '사회적 거리 두기(The social distancing)', 크면 클수록 더욱 넓고 깊어 가는 '인생투자(The life's investment)' 명상시를 음미해 본다.

The Value of love

Loving others is to see God's face
Even a little can hope conceived love
When value of love disappears, it's death

Through a great love mother,
Verification consists of chest rupture
The falling in love would bring the truth
Life is a flower that eats the honey of love

The blue eyes' smile

Dharma had been flying in the reeds like the wind
Dharma monk from India had the blue pair eyes
Thousand buddha became a handful of dust

The mystical monk of the day, Sin Kwang monk
He wanted to hear the teaching smile of Blue
eyes
He had cut his left arm and made red in white
snow
Also he enlightened and succeeded the dharma
lineage

The social distancing

The social distancing is necessary for each other
It's the art of mutual respecting personality
It's for yourself and it's for the other side

It's pretty, like you don't break it
If you love flowers, you'll hydrate them
Without being thrown in the sun, considerate
not to wither
The social distancing is a kind of consideration
at pandemic situation

The life's investment

Nothing is easily achieved in the world
We don't get anything for nothing
We can pay the tuition fee

It's better for big investment in life
It's natural to get what's rightfully valuable
If it's to pay the price, you have to put up with it,
The bigger it is, the wider it is, the broader
and deeper it is

아나함과

명상시 치유힐링 55 The harmony between the soul and the body

　　예지하는 꿈을 자주 꾼다고 해서 그 자체가 문제가 되는 것은 아니다. 그만큼 예지의 꿈을 자주 꾼다는 상황이지만 문제는 깨고 나서 그 꿈을 정확하게 기억하지 못한다는 것이다. 꿈에 대한 자각을 확실하게 기억할 수 있다면, 앞으로 일어날 사건이나 상황을 미리 예견하거나 예지하는 꿈으로 꿀 수 있기에 종교적 예언이 성립된다. 실제로 예언가들은 '예지의 꿈'을 통해 예언하였다. 크리스토퍼 로빈슨(Christopher Robinson)도 이것을 '예지의 꿈'으로 예언했다. '외상(trauma)' 치유를 위하여 경험으로부터 기억된 이미지의 시각적 투영과 정서 지각이 기억에서 어떠한 형상 변형과 상징 형태, 색채로 해석되고 표현되는지, 사진 재해석 방식이 활인수양의 과제이다.

　　불안과 고통, 두려움의 정서를 이미지화하여 실재적 경험으로 승화시키려는 목적에서이다. 재현된 기억은 '기괴한(grotesque)' 공간과 기형적 형태의 인체 모습으로 드러나서 고통과 공포, 불안과 같은 심리적 요소들을 부각함으로써 해방출구로 활용한다. 기록하는 카메라로 잃어버린 기억을 드러내서 내적 '트라우마'를 치유한다. 영육조화는 영성과 몸 관계의 조화를 의미한다. 바탕의 '체(體)'에서 영성과 몸은 유기체를 이루어 조화롭게 내면 평화를 유지한다. 전체와 부분처럼 어우러져 '부증불감(不

增不減)'으로 충만하고 행복감에 스스로 빛난다. 또한 '형상 측면에서 영성과 몸은 상호 의존관계에 있다. 서로 의존하는 볏단처럼, 영성은 몸에 의해 몸은 영성에 의해 하나의 꽃이 되고 의미가 된다.

영성은 독존을 의미하지 않고, 몸에 대한 성찰과 인정에서 나눔의 공덕을 가능하게 하고, 몸은 신령스러운 영성으로 존재적 기반을 확보한다. 그리고 작용하는 '용(用)'의 측면에서 오감과 의식을 살려 '지금 여기'의 알아차림이 가능하게 한다. 영성에 의해 충만하여 깨어 있을 수 있다면, 진여 자성에 의한 견문각지는 대상에 물들지 않고 자유자재로 한다.

대상을 의식으로 수용하여 의지로 선성에 가깝게 실천적 작용으로 운용하지만, 그 작용으로 말미암아 흔들리지 않고 여여자재(如如自在)하게 되는 것이 중요하다. 일심, 여래장, 불성 등의 표현은 인간이 영성을 구족하고 있음을 의미한다. 영성과 몸의 관계는 인과 구조로 이루어져 있지만, 본질적으로 다른 것이라고 말할 수 없다. 초월적 작용이 일어난다고 하더라도 마음의 작용으로 마음 일부이거나 그 유기체적 구성물로 간주한다. 진여현전의 영성 충만으로 명상을 활용한다. 영성에 치우치면 현실의 과제 해결에 소홀하게 되고, 몸에 사로잡히면 현실 문제를 등한시하게 된다. 진여 자성의 성품과 견문각지의 몸 작용은 통합된 유기체로 작용한다.

명상시를 통해 신령스러운 본성을 알아차리고 자연풍광을 통해 현실적인 토대를 확인하며, 음악 멜로디를 통해 행복한 느낌을 유지한다. 전체적으로는 진여 성품이 견문각지의 작용과 더불어 머물지 않는 행복으로 이어갈 때, 열반 체험과 상관연동을 이루게 된다는 것을 확인할 수 있다. 이에 명상시, '영육조화(The harmony between the soul and the body)'로서 영혼과 몸의 유기체성을 확인하고, '박장대소(The smiling with palms)'를 통해 최후보루가 되는 진여자성을 알아차려 손바닥 치는 웃음을 경험한다.

그리고 명상시, '크레용(The crayon)'을 통해 진여 자성과 몸의 견문각지 사이의 횡단 매개에 따라 인생의 향방이 달라짐을 확인한다. 결국 명상시, '의지향방(The direction of will)'에 따라 공정성을 살리는 지혜결단이 인간의 본래 전체성을 회복하는 길이며, 영육조화의 요체를 이룬다.

The harmony between the soul and the body

If you can eat well and sleep well,
Keep your health with strength
Souls grow together with body

It's the harmony between soul and body
In the growing up between the flesh with the
soul
It would like to accompany body in partnership
with mind
It's like an empty filling to wake up at dawn
early in the morning

The smiling with palms

There's no end and there's only variation
He enjoys it but does not want to stay
It's similar to riding roller coaster

If you take a solitary attack on each scene,
It's natural to separate yesterday from today
To look in the mirror to see how far it is from
When it's found loose, the smiling with palms
bursts

The crayon

The man lives and breathes like crayons,
Every step of the way you would take,
A natural color picture is drawn

Some paintings are beautiful
Another some pictures are ugly
It's an attitude of coloring life of the crayon
We could meet lots of days of smudging crayons

The direction of will

The direction of will is divided into two parts
With good will toward the good
The will to evil works

When we get to a vague state
Transmission of verification methods is useful
It's about transparent disclosure of development
course
We would diagnose and examine the fairness
of the results

명상시 치유힐링 56 Love of bamboo grove

　　우주의 근원적 생명력은 육체를 직접 유지하는 힘이다. 산소와 음식은 생명력에 의하여 에너지로 변환되며, 육체를 간접적으로 지탱시켜 주는 힘이다. 생명력이 음식을 소화해서 에너지로 변환하는 데 실패하면, 육체는 살아갈 수 없다. 자동차의 전지에서 전기가 방전되었을 때, 그것을 충전하기 위해 밖으로 보내야 한다. 건강을 위한 식이요법의 예방책임에도 불구하고 활력이 떨어지고 여러분의 건강이 나빠지면, 의지력과 내적 방법으로 생명력으로 육체를 충전하는 법을 알아야 한다. 호흡은 영혼을 육체에 매어두는 끈이다.

　　영성치유 한얼 호흡 기법에서는 먼저 등받이가 곧은 의자에 담요를 펼치고 그 위에 동쪽을 향하여 앉는다. 허리를 꼿꼿이 하고, 가슴은 펴고, 견갑골은 뒤로 모으고, 양손은 손바닥을 위로 하여 복부와 만나는 지점의 넓적다리에 올려놓는다. 눈은 감거나 반개한 다음 시선과 주의를 미간에 집중한다. 호흡을 빠르게 세 번 내쉰다. 그다음 호흡이 들어올 때까지 기다린다. 호흡이 흘러들어올 때, 호흡을 관찰한다. 호흡이 자연스럽게 들어오도록 하라. 의지를 조금이라도 사용하여서 호흡을 흡입하거나 억지로 배출하지 않는다. 호흡이 흘러들어올 '홍(Hong, 얼)' 들숨이 지속되는 동안 한결같이 음송한다.

　　들숨이 빨리 들어오거나 느리게 들어오더라도, 그리고 들숨이 길거나 짧더라도 마음속으로 '홍'하고 음송을 절차대로 따르는데 소리를 내거나 혀를 움직여서는 안 된다. 호흡이 '안에 머물면서' 내쉬고 싶은 욕구가 생기지 않으면, 평화 느낌을 즐기면서 기다린다. 호흡이 자연스럽게 나가는 순간, 마음속으로 '소(Sau, '나'의 의미)'를 음송하면서 소리를 내지 않고 입술이나 혀를 움직이지 않는다.

그리고 호흡이 밖에 머물면, 들이쉬고 싶은 욕구가 생길 때까지 기다리면서 그동안 무호흡 상태의 평화를 즐긴다. 호흡이 다시 흘러들어오면, 흘러들어오는 호흡이 지속하는 동안 마음속으로 '홍'하고 음송한다. 그리고 호흡이 다시 저절로 나가면, 힘을 주거나 의지를 사용하지 말고 호흡이 완전히 나갈 때까지 마음속으로 '소'를 음송한다. 앞의 행을 하고 싶은 만큼 오래 계속 반복한다. 자신의 주의를 한 번에 한 대상에, 즉 호흡에 계속 고정함으로써 자신을 호흡에서 분리할 수 있다. 그러면 그는 자신이 육체도 아니고 호흡도 아니며 육체에 있는 의식과 영성이라는 사실을 깨닫게 된다. 그는 자신을 육체가 아니라 '참 나'를 바라본다.

마음의 본지 풍광에서 참선 체험의 돈오가 시적 형식으로 드러난다. 견성(見性) 돈오(頓悟)로 격외(格外) 도리를 구사하여 '다른 세상'이 있다는 것을 확신시켜 줄 수 있다. 대나무는 스스로 견성해서 본지풍광의 바람을 일으키는 모습을 연상하게 한다. 산다는 것은 일상의 생활무대에서 무대복장을 입고 가면을 쓰는 것이라면, 본지풍광은 알몸을 적나라하게 드러내 보이는 활인수양이다.

본지풍광 속에서 자신의 본래 모습을 적나라하게 드러내 놓고 탐욕을 끊지 못하여 해탈하지 못하는 주요 원인을 육신보다 '심의식'에 미혹하기 때문이다. 심의식을 소멸시켜 가는 과정이 명상 체험의 삼 분단으로 '정중일여(動靜一如)', '몽중일여(夢中一如)', '오매일여(寤寐一如)'이다. 오매일여만은 반드시 투과하여야 안팎이 밝은 '내외명철(內外明徹)'을 이루어 '구경각(究竟覺)'의 길에 입문할 수 있다.

그런데 명상 수행으로 오매일여를 이루었다고 하더라도 거기서 살아나지 못하면, '제팔 마계(第八 魔界)'에 떨어져 있는 사람으로 구경각에 도달하여 견성했다고 말할 수 없다. 수행 삼분단과 화엄 10지를 심의식 소멸 과정에 배대 시킬 수 있다. 삼 분단 가운데 동정일여 단계에서는 일반인과 같이 6 · 7 · 8식을 모두 가지고 있으며, 화엄 제7지의 몽중일여에서는 제육 의식이 없어진다. 오매일여인 제8지 이상 자재보살

단계에서는 제칠 말나식은 없어지고, 오직 제8 아뢰야식만 남는다. 이 단계를 제팔
마계라고 한다. 제팔 아라야 미세 망념까지 멸진한 상태를 일컬어 진여일여·구경각
혹은 견성이라고 한다. 이는 미세 망념까지 제거됨으로 견성 명심에 도달함이다.

명상시, 대숲사랑(Love of bamboo grove)은 고요하여 구경각에 이르는 과정을 비
유하고 있다. 온 몸으로 영묘한 영성 소리를 내기에 유현한 가락을 읊는다고 할 것이다.

강하기보다 부드럽게 감정 처리하는 대처 방식으로 '감정교류(An emotional
exchange)'를 중시한다. 이에 '마음먹기(To make up mind)' 따라 업식노예가 되거나
대원경지의 지혜 세계로 나아갈 수 있다. 명상시, '변혁대응(The transformational
response)'에서는 그 대응하는 방식에 따라 약이 되거나 독이 되는 것을 알아차려
대원경지의 변혁대응이 필요함을 강조한다.

Love of bamboo grove

The bamboo can shoot throughout the body
Gathering forms a forest reciting fingers
It deserves praise for being ten things

The bamboo sticks all over the body
To enjoy green color to please the eyes
To make the bamboo leaves soft and cozy
Love of bamboo grove is to heal body that
empties mind

An emotional exchange

You have to be strong to protect you in
good times
As much as building power as building capacity
Protecting one's mind is a key task

The way to protect your mind,
It's the way to be soft not hard
To try to cry and laugh in all heart
Let the emotion flow in deep and high

To make up mind

It's easy for the action to follow heart
The body could follow easily heart
It's important to make up mind

The destructive bears an attack impulse
The distortions can twists the body at ease
If the mind with body combine to destroy them,
Not only you but also others would be gotten hurt

The transformational response

The transformational response is that comes
with it
By learning the real way how to respond,
It' can be said to be out of habit

Depending on the way you respond,
It would become a medicine or a poison
According to automatic reaction, pain is
added more
Internal transformation becomes all the more
urgent task

명상시 치유힐링 57 꿈과 사명

'평화'라는 단어가 마음과 육체에 차분함을 일으키고, '분노(憤怒)'라는 단어는 분노의 진동을 자아내는 것과 마찬가지로, '얼'에 대한 감사와 '한'에 대한 사랑의 느낌으로 이루어지는 한얼 음송(吟誦)은 호흡을 차분하게 영성의 공공세계와 연동시킨다. 수면은 무의식적 감각신경과 운동신경의 이완을 말하며, 그 상태에서 생명력과 의식은 근육과 감각기관들의 등불에서 무의식으로 차단이 된다. 날마다 죽는다는 것은 육체 등불에 있는 생명 에너지를 의식적으로 그리고 마음대로 차단하였다가 다시 연결하는 충전 요법이다.

명상가의 육체 등불에서 차단된 에너지는 한얼의 발전기(發電機)에서 뒤로 물러났다가, 다시 그곳에서 에너지를 불러들일 수 있다. 붓다는 '알아차림'이라는 의미의 '사띠(sati)'를 가르쳤다. '바른 기억'의 정념(正念)으로 새긴다. 이는 일종의 '알아차림'으로 들숨과 날숨을 바르게 지각함이다. 세존 열반 100년 이후의 부파불교 시대, '관찰'이라는 뜻의 '위빠사나(vipassana)'라는 용어를 사용하였다. 중국에서는 마음집중을 뜻하는 '즈야나(jhana)'를 '선(禪)' 또는 '선나(禪那)'로 번역하였으며, 선 수행의 뜻으로 '참선'이라고 한다.

무의식에 관해 프로이트는 억제된 성과 관련된 공격적인 성향을 띤 것이라고 본다면, 융은 무의식이 바다라면 의식은 섬에 불과할 만큼 다양한 종류의 정신요소들이 무의식에 내재되었다고 했다. 융의 주장대로라면 무의식은 과거의 생으로부터 현재의 생에 만들어진 정신요소들로 가득한 드러나지 않은 심층 의식이다. 아뢰야식과 무의식은 과거로부터 현재 이르도록 모든 행위의 저장고로써 윤회를 연속하는 정신활동 주체이면서 심층 마음으로 자리 잡는다.

심층 마음은 이름만 다르지만, 저장 기능이라는 관점에서는 같은 대상에 대한 다른 명칭인 것으로 보인다. 그러나 여타 기능들의 관점에서 보면 무의식과 아뢰야식은 각기 다른 모습을 띠는 부분도 없지 않다. 무의식의 기능들이 예견이나 보완에 한정된다면, 아뢰야식의 기능은 윤회 주체나 정신과 물질의 창조에까지 확장되어 있다. 칼 융의 무의식은 인간 심리의 현상을 설명하는 도구이며 정신의학이나 심리 현상을 실험으로 설명하는 과학의 범주에 속한다. 만약 임상 소재를 벗어날 수 있는 요소를 제안한다면 그것은 꿈이다.

일상생활에서 의식으로 해결하지 못하는 여러 가지 문제들에 대해 융은 인간이 의식적으로 알지 못하는 것이 무의식에 감지되고, 무의식은 꿈으로 그 정보를 전달한다고 보았다. 이에 명상시, '꿈과 사명'은 무의식이 부여하는 꿈 정보에 대해 알아차림이 필요하다. 융이 제시한 만다라의 활용은 환자에게 특별한 규칙이 적용된 만다라를 그림으로써 의식 내면에 억압된 병적 요소나 잠재적 소질 등을 나타내는 데 유용하게 적용되었다. 만다라는 내면을 드러낼 뿐만 아니라 치료의 영역에도 응용되고 있는데, 무의식을 의식적으로 드러내는 것은 무의식과 의식 호응의 활인수양에 따른 것이다.

융은 자아에 대해, '자기'는 평소에 의식으로 직접 감득할 수 없고, 비유에 의해서거나 또는 꿈이나 이미지를 통해 만날 수 있다. 성스럽고 신비적이며 엄숙한 순간의 아름다움에 감동되었을 때, 불가사의한 기쁨이나 신성한 힘을 체험하게 되는데, 이 같은 체험을 통해 도달하는 불가사의 경지가 진실한 '자기'가 된다고 했다. 심리 분야에서 '자기 반영'은 자아 인식이며, 그 과정은 외면적 현상으로부터 내면적 의식에 접근해 가는 자기 반사이다. 자기 반영이라고도 일컬어지는 것은 심화될 경우 의식 내면의 깊은 무의식 경계를 '꿈과 사명'으로 들여다본다. 자기를 향한 여행에서 '모험미소'가 활용되고, '시련 체험'의 명상시에서 드러나듯 '하루하루' 체험이 설렘과 기대감으로 느끼며 영성에 충만, 진여현전의 본지풍광을 만난다.

꿈과 사명

꿈이 생긴 날 소중한 날이다
의미 부여하고 사명 더하면
위대한 인생 새롭게 온다

꿈 묻는 사람이 필요하다
묻고 답하며 꿈은 성장한다
꿈 종착역에 사명감 찾아온다
사명감이 나를 벗는 새 길 연다

모험미소

이중성 스크린에 나타난 거짓 없었다
기획의 폭풍은 고요하게 잔잔해졌다
현재, 과거, 미래 존재하지 않는다

존재의 밝은 얼굴의 혈관 느낀다
명암의 이원 베일을 이미 벗어났다
모든 슬픔의 증기를 불태워 버렸도다
순간 기쁨 새벽 향해 모험미소 띄우다

시련체험

시련으로 힘든 시기가 지나간다
나와 이웃이 함께 재앙 보면서,
의지하고 나누는 체험이다

대상에 애착을 느끼기보다
생명의 소중함을 일깨워주는
코로나 바이러스 시련체험이다
사람이 결코 기생충이 될 수 없다

하루하루

낯선 길 산책은 삶의 여행
하루하루가 여행과 같다
시작은 설렘과 기대감

언제나 길에 들어서면
때에 따른 변화에 설레고
시간 더욱 걸릴까 염려한다
낯선 길에서 본지풍광 만난다

백운경한이 『직지』에서 강조한 방편은 무심선 수행이다. 그는 당시의 관행이던 가사나 주장자를 전수 하는 것에 의미를 두지 않고 스승이 입적할 때 남긴 '사세송(辭世頌)'을 전법게(傳法偈)로서 수용하였다. 석옥청공이 백운에게 남긴 사세송은 '흰 구름 사느라 맑은 바람 모두 팔았더니, 온 집안이 텅 비어 뼛속까지 비었네. 남아있는 한 칸 초가집은 길 떠남에 병정 동자에게 건네주노라.'.

여기서 흰 구름은 경한(景閑)의 호이고, 한 칸의 초가집은 석옥청공의 법통이며, 병정동자는 백운을 지칭한다. 백운경한의 '무심선'(無心禪) 수행은 공민왕 19년 9월, '친림시(親臨試)'에서 열린 초승과(超僧科)에서 공부선(功夫選)의 시관(試官)을 맡아 왕에게 올린 글에도 나타난다. 그는 수행자의 공부정도를 시험하는 방법의 사례를 여섯 가지로 제시했다.

'이 늙은이 소견으로 공부하는 사람을 시험하는 방법에는 화두(話頭), 수어(垂語), 색(色), 성(聲), 언어(言語) 등이 있지만, 저는 천만인이 조주의 도에서 부처를 찾는 것을 보았습니다. 그러나 누구도 무심도인을 얻기 어려운 것도 느꼈습니다. 또한 가장 기묘한 한 가지 방편이 있는데, 무심무념으로 하는 것입니다.' 그는 조주종심(趙州從諗 778-897)의 무자화두(無字話頭) 수행이외, 오묘한 방편으로 조사들의 무심무념(無心無念)에 대한 가르침을 강조했다. 그는 간화로 이를 수용하면서 '무심무념' 명상을 오묘한 방편으로 여겼다.

적극적 명상은 무의식에서 일어나는 감정, 환상, 강박관념, 백일몽의 내용들을 경계하고 비판하는 의식이 전혀 없이 적극적으로 의식세계에 떠오르게 한다. 마치 자기 밖에 있는 객체처럼 이러한 것들과 대화를 시도하는 것으로 독특한 무의식적 접근방법의 하나로서 활용된다. 일찍이 융은 의식 저변에 존재하는 특정 자아를 도형으로 형상화했다. 이것은 꿈과 깊은 관계이다. 융은 두 가지 예술적 창조유형이 있다고 주장하는데, 이들은 심리적인 것과 시각적인 것이다. 이때 시각적인 꿈의 반향은 만다라 치료와 밀접하다고 하였다.

무의식과 의식간의 관계에 대해 무의식이 영혼과 자아발견이라는 새 지평을 열게 된 것은 서구의 불교 부흥과 관계가 깊다. 융의 이론을 이어 헤르바르트는 심리학을 영상(표상, image)과학으로 정의하고, 심리학을 영상이 생기는 방식, 영상들이 연합하는 방식, 그리고 영상들이 사라지는 방식을 연구했다.

심리학의 기초를 이루는 명제는 그 표상들이 정신생활 요소들이고 표상들의 결합, 상호교환과 상호작용이 의식의 수많은 형식의 또 다른 원인이 된다고 하였다. 영상과 관련해서 헤르바르트는 표상에 대해 감각을 통하여 마음에 나타나게 되는 복잡 관념을 뜻할 뿐만 아니라, 수많은 기본적인 관념들을 뜻한다고 하였다. 타고난 표상은 백지이다. 본래 힘은 신경 매체를 통하여 외부 세계와의 상호 관계로 들어가는 힘이라고 보았다. 무의식 탐구는 영혼 질문과 맞닿아 있다. 아함경에 등장하는 제6식은 종합사고를 하는 정신작용이며 윤회 주체는 아니다. 아함경에 나타나는 정신작용을 의미하는 단어는 심(心), 의(意), 식(識)의 세 가지다. 미륵(彌勒)은 「유가사지론」에서 아뢰야식을 '마음(心)'에, 마나스식을 '의(意)'로 구분하여 '식(識)'과 구분하였다. 이에 진여 깨달은 '무유공포' 명상시는 본래면목 찾는 무상보리이며, 성품 속 '부드러움'과 상관한다. 이는 '위기순간'에 직면, 성장기회로 삼아 함께 미래 창조하는 '미래공창'으로 매개한다.

무유공포

무유공포로 마음에 공포 없어
수신수명 전도몽상 함이라
본신본명 신해 향유하네

진여 깨달은 상방광명
일체 걱정 공포 추방하고
여실지견 사상사견 녹여서
본래면목 찾는 무상보리이네

부드러움

부드러움이 두려움을 극복한다
부드러움이 안전을 담보한다
부드러움이 관용을 낳는다

부드러움은 무한을 향한다
부드러움은 폭력을 추방한다
생태계가 코로나로 위협받는다
성품 속 부드러움으로 극복한다

위기순간

우리는 탄력적일 필요가 있다
삶에 위기 도사리고 있지만,
위기순간이 성장의 기회다

인생은 일종의 도전과 응전
흔들리며 길 찾는 나침반처럼,
한 번에 제길 못 찾는 개미처럼,
코로나 바이러스 사태에 길은 있다

미래공창

과거 무수한 일들은 지나갔다
미래 많은 일 벌어질 것이다
아직 오지 않았을 뿐이다

지금이 가장 귀한 순간이다
바짝 다가온 지금을 연결하여
함께 미래 창조하는 미래공창은
코로나19 사태 이후를 대비한다

명상시 치유힐링 59 바람사랑

　　백운의 '무심무념' 수행은 14세기의 석옥청공에게서 직접 전수받은 것이다. 그러나 사상의 근원은 7-8세기의 6조 혜능(六祖慧能, 638-713)과 그의 제자들에 의해 확립된 조사선으로 거슬러 올라간다. 14세기 고려 말에 백운경한이 석옥청공(石屋淸珙, 1272-1352)으로부터 전수 받은 '무심무념' 수행 배경은 혜능사상으로까지 소급한다고 할 것이다. 석옥청공은 임제의현(臨濟義玄)이 확립한 간화선 수행에서 벗어나 무심선 수행으로 전환하기 위해서는 무심선의 원천을 6조 혜능과 그 제자들이 확립한 '무심무념' 사상으로 복귀하고자 노력하였다.

　　이는 백운경한으로 하여금 조사선 전통의 새로운 복귀를 통해 무심가치 확립에 주안점을 두고 『직지』를 편찬하였다. 우리는 이에 따른 영성힐링에 주목한다. 영성힐링은 본래면목 깨침으로 심신에 나타난 증상을 근원적으로 치유함을 의미한다. 증상은 잘못된 학습의 결과일 수 있기에 재교육과 영성 훈련으로 행동을 교정하고 정신건강을 제대로 회복할 수 있다. 무엇보다 본래면목을 직시함으로 현재 고통에서 벗어나 안심하고 입명할 수 있음은 현대사회에서도 요구되는 필수적인 실천 과제이다. 유식사상의 깨달음은 범부의 의식을 붓다의 지혜로 바꾸는 전식득지(轉識得智)가 목적으로 무분별지의 획득으로 인한 전의(轉依)를 성취한다.

　　유식 치유 방식은 점차 불선의 종자를 빼고, 선의 종자를 심는 것이다. 나아가 선과 불선(不善)이라는 인간분별을 근본적으로 이해하는 것이다. 이처럼 유식의 깨달음은 무분별지(無分別智)를 성취해 범부분별에서 벗어나 붓다의 대원경지로 전환하는 것이다. 명상을 통한 인간 변화는 인간의 의식 활동을 통해 아뢰야식을 변화시키고, 아뢰야식의 훈습은 활인수양의 존재적 삶을 변화시킨다.

명상은 의식 도구를 통해 인간의 깊은 내면 심성을 전환하는 성찰이 그 본질적 요소이다. 영혼이든, 순수의식이든 요가심리학에서는 그 실체성과 자존성을 인정하는 반면에 불교 사유에서는 연기성과 공성을 주장하는 점에서 차이가 나타난다. 인도 계통의 명상이나 요가사상에서는 영혼에 대한 자각을 목표로 삼지만 불교 사유에서는 무아성의 깨달음을 목표로 삼을 뿐 영혼 경험 같은 것을 인정하지 아니한다.

달라이라마는 인간의 심리적 변화가 선행되어 생체 현상이 달라질 수 있다고 말한다. 이와는 거리가 있지만 의식 전환을 통해 세계가 달라질 수 있다는 동양 지혜가 서구에 전달된 역사는 길지 않다. 100여 년 전만 해도 유럽이나 미국의 과학계에는 무의식의 존재를 증명하지 않았다. 오래된 내부 세계에 대한 이미지가 우리의 느낌을 구성하는 요소로, 뼈로 이루어진 골격과 뼈에 붙은 근육, 골격으로 이루어진 세계이다. 오래된 내부 세계가 자리 잡은 전체적 뼈대에 해당 되는 신체 골격은 오래된 세계에 속하는 피부에 둘러싸여 있다. 피부는 몸의 장기 중 가장 큰 부피를 차지하며 전체적인 신체 골격은 '감각 관문(sensory portals)'이 위치한 무대이다.

무의식이 수용된 것은 명상 수행에 대한 탐구가 연구자들에 의해 끊임없이 연구되고 시험되고 있는 것과 그 맥락을 같이 한다. '바람사랑'의 명상시에서처럼 잎사귀가 흔들릴 때 바람이 온 것을 느끼듯 현상의식을 통해 무의식을 간접적으로 느낄 수 있다. 영성회통은 '이심전심 미소'로 전해지고, 존재 전부처럼 위협받는 '마음 상처'도 근원적 생명력 불어넣고 '여백가치'로 심신을 치유하고 조율하면, 마음디자인과 조화를 이루어 활인수양 웃음이 새어나올 수 있다.

바람사랑

누가 바람을 보고 느끼는가?
잎사귀 흔들릴 때 비로소
바람 지나가고 있음이다

누가 바람을 보고 느끼는가?
그대나 나 또한 보지 못한다
나무 머리 숙여 절할 때 비로소
바람 스쳐가고 있음 느낄 뿐이다

이심전심 미소

하나가 둘로 펼쳐져 구르고
세 가지 때가 다섯 되면서
바다 이르면, 십삼 된다

이제는 연못 틀어막는다
생사고해 건넘의 피안 향한
형체 허물고, 진여실상 환함에
할미입가 이심전심 미소 번지다.

마음상처

모욕이나 상처를 받으면,
살을 에는 듯 통증에다
쿡쿡 찌르는 느낌이다

코로나 바이러스 고통도
세계 가슴 누르는 듯하며
위장에 돌 가득 찬 느낌에다
존재전부 공격하는 마음상처다

여백가치

공간에 외양과 내면이 있다
내외 상통하여 조화로우면,
더욱더 큰 힘 형성한다

공간에 생명력 불어넣고
여백가치로 심신 조율하면,
정밀한 계획과 디자인 어울려
활명삼소 웃음 새어나오게 한다.

다물사랑

인간은 사회적 동물이므로 서로 관계를 맺고 정서지원을 받아 소속감, 이타심을 가지는 것이 치유 효과에 효율적이다. 그렇다고 영성힐링이 이루어지는 것은 아니다. 환경을 제어할 수 있도록 자율성과 깨침의 기연을 중시한다. '자율성(autonomy)'을 가지는 것은 인간 존엄, 자존감, 자신감, 긍정마음과 상관한다. 이 치유 환경 프레임은 '무심무념'에서 추구하는 '분별지' 배제와 연동하여 깨침으로 이어진다. 이에 도구 이성을 배제하고 '공'(空) 논리나 '즉비'(卽非) 논리를 통해 영성힐링을 가능케 만든다.

『아함경』의 모양중심 '형상인과(形相因果)'를 표면 인과, 형상을 벗어난 무형상의 심층적 '심심인과(深深因果)'는 『금강경』의 '무심도리'로서 드러났다. '일체법은 곧 일체법이 아니다. 그러므로 일체법이라 불린다.'라는 무심도리 바탕의 심심인과 지칭개념이다. 'A는 A가 아니다. 그러므로 A이다.'라는 심심인과는 형상에서 벗어난 무심가치를 지향한다. 이는 인연을 벗어나 자성 본래면목 확인의 영성힐링에 이르고 생명 실상을 살리고자 심연의 무심의 가치를 지향한다.

프로이트와 융에 의해 근대 심리학이 개시된 이후 인간의 무의식과 관련한 해석은 인간의 자아형성과 기억의 저장, 꿈을 통해 나타나는 억눌린 자아와 깊은 관계를 나타낸다. 불교 명상에서는 붓다가 설한 오온 이론들은 인간 마음과 대상의 상호작용을 통해 인간 본성에 대한 연기성과 무자성을 설치한다. 유식사상은 인간 마음을 분석하고 마음이 지닌 공성을 깨닫는 무분별지를 통해 해탈에 이르는 대승보살도로 해석할 수 있다.

서구심리학은 부정적 정신 현상을 바로잡기 위해 의식적으로 드러나지 않는 기억과 관습들을 제거하는 만다라 그리기와 대화, 상황연극 등 다양한 방법들을 동원했다. 불교는 석가모니 붓다 당시부터 인간 내면을 성찰하는 명상 수행이 존재했고, 유식 이후 마음번뇌를 버리기 위한 선정과 유가행의 지관(止觀), 염불(念佛), 진언(眞言) 등 염송과 같은 다양한 수행 방편을 발전시켜 왔다. 서구심리학과 불교사상의 아뢰야식은 현상 목표로서는 서로 동일시될 수 없다.

본질적으로 서로 다른 목표를 가지고 있기에 양자는 좁힐 수 없는 거리가 있지만, 무의식으로부터 부정적 심적 요소를 제거하는 것과 아뢰야식에 내재한 분별 망상을 버리는 기능적 유사성은 끊임없이 제기되고 있다. 마음에 잠재된 번뇌를 일깨우고 이들 번뇌에서 벗어나는 해탈과 심리 치유의 방편들은 인간마음 변화가 부차적 육신의 생리변화를 일으킨다는 사실은 불교명상의 다양한 수행법이 현실적으로 심리치유 도구로 활용될 수 있는 여지를 남긴다. 겨레얼의 신비를 벗기는 작업이 명상시, '다물사랑'에 나타나고, 합일감은 '너털웃음'을 터뜨린다. 이는 '정면승부'에 이은 '자기 성찰'로 인도한다.

다물사랑

물이 많아 나와서도 아니고
물건이 많아서도 아니다
상실 회복이 다물사랑

영토를 다시 찾음이자
성통의 구현이기도 하다
겨레 얼 신비 베일 벗기고
만 년 전 정신 개벽함이라

너털웃음

생각이 사라진 순간 오면,
주변의 소음은 사라지고
텅 빈 충만 파고든다

생각 사라진 그 순간
분리된 외톨이 간 데 없고
도도한 흐름을 타는 너털웃음
무한 확장의 파노라마 터뜨린다

정면승부

주변에는 마귀들이 많이 있다
두려움의 마귀, 낙심의 마귀
시시각각 나타나 괴롭힌다

극단선택으로 내몰아 간다
마귀 이기는 길은 정면승부
두려움을 인지하고 극복하면,
현존감 너머, 마귀들 사라진다

자기성찰

나를 알기 위해 자기성찰 필요하다
흘러간 시간, 지난 시간 속에서
자기를 찾는 여행 요청된다

나는 가장 친한 대상이지만
가장 잘 알 수 없는 존재이다
내속에는 조상에게 받은 유전자
지난 삶의 총화 모양이 녹아 있다

명상시 치유힐링 61 호박꽃사랑

　서구인은 마음 닦는 수행을 '명상(meditation)'이라 한다. 서양의 명상은 신이 전제된 수행이다. 일반적으로 명상은 불교뿐만 아니라 요가 등 마음 닦는 수행 모두를 가리키는 용어이다. 그런데 명상이 사량 분별하는 처지에서 보면, 생각의 틀에서 벗어나기가 어렵다. 화두 드는 참선은 사량 분별이라는 관념의 틀에서부터 벗어나려고 노력하며, 어떤 전제가 따로 설정되어 있지 않기에 명상과 구분한다. 요가(Yoga)는 7천년 이전부터 인도에서 행해진 깨달음의 수행으로 호흡법과 명상법, 체조법의 조화로 이루어져 있다. 요가 사상에 따르면, 몸은 자동차이고, 정신은 운전기사이고, 영혼이 주체이다. 요가사상에서 바라보면, 세상은 미묘한 형태의 충만한 에너지로서 '프라나(prana)'가 사람의 몸에 경락, '맥관(nadis)'을 따라 흐른다.

　이 기(氣)의 흐름은 에너지 센터로서 단전에 상응하는 에너지바퀴, 차크라(chakra)에 집중한다. 요가에서 질병 원인은 기 흐름의 정체와 불균형에서 찾는다. 눈을 감고 고요하게 생각한다는 의미의 명상은 마음을 고요하게 하여 호흡에 집중하고 몸과 마음에서 일어나는 생각과 감정과 감각을 있는 그대로 알아차리고 마음평정을 유지하는 것을 말한다. 마음을 평온하게 하고 호흡과 의식에 집중함으로서 참을 찾는 정신적 정화 과정이라고 말할 수 있으며, 의식을 어느 하나의 대상에 집중하여 궁극적으로는 진정한 모습의 자기를 만나는 활인수양 경지에 이른다.

또한 명상수행은 현존하는 마음의 고통과 불안에서 해방되어 참된 자기 본연모습으로 되돌아가는 일종의 마음수련이다. 차크라 에너지원에 정신을 집중해서 명상하면, 의식과 그 대상이 하나가 되며 진정한 마음의 평온과 기쁨이 동반되는 경험을 할 수 있다. 차크라 명상은 0의 자리, 즉 중립 자리로 돌아가는 명상으로 무의식의 세계로 들어가 영혼이 자유로워지고, 차크라의 조화와 균형이 유지되며 진화의식을 그 목표로 한다. 색채는 심성을 표현하는 수단이며 형(形)과 함께 조형 활동의 기본이 되며 감정표출의 열쇠를 가지고 있다.

누구나 아름다운 색채에 이끌리는 것은 색채가 마음, 즉 무의식과 깊은 관계가 있어서 고대로부터 색의 힘을, 신앙을 배경으로 활용하거나 마음을 치유하고자 활용한다. 개인의 심리 반향의 내용에 차이가 있음에도 불구하고, 공통으로 심리적 환기를 경험하는데 이러한 심리적 환기로서 대표적인 요소가 '색채(色彩)'이다.

노란 색채의 '호박꽃사랑'의 명상시는 차크라 명상으로 색채연상에는 연상한 사람의 개인적 체험과 정서, 소망, 이미지 등이 포함되어 있다. 색채연상은 색채와 관련한 다양한 기억과 생각들이 맞물려서 단어와 색채가 합쳐져 생겨난다. 색채명상은 자신의 무의식을 의식화하는 경험이 되면서 차크라는 자기실현 과정을 통해 우리의 몸이 자신의 고유한 기억을 회상하도록 한다. 이는 '자유실현'의 걸음마가 되어 몸 상처까지 기억하는 '사회시간'을 떠올리고, 때에 따라서는 벼슬을 내려놓고, 시골로 낙향하는 '염퇴덕성'으로 체화된다.

호박꽃사랑

호박꽃이 매력을 풍긴다
속으로 꿀벌 찾아든다
깊은 쾌락에 빠진다

쾌락에 얼빠진 꿀벌
바깥경계 둔감하자마자
개구쟁이 호박꽃잎 감싼다
꿀벌 족쇄 채우는 호박꽃사랑

자유실현

마음은 여러 갈래로 나뉘지만
마음에서 자신이 풀려날 때
마음극복 자유실현이다

다행히 마음으로부터
자신은 벗어날 수 있다
마음에서 벗어나기 위해서
자유실현 걸음마가 필요하다

사회시간

몸은 상처까지도 기억한다
몸은 정직하기에 아픔 뒤
상처들을 낱낱이 새긴다

물고기 비늘에 바다 스미듯
인간의 몸에 이제까지 살았던
사회시간이 함께 아로새겨 있다
상처가 아물어야 앞으로 나아간다

염퇴덕성

염퇴덕성, 욕심 부리지 않고
벼슬을 내려놓는 덕성이다
시골 낙향으로 소일한다

청렴절개가 있기 때문에
조선사회에서 숭앙 받았다
무엇보다도 욕심 빗겨났기에
사회에서 좋은 귀감이 되었다

명상시 치유힐링 62 **지금사랑**

'단전수련(Nabhi Kriya)'은 '크리야 요가 (Kriya Yoga)'의 전행(前行)으로 몸과 마음을 이완시키는 기법이다. 행위 자체만 중요할 뿐, 감각을 제어하거나 의식을 집중시키지 않는다.

여기서는 완전호흡을 위한 기법을 꾼다. 먼저 혀는 입천장에 댄다. 코로 숨을 내쉬면서 상체를 앞으로 숙인다. 이때 마음으로 '이'라고 발성한다. 코로 숨을 들이마시면서 상체를 세운다. 이때 '오'음을 발성한다. 숨을 들이마시며 상체가 세워졌을 때 목만 뒤로 까딱 넘긴다. 혀를 입천장의 비강 안으로 넘긴다. 속으로 '오'라고 발성한다. 다시 숨을 내쉬면서 상체를 서서히 숙인다. 혀는 입천장으로 내려오며 속으로 '이'라고 발성한다. 율동적으로 상체를 움직이되 호흡길이에 맞춘다. 점점 호흡이 깊어지면서 동작도 점차로 이완되고 느려진다. 이는 곧 호흡을 주시함으로 영성치유가 가능함을 의미한다.

'생명뿌리 차크라(Muladhara)'는 빨강색으로 감지되며, 척추 기저에 자리 잡고 있다. 누운 자세로 척추에 집중하면, 어린 시절이 회상되면서 삶과 죽음, 사랑과 증오, 일방성과 전체성으로 보이는 차크라이다. 천천히 심호흡하며 척추 기저 부분을 중심으로 마음과 정신을 모은다. 빨강색은 인간의 생존과 근원적 에너지를 표상한다.

자연풍광과 함께 전개되는 명상음악을 들으며 고요하게 멈출 때, 돌아가신 분의 얼굴과 옅은 웃음이 떠오르게 된다. 뿌리 차크라이자 땅의 차크라에서 사랑보다 더 깊은 붉은 피와 생명을 만난다. 빨간색 차크라 명상으로 나의 생명 뿌리를 찾으며 대지에서 나의 뿌리가 점차 자라나고 있는 느낌을 감지한다.

귤색 차크라는 의식영역, 뿌리 차크라에 무의식 영역이 더해져 '양극성 차크라'라고 말한다. 신경총에 자리 잡는 두 번째의 '스와디스타나 차크라(Svadhisthana Chakra)'는 무의식의 모든 특성을 망라하며 '귤색(Orange); 이로 표상된다. 천천히 호흡하면서, 원초적 생명에 대한 두려움이 창조적인 예술 활동의 근원적 생명에너지가 될 수 있음을 활인수양을 통해 알아차린다.

한동안 잊고 지냈던 쏠쏠한 즐거움을 떠올리며 즐거움을 나눌 대상을 수용해야 한다는 사실을 알아차린다. 자신의 의식세계를 책임지게 되는 세 번째의 '마니푸라 차크라(Manipura Chakra, Yellow)'는 노랑(Yellow) 표상으로 태양 신경총에 자리 잡고 있다. 이전 차크라들은 욕망을 정화하고 에너지를 의식적으로 조절한다.

반면에 마니푸라 차크라는 보다 상위 차크라 단계로 변화시키는 가교역할을 맡는 중간적 단계이다. 마음을 따뜻하게 비추는 노란색은 젊은 감각으로 타오르는 불꽃이며 강렬한 빛 향연으로 단전을 표상한다. 고흐의 해바라기가 피어나는 것을 보듯, 갈등과 불안 속에서 어수선한 혼란을 느끼기에 마음이 고요해지기를 기다린다.

가슴 차크라에 해당하는 '아나하타 차크라(Anahata Chakra, Green)'는 심장 뛰는 소리에 집중할 때, 정신적인 차원으로 안내하는 초록색을 표상한다. 이는 성장의 색으로 조금 더 성숙해져야 하는 단계이지만, 온전해지기 위한 치유와 관련이 있다. 자연계에서 초록은 안정이며 평안과 평화의 상징이다. 공감의 부족함을 스스로 한탄하던 때, 종소리 같은 울림으로 울려 퍼짐을 감지하게 된다.

위와 아래의 중간에서 희망처럼 다가오는 초록은 간절한 기원과 사랑하는 마음으로 고통을 극복하려는 영성으로 명료함을 느끼도록 안내한다. 명상시, '지금사랑'은 생명뿌리 차크라처럼 '지금 여기'에 충실하도록 매개한다. 두 번째 귤색 차크라로 의식을 옮김에 따라 무의식의 혼돈을 느끼는 가운데 '한 줄기 빛'을 마주하고 창조적 활동으로 전환할 수 있다.

세 번째 결단 차크라에 이르면, 신벌 예감으로 나쁜 일을 삼가고 선한 방향으로 결단한다. 네 번째의 심장 차크라에 이르러서는 행복과 자유의 출구를 발견하고 초록의 희망을 품은 채, 영성구도의 길을 향해 떠난다. 영성 순례에서 출발점은 명상시, '지금사랑'에서처럼 '시천주 조화주'의 영성충만을 기약한다.

또한 '한 줄기 빛'에 나타나듯 색채 명상이 무르익어 어둠에서 또렷한 빛을 발견함이며, '신벌예감'에서처럼 고난을 이겨내고 영성 충만하여 난관을 극복함이라고 할 것이다. 아울러 명상시, '열반해탈'에 나타나듯, 완전 행복의 열반, 완전자유 성취의 해탈, 근원생명력 부활을 함께 체화하고자 활명삼소로 '열반해탈'을 모색한다.

지금사랑

지금이 가장 좋은 시간
과거는 이미 사라졌고
미래는 오지 않았다

햇살 남아 꿈을 좇는
지금이 가장 좋은 시간
먼 길 돌아 출발점에 서서
시천주 조화 이루는 지금사랑

신벌예감

하늘에서 신이 내리는 벌에
반드시 뜻이 있다고 본다
뜻 헤아리면 복이 된다

뜻을 알아차리지 못하면
엄청난 재앙으로 둔갑한다
신은 복을 바로 주지 않는다
신벌예감 고난의 시험 함유한다

한 줄기 빛

명상은 어둠의 심연에서
생각들을 가다듬고서
한 줄기 빛을 찾는다

자신을 알지 못하면,
어두운 칠흑에서 헤맨다
헤매면서 빛을 찾아본다
마침내 감춰진 빛이 보인다

열반해탈

하루하루의 정진목표가 될지언정
완전한 행복, 완전한 자유실현은
불가능한 일이 될지도 모른다

열반을 완전한 행복이라면,
해탈은 완전한 자유 성취이다
근원적 생명력의 부활을 꿈꾸는
활명삼소로 열반해탈에 다가선다

명상시 치유힐링 63 Love of plum blossoms

　『대학』의 '3강령 8조목'은 '지어선(止於善)'의 공부이며, '지어선'은 「성의장(誠意章)」 무자기(毋自欺), 자겸(自謙)으로 표상한다. 무자기는 격물치지로 사람이 자신을 속이지 않는 것이며 아는 선(善)에 멈추는 것이다. 선(善)에 멈춤을 알 수 있게 하는 것이 만물이며, 만물과 자신의 관계에서 내가 있음을 아는 신독(愼獨)이 이루어진다. 그러나 소인은 수신기준이 자신내면에 갖추어져 있지 않고 저절로 나오지 않기에 못하는 짓이 없게 된다. 무자기(毋自欺)는 『대학장구』 6장에 이른바 그 뜻을 진실하게 하는 '성기의(誠其意)'는 자신을 속이지 말아야 하기에, 악취를 싫어하듯 진실을 좋아하듯 한다. 이것을 '자겸(自謙)'이라고 부른다. 그러므로 군자는 반드시 스스로를 삼가는 '신독(愼獨)'을 해야 실천해야 한다.

　신독이 부족하여 '병'에 걸렸다고 반드시 '죽음'으로 이어지는 것은 아니다. 병에 의해 도심(道心)이 일어난다는 말이 있듯이, 병은 스스로를 되돌아보게 하고 생명과 인생을 진지하게 생각하게 하는 커다란 계기가 되는 경우가 많다. 그래서 병에 걸린 적이 없는 사람은 인생절반을 모르는 사람이라고 할 것이다.

　범람하는 강물이 흙을 파헤쳐 논밭을 일굴 수 있게 하듯, 병은 모든 사람 마음을 깨닫게 한다. 병을 올바르게 이해하고 인내하는 사람은 깊이 깨닫고 강해지며, 그때까지 이해할 수 없었던 식견이나 신념을 체득한다. 인간은 병과 싸우고 병을 극복함으로써 인생의 의미를 비로소 알게 되고, 불굴의 정신력도 단련할 수 있다. 순간순간을 소중히 여기고, 잠시도 헛되이 보내지 말고 살아 있는 동안 최선을 다할 필요가 있다. 이에 '삼세(三世)에 걸친 건강한 생명'을 생각해 보아야 한다. 몸이 건강해도 생명이 병들어 있는 사람은 많이 존재한다. 몸이 병들어 있어도 생명 그 자체는 건강한 사람도 있다. '명상의 눈'으로 보면, '건강과 병'은 둘이 아니다. '생과 사'도 둘이 아니다. 명상 수련에서 이야기하는 건강은 현세에 한하지 않고 '삼세(三世)에 걸치는 건강한 생명'을 다루고 있기 때문이다.

명상시, '매화사랑(Love of plum blossoms)'은 매화 양면을 알아차림에 의해 인생의 진폭이 넓어지듯 한다. '웃음동반(The laughing together)'에 의해 딱딱한 태도와 경직을 막고 서로 사랑하며 웃음을 동반한다. '삶의 주체(The subject of a life)'에서 결단과 실천을병행하듯 뭇 생명은 근원적인 생명과 함께 움직이고, '다중경력(The multi-career)'으로 꿈을 넓고 깊이 천착하는 변통능력을 키운다.

Love of plum blossoms

The first plum blossoms in the youth of a child
I only knew red plum blossoms lighting up
There was also blue blossoms painting

To open hearts at the frustration of Corona
To stop on our way and to open our eyes wide
In the glowing of the ecstasy with the light and red
It drives out away the deep darkness inside to the bone

The laughing together

Appreciation time will come during the day
When you start anew with a smile,
It prevents rigid and strictness

When you're in love and smile,
The loquat of happiness is turned on
A pessimistic attitude doesn't help happiness
Life is more fun more than we've ever thought

The subject of a life

If you would decide that you're right
In deliberation on that judgment
Put your decision into practice

By your own judgment and choice
When decision and practices are combined
In the solidarity with the fundamental vitality
The subject of life would be formed as partnership

The multi-career

The era of multi-career has arrived in advance
We spent the rest of our life on one mission
It became difficult to live with such attitude

Multi-career would widen your dream
You should dream of a verb type in the future
This is the era of self-preparation and self-management
The deep wells should be dug wider and deeper than before

명상시 치유힐링 64 A seed of cotton

노자가 『도덕경』에서 이같이 말했다. '도(道)를 잃어버린 뒤 덕(德)에 나타나고, 덕을 잃어버린 뒤 인(仁)이 생겼고, 인이 사라지니 의(義)가 나타나고, 의를 잃어버린 뒤 예(禮)가 있으니, 예는 믿음이 사라지고 혼란으로 가는 시초이다.'

동서양의 도의 실천에 있어서, 강조점에 차이는 있겠지만, 호흡주시에 의해 탐욕과 성냄과 어리석음을 다스려서 영성차원의 활인수양 실천에 그 방점이 있다. 이를테면, 『도덕경』에 삼가 조심하기를 마치 코끼리가 살얼음 위를 걷듯이 하고, 삼가 조심하기를 마치 개가 사방을 두리번거리듯이 하고, 엄숙하기가 초대받은 손님처럼 하며, 환하기는 봄날에 얼음이 녹듯 하고, 모든 것이 막힘없이 환해지고, 돈독하기가 나무덩굴처럼 질박하고, 마음은 텅 비어 골짜기처럼 넓고, 포용하는 바다가 세상의 물을 다 받아들이듯 한다.

여기서 제시한 '예· 유· 엄· 환· 돈· 광· 혼(豫· 猶· 渙· 敦· 曠· 混)의 일곱 계곡을 노자는 '칠곡(七谷)'이라고 불렀다. 도를 체득한 사람은 그 깊이를 가늠할 수 없다. 탁한 것을 고요히 하여 점점 맑아지게 할 수 있는 사람이 누가 있겠는가? 가만히 있던 것을 움직여 점점 생동하게 할 수 있는 사람이 누가 있겠는가? 도를 체득한 사람은 채워지기를 바라지 아니하기에 생명 실상으로 새로워질 수 있다.

공적차원의 영성과 사적 차원의 감성을 서로 매개하는 '공사공매(公私共媒)'는 공공소통을 중시하며, 『도덕경』에서 무명(無名)과 유명(有名)이 소통되는 '현묘' 감성과 상통한다. '유욕인(有欲人)'과 '무욕인(無欲人)'은 다함께 하늘에서 기(氣)를 부여받은 품수(稟受)의 존재이다. '묘하고 현묘하여 온갖 오묘한 것의 문으로 공·사를 이어주고 살리는 소통의 문을 제시하였다. 또한 천지공사를 통하여 해원상생의 선경세계는 『도덕경』에 나타난 현동과 상관연동 된다.

'행복공창'의 지표는 『도덕경』의 '화광동진(和光同塵)'과 회통된다. 스스로 자신의 빛을 누그러뜨려 겸허한 자세로 임하여, 세상의 먼지처럼 약하고 천하며 소외받는 '민'들과 더불어 공공행복을 빚어내면서 향유하게 된다. 오감만족과 감정충실은 자아에 충실한 것이지만, 참 나의 영성은 생명력을 차단하여 오감 만족에서 벗어나고 감정초월이 요청된다.

세상의 얕은 일에는 신명(身命)을 버리면서 대사(大事)에 목숨 버리기 쉽지 않다. 최후까지 꿋꿋이 명상하는 사람만이 진실한 승리자이다. 성업에 목숨을 바치듯, '승리의 혼'을 계승하고 생명으로 느끼며 받아들이는 수행이 온전한 궤도로 돌아간다. 현대인의 불행 중 하나는 지식과 지혜를 혼동하는 것이다. 지식이 즉 지혜는 아니다. 지식은 지혜를 여는 문은 될 수 있지만 지식 자체가 결코 지혜는 아니다. 보살 실천은 명상의 힘을 정의와 영지로 세계를 향해 뻗어 지도자의 강렬한 기세로 성취한다. 문익점이 가져온 목화홀씨 열 알 가운데 한 홀씨가 꽃을 피운 심정을 그린 명상시, '목화홀씨(A seed of cotton)', 울음 삼킴의 덕성을 요한다는 명상시, '미래어른(The future adult)', 차를 비롯하여 상대에게 베푸는 기쁨으로 살아가기를 염원하는 명상시, '희망기원(The prayer of hope)', 공포의 그늘이 사라져가는 명상시, '무지갯빛(The colored rainbow)'을 음미하면서 보살 실천을 음미해 본다.

A seed of cotton

The Moon scholar brought ten cotton hole seeds
Eventually one of them had bloomed up
One became hundred and flew away

Andy Warhol's exhibition released

There exhibited many mysterious works
The representation of video was one of many smokers
In this moving video art Marilyn Monroe fluttered in the smoke

The future adult

The adults would not cry easily
If we cry they will grieve
Hurting more than

It's natural to swallow sorrow
As soon as we realize these facts
It's having a growth plate for the future adult
To swallow crying is the new way to be grown up

The prayer of hope

Like a cow that would serve as a human being
If you would be humbly and modestly humbly
By accepting each other for mutual respect

In the hope that's out of the ordinary
for thanks with your whole body for being alive
With lots compassion that we would hope for someone
We would like to fill the prayer hope with joy through giving

The colored rainbow

If the deep fear stimulates
A rainbow can be hope
It brightens our mind

If you overcome the fear
You can be free from the fear
If you retreat from a shadow of fear
The colored rainbow in the inner is brighter than before

명상시 치유힐링 65 The chest beating

　　만물과 하나 되는 도가 올바르면 작고 큰 것들은 정해진 자리를 유지한다. 음양 이기와 오행은 하늘이 만물에게 부여해서 만물을 생기게 한다. 그 끝에서부터 시작하여 근본을 찾아가면 오행 다름은 음양이기의 실다움에 두고, 음양 실다움은 태극에 그 근본을 둔다. 만물을 합하면 하나의 태극이다. 그 근본으로부터 끝으로 나아가면 하나의 이치 실다움을 만물이 나누어 받아 몸으로 삼기에 만물 속에는 각각 하나의 태극이 있고, 모든 작고 큰 사물에도 일정한 분수가 있지 않음이 없다. 이에 주희는 태극을 '리'라고 명명했다.

　　반면에 주돈이는 단지 『통서』에서 '리성명((理性命)'의 언급을 통해 음양, 오행과 태극의 실다움을 말한다. 하나의 실다움은 태극이다. 주돈이는 『통서』에서 '일실(一實)'을 태극이라고 하였다. 주희는 태극과 '리'를 동일시하였다. '움직이면 고요함이 없고, 고요하면 움직임이 없는 것은 사물이다. 움직이되 움직임이 없고, 고요하되 고요함이 없는 것이 신(神)이다. 움직이되 움직임이 없고, 고요하되 고요함이 없는 것은 움직이지 않거나 고요하지 않는 것이 아니다. 사물의 경우는 통하지 못하지만, 신(神)은 만물에 오묘하게 통한다. 물은 음으로 양에 뿌리를 두고, 불은 양으로 음에 뿌리를 둔다. 오행은 음양이고, 음양은 태극이다. 사계절이 운행하여 만물이 끝나고 시작한다.

반면에 반야심경은 세존 설법을 사리불이 관자재보살에게 묻고, 관자재보살이 발보리심 차원에서 사리불에게 반야바라밀다 명상 수행의 대담 내용이다. 먼저 도입부에서는 이렇게 말한다. 관자재보살이 깊은 '반야바라밀다'를 행할 때, 오온이 공한 것을 비추어 보고 온갖 고통에서 건너느니라. 사리자여! 색이 공과 다르지 않고 공이 색과 다르지 않으며, 색이 곧 공이요 공이 곧 색이니, 수 상 행 식도 그러하니라. 사리자여! 모든 법은 공하여 나지도 멸하지도 않으며, 더럽지도 깨끗하지도 않으며, 늘지도 줄지도 않느니라. 색이 공으로 조견될 때, 무아 체득하며, 공이 색으로 치환될 때, 대아 체득한다.

반야심경의 명상원리는 자비심을 일으켜 중생을 돕는 방편으로 발보리심을 전제로 삼는다. 이는 모든 중생의 고통을 벗어나게 하는 책임을 자신이 떠맡는 일종의 책임부담 의식이다. 이 책임부담 의식은 중생들에게 다가가 친밀을 느끼고 공감을 넓히는 '공명공진(共鳴共振)' 자세이다. 마음에 각종 번뇌를 없애지 못하면, 일상친밀은 집착을 낳는다. 명상을 통한 대승기신의 발심은 자리이타(自利利他) 공공작용으로 나가는 믿음에 근거, 능히 비추는 마음으로 일어나기에망심(妄心)을 이슬과 번개처럼 지켜본다. 그 결과 본래면목이 드러나고 청정·원만하고, 걸림 없이 자유롭게 바뀐다. 발심에서 '정정(正定)'으로 나아가 번뇌와 고통을 제거하면서 생명을 치유한다.

명성을 통한 감동의 잔잔함에서 묻어나는 '가슴고동(The chest beating)'은 산중 사는 맛에 대한 '알아차림(An awareness)'으로 이어지고, 내면으로 침잠하는 '시선하강(The drop in our gaze)'은그동안 보이지 않던 것들과 어린 시절 벗에 대한 그리움, '죽마고유(A close friend from a young age)'에서 어린 시절을 떠올린다.

The chest beating

If you stop and listen, you hear the chest beating
It has nothing to do with to hear or your head
If you listen with heart, it's beyond experience

It's something to lead beyond our experience
It's not only a friendly but also intimate insight
The awareness is a kind of the core of meditation

It's the place where we can find an important inspiration

An awareness

To protect yourself against disease, you must be strong
As much as empowering as building strength
An awareness is a key task to perform

A good way to notice is to be aware
It is the habit of flexibility that is not hard
It is better to cry and laugh with all your heart
It can heal even when it flows deep into your emotions

The drop in our gaze

To find a star, we would turn off the lamp
The stars finally could look bright
The starlight truly appears, too

You can see only when it's dark around you
If you lower the lantern, you can see the Milky Way
You could identify properly from the drop in your gaze
It's important to discover the genuine side of the adversary

A close friend from a young age

It's a good healing to be a close friend from a young age
Because we are such old friends from a young age
The relationship between us brings joy

When we feel dizzy all over
Also If we keep social distancing
It's the chance to meet old friends
It's a sunny street out of the dark street

명상시 치유힐링 66 The infinite harmony

현생에서의 극심한 자율신경의 부조화에 기인하는 스트레스나 과거생의 업보에 의하여 타고난 업병(業病)에서는, 최면요법이나 심리분석으로 병의 근원을 찾지 못하기에 치유가 힘든 것이 사실이다. 간뇌명상은 의식을 대뇌 의식인 현재 의식과 간뇌 의식인 무의식으로 이원화시켜 생각과 감정의 중추 기관인 대뇌를 쉬게 하고 이성과 본능이 영성으로 연결되는 간뇌를 활성화해 생명력을 키우는 명상이다. 간뇌 의식은 우주 에너지와 연결되기에 인체의 에너지장을 치유하며, 간뇌 의식의 명상화로 활인 수양을 유지할 수 있게 된다.

간뇌 명상은 호흡으로 황경막이 상하로 움직이는 것을 느낀다. 코로 들이쉬고 코로 내쉬는 것을 원칙으로 하지만, 개인의 사정에 따라 날숨은 입으로 내쉬는 것을 병행해도 되며 척추는 바로 펴고 어깨는 힘을 빼고 눈은 감거나 반쯤 감고 혀끝은 입천장에 붙인다. 황경막이 상하로 움직이는 수직호흡을 하는데 들숨에 횡격막이 내려가면서 우주기운이 들어오는 것을 느끼고 날숨에 횡격막이 올라가면서 기운이 온몸의 세포 구석구석에 스며드는 것을 의념으로 느낀다. 동시에 몸에서 생성되는 폐기는 손끝과 발끝으로 빠져나간다고 느끼며 이를 간뇌가 인식하도록 그 느낌을 맡긴다.

수직호흡이 숙달되면 천목을 응시하며 우주 에너지의 통로를 확보하는데 천목은 인당에서 1.5cm 위에 있는 제3의 눈을 응시하거나 눈 뒤쪽의 간뇌의 '송과체(松果

體)'를 응시한다. 호흡이 숙달되면 정수리의 백회를 의식으로 열고 우주의식을 백회를 통해 '송과체'로 받아들이는 단계로 천목과 백회로 우주기운을 동시에 받아들이는 호흡 운행을 익힌다. 코로 쉬는 호흡은 의식에서 지워버리고 천목과 백회로 기가 들고 나며 폐기는 손끝과 발끝으로 나간다고 의식한다.

이로써 '구규(九竅)'의 문을 닫고 오감을 차단시킨다. 백회는 천문으로 우주와 통하는 큰문이라는 뜻이니 혼백이 드나드는 곳이라 하고 백회 부위의 뇌를 '골수 바다'라고 하여 생명력과 관계있는 모든 골수를 관장하는 곳으로 골수가 충실하면 몸이 가볍고 튼튼해진다.

깨달음으로서 본각은 '무명을 따라 움직이는 수동 상태의 생멸(生滅) 수염본각(隨染本)과 '부동의 진여(眞如)'에 근거한 성정본각(性淨本覺)으로 나뉜다. 수염본각은 생멸무명에서 벗어나 불각에서 시각(始覺)으로 전입(轉入)할 때 드러나는 양상이다. 성정본각은 깨달음의 '진여'를 거울에 비유한다. 중생이 무명을 여의고 불각에서 벗어나 생명치유로 바뀌려면, '전식득지(轉識得智)'의 공공작용이 요청된다. 여기서 수염본각 발심은 원각(圓覺)을 현전하도록 일체의 번뇌를 멈추게 하는 '사마타(smatha; 止觀)'를 요청한다. 심식의 모양으로서 '상(相)'은 모두가 바로 무명(無明)이니, 무명의 상은 깨달음의 성품을 여읜 것이어서 무너뜨릴 수 있는 것도 아니고 무너뜨릴 수 없는 것도 아니다.

마치 큰 바다의 물이 바람이 원인이 되어 물결로 움직임과 같으니, 물의 상은 바람의 상과 서로 분리되지 않지만, 물은 움직이는 성질을 말하는 것이 아니다. 만약 바람이 멈추어 사라지면 물결의 움직이는 모양도 사라지지만, 습한 성질은 제거되지 않는 까닭이다.

이같이 중생의 자성 청정 마음도 무명의 바람이 원인이 되어 움직이지만, 마음과 무명이 함께 형상 없어 서로를 떠나지 않는다. 하지만 마음은 움직이는 성질이 아니기에, 무명이 멸하면 상속이 그치지만 지혜 성품마저 무너지지는 아니한다. 이처럼 진여본각을 비출 힘이 없는 것의 망념(妄念)이다. 이 망념이 멈추고 발심공덕이 나타나면 번뇌는 사라지고, 마음은 청정과 고요를 회복한다.

그런데 망념으로 진여본각을 비출 수 없다. 원각이 두루 비추는 적멸과 달리, 주객을 이원으로 나누고 분별하는 알음알이에 사로잡히면, 망념 멍에에서 벗어날 수 없다. 진여본각은 자신의 성품을 보고 알아차리는 거울이다. 거울은 비어 있어 여실히 비추기에, 일체의 모양이 하나도 어그러짐 없이 선명하게 드러난다.

이기묘합(理氣妙合)처럼 '조화무궁(The infinite harmony)'은 신비롭고 매혹적 삶으로 이끌고, 사막의 바람처럼 '영성교감(The spiritual exchange)'을 펼치기에 광활한 자연을 흡입하게 된다. 세상에 죽음으로 이끄는 바이러스가 있다면, 치유의 웃음으로서 좋은 '바이러스(The virus)'도 존재한다. 이에 고요 중심으로 돌아가게 하는 명상의 힘에 의지하여 '회광반조(The reflection of the light)'를 이루는 명상 시를 차례대로 음미한다.

The infinite harmony

The infinite harmony is desirable in a different state
To make a good match pleasing to their eyes
The infinite harmonious flowers blossom

It's just the way to meet as different people
If it's possible for an achievement of an infinite harmony,
It leads to both a mysterious and fascinating way of living
The love of consideration would eventually outperform thesocial distancing

The spiritual exchange

Although the vast nature calls us to the nature
We resent each other in a small space
Because there lay many barriers

We would break each other's thick walls
Like nomads living, like the wind in the desert,
It is needed to make a world of the spiritual world
We should trust each other more and love each other

The virus

The world is getting infected with the virus
While there would be some killer virus,
There's also a virus to save people

He can clean and heal himself,
It's the virus of life-saving laughter
If it appears, you can fight off the infection
The virus that heals laughter is necessary needed

The reflection of the light

In spite of the humble circumstances of life
A polished technique that lives in silence
The reflection of the light is urgent

Being confident from the problem itself
Even in a serious case that's catastrophic
If you keep a balance in the center of course
It would be just passed in a quiet state of peace

명상시 치유힐링 67 It's better than that

생명력과 의식이 촉각과 후각, 미각과 시각, 그리고 청각의 다섯 통의 전화들로부터 차단될 때 주의의식을 산만하게 하는 감각들과 감각이 일으킨 생각들과 생각이 일으킨 기억 속의 산만한 생각들로부터 해방되어 잠든 상태로 전환한다. 감각기관들의 다섯 통 신경의 전선으로부터 생명력을 의식적으로 차단한다. 규칙적으로 수행함으로써 이런 일을 할 수 있으면, 감각이 일으키는 어떤 생각들도 마음을 교란할 수 없다. 감각들이 두뇌에 나타나는 것을 멈추면 생각들은 일어나지 않을 것이고, 그리고 생각들이 일어나는 것을 멈추면 그다음에는 기억 속의 생각들이 상기가 되지 않을 것이다.

잠자는 상태에서 감각들이 두뇌에 도달하는 것을 멈추는 순간, 의식적인 생각들과 묻혀있던 잠재의식 생각들이 활동을 멈춘다. 한얼기법의 의식적인 과정에 의하여 동일한 결과들이 달성될 수 있다. 교란에서 벗어난 주의력은 물질적 성취나 영성충만에 성공적으로 사용할 준비를 갖춘다. 이것을 증명한 사람들은 인도의 요가 수행자들만이 아니다. 성(聖), 바울도 이같이 말하였다.

'나는 우리의 주님이신 그리스도 의식에서 내가 갖는 기쁨으로 단언하노니, 나는 날마다 죽노라. 즉 심장에서 생명력을 철수하여 마음대로 죽고 다시 살아간다.' 심장이 비자발적으로 박동을 멈추면 사람은 죽기 마련이다. 그의 생명은 촉각과 후각과 미각과 시각과 청각의 오감 전화들을 차단한다. 잠든 상태에서도 심장이 느려지므로 부분적 '죽음' 상태 또는 신경의 전화들로부터 에너지가 차단된다. 죽음은 오감 전화로부터 생명력이 영구적으로, 무의식적으로, 비자발적으로 차단이 된다. 잠은 무의식 방법으로 오감전화들로부터 생명력이 일시적으로, 무의식적으로, 비자발적으로 차단한다.

이 기법들은 생명력을 부분적으로 감각기관들과 근육과 심장으로부터 또는 완전히 죽음에서처럼 온몸으로부터 의식적으로 철수하였다가 그 생명력을 감각들과 근육과 심장에 복귀시키거나 '생명 없는' 몸 전체로 복귀시키는 통로를 열어준다. 물질적 형상으로 나타나 눈에 보이는 세계는 눈에 보이지 않는 텅 빈 본질과 다르지 않고, 텅 빈 본질 세계 또한 눈에 보이는 물질적 형상 세계와 다르지 않다.

물질적 형상 세계는 텅 빈 본질 세계와 통하며, 텅 빈 본질 세계는 물질적 형상 세계이다. 그야말로 고정된 실체가 없이 텅 빈 세계이다. 모든 생명을 구성하는 정신 요소, 느낌, 생각, 의지, 인식작용도 역시 물질적 형상처럼 우주법칙은 텅 빈 것으로, 생겨나는 것도 없고 없어지는 것도 없다. 더러운 것이나 깨끗한 것도 없고 늘어나거나 줄어드는 것도 없다. 반야심경에서는 깨달음을 향한 명상으로 종교의 다원성과 종교적 관용에 관한 합의를 하기 위한 보살 정신을 낳았다. 자신보다 이웃을 먼저 돌아보게 하고 사회질서와 원칙을 존중하며, 대승의 한마음을 일으켜 밝은 세상을 열어가는 정신이다.

이 발심은 사리에 통달, 밝게 비추는 반야 통찰로 이어진다. 생사차안에 머물지 않고, 자비가 있어 피안에도 머물지 않으며, 차안과 피안 중간의 중도를 살려 반야 통찰을 드러나게 한다. 꿈을 반야성찰에 의해 사명감으로 이어주는 '금상첨화(It's better than that)'는 고요한 마음이 바탕을 이룬다. 근원적 생명을 일깨워 심신평안의 하양 웃음을 머금어 진면목으로 살아가게 하는 '활명삼소(The awakening fundamental vitality with three laughs)', 그럼에도 고독을 견디며 살아가야만 되는 '망망대해(The open sea)', 차명상 달인처럼 초인으로 짐승의 삶을 건너는 명상시, '극기초인(The superman who beats himself)'을 차례대로 음미해 본다.

It's better than that

If it makes the harmony as an living organism,
There could be expected a variety of beauty
To add consideration, it's better than that

It's just to fit as different things
to produce something that looks good
It adds up as a bonus as a wonderful beautiful world
If you love each other, the harmony is mysterious addition

The awakening fundamental vitality with three laughs

It's a tough situation and it's full of cold
If there's cynicism all over the world,
It goes back in place around despair

It's time to save with three laughs
To Remind us of the fundamental vitality
Smiling broadly, laughing with smile, palms with laughter
Three types of the laughter would bring the genuine hope

The open sea

When you would drift lonely in the open sea,
It's the way to survive to see a rescue ship
What saves a life is a batter's rescue ship

Like the pandemic coronavirus outbreak,
In times of crisis, it's necessary to help others
It would be inevitable situation to save other lives
You have to endure the solitude to see the rescue boat

The superman who beats himself

The Zarathustra spoke to the crowd
I'm going to teach you superman
Humans are beings to overcome

Humans exists between a superman and a beast
If you would go to this way, it's a superhuman life
If you would go over there, the animal's life would flow
The superman who beats himself would be a self-overcome

명상시 치유힐링 68 The change of mind

　　잠들면 생명 에너지는 감각신경과 운동신경으로부터 그리고 근육으로부터 심장과 척추로 물러난다. 죽음을 맞이하면 생명력과 의식은 육체를 떠난다. 그러나 집중기법을 통해 육체의 어떤 부위로부터 또는 온몸으로부터 마음대로 생명력을 차단하거나 다시 연결할 수 있다. 이 기법은 심장을 고요하게 만들면서 생명력과 의식이 감각의 통로들에서 철수시켜 두뇌의 고차원적 의식의 신경다발로 활인수양을 향하게 한다.

　　산만함과 근심과 잘못된 식사와 과로와 정력적인 활동은 심장을 빠르게 고동치게 하고 지속적으로 분주한 일을 주문할 것이다. 차분함을 가능하게 하는 음식과 절제된 활동은 심장을 고요하게 만든다. 집중의 가르침을 수행할 때 차분하게 앉아서 호흡을 관찰하는 한얼 기법 행으로 횡격막과 순환계와 폐 등 모든 육체 활동을 차단하거나 정지시킬 수 있다.

　　육체의 외부와 내부에서 움직임이 일시적으로 정지될 때 세포들의 퇴화는 멈추고 어떤 정맥혈도 생기지 않는다. 정맥혈이 축적되기를 멈출 때 심장은 느려진다. 심장은 더 이상 검고 탁한 정맥혈을 정화하기 위하여 폐로 보낼 필요가 없다. 심장이 혈액을 압출하는 일을 할 필요가 없어질 때 심장을 압출하게 하는 데 사용하던 에너지는 느려지고 외부를 향하여 오감 전화들로 흘러가지 않고 두뇌로 역류하기 시작한다. 이런 일이 일어날 때 생명력은 잠잘 때처럼 자동적으로 근육과 오감의 전화로부터 스스로 철수하여 대뇌로 물러난다.

그러면 생명력은 시각과 청각과 미각과 후각과 촉각으로부터 차단되고, 감각들은 두뇌의 주의를 끌 수 없다. 감각들과 생각들의 교란으로부터 해방된 주의는 자신이 선택하는 생각의 어떤 물질 대상이나 영적 대상에 온전히 집중할 준비가 갖춰진다. 매일 밤 잠잘 때 우리는 심장을 진정시킴으로써 무의식적으로 집중을 수행한다.

호흡을 관찰하는 한얼 기법으로 명상하면, 한 걸음 나아가 의식적으로 심장을 진정시킴으로써 호흡 집중을 수행한다. 의식기법에 의하여 명상의 차분함으로 심장박동을 느리게 하는 제동기처럼 사용하기에, 심장을 진정시켜 생명의 근원 실상에 도착한다. 생명의 근원실상에는 안 이 비 설 신 의 도 없고, 색 성 향 미 촉 법도 없으며, 눈의 경계도 의식의 경계까지도 없다. 무명도 무명이 다함까지도 없으며, 늙고 죽음도 늙고 죽음이 다함까지도 없고, 고집멸도가 없으며, 지혜도 얻음도 없다. 연기에 입각한 무아를 '공(空)'으로 정형화한다.

이 '공'을 집대성하지만 얻을 것이 없는 까닭에 보살은 반야에 의지하여 마음에 걸림이 없고 걸림이 없으므로 두려움이 없어, 뒤바뀐 헛된 생각을 멀리 떠나 완전한 열반에 들며, 삼세의 모든 붓다도 반야지혜를 의지하므로 명상으로 최상 깨달음에 이른다. 반야통찰 원리는 지혜로 '수다원(須陀洹)'에 들어 '예류(預流)'가 되어 욕계·색계·무색계의 미혹을 끊은 성자가 된다. 또한 '사다함(斯陀含)'에 들어, 한 번 오는 일래(一來)'로서 세상미련이 남아 있지 않아 한 번 오는 것으로 끝내는 성자가 된다. 아울러 '아나함(阿那含)'에 들어 '불환(不還)'이 되어 인간계에 다시는 돌아오지 않는 성자가 된다. 마침내 아라한(阿羅漢)에 들면, 생사초월로 다시 몸을 받지 않는 '불생(不生)'으로 으레 공양받는 '응공(應供)' 성자가 되는 데, 이는 명상관법으로 반야를 통찰함이다.

공성(空性)을 깨달아 얻은 실상 통찰로 실상반야(實相般若), 일체경계 통달로 경계반야(境界般若), 경전 문자 통달로 문자반야(文字般若), 지혜 통달로 육바라밀 선행(善行)을 일삼는 권속반야(眷屬般若), 일체 교화방편을 알아 차려 자리이타(自利利他) 방편을 두루 사용하는 방편반야(方便般若)를 손꼽는다. 진제에서 얻을 수 있는 것은 하나도 없음을 통찰하는 것이 반야 통찰이다. 이것은 채움이 아니라 비움에 근거한다. 이는 명상시, '기분전환(The change of mood)'에서 드러난다.

아울러 변덕스러운 호기심 충족이 아니라 절제로 다가서는 '절제미학(The ablation aesthetics)'을 음미해 본다. 청각장애를 뛰어 넘어 사랑할 줄 알기에 '청각장애(The deafness of hearing)' 명상시를 통해 침묵 교감이 가능하다. 오온 가운데 식음(識 陰)의 무심세계 마저 벗어날 때, 대원경지 오도송이 이루어진다. 영아 같은 무심을 구경각으로 느낀다. 이에 안주하는 마구니의 습벽을 벗어나며 체화한 구경각은 고요와 밝음이 어우러진 돈오의 대원경지 드는 '여실지견(The seeing it as it is)'으로 푼다.

The change of mood

To give, to share and to refresh for the change of mood
To welcome heartily the wisdom instead the stupidity
To see off the generosity and the poverty

Any joy never happened
Even though it is depressing
To be better for a walk very far away
The mountain has a beautiful appearance of colorful leaves

The ablation aesthetics

Happy people would have a sense of security
To hug happiness with their own real heart
To be peaceful with the ablation aesthetics

It's not boisterous pleasure
Also it is not a fretful desire
Genially behind the capricious curiosity,
It's accompanied by instability and reversal

The deafness of hearing

It was made up of love as a deaf personally
It was the wish to want a lifetime partner
It was the hope to be with you forever

Between people who can't hear
We can live together depending on each other
The world of silence has changed to communication
The strong couple for children could be possible actually

The seeing it as it is

If you're afraid you're born with this state of body,
Pain grows whenever you look in the mirror
If you resent it, the road would disappear

How does this body contribute?
With consideration, we can see our work
He's just trying to figure out how he was born
The seeing it as it is could lead you a new road

명상시 치유힐링 69 The dreams and mission

　　심장박동이 느려질 때 두려움과 공포를 느낄 필요도 없다. 심장을 진정시키는 것은 자연스러운 일이기 때문이다. 나이가 지긋한 사람들의 심장은 산만한 아동기와 격동적인 청년기와 활동적인 중년기를 거친 다음이기에 자연적으로 차분해진다. 심장을 마음으로 진정시키는 데는 오랜 수행이 필요하다. 육체를 유지하기 위하여 음식에 의존하는 한 그는 심장을 영원히 차분하게 할 수는 없다. 명상은 육체의 생명력을 의식적으로 차단하거나 연결하는 방법이다. 한얼기법은, 감각기관들로부터 신명에게 마음으로 기분 전환하는 방법에 따르기보다 마음은 물론이고 감각 교란의 매체인 생명력까지도 오감의 전화통으로부터 철수하는 방법으로 활인수양을 수련한다. 영혼은 개별의 한얼이므로 한얼의 모든 성취와 충족을 발현할 수 있다.

　　한얼은 언제나 존재하고, 언제나 의식하며, 언제나 새로운 '지복(至福)'이다. 구멍이 촘촘히 뚫려있는 가스 연소기 아래에 있는 하나의 불꽃은 인간 의식의 구멍들 뒤에 자리 잡고 있는 한얼에 비유하기도 한다. 인간을 온전히 건강하게 할 수 있는 수행은 인도의 파탄잘리에 의해서 제시되었다. 이를 고전 요가 또는 '아쉬탕가(Ashtanga)' 요가이다. 이를 수행함으로써 신체와 마음과 의식을 동시에 건강하게 할 수 있을 뿐만 아니라 열반을 성취한다.

　　열반에는 집착할 만한 실체가 없기에, 그 무엇에도 집착하지 않는다. 열반은 그 어떤 실체가 아니기에 '무지(無智)'이고, 그 어떤 것도 얻을 것이 없기에 '무득(無得)'이다. 통찰 명상에 근거한 '인지치료'는 내버려 두는 수용으로 현재 자각을 되돌린다. 경험을 알아차리고 관찰 방식으로 새 관계를 맺는다. 공의 세계는 형상이 없어 눈으로 보는 세계도 아니고 의식 세계도 아니다. 늙고 죽는 것도 아니며, 늙고 죽는 것이 다함도 아니다. 괴로움도 없고 괴로움의 원인인 집착도 없고 괴로움의 소멸도 없으며 그 소멸에 이르는 길도 없다.

아무것도 얻을 것이 없기에 반야바라밀에 의지하여 마음 걸림을 제거한다. 마음에 걸림이 없으니 뒤집어진 헛된 생각에서 벗어나 마침내 열반에 이른다. 선종은 반야통찰로 '법성(法性)'에 이르고, 유식은 유심에 의해 '법상(法相)'에 이른다. 앞의 것이 철저히 필경공(畢竟空)을 세우지만, 뒤의 유식(唯識)에서는 '열반(涅槃)'을 표방한다. 반야통찰에서는 법성과 법상 회통으로 삼대 원칙을 거론하니, '모양에 머물지 않는' 무주(無住), '대상에 집착하지 않는' 무착(無着), '소원을 빌지 않는' 무원(無願)의 삼대원칙이 적용된다. 만약 경계에 머물거나 대상에 집착하거나 수행결과 증득을 바란다면, 반야통찰과 거리가 멀어지게 마련이다. 연기를 역관하여 환멸에 이르고 무명을 타파하여 명심(明心)에 이른다.

자기 반영이라고도 일컬어지는 것이 더 심화할 경우 의식 내면의 깊은 무의식을 들여다보기에 명상시, '꿈과 사명(The dreams and mission)'에 여실히 드러난다. 자기를 향한 긴 여행에서 '모험미소(The smile of adventure)'가 활용되며, 경우에 따라 '시련체험(The crucible experience)'이 이루어진다. 명상시, '하루하루(A day by day)'에 나타나듯이, 영성체험은 설렘과 기대감을 수반하는 데 모험을 느끼면서 내면영성, 활인수양을 만나는 성과를 낳는다.

The dreams and mission

The day you have a dream is a precious day
If you add meaning to it and add duty
A great life begins to start up

We need someone to ask about dream.

Dreams can grow while you ask and answer
You get a sense of duty at the end of our dream
A sense of duty is a new way out of limitation of you

The smile of adventure

Vanished the falsehood on the duality screen
The storm of planning had calmed down
There is no present, no past, no future

Felt blood vessels on bright face of existence
It's gone and lifted double veil of light and shade
It's already burnt and disappeared all the steam of sorrow
We can spread around the smile of adventure at the dawn of joy

The crucible experience

The hard times are passing by due to the trials
When I and my neighbor saw disaster together,
It is an experience of relying on and sharing

It's better to be attached to a target
It reminds us of the importance of life
It can be said a pandemic coronavirus trial
A decent human cannot be a parasite in this era

A day by day

Walking on unfamiliar roads seems to be a journey of life
A day by day is similar to be the travel experience
Starts with excitement and anticipation

Always be on the road,
We can excite about the changes
We are worried that it will take more time
We can meet our true self on a strange road

명상시 치유힐링 70 The state of fearlessness

영성충만은 훈련에 의해서 달성될 수 있는데, 이러한 영적 성장을 하는 데 도움이 되도록 고안된 훈련 방법이 '아바타(Avatar)' 프로그램이다. 고전 요가의 수행 방법과 아바타의 의식탐사기법을 동시에 활용하면 더욱더 체계적이며 효과적으로 건강을 유지하거나 성취할 수 있다. 이러한 공공성취는 인간존엄의 삶을 보다 의미 있고 가치 있게 만들 것이다. '자모유패자(慈母有敗子)'는 자애로운 어머니 밑에 몹쓸 자식이 있다는 뜻으로, 자식에 대한 사랑이 지나치면 그 자식이 방자하고 버릇없는 사람이 됨을 비유하여 『한비자(韓非子)』「현학(顯學)」에 나오는 개념이다. 엄격한 법치(法治)를 강조하기 위함에서 사용되었다고 할 것이다.

힘이 강하면 저절로 입조하는 사람이 많고, 힘이 적으면 남의 나라에 입조하는 처지가 된다. 현명한 군주는 자신의 힘을 기르는데 진력해야 한다. 무릇 엄한 집에는 사나운 종이 없지만, 자애로운 어머니에게는 집안을 망치는 자식이 있다. 위세는 난폭행위를 금할 수 있지만, 후덕함으로는 어지러움을 그치게 할 수 없음이다.

광명환희 세계는 무유공포를 지속하기 위한 명상수행으로 주문지송으로 이어진다. 피안을 향한 초월의 길에 도달한다. 이에 반야바라밀다는 가장 신비하고 밝은 주문이며 위없는 주문이며 무엇과도 견줄 수 없는 주문이 된다. 온갖 괴로움을 없애고 진실하여 허망하지 않음을 알게 하니, 그것을 일컬어 무유공포를 위한 '반야바라밀다주'라고 말한다. 이와 같이 무유공포에 이르는 주문은 '아제아제 바라아제 바라승아제 모지 사바하 아제아제 바라아제 바라승아제 모지 사바하 아제아제 바라아제 바라승아제 모지 사바하'이다. 이 주문의 진언에는 '생사의 괴로움이 없는 피안의 언덕'을 향한다.

이는 '반야통찰의 완성'을 향하는 명상수행의 길잡이가 된다. 인류의 생명을 위한 '온전한 존재로서 생명'에 대한 '동체대비(同體大悲)'의식에서 함께 어우러져 저 피안의 언덕을 넘어간다고 할 것이다. 이는 피안 언덕을 향한 초월의 길이요, 리듬과 조화로서 평화와 환희를 수반하는 무유공포의 길이다. 주문이 따로 있는 것이 아니라, 반야바라밀 자체가 무유공포 주문으로 작용한다고 할 것이다. 이처럼 지혜로 생사를 초월하고 청정·광명·자재 경지에 이른다. 마음이 신비롭고 밝고 높은 진언지송으로 능히 모든 고난을 물리치고 명상시, '무유공포(The state of fearlessness)'에 이른다고 할 것이다. 명상시는 본래면목 찾는 무상보리로서 무의식 터널을 통과, 성품 속의 '부드러움(The Softness)'과 상관한다. 이는 명상시, '위기순간(The moment of crisis)'에 나타나듯이 위기에 직면하거나, 이를 또 다른 성장 기회로 삼아 함께 미래를 창조하는 '미래공창(The creating the future together)'으로 이어진다.

The state of fearlessness

If it doesn't come up, it will come up even if you worry
The sun sets even if you worry about sunset
Everything can be said like this

Worrying or not worrying
What will be done will be done
If you can't do it, there's nothing to see
The reality of the future is the state of fearlessness

The Softness

The softness overcomes fear
It would guarantees safety
It also breeds tolerance

It is directed toward infinity
It would banish all kind of violence
The ecosystem is threatened by the Corona
We can overcome with the tenderness of nature

The moment of crisis

It is needed for us to be resilient
Although there's a crisis in life,
It is an opportunity for growth

The life is a kind of challenge and challenge
Like a compass that shakes and finds its way,
Like an ant that can not find the property at once,
There is a just right way for the coronavirus situation

The creating the future together

Countless things have passed in the past
Many things will happen in the future
It just hasn't come not yet

This is the most precious moment
We would connect us to the very moment
The creating the future together to create it together
It's necessary to prepare for the post Corona19 incident

명상시 치유힐링 71 Love of wind

    유식사상에는 아뢰야식(阿賴耶識)이 팔식으로 업을 갈무리 한다고 해서 장식(藏識), 혹은 없어지지 않는다고 해서 '무몰식(無沒識)'이라고 한다. 팔식은 육근과 육경과 육식에 의해 훈습(熏習)되어 온 온갖 것들이 갈무리되어 저장되는 곳이다. 팔식은 잠재의식, 무의식, 심층의식 등으로 간주하며, 육식은 보고 듣는 것이 표면에 드러나기에 표층의식이다. 공덕실천으로 복덕 지어 팔식에 갈무리한다.

    좋은 종자를 심어 놓으면 좋은 싹이 나듯이 좋은 습관을 길들이면 미래가 열린다. 만약 여래장의 여래성품을 갈무리한다면, 팔식은 여래 종자를 갈무리하여 자명함의 메타인지를 확대함으로 유식과 여래장의 상관연동을 가능하게 한다. 팔식에 갈무리된 것이 다시 나타나는 것을 현행(現行)이라고 한다.

    훈습을 통해 반복하여 팔식에 심어진 종자는 기억으로 되살아나지 않더라도 팔식에 갈무리된다. 복을 짓거나 참선하거나 수행을 통해 지혜를 닦아 놓으면, 언젠가 시공이 사라지고 인과가 사라지더라도 자명한 빛, '참나'의 존재 의식으로서 드러난다. 육식의 표층의식은 팔식의 심층의식에 비하면 빙산의 일각에 지나지 않는다. '참나'의 자명의식에 의해 무한한 힘을 발휘할 수 있다. 보통 사람은 육식 작용에 그친다. 자기 자신이 하고 싶은 일이 있으면 바로 시작해야 한다. 그 순간이 출발이다.

    가을에 추수하려면 봄에 씨를 뿌려야 하듯이 금생에 닦지 않으면 결코 거둘 수 없다. 여래장(如來藏, tathgatagarbha)은 여래를 내장(內藏)하고 있다는 비유로, 청정(淸淨)한 본마음을 가리키는 말이다. 자명함의 영역, 양심의 영역, 청정함의 영역이 '참나'의 영성으로 인간본성에 여래의 태(胎)를 간직하고 있다는 뜻이다.

사람의 몸은 물질 구성요소, 지(地), 수(水), 화(火), 풍(風)의 사대(四大)로 돌아간다. 그러면서 원본환원을 하는 정신이나 혼에까지 확대 적용하여 바람치유를 부각시킨다. 극락왕생이나 천국안식을 위한 조문 기도는 이 생각을 바탕에 깔고 있다. 우리 문화에는 죽으면 염라대왕이 주재하는 저승으로 가서 살아있을 적의 행적에 대한 '심판'을 받아 갈 곳을 지시받게 되는 것도 원본환원을 염두에 두고 있다. 이는 이생에서의 삶이 죽음 순간에 완전히 사라진다고 인정하고 싶지 않은 사람들의 환생에 대한 염원과 상통한다.

윤회 고리를 끊는 니르바나는 명상의 결과 자신이 자신의 사후 생을 결정할 능력을 갖추었기에 니르바나에 들거나, 구제를 위하여 화신으로 환생할 수 있다고 간주한다. 몸으로부터 이탈한 혼이 이생과 다음 생의 경계 공간에 잠시 머무는 상황, 혹은 그 기간을 중유의 '바르도((Bardo)'라고 한다. 이 기간은 사람 따라 다르지만 49일쯤으로 여기는데, 49재를 지내는 것도 이런 판단에 근거해서이다.

이 기간을 잘 보내는 것이 중요하다. 그러기 위해 고인의 혼이 자신이 죽었다는 사실을 분명하게 인정해야 한다. 이 기간에는 몸에서 이탈한 혼만 존재한다. 이때 망자가 살았을 적에 가졌던 부정적 습관은 혼에게 망상과 두려움으로 느껴지고, 긍정 습관들은 평화와 기쁨으로 느껴진다. 이 기간의 전반부에서 사람은 몸과 감정을 바람처럼 여전히 갖고 있다고 느낄 수도 있겠지만, 후반부에서는 환생한다는 것을 느끼게 된다.

'바람사랑(Love of wind)'의 명상시에서처럼 잎사귀가 흔들릴 때 바람이 온 것을 체온으로 느끼듯이 현상을 통해 무의식 세계를 간접적으로 느낄 수 있다. 영성회통은 '이심전심 미소(The telepathic smile)'로 전해지고, 존재전부로서 위협을 받는 '마음상처(The hurt in the heart)'는 근원적인 생명력을 요청하며, '여백가치(The marginal value)'로 심신을 조율하면, 마음설계와 조화를 이루어 활명삼소 웃음이 새어 나온다.

Love of wind

Who sees the wind and feels it?
It's when the leaves shake,
The wind is passing by

Who sees the wind and feels it?
Neither you nor I can see the wind
It was only in the case of trees to bow
We can only feel the wind creeping through

The telepathic smile

A great one would roll into two main parts
Three toxins would become five heaps
At the sea, It transforms thirteen

Now it is turn to blocking the pond of five senses
Beyond the end of life and death, toward the beyond
To tear down the shape and to light up in the real truth
The grandmother has a telepathic smile on lips from heart

The hurt in the heart

If you're insulted or hurt, It's like a piercing pain
It feels like poking The coronavirus pain
It's like you're pressing the chest hard
It feels like stomach's being full of the stones
It's a hurtful wound to attack all of its existence

The marginal value

There is appearance and inner side in the space
If it's internal harmony with external harmony,
It would form a greater and greater force

It would bringing life to the space
If you adjust your mind and body to marginal value,
It's a fine line of planning with elegant design planning,
The three laughs leak out due to the vitality of the source

여래장 사상의 배경에는 근본불교의 자성청정심(自性淸淨心)의 신뢰에 근거하여 마음 본성은 본래 청정하다고 말한다. 『화엄경(華嚴經)』의 '미진함천(微塵含千: 하나의 작은 티끌에 삼천대천세계가 포함되어 있음)을 받아들인다. 『법화경(法華經)』의 일승 (一乘:초기 대승불교에서 비판되었던 성문 · 연각도 보살과 함께 성불할 수 있다는 점에서 모두가 하나바퀴) 사상 등이 이바지하였다.

여래장 사상을 최초로 논한 『여래장경(如來藏經)』은 '일체중생은 여래장'이라고 선언하며, 번뇌 싸인 중생에게 여래 눈을 갖춘 불성이 단좌(端坐)하고 있다고 한다. 또한 『부증불감경(不增不減經)』에서는 중생계와 법계(法界)에 증감 없으며, 동일세계라고 말한다. 여래장은 번뇌로 가려 있지만 안으로 활인수양의 법성(法性)이 존재한다.

이는 인간의 자유세계가 가능한 근거를 제공한 것으로 인간존엄의 근거이다. 대승의 『열반경(涅槃經)』에서는 여래장을 불성의 의미로 해석하며, 일체의 중생은 모두 불성을 가지고 있다는 '일체중생실유불성(一切衆生悉有佛性)'이라고 한 말에 근거한다. 중국에서는 여래장이라는 말보다 불성이라는 용어를 보편적으로 사용하였지만, 이제는 영성이라는 개념으로 부를 수 있다.

그러나 『열반경』은 일천제(一闡提:대승의 법을 비방하는 자, 세속의 욕망을 가진 자)에는 불성이 없다고 기술하고 있어 약간의 불일치가 발견된다. 종국적으로는 그런

존재의 성불까지도 인정하였다고 할 것이다. 또한 유식(唯識)계통의 법상종(法相宗)이나 선종에서는 오성분별(五性分別:無性 · 不定性, 聲聞 ·緣覺 ·菩薩 定性)에는 그 본성이 결정되어 있기에 성불을 확정할 수 없지만, '견성성불(見性成佛:불성 및 자기본성을 깨우침으로써 성불함)'을 주장하였다.

이에 비해 천태종(天台宗)의 지의(智)는 색(色:물질) · 심(心)의 평등관에 근거, 그 보편화를 개척하였으며, 길장(吉藏)은 초목(草木)에도 불성이 있다고 하여 최초로 초목 성불 사상을 주장하였다. 이러한 개념의 연장선에서 천국으로 이루어진 다물 저택은 신비한 빛이 빛나는 영원한 극광으로 한없이 밝은 곳이라고 할 것이다.

행성들은 위대한 존재의 복귀를 기다리며 장엄한 율려의 율동, 안개의 성운을 헤쳐 마침내 빛의 섬광에 안착한다. 영가무도는 기본적으로 오행과 오장에 배당된 5음(궁·상·각·치·우)의 소리, '음·아·어·이·우(吟·哦·唹·咿·吘)'의 다섯 소리를 돌아가면서 느린 속도로 내고 점차 빠르게 손과 발을 움직여 자연스러운 동작까지 이어가는 일종의 명상 수련이다.

영가무도는 단순한 놀이의 유희가 아니라 천인합일을 위한 명상 수련이자 심신 단련이다. 특별한 가사나 언어가 필요 없는 '영가(詠歌)'는 사람 마음을 조화롭게 하는 인류공통 음악이다. '무도(舞蹈)'는 흩어지고 분열된 인간 마음과 몸을 하나로 모으는 역동적 춤이다. 영가무도는 마음의 상태와 우주의 율동을 조화시키는 동작으로써 모든 사람에게 개방된 활인수양이다.

또한 영가무도는 생명의 율동 모양을 본받아 몸소 실천궁행하여 인간의 실존적 삶의 방식으로 삼는다. 김항에 의해 새롭게 창안된 영가무도는 새로운 음양오행과 율려 인식에 근거한 명상수행이다. 하늘의 몸짓, 율려를 바탕으로 자연과 사람이 한데 어울리는 영가무도의 기상은 한국 춤의 독창성을 돋보이게 하는 개방형 예술이다.

극도로 양극화된 사회, 대화 단절의 어려움을 겪고 있는 인류가 원활한 소통으로 함께 살아갈 수 있는 대안이 영가무도에 나타난다. 역사를 지닌 겨레얼의 신비를 벗기는 작업이 명상시, '다물사랑(Love of the great)'에 나타나며, 분리되지 않는 존재론적 합일을 '너털웃음(The nutty smile)'으로 터뜨린다. 이로 말미암아 '정면승부(The head-to-head match)'를 당당하게 치른다.

이는 '자기성찰(The self introspection)'로 이어져 진여실상을 체험한다. 오늘날 단순하고 평화로운 삶은 자취를 감추고, 마음은 외적 조건과 환경에 끊임없이 마모되며 휘둘린다. 그리하여 심신은 황폐해지고, 사회질서는 통째로 무너진다. 겨레얼의 다물, 영가무도는 생명의 율동 모양을 본받아 몸소 실천궁행하여 인간의 실존적 활인수양의 새로운 방식을 가능하게 한다.

Love of the great

It's not like there's a lot of water
Not even to have a lot of stuff
Love of the great is recovery

It is the way to find the territory again
It is also the embodiment of nature awakening
Not only the unveiling the mystery of Korean spirit
But also it is an awakening of ten thousand years spirit

The nutty smile

The moment we would lose the thought,
The various noise around us is gone
Digging into being full of emptiness

The moment we lose the thought
The separated loner was dismantled
The nutty smile on the high tide dimension
The panorama of infinite expansion resonates

The head-to-head match

There are many demons lurking around us
Fear demons and discouraged demons,
Appears and bullies every minute

It's being pushed to the extreme
The way to beat the devil is the head-to-head
If we can recognize our fears and overcome them,
Beyond existence, demons disappear in the darkness

The self introspection

It is desperately requested self introspection to know myself
Not only in the past time but also in the overt time
A trip to find yourself is requested

I'm the best intimate target,
It is also the most unknown being
In my heart, the genes I've received from my ancestors
A total shape of the past life would be completely melted

명상시 치유힐링 73 Love of pumpkin flower

유체의 눈을 "영안(靈眼)"이나 "제삼의 눈"으로 일컫는다. 인간 의식이 그리스도 의식으로 편만한 우주를 지각하기 위하여 망원경 눈을 통하여 날아가기 이전, 유계의 눈을 관통한다. 육안은 영안의 명확한 물질구현 현상이다. 육안 바로 위에 있는 작은 흰 별은 유체 눈을 표상한다. 둘러싸고 있는 파란 구체는 그리스도 눈으로 통하는 의식의 굴이다. 그리스도 눈을 통하여 영혼은 파란 구체로 표상되는 그리스도 의식 굴로 들어가며, 그다음의 흰 별로 표상되는 우주의식의 눈을 통하여 날아간다. 거기서부터는 흰 불꽃이 톱니처럼 있는 오렌지색 화염 표상의 편재하는 영원으로 날아든다.

영안은 두뇌와 척추의 여섯 중추로 전류를 보내고 오감 전화에 전류를 공급한다. 영안은 생명 기관들을 가동하고 육체의 모든 기능을 유지해 준다. 에너지를 육신으로 가동시키는 것이 영성의 힘이다. 마음이 영안의 외부에 머무를 때, 그 마음은 여러 차원으로 구성된 진동계를 지각한다. 마음이 영안으로 들어가서 생명력을 역전시키면, 그 마음은 무한성을 지각한다. 모든 것은 영안에 있는 힘으로 통제된다. 직관을 적용하면 영안과 심장은 라디오 수신국이 된다.

의지력을 집중하면 영안과 심장은 유계방송 마이크처럼 작용한다. 생명력을 감각들에서 영안으로 역전시키면, 점진적 상태들이 경험된다. 근육과 척추를 통하여 근질근질하는 전기감각이 생긴다. 다음으로 두 눈이 미간의 초의식 중추에 저절로 고정됨에 따라 강렬한 쾌감이 오고, 이어서 육체 표피와 내피에서 그리고 척추에서 온통 느껴지는 옴 소리를 들을 수 있다.

영안에서 극광처럼 회전하면서 커지는 흰 빛을 보는 데, 눈을 감거나 뜬 상태에서 보인다. 그다음 호흡이 사라지고 생명력이 신경과 눈과 세포핵으로부터 철수하는데, 이 전류는 더욱 깊어지고 무한자 속으로 투사되면서 영안 중앙에 암청색 굴을 만든다. 영적 시각은 반개한 눈에 투영된다. 시선은 미간 초의식 중추에 고정되고, 아래 눈꺼풀은 눈을 반쯤 감기 위해 위로 끌어 올린다. 생명 진면목은 존재하는 모든 힘의 풍성한 원천으로 작용하여 율려로 드러난다. 율려에서 '율'은 '6'이라는 숫자로 표현한다.

이것은 12율을 음양으로 나누었을 때 '양률'에 해당하는 여섯이다. '5성'이란 궁(宮)·상(商)·각(角)·치(徵)·우(羽)로 이해되는 다섯 가지 소리성질이다. 그러나 이때 소리로서 '성'은 『예기』속, 「악기」에 설명되어 있듯이 외물로부터 마음이 감응되어 나타내는 소리일 따름이다. 고저·장단·청탁 등을 포함한 음악의 구성요소를 갖추지 않은 채 규정되지 아니한 생태계 자연소리를 뜻한다.

그것을 다섯 단계로 구분하였다는 것으로 미루어 보더라도 동양의 뿌리 깊은 사유체계는 음양·오행에 철저히 근거하고 있음이다. '8음'이란 소리를 내는 재료 즉 쇠·돌·실·대나무·박·흙·가죽·나무 등 여덟 가지 사물의 소리를 말한다. 그것은 사람을 제외한 그 밖의 사물, 즉 음악을 표현할 도구에 관한 규정이다. 이때 수 '8'은 자연물을 종류에 따라 분류하여 팔괘에 대응시킨 음양론의 소산이다. 이처럼 율려(律呂)는 6율 6동으로부터 6율 6간을 거쳐 『한서(漢書)』「율력지」에 비로소 '음육위려(陰六爲呂)'라 한 데서 비롯된 것이다. 음과 색은 실제로 상관 연동을 이룬다.

유체에 의한 색채명상은 자신의 무의식을 의식화 하는 경험이 되면서 차크라를 열어가며 자기실현을 이루는 과정을 경험하게 된다.우리의 몸이 자신의 고유한 기억을 '호박꽃 사랑(Love of pumpkin flower)'으로 회상한다. 또한 이는 '자유실현(The realization of freedom)'의 걸음마 되기 위함으로 과거 몸 상처까지 구석구석 기억하는 '사회시간(The Social time)'을 떠올리고, 경우에 따라서는 벼슬을 내려놓고, 시골로 낙향하는 '염퇴덕성(The virtue of early retirement)'으로 이어진다고 할 것이다.

Love of pumpkin flower

The pumpkin flowers are attractive
It is looking for honeybees inside
Also indulge in deep pleasures

A honeybee half-witted with hoe
It is not be sensitive to the outside
The naughty can wraps pumpkin petals
Love of pumpkin flowers follow shackles honeybees

The realization of freedom

The mind is divided into many parts
When you're free from the thought,
It's realization of freedom of mind

Fortunately from the heart,
We can get away from ourselves
To get out of our various barrier mind
It is needed to learn baby's walk for the fulfillment step

The Social time

The body remembers even the wounds
The body is hurting to be honest
To engrave all the wounds

Like a sea on a fish scale
The human body has lived with
The social time is engraved together
The wound has to be healed to move forward

The virtue of early retirement

The virtue of early retirement, the virtue of putting down
It is the virtue of leaving office earlier than,
Also the spending days in the countryside

There is an integrity incision
The conduct was revered by the Joseon society
Most of all, the scholars would detach their greed
It became a good model example to emulate in society

명상시 치유힐링 74 Love of the present

　　명상 수련으로 영안이 보이는 경우를 맞이하려면, 기가 맑고 고요해야 한다. 상대가 편안함을 느낄 정도로 포용하는 기운이 강하여 기 순환이 원만하고 에너지가 충만한 경우 뇌의 활성화에 따른 영성충만의 체험이 이루어진다. 척추를 따라 있는 영적 에너지 중추를 점검하여 자신의 영성 진보의 상태를 가늠해 볼 수 있는 점에서 유용하다. 그것은 신념을 높이고 믿음을 굳건히 할 수 있다. 화현으로서 '아바타(avatar)'의 세계를 이해하거나 진언의 중요성을 확인하는 계기가 찾아올 것이다. 실상 억념(憶念)의 진언 염송은 근기의 차별 없이 손쉽게 할 수 있고, 몰입의 극치로 삼매에 든다.

　　고려 말의 고승, 나옹(懶翁)은 아미타불이 어디에 계신가를 깊은 마음에 새겨 잊지 말고, 생각하고 또 생각하여 무념(無念)에 이르면 온몸이 항상 빛을 투사하리라고 여겨 염불삼매(念佛三昧)에 이르는 방법을 제시하였다. 염불은 붓다 상호(相好)를 생각하는 관상염불, 부처의 명호를 부르는 칭명염불로 나뉜다.

　　관상염불은 마음속으로 부처를 생각하거나 보다 구체화된 부처의 모습이나 공덕을 생각하는 것이고, 칭명염불은 소리를 내어 부처의 명호를 왼다. 염불수행은 영안을 밝혀 번뇌를 퇴치하고 열반에 들게 한다. 그 밖에 '사리쌍수염불(事理雙修念佛)'은 '이치(理)'와 '현상(事)'을 함께 닦는 염불수행이자 명상이다. 여기서 사(事)를 닦는다는 것은 입으로 부처의 명호를 부르는 것이고, 이(理)를 닦는 것은 불신(佛身)을 관찰하는 명상이다. 입으로 붓다 명호를 외우고 관하여 쌍으로 닦는 것이 염불명상이다. '지금 사랑'은 예술치유(Art Therapy로 이어진다. 예술치유는 '표현예술(Expressive Arts)'을 이용한 예술을 통해 치유를 경험하게 한다. 명상시를 포함, 무용치료는 음악, 미술, 드라마와 함께 이루어진다.

개인의 감정과 정신, 신체를 통합하도록 한다. 환자의 전체적인 정신 치료에 있어, 무용과 동작치료법은 여러 가지 방식으로 도움을 준다. 그것은 언어적, 비언어적 참가하는 능력이 제한되어 있던 환자들이 참여할 때 효과적임을 입증하였다 환자는 그룹이 수용하는 틀 내에서 좌절감과 분노감을 안전하게 뿜어내기 위해 창의적인 동작을 사용할 수 있다. 춤은 인류가 시작되면서부터 제례나 의식 속에서 종교와 함께 했으며 원시 사회에서는 그들의 근본적인 목적의 달성을 위해서 주술로 사용되었다.

음의 높고 낮음, 빠르고 느림을 『역경』의 이론에 맞추어 한 번은 높고 한번은 빠르게 한번은 느리게 혹은 한번은 낮고 빠르게 한번은 높고 느리게 하는 식으로 우주변화 원리에 맞추면 아름다운 음악이 되고 그 높고 낮으면 바르고 느림의 질서가 없으면 시끄러운 소리가 된다. 아름다운 소리는 인간의 생리 파동과 비슷해서 생리 활동을 촉진하는 생명의 소리, '양(陽)'이고 시끄러운 소리는 사람의 생리활동을 거꾸로 일어나게 하는 죽음의 소리, '음(陰)'이다.

소리 내용에 따라 사람들이 기피하거나 호감은 갖는 것은 인간뿐 아니라 동식물에게까지 영향을 미친다. 질병은 음양 밸런스가 깨져 생긴다. 음양의 균형이 회복되면서 치유될 수 있다. 음양 조화 음악을 들려주면 마음이 조화되고 안정되기 때문이다. 영성순례에서 출발은 명상시, '지금 사랑(Love of the present)'에서처럼 '시천주 조화주'에 따른 영성충만이다. 또한 '한 줄기 빛(A bar of light)'에 나타나듯이 색채명상이 무르익어 어둠에서 또렷한 빛을 발견한다.

'신벌예감(The God's premonition of punishment)'에 나타나 있듯. 고난을 이겨내고 영성으로 충만하여 백팔번뇌의 난관을 극복한다. 아울러 명상시, '열반해탈(The nirvana's freedom)'에 나타나 있듯이, 완전행복의 열반, 완전자유 성취의 해탈, 근원적 생명력 부활을 함께 실현하는 활명삼소로 말미암아 열반해탈을 '지금 여기'서 구현한다. 이는 곧 활인수양 의미를 갖는다고 할 것이다.

Love of the present

Now would be guessed the best time
The past is already long gone
The future has not come

The sunshine in chasing dreams
Now would be guessed the best time
To turn a long way standing at the starting point
Love of the present is the harmony in serving a God

A bar of light

The meditation in the abyss of darkness
It is the step to organize the thoughts
To find a ray of light of laughing

If I don't know myself,
I would wander in the darkness
As I would wander, I can find light
Finally, A hidden light can be seen behind the curtain

The God's premonition of punishment

The God's punishment from heaven
There would be a meaning of it
A counting meaning is blessed

If we don't understand the meaning,
It could be turned out into a disaster
The blessing can not be given way rightly
It contains the test of God's premonition of punishment

The nirvana's freedom

Even every day may be a goal for the camp
The complete happiness, complete freedom,
It would be said to become impossible

If we say the nirvana is complete happiness,
To emancipate from anguish is a complete freedom
To Dream such kind of resurgence of fundamental vitality,
Approaching a nirvana with awakening vitality, three smiling

일원상을 유가에서는 태극 혹은 무극이라 말하고, 선가에서는 자연 혹은 도라 하고, 불가에서는 청정 법신불이라 한다. 명칭은 다르지만 상통한다. 일원상은 궁극 진리, 궁극실재에 대한 상징표현이다. 모든 만물이 일원상으로부터 비롯됐다. 일원상으로 비롯된 일체 중생의 본성은 너와 나의 분별이 사라진다. 대소 유무의 분별이 없으므로 빈부귀천이나 남녀구별 또한 있을 수 없다. 일원상 진리는 모든 만물이 같은 근원에서 비롯되었다는 귀일 사상이다. 거기에는 평등함만 존재한다. 소태산대종사가 일원상 진리를 신앙과 수행의 표상으로 삼은 것은 일원상으로 원만구족(圓滿具足)하고 지공무사(至公無私)한 각자 마음을 알고, 그 마음을 양성해 사용하자는 뜻이었다. 일원상에 의하면, 모든 만물은 상생 관계, 은혜로운 관계다. 소태산은 모든 만물을 법신불 일부로서 불성을 갖고 있는 부처로 보기에 만물에게 불공을 드리라고 주문했다. 이것이 바로 '처처불상(處處佛像)'이요, '사사불공(事事佛供)'이다. 예컨대, 남편은 아내에게 아내는 남편에게, 시어머니는 며느리에게 며느리는 시어머니에게 각각 부처님께 불공하듯 정성을 다해 대하라고 한다. 몸과 마음을 재계하고 법신불을 향하여 소원을 세운 후 일체 사념을 버리고 선정에 든다든지, 염불과 송경을 하든지 혹은 주문 등을 외워 일심으로 정성을 올린다면, 어찌 신심이 우러나지 않으랴! 이러한 명상으로 오묘한 일원상은 진리 법음으로 다가온다.

다섯 번째 차크라는 생각을 표현하며 진실과 소통하는 '비슈다 차크라(Vishuddha chakra, Blue)'이다. 생각과 감정을 표출하는 목 주변 차크라는 파란색으로 생각과 아이디어를 타인과 소통하는 역할을 이행한다. 파란색을 떠올리며 인후에 집중하였더니 표현하지 못한 생각과 언어들이 올라와 목에 머무르는 느낌이 들게 한다. 목에서 해결못한 감정들이 드러내지 못했던 분노들이 교차하고 있음을 느낀다. 바다와 하늘을 표상하는 측량하지 못할 수용 의미가 있는 에너지는 파란색 이미지의 에너지다.

이는 목과 연결되어 신지대사와 갑상선의 순기능을 관장하되, 균형을 잃으면 후두와 폐와 호흡에 영향을 미치기에 심신치유와 안정회복에 기여하는 차크라이다. 깊은 지혜를 얻는 여섯 번째 '아지나 차크라(Ajna Chakra, Indigo)'는 내적 지혜를 만나기 위해 그동안의 잡다한 지식과 정보를 버리고 통찰 시간을 요한다. 고요한 침묵 속에서 이루어지는 이 수행이 명상인지 기도인지 그 경계선이 애매모호해진다. 제 3의 눈을 뜨고 신비경험을 하는 것으로 내면적 비전을 보거나 내적 통찰과 상관한다.

'아지나 차크라(Ajna Chakra)'는 정해진 법칙등과 별개로 자신의 고유한 내적 가르침과 연동하는 차크라이다. 남색이 가진 내면소리는 자기 모습을 깨닫고 모양에 대한 집착을 내려놓고 초연함과 지혜를 얻는다. 순수의식의 일곱 번째, '사하스라라 차크라(Sahasrara Chakra, Purple)'는 천개의 꽃잎이 아래로 향해있어 뿌리 차크라로 돌아가는 상징성을 나타낸다. 아래로 흐르는 우주에너지를 상징하는데 그것은 폭포처럼 불가사의한 영성 힘으로 채워진다.

가장 높은 차원의 차크라인 사하스라라 차크라의 색은 보라색으로 우주의 힘과 공명하여 신체조직과 다른 차크라들을 정화시키며 의식을 끌어 올린다. 빨강과 파랑의 혼합색인 보라는 두 색 사이에 있는 것들의 통합과 융합이며 신을 만나는 길이다. 쿤달리니 에너지가 물라다라 차크라에서 정수리에 있는 사하스라라 차크라에 도달하면 자아는 사라지고 자기실현으로 우주와의 합일을 이룬다. 모든 것이며 또한 아무것도 아는 것은 삶과 죽음이고 긍정과 부정, 주체와 객체 등 양극성의 통합이자 신과의 만남인데, 이는 '한'으로 표상한다.

'루넨버그'에서 마주한 갤러리에는 수많은 골등 전시품이 전시되어 있었다. 그 가운데 돋보이는 명상시, '최후만찬'에는 레오나르도 다빈치 작품으로 막달라 마리아의 성배 코드를 드러냈다. '사순시기'를 경과한 후 이기심을 투과, 성녀로 판명된 '막달라 마리아'는 침묵악사로서 예수 부활을 가장 먼저 목격한 탓으로 성스러움의 깊이를 더해준다. 사하스라 차크라가 열려 개체의식은 사라지고 진리와 결합한 성녀로 '거듭남'을 체험한다.

루넨버그

고풍 지켜낸 루넨버그
세계문화유산 등재
갤러리 작품만개

해안 항해하는
복제품 블루노즈
방문 관객들 반기며
돛단배 깃발 흩날리네

최후만찬

스푸마토 기법으로 그려진
레오나르도 다빈치 작품
삼위일체형 최후만찬

예수 뒤 삼위일체창
두팔 벌린 삼각형포즈
막달라 마리아 성배코드
심신치유 영성힐링이로세

사순시기

광야사순 유혹 이겨내고
생명나눔 실천 사십일
아낌없는 헌신기간

생각 말씀 미소로
생명영성 나누면서
너그럽고 순수자체로
탐애 이기심 떨쳐버리네

성녀찬미

성녀찬미 오랜 책 펼치고
보여준 창백한 여린 손
천사 하프 퉁긴 긴 손

오래된 백단목 없이
참고용 악보 두지 않고
악기날개 위 손가락 놀린
침묵악사 섬세한 손마디

카드놀이

한국선도의 으뜸 경전, 『천부경(天符經)』 및 그 해설서, 『삼일신고(三一誥)』 중에는 존재의 세 차원인 천(天)· 지(地)· 인(人) 삼원(三元)이 3차 걸쳐 전변하면서 생성되는 과정과 의미가 밝혀져 있을 뿐만 아니라 생성과정을 역으로 거슬러 오르는 회귀 과정도 밝혀졌다. 『삼일신고』 제5장 「진리훈(眞理訓)」에는 사람과 만물이 성·명·정(性·命·精) 삼진(三眞)을 받으니, 사람은 온전하고 만물은 치우쳐 있다. 진성은 선악이 없으니, 상철(上哲)이 통(通)하고, 진명(眞命)은 무청탁(無淸濁)하니 중철(中哲)이 지(知)하고 진정(眞精)은 무후박(無厚薄)하니 하철(下哲)이 보(保)하며 삼진(三眞)을 돌이켜 일(一)로 나아간다.

중생은 어리석어 삼망(三妄)이 뿌리를 내리니 심·기·신(心·氣·身)이다. 마음은 성(性)에 의지하는 것으로 '유선악(有善惡)'인데, 착하면 복을 받고 악하면 화를 입는다. 기는 명(命)에 의지하는 것으로 '유청탁(有淸濁)'하여, 맑으면 오래살고 흐리면 쉬이 죽는다. 몸은 정(精)에 의지하는 것으로 유후박(有厚薄)한데, 두터우면 귀하고 얕으면 천하다. 삼진(三眞)과 삼망(三妄)의 상호작용으로 18경계로 흘러 들어가게 되니 감정(感)이란 기쁨·두려움·슬픔·노여움·탐냄·싫어함이요, 호흡(息)이란 편한 호흡·찬 호흡·뜨거운 호흡·마른 호흡·젖은 호흡이며, 감각(觸)은 소리·색깔·냄새·미각·촉각·성적 감각이다.

이처럼 『삼일신고』에서는 또한 삼망, 삼도에 빠진 인간이 원래 삼진을 회복하는 방법에 관해서도 설명한다. 선도수행법으로써의 지감 · 조식 · 금촉 수련법을 제시하고 있다. 깨달은 이는 느낌을 그치고(止感), 숨 쉼을 고르고(調息), 부딪침을 금하여(禁觸) 오직 한 뜻으로 나아가 허망함을 돌이켜 참에 이르고 마침내 크게 하늘 기운을 편다. '지감·조식·금촉' 수련의 의미는 과연 무엇일까? 명상 수련자들은 기공수련을 통해 몸 속의 '기(氣)'를 다스릴 줄 안다면, 몸 자체도 자신의 의지대로 다스릴 수 있다는 사실을 깨닫는다.

불안과 긴장 속에서 삶의 연속성을 잃고 심리적 방황을 하고 있을 때, 차크라를 통한 색채 명상은 심신치유의 역할을 감당한다. 호흡하는 과정에서부터 이완과 순환을 반복하며 심신안정과 삶의 힘이 집중되어 근본이 되는 자기실현의 길을 걸어가는 영성체험이 될 수 있다. 차크라 색채 명상은 수행자에게 멈춤과 알아차림을 통한 재창조의 에너지를 활인수양으로 충전시켜 준다.

빛의 존재로서 빛의 생명 에너지를 가지고 있음을 알아차리지만, 심리적 어둠의 그림자가 드리워져 인체와 상관된 차크라의 색과 그에 연동된 명상은 가슴속의 아물지 않은 상처들을 대면하게 만든다. 고통스럽기도 하지만 있는 그대로 나의 모습, '자기'를 만날 기회이다. 차크라 색채의 명상적 심신치유의 의미는 심신회복과 정서발달, 의식성장과 영성에 도움을 주며, 잠재되었던 무의식을 차크라 색채명상과 이완된 호흡을 통해 심리갈등이 해소되고 심신이 활성화되는 경험이 이루어진다.

색채에너지로부터 얻게 된 자아에 대한 재인식은 심성을 이해하고 자신만의 삶을 깨닫게 하는 영성체험이다. 차크라 색채가 통로가 되어 잊고 있었던 과거 사건에 수반된 일련의 감정들이 생생히 회상되기도 한다. 이것은 일상의 페르소나 밑에 존재하는 나의 참모습이라고 할 것이다. 차크라 색채 명상은 무의식에 집중하고 색채에너지를 몸으로 체험하는 소중한 경험기회이다. 자신을 포함한 타인에 대한 수용과 배려, 사랑하는 마음과 용서하기 어려운 마음에도 여유가 생기기 시작한다. 더욱이 내적 평화와 갈등에 대한 두려움이 이전보다 현저히 줄어들게 되는 것을 보며 성장하고 직관경험을 통해 자기실현에 한 걸음 성큼 다가간 것임을 느낄 수 있다. 색채는 태곳적부터 전해 내려오는 역사를 가지지만 고정불변한 것이 아니다. 모든 색채에는 저마다의 이야기가 있다. 색채를 통해 보고 느끼고 사고하면, 세상을 바라보는 시각과 자기를 보는 내면의 눈이 반야지혜로 밝아져 자신의 본질을 심층적으로 이해할 수 있다.

명상시, '몬트리올'에서는 올림픽을 개최한 도시답게 웅장한 모습을 보여주고 있으며, 구시가지에는 고고 미술사를 방불케 하는 다양한 작품들이 즐비했다. 그 가운데 앞 세대와 경쟁이라도 하듯이 폴 세잔의 '카드놀이 하는 사람들'이 눈에 돋보였다.

고갱과 칸딘스키까지 흠모한 폴 세잔의 작품들이기에 많은 사람들 시선을 사로잡았다. 화순이 돌고래 쇼도 많은 사랑을 받았지만, 돌고래를 괴롭히는 것으로 판정이 나서 '마린파크'에서 자취를 감추었다. '명상실상'에 이르기 위해 색채 명상으로 차크라 집중 방법도 중시되지만, 명상 과정의 색채 감지에 현혹될 필요는 없다. 대덕광명이 비추는 가운데 원명원통(圓明圓通)이야말로 여실한 진여실상이다.

몬트리올

파리풍 캐나다 도시
아름다운 귀섬풍광
귀도 난체리공원

올림픽경기장
구 몬트리올거리
다양한 전시작품들
고고미술사 진수성찬

마린파크

돌고래와 물속 교감
미끄러운 고무피부
초음파교감 돌핀

돌고래 천연비누
돌핀 지느러미체험
돌핀태교 조련사체험
화순이 돌고래 사라져

카드놀이

앞 세대와 대결을 나타낸
카드놀이 하는 사람들
입체파 화가 선구자

프랑스 폴 세잔작품
고갱 칸딘스키 흠모한
입체파 개신 인상주의파
심신치유 영성힐링이로세

명상실상

심성 비춘 명상실상
탐애경계 벗으니
사대 적멸위락

고요히 비추고
형상에서 벗어나
묘리체득 대적광명
원명원통 비추이고나

'지감·조식·금촉' 명상수련은 구체적으로 몸속의 기운통로인 경락을 통해 이루어지게 된다. '기'가 다니는 길인 경락(經絡)으로 경락과 경혈은 보이지 않는 생명의 네트워크다. 인체의 혈액순환이 동맥과 정맥을 통해 흐르듯이 몸 안의 '기(氣)'가 흐르는 통로, 경락은 세로로 통하는 길, '경(經)', 가로로 통하는 길, '락(絡)'을 합친 개념이다. 몸에는 365개의 혈(穴)과 12개 경락이 있는데, 혈은 '기'가 집중적으로 머무는 정거장이고 경락은 이들을 잇는 도로라고 할 것이다.

경락을 통해 흐르는 것은 에너지만이 아니다. 경락은 기분이나 느낌 같은 정서적 정보가 흐르는 통로이기도 하다. 기혈이 순환하는 통로, 또는 기운 다발이라고 볼 수 있다. 혈관계와 신경내분비계를 통합하는 신체내의 기적 시스템이다. 크게 경맥과 '낙맥(絡脈)'으로 분류하며, 경맥이 상하로 통하는 큰 강과 같다면, '낙맥'은 그것을 좌우로 연결하는 샛강이다. 오장경맥을 '음맥'이라 하고 육부(六腑)의 경맥을 '양맥(陽脈)'이라 한다. 경락은 인체 각각이 장기와 장부를 조절하는 에너지의 순환계이다 비록 눈으로 볼 수 없지만 집중과 정성으로 명상수련을 해보면 경락을 알고 실제로 느낄 수 있다.

'기(氣)' 역시 존재하여 느껴지지만 보이지는 않는다. 자연현상에서 '기'의 모습은 바람을 통하여 알 수 있다. 바람은 '기'의 이동이다. 물 위로 지나갈 때는 물결이나 풍랑으로 나타나고, 나무에 지나가면 나뭇잎이 흔들리는 것으로 '기'의 존재를 알 수 있다. 기의 형태는 대체로 여섯 가지의 유형, 곧 '육기'로 유형화된다.

먼저 태음(太陰)은 축축한 습기를 많이 품고 있는 안개와 같은 날씨, 소음(少陰)은 따뜻한 봄날에 피는 아지랑이가 보이는 날씨, 궐음(厥陰)은 바람이 부는 날씨, 양명 (陽明)은 건조한 날씨, 태양(太陽)은 추운 날씨, 소양(少陽)은 해수욕장 같은 곳에서 맨 살이 까맣게 타는 뜨거운 날씨에 비유된다. 육기를 인체에 적용된 것이 12경락이다. 사람의 생(生)은 기가 응집된 것으로 기가 모이면 삶이요 흩어지면 죽음이다. 기가 변하여 형체가 생겨났으며, 형체가 변하여 생(生)이 있게 되었다고 한다. 세 번째 밀레 니엄 시대를 맞이하여 예술 환경변화와 새 예술에 대한 요구 속에서 '다원예술 (Interdisciplinary Art)'이 새롭게 이루어지고 있다. 다원예술은 예술 지원영역에서 소외되었던 인디·실험·복합·대안·융합예술과 만나는 기존 장르체계와 예술개념으로 포 착되지 않는 예술창작이다.

다양성·실험성·잠재성 등이 주요한 특성이다. '탈 복합장르'로서 문화다원주의와 공공성의 가치가 예술 활동과 결합하는 새로운 접근 방식은 지원범위의 융통성과 변 화가능성을 확보해야 한다. 기존 장르에서 받아들여지지 않는 예술 활동을 지원하고, 신진작가들의 해석을 적극 수용하여 동시대 예술의 성장 기능을 담보하는 것이 다원 예술 담론의 핵심이라고 할 것이다.

특히 독창성과 적극성을 가진 네트워킹은 창작자와 감상자 간의 유대관계를 형성 하여 동반 상승 넘치는 문화 예술지대를 전개한다. 새로운 장르의 통합된 예술 경험- 미디어 아트와 공연예술을 결합한 상호작용은 관객에게 새로운 예술기회를 제공한다. 예술 활동의 새로운 향유 기회들은 대중들을 예술 제작에 참여시킨다. 다원예술은 새 로운 관객개발을 통해 예술취향의 문제가 아니라 사회적 합의로까지 이끌어내고 다양 한 삶을 재고하며 조명하는 가교역할을 한다.

다원예술의 발전에 있어 고려할 또 다른 문제는 '몰입(flow)'과 '디지털 해독력 (Digital Literacy)'이다. '몰입'은 경험을 지속하게 하는 정신 상태로, '인간을 행복 하게 하는 것이 과연 무엇일까?'에 대한 이해를 강조한다. '디지털 해독력' 개념도 화 두가 되고 있다. 유네스코가 지난 2011년 내린 정의에 따르면, '디지털 해독력'은

'사용자가 필요한 일을 디지털 미디어 환경에서 취급하고, 정보를 처리하고, 정보를 불러오는 데 필요한 일련의 기본적인 능력을 갖추고 있는 것'이다. 이것은 지식의 창조와 공유를 위한 네트워크 구축과 능동적 참여를 가능하게 한다. 명상시, '몽셸미셸'은 백년전쟁 당시 영국군대에 대항한 프랑스인의 방어진지 구축을 계기로 지금은 유네스코 세계문화유산에 등재되어 있다.

빛의 농도에 따라 수련의 아름다움이 달라진다는 것을 알아차린 클로드 모네는 꽃병, 연꽃, 수련 등으로 널리 알려진 화가이다. 지베르니, '꽃의 정원'에 43년 머물면서 튤립, 아이리스 등 다양한 꽃을 가꾸고 서양의 풍경화보다 동양화에 매료되어 있었다. 물감을 섞기보다 원색 그대로 겹쳐 사용함으로 생생하게 명암색채를 화폭에 담을 수 있었다.

화가는 그림을 그리기 전에 미리 머릿속에 그림을 담고 있어야 한다고 여긴 모네는 백내장으로 눈이 보이지 않자 흐릿한 데로 캔버스 위를 누볐기에 천재적인 화가, 후기 인상파에 지대한 영향을 미쳤다. 모네의 '수련미학'은 역설의 미학이다. 실제로 꿈꾸는 '몽아', 잠자는 '수아'도 자아 일부라고 할 것이다. 하루 중 깨면, '몽아수아'는 의식이 꿈꾸는 '행로'임을 알아차린다. '명상치유'는 꿈꾸고 있는 '몽아'를 들여다보고, 잠자는 '수아'를 반조함으로 잠재의식의 깊은 늪에서 벗어나 자신을 해방해 마음을 밝힌다.

<table>
<tr><td>

몽셸미셸

무덤 모양 바위산 순례
천사장 성미카엘 발원
밀물썰물 간만 차이

백년전쟁 영국군대
방어진지 신심 돈독
유네스코 세계문화유산
베네딕도회 고딕 수도원

</td><td>

수련미학

시시각각 바뀌는 수련풍광
흐르는 수면 위 변화광채
고요히 비친 모네시선

시력 상실이후 그린
수련 대연작 역설미학
청순 마음 여실지견으로
심신치유 영성힐링이로세

</td></tr>
</table>

몽아수아

꿈꾸며 조는 하루여행
몽아수아 경계 몰라
깨고 나면 무일물

과거현재미래 잊고
본래면목 알현 선지식
만고 희유광명 신광불매
향상일로 삼세 옷 벗었구려

명상치유

어둔 밤 혼침 의식서
벗어나고 치유하면
밝은 빛 찾아오고

업력에서 벗어난
명상치유 이뤄지며
근원생명력 알아차려
만고강산 비추어보노라

성통공완은 인간을 일신, 하나님과 직접적으로 연결한다. 삼(三)인 인간이 일(一)인 일신과 하나가 되니 이것이 삼일신고이다. 성통은 하나님의 세계에 접근하는 것으로서 내부에 하나님이 내려와 계시니 일신강충(一神降衷)이요, 자신의 내부인 성(性) 중앙의 진성(眞性)이 하나님이니 진성을 통하면 하나님의 광명에 접근하기에 성통광명이다. 성통(性通)은 원래 모습이 하나님의 참됨임을 깨달아 하나님의 참됨으로 되돌아가는 것으로서 자기완성이다.

공완은 곧 재세이화 · 홍익인간으로서 자신의 본모습을 찾아 하나님의 참됨을 가지고 하나님이 계신 하늘의 천궁에서 많은 철인이 누리는 것과 같은 생활을 향유한다. 땅 위 인간도 누릴 수 있도록 모든 지혜와 힘을 기울이니, 이는 곧 자신이 되찾은 하나님의 참됨을 세상에 실현하는 것으로서 '참나' 실현이다.

성통공완은 인간을 최대 최상의 경지인 하나님의 경지로 이끌어 올리는 것이며, 인간이 영원이 죽지 않고 살 수 있는 길이며, 인간이 누릴 수 있는 최대의 즐거움을 영원히 누리며 살 수 있게 하는 유일무이(有一無二) 길이다. 이 유일무이 가르침을 문자화하여 가르친 분은 배달국 최초의 통치자 환웅(桓雄)이다.

이 가르침은 끊이지 않고 계속되었으며, 역대 환웅과 단군조선의 역대 단군, 부여 · 고구려 · 대진국의 역대 제왕과 수많은 사람이 이 성통공완의 경지에 도달했던 분들이라 하겠다. 그리고 이러한 성통공완의 일신강충 · 성통광명 · 재세이화 · 홍익인간의 가르침은 널리 퍼져 여러 나라에서 다양한 형태로 바뀌었고 여러 종교와 여러 형태 이념으로 도입하였으며, 어느 한쪽으로 치우치거나 다소 변형된 때도 있지만 비슷한 모습으로 전파되었다.

자아실현은 단계적 발전을 통하여 획득되기에 각 단계가 중요하다. 주요단계는 정확한 자세인데 척추(脊椎)를 똑바로 유지하는 것이다. 마음을 해방하고 육체로부터 무한자에게로 여러분의 의식을 고양하기 위하여 육체에 대한 명상수련이 요청된다. 굽은 척추는 전류가 근육과 살에 바삐 오가게 만들므로 사람을 근육에 매이게 하고 신에 대한 집중을 방해하기에 텅 비어 밝히는 것을 중시한다. 『신심명』에 이르기를, '텅 비어 밝게 스스로 비취니 애써 마음 쓸 일이 아니다(虛明自照 不勞心力)'고 했다. 또한 '일체에 머물지 아니하니 가히 새겨놓고 기억할 것이 없다(一切不留 無可記憶)'고 했다.

수많은 모양 중에서 자기가 좋아하는 것이 있으면 집착하면서 머물게 되고, 기억할 일로 남지만, 상응하는 괴로움이 수반된다. 그러나 수많은 모양 중에 그 어느 것에도 특별히 마음 쓸 곳이 없다면 머무를 필요가 없다. 이는 무심(無心)으로 사는 것으로 기억조차 할 필요가 없을 수 있다. 이같이 일체에 머물지 아니할 때, 마음은 허공처럼 텅 비어있게 마련이다. 텅 비어 있으면 장애가 사라지고 자기 성품이 밝게 저절로 비추게 되니 애써 마음을 쓸 필요조차 없다. 여기에는 만사를 자성이 알아서 처리하니, 노심초사(勞心焦思)할 필요조차 없어진다. 자기 성품에 맡기면 대도와 합쳐져서, '소요자재(逍遙自在)'하여 일체 번뇌가 끊어짐을 일컫는다.

일체를 자기 본성에 맡긴다면 대도와 합쳐지고, 텅 비어 밝게 저절로 비춰보는 눈이 열리어 아집과 법집을 벗어나 '구공(俱空)'을 실천하게 된다. 적정한 가운데 대지혜가 빛나는 개안이다. 개안(開眼)은 '송과선(松科腺: pineal gland)'과 직결되어 나타난다. 이것은 내분비선(內分泌腺)으로 솔방울 모양이기에 '송과선'이다. 그 크기는 완두콩만하여 제2뇌실(腦室)의 상벽 뒤쪽에 있으며 무게는 약 $0.2 \sim 3g$으로 추정한다. 내분비선의 하나로 사춘기 개시를 억제하는 물질을 분비하거나 피부색을 희게 하는 멜라토닌을 형성한다.

명상시, '핼리팩스'는 캐나다의 극동에 자리 잡은 도시로 타이타닉 추모 선을 기념하는 장소이기도 하다. 해변의 풍광이 특히 아름다운 것으로 알려져 있다. '타히티 섬'을 소재로 다양한 명화를 남긴 폴 고갱은 프랑스 후기인상파 화가이다. 문명세계의 혐오감으로 남태평양의 섬을 배경으로 원주민의 건강한 모습과 열대의 강렬한 색채를 사용하여 예술세계를 완성해 갔다. 명상시 '사인여천'에는 동학 2대 교주, 최시형(1827-1898)은 '사람을 하늘처럼 섬기라'고 주문했다.

당시 서학이 들어와 하나님을 섬기는 데 몰입했지만, 사람은 상대적으로 업신여김의 대상이 되었다. 범신론 관점에서 '사람이 먹는 것은 하나님이 먹는 것'이기에 사람을 당연히 존엄하게 대우해야 한다는 인간존엄 사상을 담은 가르침을 펼쳤다. 이 가르침은 당연히 사람의 마음속에 있는 하나님을 잘 길러내는 '양천주(養天主)'의 명상세계와 쌍벽을 이룬다. 미혹하니까 사람을 천시하면서 정념을 떠나 오락가락하는데, 이는 일체가 유심 소현을 망각한 처사이다.

명상시, '핼리팩스'는 아름다운 성채로서 정각에 포격을 실시하는 아름다운 도시에 대한 묘사이며, '타히티 섬'은 문명에 대한 혐오를 느낀 폴 고갱이 이 섬에 체류하면서 원시 초인상화의 몰두한 내용이고, '사인여천'은 동학의 해월신사의 인간존엄 살리는 길로서 존재사유 이어가는 방식에 관한 것이다. 또한 명상시, '생명미혹'은 영성충만 가로막는 세 미혹의 헷갈린 오락가락을 활인수양으로 묘사한다.

핼리팩스

노바스코사주 주도항
고래비상 핼리팩스
타이타닉 추모선

아름다운 성채
정각시 포격실시
해변가 치유힐링로
형형색색 활명삼소향

타히티섬

문명혐오 느낀 폴 고갱
타이티섬 체류하면서
원시 초인상화 몰두

황색 그리스도 각광
타이티섬 여인들 소재
풍부하고 짙은 천연색감
심신치유 영성힐링이로세

사인여천

인간존엄 살리는 길
존재사유 이어가는
하늘인격 섬기고

생사파도 너머
근원생명 가슴서
기름 부어서 화현한
양천주 보위 순례하며

생명미혹

영성 헷갈린 오락가락은
세 종류 생명미혹일세
형상에 잡힌 첫 미혹

마등가에 빠진 아난
경계 잡힌 둘째 미혹
유심소현 망각한 질문
생각 칡넝쿨 셋째 미혹

명상시 치유힐링 79 **해바라기**

영성충만의 왕국은 편재(遍在)한다. 이는 육체를 잊어야 한다는 것을 의미하는 것이 아니라 의식 확장에 육체가 포함된다는 것이다. 육체만 의식하는 사람만이 아니라 우주공간에서, 다른 사람들의 생각에서, 마음의 통찰력에서, 재능의 기민에서, 즐거움을 누리는 능력에서 이런 확장을 느낄 수 있다. 영성의 길에서 더 많이 진보할수록, 주시 색깔은 찬란하고, 소리는 경이롭고, 느낌은 절묘하고 강렬하다. 그 길에 명상이라는 물을 주고, 걱정거리, 두려움의 잡초들을 제거한다. 굽은 척추는 전류가 근육과 살에 오가게 만들어 사람을 근육에 매이게 하기 때문에 집중을 방해한다.

파라마한사 요가난다(P. Yogananda)는 미국 로스앤젤레스에 '자기실현 명상센터'를 세우고, 크리야(Kriya) 명상을 전 세계에 알렸다. 요가난다는 크리야 명상을 스와미 스리 유크테스와(Swami Sri Yukteswar)를 통해 전수받았으며, 서양에 크리야 명상을 전파하는 사명감을 가졌다. 크리야 명상은 해탈을 위한 체계라면, 요가수트라는 삼매촉진을 위한 보조체계이다. 위대한 20세기의 화신, '바바지(Babaji)'는 자기실현 명상법으로 크리야 요가를 전수(傳授)하면서 동서 문명융합의 차원에서 이같이 말하였다.

'19세기 현재에 내가 너를 통하여 세상에 보내는 크리야 명상은 수천 년 전 크리슈나가 아르주나(Arjuna)에게 주었던 것과 동일한 과학의 부활이며, 이 과학은 파탄잘리에게 알려졌고 그리스도와 그의 제자, 성 요한, 성 바울 등에게 전수한 것과 동일하다.' 감각과 동일시된 육체의식이 초의식과 우주생명 의식으로 변환되는 과정에서 영성의식으로의 재탄생이 이루어진다. 크리야 명상은 생명전류가 척추를 타고 위아래로 기를 순환함으로써 척추를 자화(磁化)시킨다. 이를 통해 생명전류를 부교감신경계로부터 철수시켜서 생명 중추, 척추에 집중한다.'

크리야 명상법은 우주생명의 자기를 실현하는 토대(土臺)이자 의식고양과 의식 확장의 기반이 된다. 이처럼 크리야 명상은 의식 중추를 육체와 감각으로부터 철수하여 우주생명 제단으로 전환시키는 명상이다. 크리야 명상은 '마하무드라(Maha mudra)', '크리야 수행(Kriya practice)', '조티무드라(Jyoti mudra)'의 세 부문으로 구성되어 있다. 마하무드라는 척추를 생명에너지로 충전하고, 등뼈를 완화시키며, 생명전류를 장기로 분배함으로 치유능력을 높인다.

조티무드라는 오감을 차단하고 영안에 집중토록 한다. 영안을 주시하며 안으로 들어가 근원생명력과 연결시킨다. 이를 통해 현상적 자아는 근원적 자기 생명과 회통한다. 크리야 명상은 자기실현을 위한 것으로 영혼과학을 충실하게 수행함으로 개체생명 속에 우주생명의 자기실현에 충실한 명상이다. 크리야 명상에 의해 의식은 척추와 대뇌로 전이되고, 초의식으로 변환되며, 궁극으로 우주생명 의식으로 각성된다. 자기실현을 위한 크리야 명상으로 척추에서 신성의식을 일깨우며 우주생명을 인식하기 위한 제단을 형성한다. 영혼의 고요함을 통해 척추 제단 위에 우주생명 표상, '옴(Aum)'을 관상한다. 요가난다 크리야 명상핵심은 '조식(調息: pranamaya)'이다. 이 조식으로 들숨과 날숨의 균형을 모색하면, 심장은 고요해지고, 에너지는 오감으로부터 차단되며, 마음은 감각으로부터 철수된다. 크리야 명상은 자기실현으로 무종삼매에 도달한다고 말한다.

미국의 컨트리 싱어라이터, 존 덴버는 컨트리 팝 음악 대중화에 앞장섰다. 1971년, 미국 빌보드 싱글차트 2위를 기록한 'Take me home, country rose'는 히트곡이 되었다. 그 배경이 '셰년도어' 명상시에 그대로 나타나 있다. 반 고흐의 해바라기'는 폴 고갱을 영접하고자 그렸지만, 두 사람은 해바라기 작품에 대한 접근방법에서 차이를 드러내고 헤어지자 반 고흐는 자신의 귀를 자르는 광기를 나타냈지만, 나중에 발견된 그의 유서를 통해 얼마나 치열하게 삶을 살았는지 알려지면서 많은 감동을 자아냈다. '한 점 부끄러움 없기를 기도'한 윤동주의 '서시찬가'에서는 잎새 일렁이는 바람에도 가슴 아파했던 시인 가슴을 확인하고 젊은 날 우리 곁을 떠난 그 모습에 많은 이들이 애달파 했다. '사시청송'은 사철변화에 무심한 채 푸른 가운과 푸른 색채 명상으로 우리를 도의 세계로 인도한다.

셰넌도어

존 덴버 팝 명곡등장
향수 젖은 국립공원
올드 랙 마운틴로

드림레이크 석회
루레이동굴 종유석
셰넌도어 트래킹코스
실비단 파노라마 펼치네

해바라기

폴 고갱 영접하고자 그린
반 고흐 해바라기 유화
후기인상주의 걸작품

우정 미풍 타고가고
헤어지며 귀 자르지만
편지유서 남긴 사랑가치
심신치유 영성힐링이로세

서시찬가

죽는 날까지 하늘 우러러
한 점 부끄럼이 없기를
기도한 윤동주 시인

별 노래한 마음으로
죽어가는 것을 사랑한
순정 바쳐 잎새 일렁인
바람에도 가슴 아파했노라

사시청송

사시사철 푸른 사시청송
도를 빼닮은 무심청송
꽃 핀 화려한 춘절

서늘한 바람 하절
밝은 달 명월 추절
백설 함께하는 동절
무념 함께 익는 한해

명상시 치유힐링 80 **샤갈마을**

　다산 정약용(丁若鏞, 1762~1836)은 인간본성을 자연의 경향성으로서 벗어나서 인간의 고유한 욕구에서 읽어야 한다고 주장하였다. 그는 성(性)을 형구(形軀)의 기호와 영지(靈知)의 기호에서 나오는 두 개의 경향이 있음을 전제하렷다. 도덕적 선의 가치 근원은 선을 즐기는 경향성으로 기호(嗜好)라 했다.

　'영지'와 '형구'의 성향은 마음속에서 대립되는 양상으로 나타나서 그 결과에 의해 인간 행위의 방향이 선악이 결정된다는 것이다. 영지의 기호는 '선을 좋아하고 욕을 부끄러워(樂善而恥汚)'하는 본심이자 '무형한 영명의 체(靈明無形之體)'로서 성이다. 이는 영성인문학의 토대가 되는 영성을 말한다. 맹자의 표현으로는 우주생명으로서 대체(大體)이고 무형한 대체가 발현하는 바를 말할 때는 '도심(道心)'이다. 상대적으로 유형한 형구의 기호로서 발현할 때는 개체생명으로서 소체(小體)라고 하며, 도심에 상대적인 의미로서 '인심(人心)'이라고 한다. 즉 형구의 기호에서 말하는 물욕은 사악의 근원이 된다고 할 것이다.

　심체(心體)는 허령(虛靈)하며 만물과 신묘하게 감응하기에 이름을 지어 말할 수 없다. '도심'이지만, 대체가 좋아하고 싫어하기에 성(性)이다. 마음의 본체는 대체이고 마음의 작용은 도심이며 마음의 속성은 성이다. 대체의 기호(嗜好), 선을 따르는 사람이 군자요 대인이다. 인간의 성은 도의와 기질의 두 가지 성으로 나뉜다. 그것들이 발현하여 마음작용으로 나타날 때, 앞의 도의를 위하기에 도심이고, 뒤의 '구체(口體)'를 위하기에 인심이라고 한다.

그는 심성을 형구의 기호에서 비롯되는 인심으로 기질의 성을 촉(觸)한 감성, 영지의 기호에서 비롯되는 도심으로 도의의 성을 감(感)한 이성으로 간주했다. 도심은 하나님(上帝)의 명령, '도의의 성'을 인심으로 전화시켜 '인성에 부여된 명령'으로 성명(性命)이 되기에 도덕적 감시와 처벌을 할 수 있다. 다산은 『맹자요의(孟子要義)』에서 하늘이 인간에게 선을 행하고자 하면 선을 행하도록 하고, 악을 행하고자 하면 악을 행하게도 하는 '자주지권(自主之權)'의 선택과 결정권을 주었다고 했다. 실제로 인간은 느낌에서 벗어날 수 없다. 느낌은 생명 유전적 특징으로 드러난다. 항상성(homeostasis)은 생명을 최적 상태로 조절하는 도구이다. 느낌이 이러한 '항상성의 대리인'이라고 할 것이다.

첫째, 느낌의 반응이다. 느낌은 신체의 특정 상태에 대한 지각인 동시에 사고의 특정 방식, 그리고 특정주제를 가진 생각에 대한 지각이다. 항상성이란 '생명체의 조절과 조절 받은 삶의 상태'이다. 느낌은 각 생물 개체마음에 그 생물의 생명 상태를 드러낸다. 그 상태는 긍정적인 상태에서 부정적인 상태까지 넓게 펼쳐져 있다. 항상성이 부족한 경우 부정적 느낌이 표출된다. 느낌은 항상성 상태를 주관적으로 경험하는 것이다. 느낌은 어떠한 대상에 반응하여 화학 반응을 일으키고 슬픔과 기쁨이라는 협의의 정서로 나타난다.

둘째, 느낌의 일어남과 사라짐의 구성 원리이다. 경험하는 사건들 은 신경계를 통해 이미지화되고 뇌에 지도로 새겨져 마음을 구성한다. 큰 역할을 하는 신경증은 신경 세포인 뉴런이 '축삭돌기(axon)'의 자극을 통해 축삭 말단의 '신경전달 물질(neurotransmitter)'을 방출하여 또 다른 뉴런이나 근육세포를 활성화한다.

뉴런의 세포체에서 나온 신경섬유, 즉 축삭돌기가 각각의 신체 내부기관, 혈관, 근육, 피부 등 몸의 전 영역에 뻗어 있다는 사실이다. 이는 왕복의, 쌍방향 운동을 한다. 이미지를 만드는 능력이 없을 때 느낌 작용 역시 일어날 수 없다.

셋째, 느낌에 대처하는 태도이다. 붓다와 예수, 노자, 장자 철학은 고통을 벗어나 보려는 욕망에서 시작된 것이다. 우리의 역사와 문화는 그렇게 형성된 것이다. 역사와 문화를 생성시킨 것이 항상성의 대리인 역할이다. 세계는 느낌이라고 부르는 이미지의 활인수양 생성에 이바지한다.

느낌을 유도하는 대상, 느낌의 결과로 나타나는 사고 또는 사고방식들을 분리해서 바라볼 때, 우리는 느낌의 본질을 볼 수 있다. 이에 따라 거대한 밀집 지역 느낌으로서 '뉴욕시티', 몽환느낌의 '샤갈마을', 곱씹어 느껴가는 '숙독감람', 작약동 향기 느낌이 물씬 풍기는, '심야 낙수'를 차례대로 음미해본다.

뉴욕시티

유명한 뉴욕센트럴파크
구겐하임 미술관답사
록펠러센터 전망대

하이 라인 파크
뉴욕 타임 스퀘어
메트로폴리탄 미술관
뉴욕세인트 패트릭성당

샤갈마을

유대인 민담전설 소재삼아
용감하게 상상세계 펼친
샤갈 초현실 몽환포영

샤갈마을 눈내리네
봉우리마다 꽃샘서설
맑고 아름다운 푸른색조
심신치유 영성힐링이로세

숙독감람

설탕 같은 참외 맛보다
떨떠름해도 뒷맛 있는
감람과일 찾게 되네

곰씹어 음미할수록
깊은 울림 전하는 글
되풀이해 읽고 읽어서
오묘한 생각 헤아리고나

심야낙수

잠결에 깨어나 창문 밀치니
후드득 떨어지는 낙수음
화초 어둠속 눈비비네

여름비 정원 누비며
작약동 향기 흩날리고
백장미 자태 달빛 머금어
여름 밤 한가로이 무르익네

우는 여인

　　진나라의 시황제가 동남동녀를 파견하여 약초를 구하게 하고, 1973년에 발굴된 한나라 시대의 묘(墓)인 마왕퇴(馬王堆)에서는 백서(帛書)에 도인도(導引圖) 등이 나타나므로 그 연원은 훨씬 이전으로 올라간다. 송나라에 이르러 전진교(全眞敎) 등 혁신 도교가 형성되면서 '삼교합일'의 사조와 함께 내단 수련이 강화되었고, 벽곡(辟穀)·복기(服氣)·도인(導引)·방중(房中) 등의 구체적 방법으로 전개되었다. 내단의 형성도 기의 집중의 방법으로 이루어진다. 집중은 바람직한 계통의 생각에 마음을 모으는 것이다. 내단 형성은 기의 집중으로 이루어진다. 기의 집중을 위해서는 아침에 일찍 일어나서 그리고 잠자리에 들기 전에 또는 틈날 때면 언제든지 명상한다.

　　한가한 시간의 틈을 명상으로 채운다. 어디서든 고요해질 수 있다면 명상한다. 그러나 소음으로 방해받을 것 같으면, 명상을 위한 조용한 장소를 택하거나 밤의 정적을 기다린다. 또는 명상할 때 귀를 틀어막음으로써 스스로 정적을 만든다. 명상하는 마음으로 필요한 의무들을 이행하면서 행위 한다. 명상을 위하여 작은 방이나 조화로운 진동이 있는 칸막이 된 구석을 택한다.

　　명상할 때는 팔걸이 없는 의자를 동쪽으로 놓고 그 위에 모직 담요를 깐 다음 앉아 내단에 기를 모으도록 한다. 내단집중은 생명에너지를 모으는 방법으로 성욕을 통제한다. 좋은 활동과 내단형성으로 정액이 내단의 생명 에너지로 변환시킨다. 탄소

생성 음식을 적게 먹고 쇠고기와 돼지고기 식품을 멀리함으로써 호흡을 차분하게 유지하도록 한다. 마음이 차분해지면 성욕과 호흡이 통제가능하게 된다. 성격이 좋아도 호흡과 마음이 차분해진다. 호흡 통제를 하면, 마음과 성욕이 통제된다. 마음과 생명 에너지, 호흡 가운데 어느 하나라도 교란하면 다른 두 가지도 교란하게 될 것이다.

인성교육을 상관연동 방법으로 살펴보면, 궁극실재를 덕성성품과 상관시켜 어떤 방향으로 연결하는가에 따라 '초월'과 '내재'로 나뉜다. 또한 교육현장에서 의식지향을 '향내(向內)' 덕성에 맞출 것인가 아니면 '향외(向外)' 덕행에 맞출 것인가에 따라 나뉜다. '초월지향'은 '초월의 초월', '초월의 내재'로 나뉘고, '내재지향'은 '내재의 초월', '내재의 내재'로 나뉜다. 자기실현의 크리야 명상은 인성내면에 심리실재로서 내재하는 '빛의 자재신(Iswara)'을 인정하고 초월 '브라만(Brahman)'과 합일을 추구하기에, '내재의 초월' 범례이다.

자기실현의 크리야 명상이 이루어지는 동안, 생명 전류를 척추를 따라 위아래로 순환하면서 미간내면의 의식 중추를 양극으로 상정, 미저골 중추를 음극으로 여겨 명상수행을 실시한다. 연수를 통해 초월적 우주생명으로부터 생명 에너지의 공급을 체내에 끌어들이기에 '내재의 초월'이다.

명상의 치유방식은 생명에너지를 초월적 우주에너지와 상통시켜 잠재된 우주생명 에너지를 각성한다. 체화되는 무호흡은 불사(不死)에 비견된다. 크리야 명상은 요가수트라 체계와 달리 신경총이 천체 황도대와 상관연동 된다. 들숨과 날숨 중단은 조식의 크리야 명상으로 체화된다. 혈액에는 탄소가 제거되며 산소로 충전된다. 여분의 산소들은 생명전류로 변환되어 호흡을 일정 기간 필요 없게 된다.

바가바드기타는 크리야 명상을 이같이 말한다. '들숨을 날숨에 들이고 날숨을 들숨에 들임으로써, 두 호흡을 중화(中和)시킨다. 그리하여 생명력을 심장에서 해방하여 자신의 통제아래 둔다.' 명상시, '멍크톤시'는 아일랜드에서 거주한 이민자가 많은 뉴브런즈윅 주의 항구 촌락으로 크리야 명상이 전파되어 이를 수행한다.

또한 많은 여인과 함께한 파블로 피카소(1881-1973)는 큐비즘 작가로 다섯 번째 연인, 도라 여인이 상심하여 우울증을 앓다가 정신병동에 입원하였다. 아름다운 얼굴에 입체적 다중눈물이 흐르는 것을 '우는 여인'의 작품으로 남겼다. 아무리 부부지간이라도 서로가 상심을 느끼지 않도록 배려해야 하기에 '대화비결'은 상대를 고문하지 않음에 요체이고 비결이다. '만물상응'의 상호교감에서 미묘한 통합을 이루는 자연계에서 이 비밀을 깨닫고 알아차린다.

멍크톤시

뉴브런즈윅주 항구촌
아일랜드 사람심혼
이국향 우러나고

수심 깊고 깊어
조선업 중심부상
타이들보어공원에
하얀 물보라 오색운

대화비결

친근한 이야기로 시작
경청하고 질문하면서
선을 넘지 아니하네

상대 고문치 않고
원하는 분위기 조성
특징보다 장점 내세워
간결하고 쉬운 인상주네

우는 여인

많은 여인과 함께한 피카소
다섯 번째 도라 상심하여
우울증 정신병동 입원

우는 여인 작품 등장
입체적 다중묘사 눈물
오사카 국제미술관 전시
심신치유 영성힐링이로세

만물상응

살아 있는 자연 기둥들
혼돈스런 말을 건네고
미묘한 통합 이루네

무한 확산을 통해
감각 정신 앙양하고
음과 향과 색 화답하며
상징 숲 일구는 만물상응

아라한과

명상시 치유힐링 82 인생여정

    청대문헌, 『창도진언(唱道眞言)』은 장백단(張伯端)의 내단사상을 계승하면서도 마음 공부를 중시한 입장을 보여 준다. 『창도진언』에서는 전통적 내단수행의 성(性) 공부와 단(丹)의 증득에 따른 명(命) 공부가 둘이 아님을 강조하였다. 창도진언에서는 고요한 마음을 지녀야 바른 기가 발생하며 바르지 못하면 순수한 기의 발생에 장애가 됨을 강조하였다. 이는 초기 도가 입장에 뿌리를 두고 있다. 『창도진언』에서는 유교의 인 의(仁義)나 도가적 허정으로 마음을 회통시키고 공통적으로 도를 증득하는 길임을 부 각한다. 내단사상에서 중시하던 약물이나 구체적 수련방법에 대한 상세한 논의는 보 이지 않으며, 무위자연으로 수행에 임할 것을 강조한다. 마음과 생명에너지로서 기, 그리고 호흡이 서로 상관연동을 이루고 있음이다. 전병훈(全秉薰)의 『정신철학통편(精 神哲學通編)』은 총6권으로 구성되어 있다. 비록 '내단'이라는 용어는 사용하지 않았지 만, 내단수련 내용으로서, 정신을 단련하여 도를 이루고 세상을 제도하는 활인수양을 다루고 있다.

    『정신철학통편』에서는 '정기신(精氣神)'은 인체에 머물지 않고 우주의 궁극과 상관 연동시키고, 영성과 성명(性命)을 연동시킨다. 현화(玄牝)도 상단과 하단으로 표현한 다. 물욕(物欲)을 제거하고 덕성을 기를 것을 강조한다. 호흡을 통해 심장 불속에서 나온 용(龍, 眞水)과 신장(腎臟)의 물속에서 나온 호(虎, 眞火)가 인체에서 오르고 내리는 물불의 교합으로 약물(藥物)을 채취하는 내단을 구성한다.

그리고 이때의 호흡으로 태식법(胎息法)을 소개한다. '결단온양(結丹溫養)' 단계에서는 도태(道胎)가 이루어지는 과정이므로, 태교(胎敎)하는 마음가짐이 필요하다. 그리고 '양신출태(陽神出胎)'에서는 조용하고 독실함을 지키는 자가 성공한다고 말한다.

'연신환허(煉神還虛)'·'합천성진(合天成眞)'에 대해서는 인선(人仙)·지선(地仙)·천선(天仙)의 경지를 인정하면서도 신비의 폐단과 개인적 성선(成仙)을 비판하면서 구세제인(救世濟人)의 '겸성(兼聖)'을 강조한다. 이같이 『정신철학 통편』이 추구하는 내단사상은 '정신'에 바탕으로 둔 내단의 수련으로 공공·구세·제인을 함께 실천하는 '겸성(兼聖)'이다. 전병훈은 단군을 황제와 비교하며 주역의 하도 낙서와 노자 사상을 겸하고 신선을 이루는 도를 갖고 있었던 성왕으로 높이 숭앙한다. 그는 백성들이 환웅을 옹립한 일을 민주정치의 터전이 된 것으로 당시의 실정에 맞게 새롭게 해석하였다.

특히 그는 『천부경』에 대해서는 도교 신선과 유교성인을 이루는 요결을 담고 있는 『성경(聖經)』으로 숭상하였다. 몸에는 두 가지 기 흐름이 있다. 한 가지는 '아파나(Apana, 下氣)' 흐름으로 미간으로부터 미저골 중추까지 흐른다. 또 다른 내리 흐름은 미저골 중추를 통해 감각신경과 운동신경으로 전달되고 우리 자신의 정체성이 몸이라는 착각을 일으키게 된다. 파나(Apana) 흐름은 쉼 없이 사람을 감각체험 틀 속으로 속박시킨다. 반면에 '프라나(Prana, 上氣)'는 미저골 중추에서 미간으로 흐른다. 이 생명흐름은 고요하며, 잠을 자거나 깨어 있을 때 내면으로 집중하도록 함으로써 가슴의 혼(soul, 魂)을 뇌중추의 영(Spirit. 靈)과 통합시킨다. 상승기운은 부교감신경과 만나고 하강하는 기운은 교감신경과 만난다.

명상가는 하강기류에 의하여 체내성장 변질을 억제한다. 심장을 고요하게 함으로써 생명력을 통제한다. 변환된 숨을 통해 파생의 형태로 늘어난 생명력은 자기실현을 위한 크리야 명상으로 의지력의 자제를 받는다. 척추를 계속 오르내리는 순환을 지속하는데, 자기(磁氣) 인력은 감각신경과 장기들로부터 육체 전류를 유인한다.

『바가바드기타』에 제시된 조기(調氣)는 오감을 차단시켜, 감각 지각으로부터 주의(注意)를 해방시킨다. 집중으로 척추를 위아래로 순환하는 각성된 생명력은 발전기로 전환되어 오감으로부터 에너지를 철수시켜 법열에 이른다. 온기와 냉기류를 적절하게 순환시킴으로 척추 자화(磁化)는 깨달음과 기쁨으로 이어진다. 의식을 순간적 쾌락을 주는 육체감각 동일시로부터 척추의 제단(祭壇)에서 지각되는 의식은 새롭고 영속적 기쁨과 영성힐링으로 나아가게 한다.

들숨과 날숨의 과정을 중화시킴으로써 성취된 척추 자화(磁化)는 생명과 의식을 관장하는 신묘한 뇌척수 중추를 각성시킨다. 아울러 더울 때면, 으레 바라보기를 원하는 '나이아가라' 명상시에 나오는 폭포는 미국과 캐나다 양국경에서 모두 관찰이 가능한 폭포이다. 캐나다 편의 폭이 팔백 미터로 미국편 폭 삼백 미터에 비해 훨씬 장엄하다.

명상시, '인생여정'은 사실주의 미국인, 에드워드 호퍼(Edward Hopper, 1882-1967)화가의 도시 일상을 사실주의 기법으로 묘사한 작품에 관해 묘사한다. 서울시립미술관에서 전시회를 개최함으로 일상에서 놓친 풍경을 재발견하는 기쁨으로 이어진다. 혹자는 '공공성애'를 찬미하지만, 실은 죄의식을 수반한다. 고해를 떠나 적멸자재 심해바다에 안착하려면, 여러 유혹에서 벗어나야 한다. 불굴의지를 뽐내는 '강송찬미' 명상시에서 강송줄기 곧장 자라 상승일념 무한지속을 이루는 양태에서 '자기 비움'의 하늘영성, '생명나눔'의 땅 여성, '내면 비춤'의 사람영성이 삼재로 회통하고 있음을 알아차린다.

나이아가라

미국캐나다 양국경 폭포
캐나다편폭 팔백 미터
미국편폭 삼백 미터

폭포야경 천연색
직하줄기 장관 이뤄
관광객들 함성 더해져
천고뢰음 여실지견일세

인생여정

길 위에서 보낸 인생여정
그림 문학 함께 향유한
사실주의 미국예술인

에드워드 호퍼화가
숙련노력 예술로 승화
상업화가 전업작가변신
심신치유 영성힐링이로세

공공성애

공공관계 형성 위해
공공성 표방하지만
공공성애 장애물

원죄의식 동반
생사파도 타기에
도구이성 투과해야
적멸자재 심해저안착

강송찬미

강송뿌리 깊은 우물 닿아
바위나 무쇠도 뚫고 가
불굴의지 찬미하고나

강송줄기 곧장 자라
상승일념 무한지속에
하늘영성 닮아 가노라
금빛 햇살에 낱알 영글고

명상시 치유힐링 83 The Last Supper

유불선의 동양종교 사유와 그리스도교를 포함한 서구사상의 회통을 시도했던 인물은 다석 유영모(多夕 柳永模, 1890-1981)이다. 그의 신학사유는 한국의 고유한 종교심성을 표현하면서 통전신학 진술에 기여했다. 그의 '없이 계신 하나님'에서는 하나님의 '동시적인 초월성과 내재성'을 주장했다.

그의 동시적 초월성과 내재성의 다석신학이 동양사상과 가장 잘 통할 수 있는 신학으로 여겨지는데, 그의 '없이 계신 하나님'은 개방성과 규정 초월성, 생성과 비시원성(non-orientability)의 비실체의특징을 보여주었다. 이러한 특징은 다석이 이해한 신의 계시적 측면에서 자기 부정을 통한 신과 인간, 신과 세계의 합일을 주장한다는 점이다. '없이 계신 하나님'이라는 다석의 독특한 진술은 역설적이고 부정신학 특징으로 인해 마이스터 에크하르트(Meister Eckhart, 1260-1327)로 대표되는 서구의 부정신학 신비주의 전통과 상관연동을 이룬다.

다석은 '없이 계신 하나님'에 대한 이해에서, 하나님이 물질로는 없고 성령 얼과 하공 빔으로 계시기 때문이라고 한다. 결국 초월적 존재로 파악되는 '없이 계신 하나님'은 물질 아닌 성령과 허공의 하나님이다. 주체와 객체의 역동합일에 기초한 동양의 '불이(不二)' 관점은 해체관점을 내포한다. 불이 관점의 '한없이 큰 것'으로서의 '없음'이 무와 공에 이르는 해체에 의한 무차별적 동일성을 그 특징으로 한다. 여기에는 예수 그리스도마저 보이지 아니한다.

　역사적으로 예수께서는 '나는 분명히 말한다. 너희 가운데 한 사람이 나를 배반할 것이다.'라고 말씀하자 사도들이 너무 슬퍼서 모두가 예수께 '주여, 그게 나입니까?' 라고 말하는 장면이 과연 어떠했을까를 레오나르도 다빈치는 묘사하려고 노력했다. 성미가 급한 베드로가 요한에게 달려가 무엇인지를 귓속에 속삭일 때, 무심코 유다를 앞으로 떼밀어 유다는 다른 사람들과 분리되지 않았으나 고립되어 나타난다. 유다만이 몸짓도 하지 않고 질문도 하지 않는다. 유다는 몸을 젖히며 의심과 분노에 찬 모습으로 올려다보고 있는데, 그의 모습은 갑작스러운 소란 속에 조용히 체념한 듯 앉아있는 예수모습과 극적인 대조를 이룬다. 그 옆에서 놀란 듯 열 손가락을 펴고 있는 안드레아에 이어 큰 야고보와 바르톨로메오가 또 하나의 무리를 이룬다.

　그리스도의 왼편에는 공포에 질린 듯 양팔을 벌린 작은 야고보는 그 뒤의 의심 많은 도마, 빌립보와 함께 자신들의 결백을 주장하듯 예수를 바라보고 있다. 마태오와 다대오, 맨 마지막에 앉은 시몬은 믿을 수 없는 상황에서 냉정을 되찾으려 애쓰고 있는 듯 나타나 있다. 이러한 불안과 소란 속에서도 자신의 숙명을 받아들인 듯 침착한 모습으로 예수는 전체 화면의 중심으로 초점을 맞추고 있다.

　레오나르도 다빈치는 최후의 만찬 모델을 모두 실제 인물을 보고 그렸다고 한다. 처음으로 예수를 그리려고 하다가 착한 청년을 만나 그를 모델로 예수를 그렸다. 세월이 지나 마지막 인물로 배신자 유다를 그리기 위해 한 범죄자를 찾아 그렸다고 한다. 그런데 요한을 그린 것이 아니라 막달라 마리아를 그린 것으로 전해지면서 다빈치 코드에 심층의미가 담겨 있다. 성서에서 묘사하는 매춘부가 아니라 성녀로서 추앙받았음을 방증한다.

　이러한 만찬 소재의 명상시, '최후만찬(The last supper)'은 레오나르도 다빈치 작품과 상관한 것으로 막달라 마리아의 성배코드를 드러냈다. '사순시기(The time of death)'를 경과한 후 이기심을 투과, 성녀로 판명된 막달라 마리아는 침묵악사로서 예수부활을 맨 처음으로 목격한 인물로 '성녀찬미(The praise of a saint)'에 등장하여 성스러움을 더해준다. 이는 아지나 차크라를 투과, 사하스라 차크라가 열려 성녀로 '거듭남'을 의미한다. 이는 '루넨버그(Lunenburg)' 명상시의 무대와 상호관련성이 있지만, 이와 상반되는 해석도 다양하게 이루어지고 있다고 할 것이다.

Lunenburg

Lunenburg protects the old customs
Marvellous World Heritage Sites
10,000 gallery works here

Coasting around the shore
Replica reproduction of Blue Nose
Welcoming the visitors with double hands
The sailboat's flag is flying to embrace them

The last supper

Painted with the sfumato technique
Leonardo da Vinci's great work
Trinity of the Last Supper

The three windows behind Jesus
An arm-length in triangular form
Four groups of 12 disciples were made
It's bodily mental curing and spiritual healing

The time of death

Overcoming the temptation to be wild
Life sharing practice 40 Days
An unstinting devotion

With a smile of thought and words
Dividing the spirituality of life
Generous and pure posture
Shaking off a selfishness

The praise of a saint

The praise of a saint opened an old book
The pale tender hands shown hereafter
Angel Half-tong long hands

Without an old cedar
Not sheet music for reference
The finger on the wings of the instrument
Silent musician in the delicate hand gestures

과정철학의 '생성과 비시원성'의 개념은 동학의 '시천주(侍天主)'와 '조화정(造化定)'처럼 신과 인간이 서로 영향을 주고받음으로 상호간에 이루어지는 변화와 창조, 그리고 성장 개념으로 신인합일 영성체험을 보여준다. 이처럼 '없이 계신 하나님'에 대한 해체적이고 과정철학의 비실체론의 이해 근거는 '없음'에 대한 해석에 근거한다.

'없음'을 '있음'과 위계적으로 구분하여 '더 큰 있음'으로 보고 그 우위를 제시하는 것은 실체론 접근이다. 이와 달리, '없음'을 '한 없이 큰 것'으로서 보고 그 개방성과 비시원성을 통해 신과 세계의 불이관계를 주장하는 것은 비실체론 접근이다.

다석의 '없이 계신 하나님'의 신론에서 '없음'은 비실체론 접근으로 개방성과 규정초월성, 생성과 비시원성을 제시한다고 할 것이다. 다석은 1959년 6월 18일, 일지에서 기록했는데, 제자 김흥호는 다석의 글을 이렇게 풀이했다. '없이 계신 아버지'가 진짜 존재이다. '있'이 '없'을 없이할 수는 없다. 없을 없이해 보아야 영원히 '없'이지, '없'이 없어졌다고 해서 '있'이 될 수는 없다. 부스러진 것들이 전체를 없이할 수도 없다. 아무리 없이해도 전체는 전체고, 허공은 허공이지 허공이 없어질 수는 없다. 이것저것이 모두 '없'이라는 허공에 포용되어 있는 것이 아니라고 말할 수 없다.

다른 화가와 함께 있으면서도 어울리지 못한 폴 세잔은 파리에서 그림 공부를 계속하던 중 인상주의 화가들을 정기적으로 모임에 참가했다. 하지만 그는 인상주의 화가들과의 모임에서 아웃사이더였다. 그는 파리에 적응하지 못하지만, 인상주의 전시회를 참여했다. 제1회 인상주의 전시회는 대중들에게 비웃음 샀다. 그런데 세잔의 어릴 적 친구이자 인상주의 화가들을 변호했던 에밀 졸라가 전시회에 방문하면서 인상주의 화가들을 옹호하는 글을 남겨 그들의 편이 되었다.

세잔은 인상주의 전시회를 계기로 자신감을 갖게 되었다. 그는 두 번째 인상주의 전시는 참가하지 않는다. 첫 번째 전시회의 실패로 비용을 각자 부담했으며 그것으로 인해 세잔은 빚을 얻었다. 이 시기, 세잔은 파리에서 1869년 오르탕스 피케를 만난다. 그녀는 열아홉 살이었고 세잔은 서른 살이었다. 여자에 대한 호기심이 많았던 세잔은 그녀와 동거에 들어갔다.

세잔은 여자 앞에서 수줍음을 많이 탔고 신체접촉에 대해서는 공포를 느끼고 있었다. 더군다나 의심이 많은 성격 탓에 오르탕스를 믿지 못했다. 또한 오르탕스는 그림에 대해 관심이 없었다. 세잔의 초상화 대부분이 오르탕스를 모델로 한 작품이었다. 3년 후 두 사람 사이에 아들 폴이 태어났지만, 집안에 알릴 수가 없었다. 세잔은 경제적인 모든 것을 아버지에게 의존했기 때문이다. 세잔은 1886년, 47살에 오르탕스와 결혼한다. 결혼한 이유는 아들 때문이었다.

아들 폴은 세잔의 말년에 정신적인 위안이 되어주었다. 세잔은 화가로서 막대한 유산을 남겨준 아버지 덕분에 경제적으로 자유로워지자 고향 엑상프로방스에서 은둔 생활을 시작했다. 이때부터 세잔 그림은 프로방스의 색채를 띠기 시작했다. 밝고 풍부한 색채와 엄격한 화면의 구성 조화를 통해 그는 모든 노력을 했다.

세잔은 빛과 그림자의 효과에 대해 끊임없이 연구하고 색채와 형태의 관계를 탐구해 독창적인 방식을 선보였다. 파리 만국 박람회에 출품한 그의 작품을 베를린 국립미술관에서 소장한다. 그 일을 계기로 세잔은 파리의 화단에서 인정받았다. 그가 세상을 떠난 1년 후에 파리에서 열린 회고전은 현대회화의 시작을 알리는 중요한 전시회로 자리매김하게 되었다. 명상시, '몬트리올'에서는 올림픽을 개최한 도시답게 웅장한 모습을 보여주고 있다.

구시가지에는 고고 미술사를 방불케 하는 다양한 작품들이 즐비했다. 그 가운데 앞 세대와 경쟁이라도 하듯이 폴 세잔의 '카드놀이 하는 사람들'이 눈에 돋보인다.

고갱과 칸딘스키까지 흠모한 폴 세잔의 작품들이기에 많은 사람 시선을 사로잡았다. 화순이 돌고래 쇼도 인정받아 많은 사랑을 받았지만, 결과적으로 돌고래를 괴롭히는 동물학대로 판정을 받으면서 '마린파크'에서 자취를 감추었다. 또한 '명상실상'에 이르기 위해 색채 명상으로 차크라 집중을 중시하지만, 명상과정에 나타나는 다양한 색채감지에 현혹될 필요는 없다. 대덕광명이 비추는 가운데 원명원통이 여실한 생명실상이기 때문이다.

Montreal

A special Parisian Canadian city
A Beautiful Gleam of the ear
An Ear of Nancherry Park

An Olympic Stadium
The Old Montreal Street
Various kinds of many exhibits
A feast for the history of archaeology

Playing cards

It's a battle against the previous generation
It's called card players of Paul Cezanne
The forerunner of cubist painting

Paul Cezanne of France
Adored by Gauguin and Kandinsky
As famous cubist reformation impressionist
It's bodily mental curing and spiritual healing

Marine Park

An Underwater friend with dolphins
It's marvelous slippery rubber skin
Ultrasonic communication dolphin

Dolphin Natural Soap
Dolphin Fin Experience
Dolphin prenatal trainer experience
Hwasun's type ofdolphin disappears

Meditation practice

The mental reflection of meditation
Taken off the coveted boundaries
An joy of silence of four factors

Being show quietly
It is the state out of shape
The profound still ofmystery
It's just a reflection of round light

명상시 치유힐링 85 Aesthetics of lily

'없이 계신 하나님'의 '없음'은 '한없이 큰 것'으로서 '없음'이다. 이는 불교의 '진공묘유(眞空妙有)'처럼 주객이분 해체를 통해 그 구별마저 사라진 개방성과 규정 초월성의 무분별과 상통한다. 이 무분별은 '있음'과 '없음'이 존재론적으로 분리되지 않는 '하나'이다. 폴 니터(Paul F. Knitter)는 『붓다 없이 나는 그리스도인일 수 없다 (Without Buddha, I could not be a Christian)』는 도서에서 열반을 '신비로운 타자 하느님'과 비교하면서 기도와 명상이 둘이 될 수 없음을 갈파하였다. 이는 상호 영향을 주고받는 유기체 관계로서과정철학에서는 '없이 계신 하나님'의 '없음'을 생성과 비시원성으로 이해한다. 이는 곧 인간 인식을 초극하는 현존하는 하나님을 뜻하며 상상이나 인식 넘어 계시는 하나님으로 '무(無)'로서 드러난다.

반면에 우리의 인식과 사고 아래에서는 '유(有)'로서 존재한다. 절대세계나 절대관점에서는 무(無)로 나타난다. 하나님은 인간 인식을 초월하기 때문에 실제로는 '없음'으로 존재한다. 비운 마음, 무아(無我)에서 깨달을 수 있는 반야지혜에서 하나님은 니르바나와 일맥상통한다. 빛과 기후조건에 따른 풍경변화를 화폭에 담은 클로드 모네는 인연법칙의 '공'을 깨달은 인상파 화가라고 할 것이다.

명상시, '몽셀미셀'은 백년전쟁 당시 영국군대에 대항한 프랑스인의 방어진지 구축을 계기로 지금은 유네스코 세계문화유산에 등재되어 있다. 빛의 농도에 따라 수련의 아름다움이 달라지는 것을 알아차린 클로드 모네는 꽃병, 연꽃, 수련 등으로 유명한 화가이다.

그는 지베르니, '꽃의 정원'에 43년 머물면서 튤립, 아이리스 등 다양한 꽃을 가꾸고 서양의 풍경화보다 동양화에 매료되어 있었다. 물감을 섞기보다 원색 그대로 겹쳐 사용함으로 생생하게 명암의 색채를 화폭에 담을 수 있었다. 화가는 그림을 그리기 전에 미리 머릿속에 그림을 담고 있어야 한다고 여긴 모네는 백내장으로 눈이 보이지 않자 흐릿한 데로 캔버스 위를 누볐기에 후기 인상파에 영향을 미쳤다. 모네의 '수련미학'은 역설의 미학이다. 꿈꾸는 '몽아', 잠자는 '수아'도 자아이다. 하루 중 일몽이나 수면 몽에서는 분간이 잘 안 되겠지만, 깨고 나면, '몽아수아'는 의식이 꿈꾸는 '행로'임을 알아차린다. '명상치유'는 꿈꾸고 있는 '몽아'를 들여다보고, 잠자는 '수아'를 반조함으로 잠재의식에서 해방되는 알아차림의 치유이다.

Mont-Saint-Michel

A tomb pilgrimage to rocky mountains
Archangel Michael the Saint wished
As the use between ebb and flow

Hundred Years' War British Army
Defense position with all heart and soul
Being Enrolled UNESCO World Heritage Site
With the marvelous Benedictine Gothic Monastery

Aesthetics of water lily

The changing landscape of wind of the water lily
A changing glow on the surface of the water
Monet's gaze reflected in the silence

The Pictures after vision loss
Paradox Aesthetics in the Series
With a pure heart in the water lily
It's bodily mental curing and spiritual healing

Dreaming and sleeping self

Experiencing a dreamy and drowsy day trip
Between dreaming and sleeping self
After waking up, finding Nonego

Forgetting the past, present, and future
Like a master knowing the true nature of it
after achieving the meaning of a true wisdom
Free from the reincarnation of three generations

Meditation healing

In the Dark Night of Mental Fog
For getting out of it to heal
A bright light is shinning

Out of one's karma
It's through meditation healing
Being aware of the fundamental of life
In light of the mountains and rivers and rivers

명상시 치유힐링 86 Tahiti island

불교에 대한 이해가 깊었던 다석이 '없이 계신 하나님'이라는 용어로 신론을 표현했을 때는 '진공묘유(眞空妙有)'나 '불일불이(不一不二)' 등의 불교 공(空) 사상에 근거해서 설명했을 가능성이 크다. 선불교에서 공(空)은 "만물이 조건에 의해 생성 · 지속 · 소멸하기에 고요한 자성(自性)이 모자란다는 의미에서 영원불변한 본성이 없음을 뜻한다. 하나님의 '없음'이 인간 안에서는 있는 것으로 바뀐다. 인간으로서 '나'는 절대 하나의 '긋'으로서 역시 절대자라고 말할 수 있다. '참나'를 가리켜 절대자라 칭함은 우주 절대자, 하나님과 동일시한다는 의미는 아니다. '참나'는 하나님과 연결된 '나'이고, 이 '참나'가 가진 절대성은 하나님과 연결된 관계에서 비로소 조명된다.

꿈을 위해서는 끊임없이 노력해야 하지만 노력보다 더 두려운 것은 현실의 안락을 버리고 '참나'와 직면해야 한다. 고갱은 화가라는 새로운 인생에 과감하게 도전하기 위해 현실을 과감하게 벗어 던졌다. 고갱은 선원으로 활동하다가 주식거래소에서 일하면서 안정을 찾았다. 상류 사회에 진입한 고갱은 25살 때 23살의 젊고 아름다운 여인 매트 소피 가트를 만났다. 아버지가 일찍 돌아가시자 고갱은 어린 시절부터 행복한 가정에 대한 동경이 자리 잡았다. 고갱은 아이가 태어나자, 가장으로 책임을 다해 생활을 유지하면서 그림에 대한 열정을 키워갔다. 성실하게 주식거래인으로 생활한 고갱은 1882년, 프랑스 주식시장 붕괴로 인해 해고된다.

화가로서 자신의 천재성이 빠른 성공을 가져다줄 것이라는 기대감으로 직업화가가 되겠다는 고갱선택에 아내는 반대했다. 고갱은 아내의 반대에도 불구하고 화가의 길을 가지만 그림이 하나도 팔리지 않아 생계가 곤란해지기 시작한다. 가난한 삶에 적응하지 못하는 아내는 4명의 아이들을 데리고 고향 코펜하겐으로 돌아갔다. 코펜하겐에서 고갱은 가정이나 예술적으로나 경제적으로나 최악까지 갔다. 고갱은 처가 식구들에게 쫓겨나 파리로 돌아오며, 가정을 버렸다. 그는 파리를 떠나 지상의 낙원이라고 생각한 남태평양 타이티로 떠나기로 결심했다. 프랑스 식민지였던 타이티는 원시성을 지니고 있었다. 원주민들과 어울려 생활하면서 고갱은 그들의 문화와 원주민들에게 관심을 가졌다. 타이티의 경이로운 풍경, 벌거벗은 여인들의 몸, 자연스러운 분위기가 고갱의 예술적 영감원천이 되었다. 고갱은 그림에 몰두하면서도 영국계 혼혈, 태후라와 동거했다. 고갱은 원주민들의 생활에 매료되어 그의 타이티 작품은 원주민의 모습을 그대로 표현했다.

고갱은 종교적인 색채를 띤 '이아 오라나 마리아'를 제작한다. 간신히 여행 경비를 마련한 고갱은 1893년 프랑스에 돌아왔다. 1895년 파리 뒤랑 뤼엘 화랑에서 고갱의 44점 작품이 선보였다. 하지만 참담한 실패였다. 혼혈인, 안나와 동거 중이었기에 고갱은 파리 사교계에서도 외면받았다. 파리에서 빈털터리가 된 고갱은 술과 자유분방한 생활로 얻은 매독을 이기지 못해 건강이 악화되었다. 고갱은 자신의 이상을 실현시키려고 노력했지만, 생전에 그의 노력은 인정받지 못했다. 그러나 고갱의 원시주의는 피카소나 마티스 등 후대의 화가들에게 영향을 끼쳤다. 명상시, '핼리팩스'는 아름다운 성채로서 정각에 포격을 실시하는 아름다운 도시에 대한 묘사이며, 명상시, '타히티 섬'은 문명에 대한 혐오를 느낀 폴 고갱이 이 섬에 체류하면서 원시 초인상화에 몰두한 내용이다. 또한 명상시, '사인여천'은 동학의 해월신사의 인간 존엄가치를 살리는 길로서 존재 사유 잇는 방식에 관한 것으로, 명상시, '생명미혹'은 영성충만을 가로막는 세 가지 미혹에 헷갈린 정신의 오락가락 상태를 여실히 묘사하고 있다.

Halifax

It's the Port of Nova Scotia
Whale Flight Sight Halifax
Titanic Memorial Ship

A beautiful castle
An on-the-clock artillery attack
Healing Road by the Beach Side
Colorful lively laughing of various colors

Tahiti Island

Paul Gauguin who Hated the Civilization
While staying on the Tahiti Island
given up primitive superhuman

Yellow Christ in the Spotlight
Various Women in the Tahiti Island
A rich and deep natural color being used
It's bodily mental curing and spiritual healing

Serving a man like heaven

The real way to save human dignity
Continuing the existing reason
Serving the heaven person

Beyond life and death
From the heart of our lives
Incarnated form with well-oiled
On a pilgrimage to the cultivating heaven

The attraction with life

The Spirituality confused back and forth
Three types of the attraction with life
The first attraction of a figure

Annan being in love with a horse family
An attraction caused of the second delusion
A question that is forgotten by mind creation
The third attraction to the thinking ivy creeper

명상시 치유힐링 87 The Sunflower

　'없이 계신 하나님'의 '없음'이 가진 함의는 신의 해체 그리고 그로 인한 초월적 내재성으로 분리되지 않은 '하나'의 세계를 말한다. 이러한 해체적 '없음'을 통한 신 일합일이 가져오는 것은 '있음'으로서의 계시이다.

　그것은 '인격적 동일성'으로서의 '얼의 나'에 대한 발견이다. 그래서 '궁신(窮神)'으로 그냥 나아가는 것을 중시한다. 신을 대상화하는 '이름'으로 이해할 수 있다면, 다석은 이러한 '이름'으로 신을 부를 수는 없다고 보았다. 다석에게 있어서 '없음'의 신은 주체성과 인격성으로 표상되는 '이름 없는' 것이며, '이름 없음의 해체'로 주어지는 끊임없는 개방성이자 규정 초월성이다. 다석은 인간에게 남겨진 것은 신의 '있음'도 아니고 '없음'도 아닌 '모름'과 이러한 모름 속에서 끝까지 신을 향해 파고드는 '궁신' 밖에 없다고 보았다.

　다석의 '없이 계신 하나님'은 신의 절대성, 초월성, 전체성 그리고 신의 주체성과 인격성조차 해체하여 신과 세계의 역설합일을 추구하기에 세계와 분리된 신을 함의하는 초월 유신론이나 고전 유신론을 거부한다. 그러나 '없이 계신 하나님'은 자신의 '없음'으로 말미암아 개방성과 규정 초월성으로 드러나고 이 드러남은 초월적이고 내재적으로 체험된다. '없이 계신 하나님'의 개방성과 규정 초월성은 끊임없는 해체로 자신을 비워 세계와 합일하려는 하나님의 계시이다.

끊임없는 계시의 모습을 반 고흐의 해바라기에서도 발견할 수 있다. 해바라기는 태양처럼 뜨겁고 격정적인 정오의 시간을 상징한다. 열정적인 영혼을 대변하는 꽃이다. 반 고흐는 그림으로 윤동주는 시로 해바라기를 담았다. 고흐의 '해바라기'는 두 가지 버전이 있다. 첫째, 1887년 파리에서 그린 바닥에 놓여 있는 해바라기이다. 말라비틀어진 해바라기들이다. 파리에서 다른 화가들의 화법을 모사하며 응축되어 있던 반 고흐의 모습을 상징한다. 둘째, 1년 뒤 아를에서 그린 꽃병에 담긴 해바라기이다. 1888년 8월말에는 1주일 동안 네 점의 해바라기 정물화를 그리기도 했다.

'해바라기' 시리즈는 반 고흐의 내면 초월의식을 표현한다. 예술의 미적 쾌감 혹은 깨달음을 얻는 것은 아름다움뿐만 아니라, 예술작품에 녹아 있는 진실을 마주할 때 잔잔한 울림과 깨달음을 얻는다. '이제까지 예술은 아름다운 것과 미와 관계하지만, 진리와는 관계하지 않았다'는 표현은 하이데거의 『예술철학의 근원』에 나온다.

이러한 표현은 역설적으로 예술을 대할 때 예술이 주는 존재진리를 사람들이 가벼이 생각한다는 비판적 안목에 기인한다. 해바라기 시리즈는 고흐의 삶이 갖고 있는 '삶의 진리'를 그대로 보여준다. '해바라기'는 고흐 심리를 표현한 것으로 헛된 인생을 상징하는 '바니타스(Vanitas)' 특징을 드러낸다. 인간의 삶이 언젠가는 끝난다는 경고의미로 겸손하고 의미 있게 살아야 한다는 것이었다.

시들고 말라비틀어진 '해바라기' 그림의 중앙에는 해바라기 씨앗 수백 알이 있다. 그 씨앗은 고흐의 영원한 열정을 상징한다. 거칠고 대범한 붓질은 반 고흐의 뜨거운 열정을 상징한다. 아침 되면 고개를 들어 해를 바라보고 저녁 되어 해지면 고개를 숙이는 해바라기의 모습이 윤동주 시인에게는 아침 되면 일터 나가고 저녁에 집으로 돌아오는 누나의 모습과 겹쳐 보였다고 한다.

또한 반 고흐의 '해바라기'는 폴 고갱을 영접하고자 그렸지만, 두 사람은 해바라기 작품에 대한 접근방법에서 차이를 드러내고 헤어지게 되자 반 고흐는 자기 귀를 자르는 광기를 나타내지만, 나중에 발견된 그의 유서를 통해 얼마나 치열하게 삶을 살았는지 알게 되면서 많은 감동을 자아냈다. 한 점 부끄러움 없기를 기도한 윤동주의 '서시찬가'에서는 잎새 일렁인 바람에도 가슴 아파했던 시인의 서정을 확인하고 젊은 날 우리 곁을 떠난 그 모습을 애달파 한다. 명상시, '사시청송'은 사철변화에 무심한 채 푸른 가운과 푸른 색채 명상으로 우리를 도의 세계로 우리를 안내하고 인도한다고 할 것이다.

The Shenandoah

John Denver's pop masterpiece appears
A Nostalgic National Park
Old rack mountain road

Dream Lake Lime
Luray Cave stalactites
Shenandoah Tracking Course
Actual expenses panoramic view

The Sunflower

Paul Gauguin painted to welcome him
Van Gogh's Sunflower Oil Painting
Post-Impressionist masterpieces

The friendship will ride the breeze
Van Goh cuts his ears after breaking up
The fundamental vitality of the Letter note
It's bodily mental curing and spiritual healing

A poetical hymn

Until the day of death, He'll look up at the sky
He hoped he was not flashy at all right now
A Prayer of Poet Yoon Dong-ju was there

With a heart for singing stars
Loved very much that was dying
The leaves rolled off full of pure love
He was heartbroken by the passing wind
It's bodily mental curing and spiritual healing

Four-seasoned pine

All year round of Green plum
As unconcerned purification
Blooming Spring Festival

A cool summer breeze
A bright moon and autumn
Winter season with Snow White
A year of ripening with no false mind

명상시 치유힐링 88 Chagall Village

삼재접근을 통해 설명되는 '없이 계신 하나님'은 비시원성과 비이원성이다. 천지인의 삼재사상은 천도, 지도, 인도의 삼극(三極)의 도로 언급한다. 한국에서 삼재와 삼태극은 삼족오와 단군신화 등을 통해 상징과 신화의 형태로 이어온다. 서양 논리가 이원론이라면, 동양논리는 비시원이고 비이원론이다. 비록 공간 측면에서 보면 음양이라는 이원론을 함의하지만 시간 측면에서 정(靜)과 동(動)의 생성 의미를 갖는다. 음양의 태극은 변하는 실체와 변하지 않는 실체를 구분하는 서양의 이데아론과 비교할 때, 비시원적이고 비이원론이다.

그런데 삼태극론은 음양을 두 가지 대립되는 관계로만 존재한다고 이해하는 것이 아니라, 음양 중재의 역할을 인정한다. 삼태극론을 잘 나타내는 한국전통의 '태극도'는 역동적이고 순환적인 회전 대칭을 그 특징으로 한다. 음양이 회전하면서 순환하는 모습이기에 생성으로는 비시원적이다. 삼재이론은 음양론이 가져오는 대립과 위계라는 존재론의 한계를 극복함으로써, 비시원론이고 비이원론이며 통전조화의 세계관을 제시한다고 할 것이다. 삼태극의 한 축을 형성하는 인간의 창조행위는 내적 정신세계를 표현하고자 하는 인간의 욕구 표출과 매우 밀접한 관계를 가지고 있다. 내면 탐구는 프로이드 정신분석학에서 주장한 무의식에서 비롯한다. 그러나 시각적 표현 때문에 표출된 '무의식의 원형'에 대해 탐구했던 프로이드의 이론을 발전시킨 융(C. Jung)에 의하면, 무의식은 자기실현의 역사이다.

예술에게는 무의식 속에 존재하는 모든 것이 사건이 되고, 본능적인 욕망이 아닌 창조적 행위를 가능하게 한다. 예술작품은 작가의 의식과 무의식이 동시에 표출된 결과이자 숨겨진 기쁨, 욕망, 불안의 흔적이다. 예술원천이 되는 것은 인간이 세상에 태어난 뒤에 인류전체의 삶을 통해 형성된 것으로, 무의식적인 것이다. '무의식의 세계'를 예술작품을 통해 상징적으로 나타낸 샤갈의 작품에는 융의 분석 심리학의 핵심 요소, 무의식 원형이 있기에 활인수양의 내면세계 표현이라고 말할 수 있다.

샤갈은 초현실주의시기에 활동을 한 화가이다. 초현실주의 작가들은 인간의 내면 세계에 눌러 있는 무의식적 요소, 억압, 꿈, 환상 등을 작품을 통해 표현하였다. 그러나 샤갈은 실제로 경험하고 조상대대로 물러 받은 잠재된 무의식을 모티브로 삼아 상징표현을 하였다. 샤갈이 가장 많이 다룬 모티브는 고향, 동물, 여인, 성서 등이었다. 샤갈이 추구했던 예술세계는 '무의식의 의식화'를 통해 자기 인식은 높이고, 무의식의 잠재력은 에너지로 바꾸면서 명상 때문에 자기 통찰에 이른다.

융은 분석 심리 관점에서 보면, 샤갈은 여러 가지 상징 매체를 활용해 전달하고자 노력했다고 할 것이다. 샤갈의 '무의식 세계'는 객관적인 증명이 어렵기에 이론을 바탕으로 유추할 수 있다. 하지만 창조적인 예술 활동으로 승화된 샤갈 작품들은 샤갈의 꿈이나 억압문제를 드러낸다. 샤갈 작품은 상징 매체를 통한 '무의식의 의식화'를 통해 과거와 현재 그리고 자신을 일체화하여 내면세계로 표출한다. 작품을 통해 진정한 자기 자신을 바라보는 방식은 자기완성을 이루려는 본능과 개성적 창조욕구를 통해 자기실현에 도달한다. 거대한 밀집지역, '뉴욕시티(New York City)', 몽환의 '샤갈마을(Chagall Village)', 곰씹는 '숙독감람(A perusal aftertaste)', 작약동 향기, '심야낙수(A late-night fall)'를 차례대로 음미해 본다.

New York City

The famous New York Central Park
Visiting the Guggenheim Museum
Rockefeller Center Observatory

Drop in High Line Park
New York Times Square
Metropolitan Museum of Art
St. Patrick's Cathedral, New York

Chagall Village

On the subject of a Jewish folk tale
Bravely unfolding the imaginary world
Marc Chagall made Surreal Dreamy scene

It's snowing in Chagall Village
Every peak has its own flower spring
A clear and beautiful blue tone scenery
It's bodily mental curing and spiritual healing

A perusal aftertaste

Better than sweet Korean melon
Unpleasant but after-tasteful
Looking for such fruits

More chewing more eating
A Deeply Resonant Affection
After reading it over and over
We can't help but fathom things

A late-night fall

Waking up from sleep and pushing the window
Bring heard dripping and subtle sound
Flowering rubbing eyes in the dark

Going in the summer rain garden
It scatters the scent like peony smell
White rose figuring Moonlight calm stay
Summer night is slowly ripening leisurely

명상시 치유힐링 89 The crying woman

　　다석은 『천부경』의 삼신일체(三神一體)의 신관을 중시해서 '하나(一)'에 관심을 기울였다. '이 하나(一)는 시작도 없고 끝도 없는 일자(一者)로서 우주 만물을 생성시키는 영원한 신비이자 만물이 돌아가야 할 궁극 귀의처'이다.

　　또한 '이 하나(一)는 바로 보이지 않는 세계를 뜻하며, 만물 속에 있으면서도 만물을 초월하는, 그리고 만물이 돌아가야 할 곧 귀일(歸一)의 대상이자 목표'이다. 다석이 표현한 '없이 계신 하나님'에 관한 언명은 귀일대상, 궁극 하나(一)라는 의미로 드러난다. 다석에게 『천부경』의 '일즉삼 삼즉일'의 삼수분화 세계는 하늘, 땅, 사람의 천지인 삼극과 이 '하나(一)'의 관계 곧 전체와 개체의 관계, 절대와 상대관계를 설명해 주는 것으로서 개체 없이는 전체인 하나(一)를 볼 수 없음이다. 그리고 상대 없이는 절대를 만날 수 없음을 말한다. 다석에게 '없이 계신 하느님'은 이러한 절대와 상대, 전체와 개체를 아우르는 개념이다. 이 '하나'를 동양 사유에서는 '무(無)' 이외로는 표현할 길이 없어, 근원이자 전체로서의 '하나'(一)는 '없이 계신 분'이다.

　　다석은 『천부경』의 삼재사유를 통해 생성적이고 비시원적이면서 무(無)로밖에 설명할 수 없는 궁극 하나(一)에 대한 이해를 '없이 계신 하나님'으로 표현하고자 했다. 이는 신과 세계의 합일관계가 신과 세계를 단순한 동일관계로 두는 것이 아니라 신과 세계 사이에 생성과 비시원성을 두고 합일을 설명하는 것으로 이해할 수 있다. 이는 곧 무극이 태극이라고 논의하는 측면과도 일맥상통한다.

또 다른 삼태극 사유를 회화로 전개하는 피카소는 한 시대의 예술분야를 개척한 화가이자 시대의 구조를 제대로 파악한 예술가로 인정받았다. 그러나 수많은 피카소 작품의 애호가들에게 어느 것이 피카소 작품인지 묻는다면, 피카소 작품을 가릴 수 있는 사람은 많지 않다. 그것은 천재로 칭송을 대중에게 받았던 피카소는 '무엇을 하는가?'는 중요하지 않고, '누가 하는가?'만이 대중 관심이 되었다. 피카소는 당대 천재 예술가로 성공하였으며, 대중 '권력'을 소유하였기에 오히려 실패한 화가일 수 있다. 대중의 인기에 영합하여 중세 예술가처럼 명성이 있는 한 사람의 장인이 되었을망정 진정 창의적 예술가로 보기는 어려울 것이다. 예술의 진실에 취약했기에 자신에게 다가온 한 여인을 정신병원에 넣고 사망하게 된 사연을 낳았다.

위대한 명성에 가려진 삶의 진실, 그것이 바로 '우는 여인'에 나오는 도라 여인의 자화상 작품이다. 명상시, '멍크톤시(Monkton City)'는 아일랜드에서 거주한 이민자가 많은 뉴브런즈윅 주의 항구 촌락으로 크리야 명상이 전파되어 이를 수행한다. 또한 많은 여인과 함께한 파블로 피카소(1881-1973)는 큐비즘 작가로 다섯 번째 연인, 도라 여인이 상심하여 우울증을 앓다가 정신병동에 입원하였다.

아름다운 얼굴에 입체적인 다중눈물이 내리흐르는 것을 '우는 여인(The crying woman)'으로 남겼다. 아무리 부부지간이라도 명성에 치우치기보다 상대가 고통이나 상심을 느끼지 않도록 배려해야 하기에 '대화비결(The secret of conversation)'은 상대를 고문하지 않음에 있다. 오히려 '만물상응(The Correspondence)'의 상호교감에서 미묘한 통합을 이루는 자연계에서 우리는 여실한 진리의 실상을 깨닫고 예술 권력화의 두 얼굴을 제대로 알아차릴 수 있다.

Monkton City

The Port of New Brunswick
The Soul of an Irishman
It smells like foreigners

The water level deep and deep in

The core of the shipbuilding industry
Spectacle panorama at Tideul Bore Park
A white cloud of Sprays would spread out

The crying woman

Picasso had passed with many women
On the 5th Dora was heartbroken
Admitted to a psychiatric ward

The crying woman had Appeared
Three-dimensional multiple description tears
Exhibition at Osaka International Museum of Art
It's bodily mental curing together with spiritual healing

The secret of conversation

Being started with a friendly story
Listening carefully and asking
Keeping cross the line

Without any torture of him
Creating the desired atmosphere
It's better to express the advantage
It evokes a simple and easy impression

The Correspondence

As Living natural various pillars
Connecting by chaos words
It's a delicate integration

Through infinite diffusion
Elevating the sound, scent, and color
Being Constructed as a symbolic forest
Multiple Correspondence done to everything

명상시 치유힐링 90 A Journey of Life

　　동양 사유, '없음'(無)과 '비움'(空)에 천착한 자기 비움의 명상 수행은 신과 합일을 추구하고자 한 궁극의 추구이자 '없이 계신 하나님'이라는 신 이해로 나타났다. 다석의 '없이 계신 하나님' 신론은 초월과 내재 분리에 기인한 존재론적 근거상실의 현대문화상황에서 신적 계시가 무엇인지를 여실히 보여준다. 이처럼 '없이 계신 하나님'은 자기 부정적 해체를 통해 세계와 합일하는 양상이다. 하나님의 '없음'은 도구 이성으로 포착될 수 없을 만큼 '한없이 큰 것'으로 개방이며 일체 규정의 초월이다.

　　이는 명상수행으로 자기 자신을 끊임없이 해체함을 통해 세계에 주어진 자기 비움이다. 이는 한국인의 심성에서 신과 세계 합일로 드러나며 명상체험 양상을 '무'와 '공'으로 표현한 또 다른 '있음'의 계시이다. 이처럼 '없이 계신 하나님'은 세계의 창조과정으로 자기를 실현하는 생성과 비시원성의 하나님을 명상체험으로 새 밝힘이다. 생성과 비시원성은 신과 세계의 합일관계를 말하는 명상계시로서 존재와 비존재를 포월(包越)한다. '없이 계신 하나님'은 초월적으로 세계와 대립하거나 분리되지 않고, 범신론적으로 균일하게 동일시되지 않는다. 오히려 명상을 통해 세계를 함께 생성되고 자기 해체를 통해 세계와 합일하는 '한없이 큰 것'에 대한 활인수양 체험이다.

　　주체 시각과 타자 응시의 상관관계는 전통적 원근법의 위상 변화와 직결된다. 에드워드 호퍼 화가는 전통적인 원근법을 해체한 작가라고 할 것이다. 그의 작품들에서는 주체 시선과 응시 시선 사이의 얽힘과 교차를 미묘하게 다루고 있다. 주체의 시선이 응시의 시선과 수평적으로 대체되어 화면 내에서 주체의 시선을 확인할 수 없다고 한다. 명상이 깊어 가면, 관조자의 시선이 되어 주체에서 응시로 전환을 이루어 주체로서 주관자의 눈이 더 이상 존재하지 않는 경우와 흡사하다. 그의 그림에 나오는 창들은 과거 사실주의 기법과 달리 창을 보는 관객의 눈에 비친 대상으로 채워져 있다는 것이다. 그의 회화 속에 나타난 창들은 기능적인 것이 아니라 존재론적 역설이 되어 관객들의 시선을 어둠 속에서 적절하게 처리하는 모습이다.

결국 주체의 시선이 점차로 해체되면서 에드워드 호퍼의 화폭에는 주체 시선을 기하학적으로 조망하기 어렵게 되었다. 아울러 주체와 타자가 분리되는 현상을 넘어 타자 응시와 무의식의 욕망이 혼연일체가 되어 다중시각으로 혼재되어 작품에 등장한다.

명상시, '나이아가라 폭포(Niagara Falls)'에서 미국과 캐나다 폭포 풍광을 대비한다. 이은 명상시, '인생여정(A journey of life)'은 사실주의 미국인, 에드워드 호퍼(Edward Hopper, 1882-1967) 화가의 도시 일상을 역설적인 사실주의 기법으로 묘사한 작품에 관해 묘사하고 있다. 서울시립미술관에서 전시회를 개최함으로 일상에서 놓친 풍경을 재발견하는 기쁨으로 이어진다. 혹자는 명상시 '공공성애(The public common love)'에 나타나 있듯이 공공성애를 찬미하지만, 실은 죄의식을 수반하기에 공포의식을 내포한다.

이에 적멸자재의 심해바다에 안착하려면, 그 유혹에서도 벗어나야 할 것이다. 이러한 불굴의 생명의지를 뿜어내는 '강송찬미(A strong admiration of pines)' 명상시에서는 강송줄기가 곧장 자라서 상승일념의 무한지속을 이루는 양태에서 '자기 비움'의 하늘영성, '생명나눔'의 땅 여성, '내면 비춤'의 사람영성이 삼재로 회통하고 있음을 여실히 알아차릴 수 있도록 상호 소통하고 있다.

Niagara Falls

Bilateral waterfall of the US and Canada
800 meters wide in Canada
300 meters wide in the US

Waterfall Night View Natural Color
Right down the line did a spectacular
More tourists shout gradually bit by bit
we can feel actually the Thunder in the sky

A journey of life

A journey of life on the real road
Painting and literature together
A realist American artist

An Edward Hopper painter
Sublimation Work into Skillful Art
The commercial artist into a full-time writer
It's bodily mental curing and spiritual healing

The public common love

In order to build public relations
It adopts a slogan of publicity
It can be an obstacle to it

Accompanied by a sense of original sin
On the riding wave of life-for-life and death
It needs to pass through a reason instrument
It's like a deep-sea settlement of quiet freedom

A strong admiration of pines

Reached a well deep in the roots of pines
Going through the rocks and the iron
Admirable to praise an iron will

It's growing right away
In the eternal of the rising spirit
Looking like the spirituality of heaven
In the golden sun, being ripen one by one

명상시 치유힐링 91 **간명직절**

　　하나의 수도원을 세운다는 것은 우리가 완수할 수 있는 가장 고상한 의미이다. 도시에 명상 수련자들이 모일 수 있는 장소를 마련한다는 것도 가치 창조적 행위가 되며, 자애가 꽃피는 동산일 것이다. 명상을 제대로 하기 위해서는 서로 도와야 하며 함께 명상하는 것이 훨씬 효율적이라고 할 것이다 '자애명상'에서 '자애'는 팔리어로 '메따(mettā)'이며, '친한 것'을 뜻하는 '미트라(mitra)' 어원에서 파생한 것으로, '진실한 우정', '순수사랑의 마음'을 뜻한다. 자애명상은 숲속에 살기를 두려워하는 제자들에게 붓다는 두려움의 근본적 해독제로서 자애를 처방한 것에 연원을 둔다. 자애명상에서 자기 친절의 중요성을 강조했던 사람은 붓다고사이다. 그는 자기 자신에게 먼저 친절을 베푸는 목적이 '자아'를 인정하고 강화해서 고통만 더욱 키우는 것이 아니라, 인간이 행복하려는 인간적 발원, 공공행복 염원으로 이어진다. 『자애경』에 따르면, 자애명상 수행자는 '계(戒)'를 지킴으로 생명의 소중함이나 정직함, 온화함을 사랑으로 표현한다. 자애명상은 분노나 성냄을 일으키지 않도록 하는 해독제이다.

　　자애명행으로 빨리 고요해지게 되기에 명상 초심자들에게 적합하고 안전한 수행법으로 알려져 있다. 또한 자애명상은 모든 사람이 행복해지기를 염원하는 '공공행복명상'이다. 『자애경』에 따르면, 명상목적이 '평온상태의 성취'와 그 결로 말미암아 '다시는 윤회에 들지 않는 상태'에 이른다.

이처럼 자애명상은 열반으로 이끄는 특성이 있다. 또한 자애명상은 신체적, 정신적 안정은 물론 부정심리 성향을 제거하는 심리치유 성격도 나타낸다. 이에 자비명상은 개인 안녕은 물론 우리 사회를 평화와 조화로 이끄는 원리로서, 세간과 출세간 이익과 공덕을 방출한다. 아울러 자애명상은 연기의 고리를 끊고 역순경계, 삼매에 들어 자심해탈에 이르러 범천 길을 예비한다.

무엇보다도 자애명상은 지혜의 깨달음, 위빠사나 명상기반이 된다. 이처럼 자애명상은 '위빠사나(vipassanā)' 수행자들의 네 가지 보호 중 한가지이다. 보호명상 중에서 자애명상(mettā-bhāvanā)은 여러 위험들로부터 수행자를 보호하며, 『청정도론』에서는 모든 사람에게 유익한 명상법임을 분명히 밝힌다.

명상시, '성산일출'에서 세계자연유산으로 등재한 성산에서 초봄 멋진 유채풍광을 보게 되니 명불허전 제주도임을 확인할 수 있다. 인도순례를 한 스티븐잡스가 한창 일할 때, 췌장암에 걸린 자신심경을 고백한 적이 있다. 몇 개월 밖에 안 남았으니 작별인사를 하라는 주치의 전언에 세상고별 인사를 이렇게 빨리 해도 되는지 반문한다.

그는 명상을 간단명료하고 직선적으로 밝히기 위해 명상시, '간명직절'에 나타난 바와 같이 풀이했다. 이른바 명상과 일상을 분리하지 않겠다는 의지 표명이다. '부평초엽'처럼 스르르 쓰려져가는 생명일지라도 그 생명 속에 청정법신이 함께 작용하고, 상락아정 열반사덕이 함께 이어가니 무상, 무아, 고가 열반과 일원상을 이루기에 시공에 물들지 않고 개신차원의 '법고창신'을 이루어 간다고 할 것이다.

성산일출	간명직절
해돋이 수려한 경관	스티븐잡스명상 간명직절
죽엽 억새 성산일출	간단명료 직선적이어서
우아한 광치기해변	애매모호함 배제하네
세계자연유산등재	분별망상 혼침에선
초봄 멋진 유채풍광	좌고우면하기 쉽기에
아흔아홉 바위봉우리	일념집중 이룰 수 없어
명불허전 제주도 상징	일상생활부터 간명직절

부평초엽

뿌리 없이 흔들린 부평초엽
물 고이면 봄꽃 피우리니
석양 저문다고 걱정하랴

상한 갈대 흔들리지만
뿌리 깊다면 밑둥 잘려도
봄날 새순 움틔우게 하리니
심신치유이고 영성힐링일세

법고창신

지금 맞게 옛것 바꾸고
바탕 위 새로 만들면
시간 경계 무너져

안으로 반조하면
옛 족쇄 벗어나고
새로운 법도 맞추면
고금 경계미혹 사라져

『화엄경(華嚴經)』「보살명난품(菩薩明難品)」에서 문수(文殊)보살은 보수(寶首)보살에게 이렇게 물었다. "중생은 지(地). 수(水). 화(火). 풍(風)의 네 요소로 되어 있다.

그 안에는 자아(自我)의 실체가 없고, 모든 존재의 본성은 선한 것도 아니고 악한 것도 아닙니다. 그런데 어찌하여 중생은 고와 낙을 받기도 하고 선하고 악한 짓을 하게 됩니까? 또 어째서 잘생긴 사람도 있고 못생긴 사람도 있습니까?

보수보살이 대답했다. "그가 지은 업에 따라 과보를 받는 것이지만, 그 행위 실체는 없습니다. 이것이 붓다의 가르침입니다. 마치 맑은 거울에 비친 그림자가 여러 가지이듯이 업의 본성도 그와 같습니다. 종자와 밭이 서로 모르지만, 싹이 트듯이 업의 본성도 그와 같습니다. 지옥의 고통이 따로 외부에서 오는 것이 아니듯이 업의 본성도 그와 같습니다."

또한 본성에 관해 문수(文殊)보살이 덕수(德首)보살에게 물었다. "붓다가 깨달은 법은 한 가지 뿐인데 어찌 붓다께서는 여러 가지 길로 법을 말씀하시고 여러 가지 소리를 내시며, 여러 가지 길로 법을 말씀하시고 여러 가지 소리를 내시며. 여러 가지 몸을 나타나시고 끝없는 중생을 교화하십니까? 법의 성품에서 이 같은 차별을 찾아도 볼 수 없지 않습니까?"

덕수(德守)보살이 대답했다. "보살의 질문의 뜻이 깊습니다. 지혜로운 사람이 이것을 알면 항상 붓다의 공덕을 구할 것입니다. 대지(大地)의 본성은 하나인데 온갖 중생들을 살게 합니다. 그러나 대지 자체는 어떠한 분별도 하지 않듯 붓다의 법도 그렇습니다. 붓다의 본성은 하나인데 모든 것을 태웁니다. 그러나 불 자체는 어떠한 분별도 하지 않듯이 붓다의 법도 그렇습니다."

붓다유언, '자기 자신을 등불로 삼아 의지하고 법을 등불로 삼아 의지하라(自燈明法燈明歸依法歸依)'는 메시지는 '사념처'를 향한다. 사념처는 마음지킴과 위빠사나(vipassanā)를 닦는 수행체계이다. 이 목적을 달성하고자 열렬함(ātāpī)과 '알아차림(知, sampajaññ)'과 '마음지킴(念, sati)'이 요구된다. '알아차림'은 편견이나 왜곡됨 없이 몸으로 일어나는 현상, 느낌으로 일어나는 현상 등을 '있는 그대로(如如, yathāaṁ)' 분명하게 알아차린다는 의미이다. 일상생활의 모든 과정에서 자신이 무엇을 하고 있는지를 면밀히 살펴본다.

이때 이 모든 것이 대상이 되며, 몸을 통해 일어나고 사라지는 현상들 모두에 집중하며 하나의 현상에만 몰두하지 않는다. 알아차림은 무엇인가? 이 가르침 안에서, 비구들이여, 비구는 나아갈 때나 물러날 때 알아차림으로 행한다. 볼 때나 관찰할 때 알아차림으로 행한다. 구부리거나 펼 때 알아차림으로 행한다. 겉옷과 발우와 옷을 착용할 때 활인수양으로 행한다.

먹거나 마시거나 먹고 난 이후에나 맛을 볼 때나 알아차림으로 행한다. 대소변을 볼 때도 알아차림으로 행한다. 가거나 서거나 앉거나 자거나 깨어있거나 이야기할 때나 침묵할 때도 알아차림으로 행한다. 비구들이여, 이것이 곧 비구의 알아차림이다. 또한 '마음지킴(念)'이란 마음을 현재의 상태로 되돌리는 '마음작용'을 말한다.

어떠한 대상에 대해서, 몸의 현상을 향해 '마음을 되돌리는 것'을 말한다. 그래서 잊지 않으려는 적극적인 의지를 드러낸다. 『청정도론』은 이 마음지킴이 모든 곳에서 유익하다고 강조하며 이같이 설명한다. '이것 때문에 '지키고(saranti)', 혹은 이것은 그 스스로 지키고, 혹은 단지 지키기에 '마음지킴(sati)'이라 한다. 몸에 대한 마음지킴의 확립(sati-paṭṭāa)이 가까운 원인이다. 이것은 기둥처럼 대상에 든든하게 서 있기에, 혹은 문을 지키기에 문지기처럼 보아야 한다.

이러한 열렬함과 알아차림과 마음지킴 자세로 감지되는 육체적 · 정신적 현상들을 따라가면서 정신적 고통에서 벗어나, 머물고, '몸, 느낌, 마음, 법이 있음'을 바르게 알아차리고, 익히는 것이 위빠사나의 과정이다. 명상시 '아오모리'는 일본혼슈 최북단에 자리 잡고 있어 자연경관이 수려할 뿐만 아니라 심신치유 영성힐링에 필요한 상락정을 구족하고 있음을 여실하게 묘사하고 있다.

명상의 마음가짐으로 필수적인 요소는 매사성심으로 임하는 '참회발원'이라고 할 것이다. 적과 동침하는 '오월동주'에 안심하게 되는 원인은 자타일시 영성을 구족하고 있기 때문이다. 탐애분노의 옷을 벗고 '안심입명'에 들 수 있는 근거는 공덕을 타자에게 회향하면서 노사나불을 친견하고 지은 업력에서 스스로 자유롭기 때문이다.

아오모리

일본혼슈 최북단 아오모리
해협 건너 저편 홋카이도
천인탕 사슴탕 일모문

탄산가스계류 온천망
천풍 감도는 혈액순환
자연경관 수려한 노천탕
심신치유 영성힐링 상락정

참회발원

지극일심으로 참회하고
일체업장 몰록 삼키며
감사기도 발원하네

진여심 향한 열정
간절한 염원 발하여
평상심시도 일깨우는
매사성심구족 무위이화

오월동주

오월동주는 적과 동침
동상이몽이기 때문에
동체대비 난망이라

사면초가 절망에
영혼조차 잠잠해져
반석피난처 구함으로
영성능력 의지함이어라

안심입명

명에 순응하는 안심
운 개척하는 입명
사이에 시중지도

탐애분노 벗고
업력서 해방되어
노사나불 친견하는
보신체로서 활명연대

명상시 치유힐링 93 **심신치유**

    한용운(1879~1944)은 일제 강점기 시인이며 승려이자, 독립 운동가였다. 본관은 청주이고 충남 홍성 출신으로 호는 만해(萬海)이다. 불교개혁으로 현실참여를 하였고, 옥중에서 '조선독립의 서'(朝鮮獨立之書)를 지어 조선의 독립과 자유를 주창하였다. 그는 1918년 11월부터 불교의 최초잡지, 『유심』을 발행하였고, 1919년 3월 1일 기미독립을 선언하여 체포된 뒤 3년간 서대문 형무소에서 복역하였다.1926년, 시집 『님의 침묵』으로 저항문학에 앞장서면서 소설가로서도 활약한 1930년대부터 장편소설 『흑풍』, 단편소설 『죽음』 등을 발표하였다. 1931년 청년 승려 비밀결사체, 만당(卍黨)을 조직하여 당수로서 활약하였다. 친일로 변절한 최남선이 탑골공원에서 인사를 건네자, 모르는 사람이라며 차갑게 대하였다. 근대 한·중·일은 사회진화론을 요청하게 되었다. 일본의 사회진화론은 제국주의를 옹호하는 이념이 되면서 불교이론을 융합하였다. 이노우에 엔료(井上圓了, 1816-1897)는 메이지 시대 기독 교세확장에 불만을 품어 불교 각성을 촉구하였다.

    그는 기독교 창조설의 비과학성을 언급하면서 불교 옹호론을 전개하였다. 인간은 하나님이 창조한 피조물이 아니라 자유·자치·평등의 천부인권의 주체로서 불교의 인연법칙은 자연과학 법칙과 상통한다고 보았다. 그는 불교 논증을 자연과학에서 찾고, '진화론적 불교'를 모색하였다. 나아가고 물러서며 열고 합치는 '진퇴개합'(進退開合)

이 대화(大化)로서 세계변화의 범례이다. 그는 '대화(大化)'로서 천황제 국가에 복종하는 신도의 종교성을 부각하고 진여 연기 관점에서 천황제 국가에 복종하는 사회진화론을 제창하고, '호국애리'(護國愛理)의 국가주의를 표방하며 만해에게 큰 영향을 미쳤다고 할 것이다.

심신치유는 깨달음의 방법으로 정념을 강조한다. 정념은 세 가지의 뜻을 함축하고 있다. 첫째, 붓다의 가르침에 대한 바른 기억. 둘째, 그대로 여실히 아는 것. 셋째, 대상에 대한 집중과 주의로서 수의(守意), 의지(意止), 억념(憶念), 염(念) 등 다양한 역어들을 사용하였다. 그러나 최종적으로 '정념'에 이르는 용어로 정착되었다. 실제로 매 순간 '의식 흐름'을 낱낱이 추적함으로써 무상과 무아를 체득케 하는 수행이라고 할 것이다. 붓다 당시에는 설법내용을 잘 기억하는 것이 중요했고 '잘 기억하여 그 내용을 사유하는 일'을 경전에서는 '억념(憶念)'이라고 표현했다.

오늘날 정념이 주의, 알아차림, 판단중지 등의 의미로 나타나지만 이들은 후대 생겨난 개념이라고도 볼 수 있다. 붓다 설법의 양이 점차로 많아지면서 정념의 변화가 나타나 많은 설법 내용을 테마별로 기억하는 요령이 생겨나서 사념처로 정리할 필요성이 제기되면서 붓다의 설법내용을 네 가지 테마로서 정리해서 좀 더 요령 있게 구조화하는 가운데 '기억하면서 사유하는' 방식이 나타났다고 할 것이다.

정념은 진리를 기억하고 성찰하는 것으로 사념처의 정념, 위빠사나의 선정이 결합된 정념 등 다양한 변화양상을 보인다. 보조국사 지눌은 보살자비를 유발하는 인간고통을 세 가지로 말했다. 첫째, 고통이 '환(幻)'임에도 불구하고 고통을 당하면서 깨닫지 못하는 것을 말한다. 둘째, 진정한 즐거움은 본래 있는데 그것을 잃고도 깨닫지 못한다. 셋째, 고통과 즐거움을 거꾸로 생각하는 것이다.

지눌은 인간 고통에 관한 심신치유도 깨달음의 실천에 있음을 말했다. 깨닫고 닦아야 고통에서 벗어나고, 깨달을 때 미친 광심(狂心)이 쉴 수 있다고 한다. 자신의 성품이 맑고 묘한 마음임을 믿고 알아야 그 성품을 의지해서 깨달음의 본연성의 작용이 무궁하여 심신이 치유되고 중생을 제도할 수 있다. 미국 노스캐롤라이나에서 극동별을 볼 수 있는 곳이 명상시, '아웃뱅크'이다. 이곳은 라이터형제가 첫 비행을 한 곳이다. '심신치유'는 위사를 통한 치료와 달리 청정무구한 진여현전과 상관한다. 일만 강물 위에 달그림자가 비치는 것도 한 달님이 하늘에 휘영청 밝음을 쏟아내기 때문이다. '일리만수' 명상시에서 하나의 이치가 수많은 기의 차별 양상으로 드러나 달리 보인다고 하더라도 만법이 평등한 평등성지로 귀착한다고 할 것이다.

아웃뱅크

등 푸른 바닷게 함께
라이터형제 첫 비행
키티학 모래 언덕

서늘한 바닷바람
즐비한 해물요리랑
요구르트 아이스크림
노스캐롤라이나 극동별

심신치유

'나'라는 생각서 벗어나
상대경계 물들지 않고
머문 바 없이 머무네

티 없는 진여현전
활짝 열고 반기기에
미움원망 함께 사라져
심신치유 절로 이루도다

일리만수

남쪽가면 달빛 비치고
북쪽도 달빛 보지만
달님 중천 있고나

일만 강물 위로
월인 찍는 달님도
하늘 떠있는 한 달님
월인 만강 일리만수로다

만해의 『조선불교유신론』 에는 '현재와 같은 생존경쟁 시대' 라는 표현이 있다. 경쟁사회에서 평화 구현으로 나가가기 위해 승려교육으로 불교미래를 열고자 했다.

그는 일본의 천황 중심주의와 중국의 국가중심주의에 토대를 두었던 당시 강권 사회진화론을 비판하였고, 일체중생이 진여평등을 깨닫는 민중불교 시대를 염원하였다. 만해는 야만적이며 경쟁적 사회진화론에서 벗어나 민중의 자유와 평등을 성취하는 미래사회에 관심을 쏟았다.

양계초의 자유가 쟁취에서 오는 것이라면, 만해의 자유는 진여(眞如)에서 비롯된 것이다. 만해는 대승운동의 공공실천가로서 발자취를 남겼다. 그의 17편 유고시 가운데, '산 골물'과 '모기'에 관한 시가 있다. '산골물'에서는 산에서 나서 바다에 이르는 산골물의 성공비결을 노래하지만, 자신은 열패자로서 물의 설법을 듣는다 했고, '모기'에서는 사람이 사람의 피를 서로서로 먹는 데 반해, 모기는 동족 피를 빨아먹지 않는다고 하면서 모기에 비유, 경쟁사회를 비판하였다.

그리고 후쿠자와 유키치((福澤諭吉: 1835~1901)는 태평양전쟁 패전까지 일본은 '탈아론(脫亞論)'에 성공했고, 어떻게 사회진보를 구현하게 되었는지를 성찰해 볼 필요가 있을 것이다. 후쿠자와 유키치는 하급 사무라이 출신이었지만, 신분의 표상인 칼을 버리고 붓을 택했다. 그는 서양 각국의 문물제도를 대중 필치로 『서양사정(西洋事

情)』을 출간하여 베스트셀러로 만든 작가이자, 차후 일본이 지향해야 할 좌표를 실용실학으로 제시한 일본사상가라고 할 것이다. 그는 메이지유신(明治維新) 이후 신정부의 공직 초빙을 사양하고 교육과 언론활동에 전념하였다. 1873년, 「메이로쿠샤(明六社)」를 창설한 후 동인으로 활약하면서 실용실학(實用實學)을 장려하였다.

인간고통은 깨달음으로서 치유될 수 있다. 깨닫는다는 것은 근원적 앎을 자각하는 것이다. 심신고통과 병은 여실히 알지 못함에서 온다. 아함경의 차마 비구 이야기가 그 사례이다. 범부들은 사실 그대로 알지 못하기에 오온을 사랑하고 즐거워하여 '색은 나다, 이것은 내 것이다.'라고 말하며 그것을 거두어 취하다가 그 색이 무너지거나 달라지면 마음도 그것에 따라 움직여 고통과 두려움에 빠진다. 아함경은 이를 일컬어 '심신병고(心身病苦)'라고 하였다. 오온은 경계할대상, 알아차릴 대상일 뿐만 아니라 여래를 드러내는 대상이다.

오온을 떠나서는 여래도 존재하지 않는다. 심신의 병고는 오온의 취착으로부터 온다. 인간 고통은 오온을 나, 내 것으로 삼는데서 오는 고통이다. 그리고 그 번뇌와 고통에서 벗어나는 것은 오온의 생성과 소멸을 관찰하는 '진실정관(眞實正觀)'이다. 바르게 관찰하는 것은 진리기쁨을 가져오고 심신평안을 가져온다. 심신평안은 바르게 사유하고 여실하게 아는 성찰에 의존한다.

지눌은 마음이 불변수연, 성상체용 이치를 이해하고 단박에 영명한 지견이 일어남은 자신의 진심(眞心)이요, 성품도 없고 모양도 없는 그것이 바로 법신(法身)이며 이 진심과 법신이 둘이 아닌 '신심불이(心身不二)'를 '참 나'로 자각하면, 심신치유가 이루어져 심신평안에 든다고 한다. 심신평안은 진심과 법신의 '심신불이(心身不二)'다.

진심이 법신과 하나 되는 것은 '번뇌가 본래 공함을 환히 알고 심성은 본래 깨끗하고 환히 아는 신령임을 깨닫는 것이다. 이를 통해 우주의 근원과 하나가 되는 일진법계의 법신을 이루게 되는 것이다. 이를 지눌은 깨달음의 '전신지로(轉身之路)'라 했는데, 몸과 마음의 총체적 전환, 심신치유가 이루어져 마침내 심신의 평안에 든다.

명상시, '퀘백시민'에서는 캐나다에서 거듭 난 파리의 시민들이 자긍심을 일깨우고자 성채마다 도깨비공연을 하고 울긋불긋 단풍잎 쌓아 캐나다를 표상하고, 메이플 시럽으로 활용한다. 생사의 꿈을 벗어나는 '심신평안', 심신이 불안하고 심신의 병고에 시달린다면, 그것은 '탐착이성'에 그 원인이 있다고 할 것이다. 생사고통이 종식되고 '적멸락'의 상태에서 명상시, '자재법락'의 즐거움을 향유한다.

퀘백시민

세인트로렌스강 협곡
안개꽃 피어오르는
북미대륙 고지대

개신 파리 시민
자긍심 일깨우려는
성채마다 도깨비공연
울긋불긋 단풍잎 쌓이고

탐착이성

화려한 생명약동풍광
녹색잎새 울창하며
멋진 봄 풍경연출

탐착이성 중독돼
본래면목 떠났도다
무심공덕 회복하는데
명상시치유힐링 필요해

심신평안

청정법신 근원이라면
지수화풍 사대육신
표정 알림 상호신

인과응보 업보신
호호창창 허공보신
홀로 밝은 역력고명신
생사몽 벗어난 심신평안

자재법락

방편으로 아버지 삼고
지혜로 어머니 삼아
자비 딸 얻었노라

신심성실 아들삼아
가족화목 이루었으니
유마거사 해탈지견안목
자재법락 적멸위락이구나

명상시 치유힐링 95 영성힐링

　영성힐링으로 겨레얼을 살리기 위해 2003년, 서울에서 한 양원(1924-2016) 이
사장을 중심으로 한국민족종교협의회 회원들이 발의하여 단체를 설립, 정신문화를 상
생사상과 평화운동으로 발전시켰다. 갱정유도(更定儒道) 도정으로 그가 작성해 뿌린
평화통일 선언문은 '원미소용(遠美蘇滷)하고 화남북민(和南北民)하자'는 것이었다.

　2003년 4월, '겨레얼 지키기 국민운동본부'에서 2004년 '겨레얼 살리기 국민운동
본부'로 명칭을 변경하고, 2005년 6월에 사단법인으로 등록하였다. 겨레얼 살리기의
국민운동은 생명과 인간의 존엄성을 고양하고, 사회통합과 공동체의식을 함양하며,
민족통일과 세계평화 건설에 기여하고자 겨레얼 살리기 활인수양을 선언하였다.

　2009년부터 범종교적으로 조직을 확대하고 겨레얼 살리기 범국민운동을 전개하
였으니, 교육사업, 민족문화 전승사업, 전국 학교강연회 사업, 전국 고등학생 백일장
사업, 토론대회 사업, 해외동포 민족정신 교육사업, 전통예술문화 연구사업, 겨레얼
지도자 육성사업, 국가관 확립 토론회 사업, 겨레얼의 세계화 전략사업 등이 구현되
면서 명상 실천의 필요성도 부각되었다.

　겨레얼 살리기 국민운동본부는 한국민족종교에 나타난 상생사상과 평화운동을 세
계적으로 전개하여 인류평화를 증진시켰다. 겨레얼 살리기 운동은 민족토대로 세계시
민성을 함양하자는 운동이다. 이 운동은 세계시민의 이화세계를 구현하고자 널리 온

인류를 이롭게 하는 홍익인간 이념을 구현하기 위함이다.

또한 인류구원의 보편진리를 지향하면서 보국안민의 민족주의 이념을 함께 살린다. 아울러 자연과 인간을 존중하면서 인간답게 살 수 있고, 평화로운 도덕 사회를 구현하도록 노력한다. 인존 시대를 앞당기고 상극시대에서 상생 시대로 전환되는 시점에서 겨레얼 가치를 탐색하면서 먼저 주고 나중에 받는 수수법칙을 상기할 필요가 있다. 이처럼 겨레얼 살리기는 시민성교육, 인성교육, 창의성교육, 명상교육에 이르기까지 민족문화 전승을 위한 체험학습에 다각도의 활인수양 방안을 강구하였다.

고려지눌의 공적영지는 선악염정의 체성이나 집착을 따라 흘러 다니는 동안에도 본성을 잃지 않는 앎을 말한다. 이는 근원적 앎을 깨닫는 것으로 영성힐링을 보여준다. 사람들은 그 근원적인 앎에 미혹되어 나와 내 것을 헤아리지만 모든 것의 공함을 깨달으면 그 생각은 절로 없어진다. 진실한 앎은 모든 인연 속에 있고, 망상은 공하지만 항상 한 성품에 깃들어 있다고 한다.

그러므로 번뇌는 공한 것이므로 끊는 것이 아니라 환히 아는 것이고, 환히 알면 곧 사라져 영성힐링이 되면 심신평안의 고요함 뒤에 밝음이 찾아온다. 미혹할 때에도 알음은 있으나 알음은 원래 미혹하지 않고, 생각이 일 때에도 알음은 있지만 알음에는 원래 생각이 없다. '공적하면서도 아는 것', '생각 없이 아는 것', '미혹됨이 없는 앎'임을 환히 알아야 마음이 병들지 않게 되고 이를 통해 영성힐링이 이루어진다. 구슬이 검게 보일 때도 검은빛은 원래 빛깔이 아니라 그 구슬의 밝은 빛일 뿐이다. 모든 빛깔과 모양에서 빛나고 깨끗하며 원만한 빛만 본다면 그 구슬에 미혹되지 않는 것과 같다.

또한 근원적 앎은 우리 사회를 밝힌다. 개인과 사회는 하나로서 깨달은 자는 존재 일반이고, 또 이는 각각의 상황이나 영역에 서로 영성으로 교감하면서 변화하는 사회의 장을 형상한다. 붓다를 이룬다고 함은 존재 일반이 되는 것이고, 부분이며 동시에 전체라는 뜻을 지니게 되기에 역사와 사회는 하나를 이룬다고 한다. 이는 곧 깨달음의 영성힐링으로 동체대비를 실천하는 것이고, 개체가 전체이기에 전체를 위하는 것이 자신을 살리는 '활인(活人)'으로 작용한다.

명상시, '신작로길'에서 영성힐링을 본다. 그 길은 심신 평안에서 동체대비로 나아가는 신작로가 열린다. 이에 '영성힐링'은 삼명육통을 이루어 성불한다. 전체가 내가 되고 내가 전체로서 '오분법신'을 밝혀 역력고명해 진다. 고요와 밝음이 함께 하는 적멸위락에서 살기에 마음이 아랫목처럼 따뜻하게 '반일정좌' 명상시상을 유지한다.

신작로길

연꽃마을 새길 신작로
오작교 건너 숲으로
고개 너머 마을로

어제 가고 오늘 온
새로 생긴 신작로길
구름 운무 수놓은 길
연꽃 피는 까치마중 길

영성힐링

하늘과 나 호수와 나
한맘으로 조견하니
몽환 허깨비놀이

육안 너머 천안통
혜안 응시 타심상통
법안 자재 숙명신명통
영성힐링 공덕원만자재

오분법신

법신 다섯으로 나누면
지수화풍사대 육단신
표정 알리는 상호신

인과 받는 업보신
넓고 창창한 허공신
홀로 밝아진 역력고명
생사몽 벗은 청정자재신

반일정좌

반나절 조용히 앉은 채로
내면 응시하고 지내면
반나절쯤 이도천명

찌꺼기 남김없이
투영울림 이루기에
고요가 깃든 적멸위락
아랫목 따뜻한 온고지신

명상시 치유힐링 96 **영성충만**

　『도경(道經)』「체도(體道)」에서, '도라고 말할 수 있는 도는 변함없는 도가 아니며, 이름으로 말할 수 있는 이름은 변함없는 이름이 아니다. 이름이 없을 때는 우주의 시작이며 이름이 있을 때는 만물의 어머니이다. 항상 욕심 없음은 그 묘함을 보고 항상 욕심이 있음은 미세하게 움직이는 그 모습을 본다. 이 둘은 다 같은 데서 나왔고 이름만 서로 다를 뿐이며, 그 둘은 같아서 모두 현묘하다. 아무리 알려 해도 알 수 없는 그것은 모든 사물의 현묘함이 들고나는 문이다.'라고 말하며 '자연'을 강조하였다.

　또한 『도경(道經)』「양신(養身)」에서, '세상 사람들은 누구나 미가 되는 것은 언제나 미인 줄 알지만, 그 미란 것이 오히려 추가 된다는 것을 모르며, 누구나 선이 되는 것은 언제나 선인 줄 알고 있지만, 그 선이 도리어 악이 된다는 것을 모른다. 그러므로 있는 것과 없는 것은 서로 생겨나고, 어려움과 쉬움이 서로 이룩되고, 긴 것과 짧은 것이 서로 드러나며, 높음과 낮음이 서로 기울고, 홀소리와 닿소리가 서로 어울리며, 앞뒤가 서로 따른다. 이렇기에 성인은 무위가 하는 대로 맡겨 둔다. 행하되 말로 가르치려 들지 않고, 만물이 이루어지되 말꼬리를 달지 않으며, 낳아주되 갖지 않으며, 되게 해주되 그렇다고 믿지 않으며, 공을 이루고도 연연하지 않는다.'고 말하며, 머물지 않기에 영원할 수 있다고 했다.

　그리고 『도경(道經)』「안민(安民)」에서, '아는 것이 많아 현명하다고 하는 자를 높이지 마라. 그렇게 하면 백성이 다투지 않게 한다. 얻기 힘든 재물을 귀하게 여기지 않으면 백성들이 도둑질을 하지 않게 되며, 지나친 허욕을 보여주지 않으면 백성들의 마음이 문란하게 되지 않는다. 성인이 세상을 다스리며 마음을 비우게 하며, 배를 부르게 하고, 허영을 약하게 하며, 몸을 튼튼하게 한다. 지식을 앞세우지 않게 하고, 욕심을 부리지 않고, 아는 자들이 턱없는 일을 저지르지 못하게 한다. 무위정치를 하면 다스리지 못할 것은 없다.'고 했다.

깨달음은 하늘 높이 뜬 달과 같아 영성충만으로 세계를 비추는 이타적인 실천으로 구현된다. 깨달은 큰 지혜가 홀로 밝게 드러나면 천 백억 화신을 나타내어 시방세계 중생들의 근기에 맞추어 감응하니, 그것은 하늘에 높이 뜬 달이 모든 강물에 두루 나타나는 것과 같다고 할 것이다. 이같이 응용이 무궁하고 인연 있는 생명을 두루 제도하여 오직 즐겁고 근심이 없으니 크게 깨친 세상에서 존귀한 세존이 된다. 깨달음은 영성 충만으로 연기적 존재로서 구체적 상황과 역사에 적용되는 실천이다. 깨달음의 '영성충만'은 역사적 현상들의 상호 간에 형성된 인과관계나 법칙성을 파악하고 진리 결단을 통해 사회적 안목을 행사하며 역사의식으로 역사에 동참한다. 역사적 실천도 깨달음의 인식 위에 이루어진다.

지눌은 공적영지의 깨달음을 주장하여 비실재와 실재를 아우르는 자성을 말했다. 텅 비어 있으면서 항상 신령하게 밝게 아는 '앎'을 강조하였다. 깨달음과 보리군생의 역사 실천은 상보적인 관계이자 동시적인 존재양태이다. 지눌의 돈오점수는 깨달음 차원과 역사차원을 동시성으로 말한 것으로, 돈오는 깨달음이고 점수는 역사실천이다. 깨달음의 영성충만에 의지해서 동체대비 자비와 차별지에 의한 보리군생을 실천한다. 동체대비의 자비는 단박에 얻어지지만 보리군생을 향한 신통력의 발현은 점차로 이루어진다.

비록 영성충만으로 참된 이치를 깨달았다고 하더라도 진리의 힘으로 삶의 순간마다 스스로 알아차리고 더욱 밝혀야 세상을 변화시키는 원동력으로 작용할 수 있다. 영명한 앎은 일진법계를 이루기에 마음은 참을 드러내고 사대육신은 법신으로 전환된다. 깨달은 자는 오온으로 자신을 삼지 않고 우주근원의 앎을 심체로 삼고, 일진법계를 몸으로 삼는 비로자나불로 전환된다.

명상시, '월광유수'는 달빛 내면으로 들어가 신심을 분발시키는 십우도가 됨을 말하며, '영성충만'은 생멸너머 적멸위락의 깨달음을 열어 구하던 구방심이 쉬고 절로 신명나는 휴거이다. 폭포가 바로 떨어지는 '폭포직수'처럼 텅 빈 충만이 향상일로에 있음을 시사한다. 조주선사 열반에 맞추어 항상 붓다를 바라본다는 「일면불월면불」 화두를 선보임은 명상시, '찬란변신'처럼 일진법계를 몸으로 삼는 비로자나불과 둘이 아님을 활인수양 차원에서 포효함이라고 할 것이다.

월광유수

월광타고 들어가다 보면
마주하는 무지개 저편
자기 자신 쌍벽 이뤄

월광내면 지켜보며
달빛 아래 춤추다보면
탐진치 신심분발 십우도
심신치유 영성힐링 쌍절로

폭포직수

곧은 절벽 바로 떨어지는
웅장한 기상 폭포직수
높이나 폭 관심 없네

금잔화나 인가 끊긴
한밤 솟구친 진심직설
계절 주야에 아랑곳없이
텅 빈 충만 향상일로 이뤄

영성충만

생멸상너머 적멸위락
아란나행 향유하며
무심천 영성충만

청정자심 고요로
분별망상 벗어보니
이리저리 찾던 구방심
절로 멈춰 휴거헐거로세

찬란변신

사라지는 모습 아름다운
어둠 속 빛나는 얼굴
해님얼굴 달님얼굴

조주선사 열반전날
일면불월면불 일갈에
제자 깊은 뜻 헤아리고
하루 남은 임종 알아차려

명상시 치유힐링 97 Simple and straightforward

임제대사(臨濟大師) 이르되, '사대(四大)는 법을 설하거나 듣지 못하며 허공도 법을 설하거나 듣지 못하나니 다만 그대의 눈앞에서 역력히 홀로 밝아서 형상할 수 없는 것이라야 비로소 법을 설할 줄도 알고 법을 들을 줄 안다.'라고 법문하시니 형상할 수 없는 것은 이 모두가 붓다의 법인(法印)이자 본래마음이기 때문이다. 어떤 것이 붓다인가? 귀종화상께서 이르시되, '내가 지금 그대에게 일러주고자 하지만 그대가 믿지 아니할까 염려 하노라.' 스님이 이르되 '화상께서 하시는 진실한 말씀을 어찌 감히 믿지 아니 하오리까?' 대사께서 이르시되 '그대가 붓다니라.' 스님이 이르되, '어떻게 보림(保任) 하오리까?"

대사께서 이르시되 '눈에 흐려짐이 있으면 허공 꽃도 어지러이 흩어지며 떨어지나라' 하신다. 그 스님은 이 말씀에 단박 깨닫게 되었다. 실제로 '헛된 마음이 없는 무심이란 다만 마음 가운데 번뇌를 모두 내보낸 것이다.'라고 하였다.

명상체험에는 보살 서원이나 발원, 공덕을 공유하거나 회향한다. 그 대표적 '이행문(易行門)'이 정토신앙과 염불로서, 『무량수경』에 48대 원력으로 드러난다. 『무량수경』 48 원력 가운데 18원은 '제가 시방의 어떤 중생이든 지극한 마음으로 저의 불국토를 믿고 좋아해 제 국토에 태어나고자 한 사람이 아미타불을 열 번 불렀는데도 그들이 모두 제 국토에 태어날 수 없다면 저는 부처가 되지 않겠습니다.'이다.

또한 임명종시에 아미타불 명호를 10염을 하면 왕생극락한다는 것으로, 『무량수경』 48대원의 대표적 언구이다. 더 나아가 같은 정토경전, 『관무량수경』에는 사악한 악인이라도 '나무불'이라고 열 번만 소리 내어 부르면 극락세계에 왕생할 수 있다고 한다.

또한 『법화경』「방편품」에는 만선성불(萬善成佛)이 등장한다. "만약 누군가 산란한 마음으로 붓다탑묘에 들어가 한 번이라도 '나무불' 이라하고 부른다면 이 사람은 이미 불도를 성취한 것이다."라고 했다. 대승 경전에 드러난 구제사상이나 보살정신에는 염불로 칭명만 하여도 극락세계에 왕생하거나 불도를 성취할 수 있다고 한다. 이러한 타력은 중생이 쉽게 실천하는 '이행문(易行門)'의 요소를 갖추고 있다.

이 이행이 성경에서는 타력 구원으로 나타난다. 성경에서 세례 요한은 낙타 털옷을 입고 허리에 가죽 띠를 두르고 메뚜기와 들꿀을 먹으며 살았다. 그는 사람들에게 이렇게 외쳤다. '나보다 더 훌륭한 분이 내 뒤에 오신다. 나는 몸을 굽혀 그의 신발 끈을 풀어 드릴 만한 자격조차 없는 사람이다. 나는 너희에게 물로 세례를 베풀었지만 그 분은 성령으로 세례를 베푸실 것이다.' 그 무렵 예수께서는 갈릴래아 나사렛에서 요르단강으로 요한을 찾아와 세례를 받으셨다고 전한다. 여기까지는 유대인이면 드물지 않게 경험하는 세례 이야기다. 세례를 베풀고 받는 일은 완전히 일상을 초월한 사건은 아니며 원하는 대로 언제든지 경험하는 사건이다.

뒤이어 일어난 사건은 전혀 예기치 못한 특별 영성 체험이었다. 그리고 물에서 올라오실 때 하늘이 갈라지며 성령이 비둘기 모양으로 당신에게 내려오시는 것을 보셨다. 그때 하늘에서 '너는 내 사랑하는 아들, 내 마음에 드는 아들이다.' 하는 소리가 들려왔다. 단 두 절로 묘사된 별 것 아닌 사건 같지만, 이 사건이 인류사에 영향을 미치는 기독교 시원(始源)으로서의 예수의 영성 체험이다. 예수가 세례를 마치고 강물에서 올라 올 때, '하늘이 갈라지며', '비둘기 모양의 성령이 그에게 내리고', '의미심장한 음성이 들려왔다.' 이 대목은 결정적이고 중요하기에 마르코뿐만 아니라 복음서를 살펴볼 필요가 있다. '예수께서 세례를 받으시고 물에서 올라오시자 홀연히 하늘이 열리고 하느님의 성령이 비둘기 모양으로 당신 위에 내려오시는 것이다.

그때 하늘에서 이런 소리가 들려왔다. 이는 내 사랑하는 아들, 내 마음에 드는 아들이다.' 사람들이 세례를 받고 있을 때 예수께서도 세례를 받으시고 기도하고 계셨는데 홀연히 하늘이 열리며 성령이 비둘기 형상으로 그에게 내려오셨다. 하늘에서는 '너는 내가 사랑하는 아들, 내 마음에 드는 아들이다'하는 소리가 들려왔다. 요한은 또 증언하였다. '나는 성령이 하늘에서 비둘기 모양으로 내려와 이분 위에 머무르는 것을 보았다.' 마르코와 마태오 그리고 누가의 세 공관(共觀)복음서 기자(記者)들은 영성 체험을 두 절로 묘사한다. 요한복음서는 한절로 세례 요한의 증언을 전달하는 형식을 취하며 간명직절하게 영성체험을 묘사한다.

명상시, '성산일출(Sunrise in Seongsan Mountain)'은 세계자연유산으로 등재한 성산에서 초봄 멋진 유채 풍광을 보게 되니 명불허전의 제주도임을 확인한다. 스티븐 잡스가 한창 일할 때, 췌장암에 걸린 심경을 고백했다. 몇 개월밖에 안 남았으니 작별 인사를 하라는 주위 전언에 고별인사를 이렇게 빨리 해도 되는지 반문했다. 그는 명상을 간단명료하고 직선적으로 밝히고자 명상시, '간명직절(Simple and straightforward)'에 표현한 것처럼, '단순 명쾌함'으로 풀이했다. 명상과 일상을 분리하지 않으려는 의지 표명이다. 명상시, '부평초엽(The leaves of duckweed)'처럼 스르르 쓰러지는 생명이라도 그 생명에 청정법신이 함께 작용하고, 상락아정 '열반사덕'이 함께 작용하니 인연 세계가 무상, 무아, 고통으로 점철되어 있다고 하더라도 열반과 일원상을 이루기에 매 순간 '법고창신(Review the old and learn the new)'의 정신으로 알아차리며 살아간다.

Sunrise in Seongsan Mountain

A beautiful view of the sun
Sunrise in Seongsan, Bamboo leaf with grasses
Elegant Guardian of Light Beach

List of World Natural Heritage Sites
A lovely early spring rape
A ninety-nine-year-old rock peak
Definitely a symbol of Jeju Island

Simple and straightforward

Steve Jobs's comment from the Meditation
It's simple and straightforward
It's free from the ambiguity

In the case of delirious gloominess
It's easy to do it on the left and right
We can't concentrate on its simple idea
To be simpleand straightforward in daily life

The leaves of duckweed

The rootless foliage of duckweed
If water gathers, spring flowers would blossom
You don't have to worry about the sunset

The bad reeds are shaking
If it's deep-rooted, even if the bottom is cut off
It'll make you stay fresh on a spring day
It's bodily mental curing and spiritual healing

Review the old and learn the new

Let's change the old one
If you make a new one on the background
The time boundaries collapse

If you take it inside
From out of the old shackles
If you get the new law right
Disappeared from the old and new boundary

명상시 치유힐링 98 Penitentiary

　　최고의 인간능력은 이성에서가 아니라 영성의 '관조(nous)'에 달려 있다. 활동으로도 변형될 수 없다. 말을 수단으로 하여 내면에서 진행되는 자아와의 대화라는 관조의 경험 자체를 방해하고 불가능하게 만든다. 노동이 공적 영역을 차지하는 한, 진정한 공공영역은 존재할 수 없으며 사적 활동만이 존재할 뿐이다. 제작과 사용의 실용적 도구주의가 척도가 될 수 없다. 행위의 계시성은 타인과 함께 존재하는 곳에서 전면적으로 그 모습을 드러낸다. 행위에는 행위와 함께 행위자를 드러내는 경향이 존재하기에, 필요한 것은 지혜 밝음이 가능한 활인수양 영역에서 이루어진다.

　　행위자는 언제나 행위를 하는 다른 존재들 사이에서 그들과 상관연동으로 움직이기에 그는 단순한 실행자일 뿐만 아니라 고통을 함께 받는 자가 되는 셈이다. 기적은 새로운 인간 탄생과 새로운 시작, 즉 인간이 거듭남으로써 가능해진다. 21세기 인간 실존 위기는 자연 재난과 전쟁의 위협이었다. 인간이 인간답게 살 수 있는 조건 자체가 위기에 처했다. 한나 아렌트(Hannah Arendt,1906-1975)는 그녀의 저서, 『인간조건』(The Human Condition, 1958년)에서 조건의 가능성 자체가 위협받는 상황에서 기술문명에 대한 철학적 성찰을 통해 전체주의 논리에 영혼이 식민지화되지 않고 가능한 실존의미를 모색하기 위해 공론 영역을 확장해야 한다는 주장을 살려냈다.

　　명상이든 염불이든, 간경(看經)이든, 주력(呪力)이든 그 어떤 수행법이든 전미개오

(轉迷開悟), 이고득락(離苦得樂)을 위한 평등방편이다. 진리에는 차등이 없으니, 법 문제가 아니라 사람이 문제다. 또한 『능엄경』에서는 "근원으로 돌아가는 성품은 두 길이 없으나 방편 따라가는 길에는 여러 문이 있다."고 한다. 해탈경지라는 목적지는 똑같지만, 그곳에 이르는 수행방법에는 다양한 방법이 있음을 시사한다. 이 점을 『법화경』에서는 이렇게 언급한다.

'모든 부처님은 방편의 힘으로 일불승(一佛乘)에서 삼승(三乘)을 설한 것이다.' 붓다는 일불승만을 위함이지만 중생을 이끌기 위해 삼승 방편을 시설한다. 이는 곧 '이승(二乘, 성문승과 연각승)'이 하열(下劣)하다는 측면이 아니라 방편설이라는 점을 강조하고 있음이다. 명상을통한 깨달음의 길이 여러 갈래이듯, 그 여러 길은 방편이며 그 목표인 깨달음이 일승이다. 이것이 바로 『법화경』에서 언급한 '삼승방편(三乘方便)이자 일승진실(一乘眞實)'이다.

예수체험은 영성체험이다. 밖에서 성령이 왔고 밖에서 음성이 들려온 계시체험이다. 예수의 계시체험으로부터 기독교는 계시종교가 된다. 계시체험이 예수를 단박에 바꿔놓는다. 체험 직전까지 일상적이고 세속적 삶을 살았고 이 체험 직후부터 영성적 삶을 살아간다. 예수의 삶은 체험을 기점으로 사(私) 생활과 공(公) 생활로 구분된다. 예수는 이 체험 직후 혼자만의 시간을 갖는다. 그는 사십일이라는 긴 시간 단식까지 감행하며 깊은 숙고에 들어간다. 이 부분에 대해 마르코의 보고는 매우 간단하다. 그러나 마태오와 루가는 좀 더 자세한 기록을 남긴다. 그 뒤 성령이 예수를 광야로 내보내셨다. 예수께서는 사십 일 동안 그 곳에 계시면서 사탄에게 유혹받으셨다. 그동안 예수께서는 들짐승들과 함께 지내셨는데 천사들이 그분의 시중을 들었다.

그 뒤 예수께서 성령의 인도로 광야에 나가 악마에게 유혹받으셨다. 사십 주야를 단식하시고 나서 몹시 시장하셨을 때 유혹하는 자가 와서 '당신이 하느님의 아들이거든 이 돌더러 빵이 되라고 해 보시오.'하고 말했다. 예수께서는 "성서에 '사람이 빵으로만 사는 것이 아니라 하느님의 입에서 나오는 모든 말씀으로 살리라.'라고 하지 않았느냐?"고 대답했다.

그러자 악마는 예수를 거룩한 도시로 데리고 가서 성전 꼭대기에 세우고 "당신이 하느님의 아들이거든 뛰어내려 보시오. 성서에, '하느님이 천사들을 시켜 너를 시중들게 하시리니 그들이 손으로 너를 받들어 너의 발이 돌에 부딪히지 않게 하시리라.'고 하지 않았소?" 하고 말하였다. 예수께서는 '주님이신 너의 하느님을 떠보지 말라'는 말씀도 성서에 있다.'하고 대답하셨다. 악마는 아주 높은 산으로 예수를 데리고 가서 세상의 모든 나라와 화려한 모습을 보여주며 '당신이 내 앞에 절하면 이 모든 것을 당신에게 주겠소.'하고 말하였다. 그러자 예수께서는 "사탄아, 물러가라! 성서에 '주님이신 너희 하느님을 경배하고 그분만을 섬겨라.'라고 하시지 않았느냐?"라고 대답했다.

악마는 물러가고 천사들이 와서 예수께 시중들었다. 예수가 체험 직후 단식과 함께 장기간의 깊은 숙고를 결행했다는 점은 그의 성령체험이 충격적이었음을 말해준다. 그 숙고의 끝에서 예수는 사탄으로부터 경제적, 종교적, 정치적 유혹을 받고 이를 단호하게 물리쳤다.

'아오모리(Aomori)' 명상시에 나타나듯이, 아오모리는 사슴탕에서 휴양을 취하며 심신치유에 적합한 곳이다. 명상의 마음가짐으로 필수요소는 매사 성심으로 임하는 '참회발원(Penitentiary)'이다. 이는 업장소멸을 발원하고 신심으로 참회하는 것을 말한다. 또한 적과 동침하는 '오월동주(All in the same boat)'에서 안심안인은 자타일시의 영성 충만에 따른 진여현전으로 드러난다고 말한다. 아울러 탐애 분노의 세 독소의 무명을 벗고 '안심입명(The Calm resignation)'의 진여현전에 들어갈 수 있는 근거는 공덕 회향으로 그 공덕에 의해 진여현전으로 노사나불 친견이 이루어져 업에서 벗어나진다.

Aomori

Aomori, the northernmost part of Honshu,
Hokkaido across the Channel
Heaven bath, Deer bath Sunset gate

Carbon dioxide-based hot spring network
An airy circulation with wind looking
Open-air bath with beautiful natural scenery
It's bodily mental curing and happily spiritual healing

Penitentiary

With the utmost devotion and repentance
Swallowing down on the whole karmas
Making a vow with thankful mind

A passion for a sincere heart
With our earnest sober desire
It reminds us of a causal attempt
A sincere heart to the lawlessness

All in the same boat

All in the same boat in the sleeping with an enemy
The different dreams in the same seat
It's difficult to expect the same mercy

In critical despair
Even the soul calms down
By the search for a rock shelter
It's the dependence on spiritual power

The Calm resignation

A peace of mind in conformity with fate
One's fortune-telling for good life
There's the middle between them

I'll take off my greediness
It's the way to be free of one's karma
In the place of meeting the Nosana Buddha
A life-activating with team spirit as the supplement

명상시 치유힐링 99 The mental and physical healing

개체 생명과 우주 생명계합이 직지무심이며 이 묘리를 실천함이 동아시아 시민성의 새 길이다. 동아시아 시민성에 대한 믿음을 원인으로 삼고 우주생명 용현을 결과로 삼는 공덕을 생명골수로 확립함이 직지무심이다. 만물을 포용하고 지탱하는 묘법이 동아시아 시민성에 있음을 파악하는 공공실천의 실학이다. 유한자기를 벗어나 우주생명과 공공작용으로 힘을 발휘한다. 개체 생명의 자력과 우주 생명의 타력을 분리하여 치우치는 자세를 가다듬어 공공무심으로 돌아간다. 동아시아 시민교육이 협동학습 활동과 교육훈련을 통해 교육공동체 형성이 가능하다. 공공단체와 언론기관, 민의 자발적 참여에 의한 상호 협조체제 구축은 동아시아 시민교육의 발전 과제이다.

자발적 참여자를 대상으로 연대성을 확장한다. '공공이익에 대한 상호고려의 규범'이라는 사유형식이 동아시아 시민으로서 공유할 수 있는 기본 틀이라고 할 것이다. 염불과 선의 결합은 '염불선(念佛禪)', '선정일치(禪淨一致)', '선정쌍수(禪淨双修)' 등으로 칭명명상이다. 불교사적으로 오조홍인(601~674)의 제자 가운데 선집(宣什)은 '남산염불문선종(南山念佛門禪宗)'을 개창하여 염불선을 전개하였다. 또한 자주 지선과 제자 처적에게서도 염불선을 전해주었다. 하지만 염불과 선의 일치나 결합은 당나라 말기 영명연수(永明延壽, 904~975)에 본격적으로 시도되어 명나라 때는 주된 수행법이었다.

삼매에 들기 위해 염불을 도입한 사람은 무상대사, 그 다음으로 염불을 수행방식으로 도입한 선도화상, 선과 염불을 결합해 화두로 삼은 허운 등이다. 염불을 선에 도입한 신라인 무상(684~762)대사는 신라 성덕왕의 셋째 왕자로서 44세에 당나라에 들어갔다. 무상은 선종의 일파, 정중종의 개조(開祖)이며, 무상의 선사상이 티베트에 처음으로 전해졌다. 무상에 관한 기록으로 규봉 종밀(780~841)이 저술한 『중화전심지선문사자승습도』와 『송고승전』이 전한다. 이후 둔황에서 『역대법보기』가 발견되어 이전 기록만으로는 알 수 없었던 무상대사의 모습이 드러났다

무상대사는 매년 12월과 정월달에 사부대중에게 계를 주었다. 그는 엄숙하게 도량을 시설하여 스스로 단상에 올라가 설법하고, 먼저 소리를 내어 염불하도록 하고, 마음을 다하여 집중해 소리가 가늘어지면서 끊어지려는 무렵, 삼매에 들어 무념경지에 들게 하였다. 무상은 중생을 교화하는 방편으로 염불을 도입했다. 무상대사는 삼매에 드는 방편으로 염불을 활용하였다. 붓다를 염함으로 자신의 청정한 불성을 자각토록 하는 데, 접근하기 쉬운 염불을 방편으로 삼았던 것이 무상대사가 주장하는 인성염불(引聲念佛)이다.

미국 노스캐롤라이나에서 극동별을 볼 수 있는 곳이 명상시, '아웃뱅크(The Outbank)'이다. 이곳은 라이터형제가 첫 비행을 한 곳으로이다. '심신치유(The mental and physical healing)' 명상시는 의사의 몸 치료와 달리 인성염불처럼 청정무구 진여현전을 가능케 한다. 일만 강물 위 달이 비친 것도 한 달님이 하늘에 휘영청 밝음을 쏟아 붇는 '일리만수(A phenomenon of logic)' 이치로서 담아낸 명상시에 드러나듯, '한' 이치가 수많은 기의 차별상으로 말미암아 달리 보이더라도 만법 평등한 평등성지로 귀착된다고 할 것이다.

The Outbank

The blue crab together with the blue sea
The first flight of the Lighter brothers
A Kitihak sand dunes

A cool sea breeze
A Seafood with a lot of seafood
There's Special Yogurt ice cream
There shines a North Carolina Far East Star
It's bodily mental curing and spiritual healing

The mental and physical healing

To get out of the living memorandum of 'I'
Without being stained in relative boundary
I could stay without staying

A spotless exhibition of the Suchness
It's a big welcome with two hands wide open
Being disappeared with hatred and resentment
Mental and physical healing comes of my own accord

A phenomenon of logic

If you go south, you can see the moonlight
You can see the moonlight in the north
There's only a moon in the sky

Above the ten thousands river
The moon takes pictures of itself
The one moon in the blue sky window
The reflected moon is a phenomenon of logic

명상시 치유힐링 100 The mental and physical peace

　　중국 선종사찰의 당우 벽면에 붙어 있는 공통적 화두가 전한다. 바로 '염불시수(念佛是誰)'이다. 현재 중국 스님들은 간화선적 화두를 들지 않는다. 염불시수를 대표 화두로 간(看)하고 있다. 간화선의 대표적인 화두가 '무자(無字)' 화두이듯 염불선의 대표적인 화두는 '염불하는 자는 누구인가?'라고 하는 '염불시수(念佛是誰)'이다. '아미타불을 염하고 있는 자의 근본 마음자리가 무엇인가?'를 염념상속(念念相續)으로 알아차리려고 하는 것이다.

　　허운(虛雲)은 1940년, 푸젠 성 천주 출생으로 산에서 출발해 오태산까지 3년간 3보1배 한 후, 불교국가를 순례하고 귀국하였다. 1895년 허운이 56세 때, 강소성 고민사(高旻寺)에서 깨달았 19세 출가하고 20대에 용천사에서 여러 소임을 보았고, 몇 년간 숲속에서 홀로 고행하였다. 30대에는 각지의 선지식을 찾아다니며 경론을 두루 보았다. 43세 무렵 푸퉈다. 60대 후반, 축성사와 화정사를 창건했고, 대각사를 포함하여 여러 선종사찰을 복원 불사하였다. 1954년 115세, 허운은 강서성 영수현 진여사(眞如寺)에 주석하면서 허물어진 당우를 불사하고 도량을 정비하였다, 1959년 이곳에서 입적하였다. 다음은 허운 선사의 법문이다. '초발심을 일으킨 자가 참선을 하며 화두를 간(看)한다면, 바로 '염불하는 자가 누구인가?'를 보십시오. 여러분 스스로 묵연한 마음으로 몇 번 소리 내어 아미타불을 하고 나서 '이 염불하는 자는 누구?'라며, '이 한 생각은 어디서 일어나는지?'를 보십시오.'라고 했다.

'염불시수 네 글자 가운데 가장 중요한 것은 '수(誰)'이며, 나머지 세 글자는 그것을 늘려 말한 것에 지나지 않는다. '옷 입고 밥 먹는 자는 누구인가?', '변소에서 볼일 보는 자는 누구인가?'라든가, '번뇌를 타파하려는 자는 누구인가?', 혹은 '알고 느끼는 자는 누구인가?'라고 해도 마찬가지이다. '누구인가(誰)?'라는 화두야말로 실로 참선의 묘법(妙法)이니, 언제 어느 때 무엇을 하든 간에 '누구인가' 하나를 들면 곧 쉽게 의정이 일어난다.

서 있든 걸어가든 앉아 있든 누워 있는 어떤 행을 행하든 간에 이 '누구인가?' 그 하나를 궁구하라.'라는 누군가라고 하며 의문을 제기하는 명상이다. 허운법문에서 본 대로 염불시수가 발전한 것에는 많은 이들이 아미타불을 염하기 때문이었다. 중국은 당나라 말부터 여러 교종은 쇠퇴하고 겨우 명맥만을 유지했으나 선종과 정토종이 크게 교세를 떨치었다.

선수행자이지만 아미타불을 염하는 이들이 많다보니, 중국에서 염불과 선의 결합은 자연스럽게 시대적으로 도출된 명상법이다. 명상시, '퀘백시민(A citizen of Quebec)'에서는 캐나다에서 거듭 난 파리의 시민들이 자긍심을 일깨우고자 성채마다 도깨비공연을 하고 울긋불긋 단풍잎 쌓아 캐나다를 표상하고, 메이플 시럽으로 활용한다.이에 따라 생사의 꿈을 벗어나는 것에 대한 명상시, '심신평안(The peace of mind and body)', 반면에 심신이 불안하고 병고에 시달린다면, 그것은 '탐착이성(An attached reason)'에 그 원인이 있다. 생사고통이 종식되고 마침내 적멸이 즐거움이 되는 전환을 이룬, '자재법락(The pleasure of dharma for freedom)'에서 환희를 맛본다고 할 것이다.

A citizen of Quebec

St. Lawrence River's Gorge
The gypsophila has been rising
In mist of Highlands of North America

A reformed Parisian

to awaken their pride
A performance of goblins in every castle
It's full of colorful maple leaves to their surprise

The peace of mind and body

If it's the source of purified dharma body
Four Bodies of earth, water, fire, air
Facial expression, notification body

Causal retribution in karma body
Shouting loud body, breathing in the air
A solitary and bright, a high-profile figure
The peace of mind and body from life and death

An attached reason

A spectacular life-threatening landscape
The Green leaves are thick
A Great Spring Scenery

Addictive as an attached reason
He has left his original nature face
For recovering from our carelessness
It's necessary to heal as meditative poems

The pleasure of dharma for freedom

As a way of methode as a father
With a wisdom as a mother
For mercy as a daughter

For devoted belief as a son
Now we've achieved family harmony
As Yuma Geosa's view of achieved freedom
The pleasure of dharma for freedom as Nirvana

명상시 치유힐링 101 The spiritual healing

　　영성힐링을 동학의 명상 실천에서 보색하게 되면, 동학의 공공행복 가치의 실천화 용을 위한 상호공경의 실천양식은 공공행복 가치를 구현한다. 동학의 공공행복 가치 구현을 위한 실천양식은 이념으로부터의 인간해방과 자유의 생명가치 실현을 목표로 삼아 생명치유를 가능하게 한다. 동학은 지기(至氣)·기화(氣化)의 상통으로 '우주신인' 의 공공전망을 새롭게 밝힌다.

　　'내유신령·외유기화'의 내외상통의 공공행복(公共幸福)을 향유하면 안으로 행복하 고, 밖으로 번창할 것이다. 까다롭고 심술궂고 비애(悲哀)에 잠기고 신경질적 사람들 의 반응으로부터 자신의 행복을 방어한다. 스스로의 영성으로 허용하지 않는다면, 그 누구도 자신을 근원적인 불행으로 전락하게 할 수는 없다. 행복은 규칙적으로 명상함 으로써 수심정기로 창출된다.

　　무지한 사람들은 동물처럼 불행을 초래하는 원인들을 재빨리 제거하지 못한다. 독 버섯을 피하듯 험담을 피한다. 다른 사람들의 미덕에 대하여 드러내는 습관을 계발한 다. 선한 생각들은 사람의 미덕을 끌어들인다. 악한 생각은 악을 유인하기에 한 생각 일어나기를 제대로 알아차려야 된다.

　　동학의 무극대도는 '한(Han)'에 연원을 두고 풍류도의 신명을 계승한 가운데 유 교의 수양, 불교의 수도, 선도의 연단을 영성충만으로 회통시킬 수 있기에 한울님의 마음과 내 마음(吾心則汝心)이 상통하는 공공작용으로 나타난다.

또한 영성힐링을 '심우도'에서 모색하면, '도지통명(道之通明)'에 가깝다. 도가 밝아진 후천세상이 도래함이다. 동자가 신선으로 바뀌면서, 소가 갇혀 있던 공간에 선녀들과 불로초로 장엄하게 피어나고 학들이 노닐게 된다. 도지통명은 정신계와 물질계를 비롯한 천지인삼재가 영성으로 회통하고 인간은 지상의 신선이 되며 후천개벽의 선경세상으로 바뀌기에 힐링으로 자유롭다. 고통 치유와 의식 확장을 통한 개아초월은 수행과 삶의 일치로 활인수양으로 나아간다.

소를 찾고 구도하던 목동이 사라진 것은 주객 분리 이전의 신선도가 후천개벽으로 열렸음을 의미한다. '켄 윌버(Ken Wilber)'의 '의식의 스펙트럼' 관점에서 바라보면, '우주마음 수준'에 이르렀음이다. '근원으로 돌아오기 위해 많은 걸음을 걸어왔다. 이제 강은 온전해지고 꽃은 붉게 물들었다.

동자가 흰 소를 찾고 도를 통하여 신선(神仙)이 된다. 백우(白牛)의 '백(白)'자는 인선(人仙)이고 사람이 산과 결합하여 신선의 '선(仙)'이 됨이다. '산(山)'은 원래 모양으로 삼신(三神)이 한자리에 함께 자리 잡은 모양이다. 심우도 공공작용 근거로서 흰 소를 찾는 연유이다. 개벽 후 후천세상은 지상선경에서 신선이 사는 사회이다. 신선은 무병장수하고 지혜가 충만하며 용력을 마음대로 발휘하고 활연관통하기에, 인존의 생활실화가 구현된다. 지상천국에 살려면, 지상신선으로 바뀌어야 하며, '무자기(無自欺)'를 통한 정신개벽이 이루어진다. '무자기의 정신개벽'을 '의식개혁'이라 한다면, '지상신선 실현의 인간개조'는 몸과 마음을 아우르는 '전인개벽'일 것이다. 이 두 개벽을 성취할 때, 인존구현이 이루어져서 '지상천국건설의 세계개벽'이 생활실화(生活實化)를 이룬다고 할 것이다.

개벽은 낡은 질서의 종말이다. 천지개벽을 하였다. 곧바로 지상천국이 되는 것은 아니다. 신적 권능과 인간 역할이 공공작용을 일으켜야 된다. 개벽사회는 인존구현의 신선 사는 사회이다. 신선 양생은 정신을 양육하여 통전체험에 이르는 양신(養神) 양생과 신체를 돌보아 건강한 삶을 유지하는 양형(養形) 양생으로 구분된다. 이는 구천상제의 제생의세로 발전하여 의술을 통한 기층구제를 이루게 되면서, '선천인'에서 '후천인'으로 탈바꿈한다. 환골탈태는 주문봉송과 상관연동으로 나타난다.

생활실화는 십우도의 마지막 두 단계, '반본환원(返本還源: 근원으로 돌아감)'과 '입전수수(立廛垂手: 시장바닥에 들어가 손을 드리움)' 단계이다. 이는 '미도선(尾塗禪)'으로 집약된다. '뿔을 인 머리'와 '털옷을 입은 가슴'의 소를 넘어 '꼬리를 끄는 온몸'으로 체화한다. 털옷을 입고 뿔을 이었지만 시장거리로 달려간다. 보살실천을 위해 저자거리로 나가서 타자와 함께 살아간다. 타자를 위한 소가 되어 타자의 밭을 갈고 짐을 나른다. 보살실천 몰입심경을 이렇게 묘사한다. 학의 다리가 비록 길지만 자르려 하면 근심이 되고, 오리의 다리는 짧지만 이으려 하면 걱정이 된다.

발우는 자루가 필요 없고 조리는 새는 것이 마땅하다. 만물은 본고장 것이 좋다. 양식은 풍부하고 땔감 또한 많아 이웃이 풍족해진다. 이처럼 학의 다리가 길면 긴 채로 놓아두고 오리 다리가 짧으면 짧은 채로 그냥 두면 걱정이 사라진다. 사물은 마땅히 있어야 할 곳에 있으며, 타자와 더불어 살아가는 것이 '본분지사'이다. 타자본위로 삶을 살아가는 것이 생활요체이다. 본 자리로 돌아간다는 뜻은 초심으로 돌아감이다. 실화이전, '인우구망(人牛俱忘)'으로 자타를 몰록 잊고 일원상(一圓相) 형상으로 '전체즉진(全體卽眞)'을 이룬다.

우리는 명상시, '신작로길(A New Road)'에서 심우에 나타난 영성힐링을 바라본다. 그 길은 심신평안에서 동체대비로 나아가는 신작로이다. 이에 따른 '영성힐링(A spiritual healing)'은 삼명육통을 이루어 마침내 대원경지에 든다.

전체가 내가 되고 내가 전체이기에 '오분법신(The Five body of truth)'을 밝혀 역력 고명해진다. 고요와 밝음이 함께 하는 적멸위락으로 살아가기에 마음이 아랫목처럼 따뜻하여 '반일정좌(Sitting still for a half a day)'를 이어간다.

A New Road

Lotus Village across the crows bridge
New Road Into the brush woods
To the village over the hill

The road of yesterday and today
It has changed to a new bridge road

A path embroidered with colored clouds
A lotus-blooming road of the crows waiting

A spiritual healing

The sky and me, the lake and me
Watching them with my eyes on
As Dreamy goblin game

The eyes of the sky beyond a naked eye
Staring at each other's mind of wisdom eye
The divine destiny through freedom of dharma eye
The spiritual healing from all merits for public virtues

The Five body of truth

Being divided into five bodies of truth
The physical body of Four Great
The body of mutual expression

A successful karma body
A wide and bright empty body
A solitary brightening body of history
The clean dharma body Without life and death

Sitting still for a half a day

In the motion of sitting still for a half a day
If I would stay to stare at the inside
Knowing the Tao in a half-day

Without leaving any residue
To achieve a clear projections
The Road of the Stillness of Silence
Specially warm-hearted place of the lower

명상시 치유힐링 102 The spiritual fulfillment

우리가 참됨과 거짓됨의 두 문을 세우지만 그것이 따로 별개의 것이 아니다. 참됨은 진여문이고 거짓됨은 생사의 문이다. 진리와 거짓이라는 두 문을 이해하기 쉽게 세우지만 실은 하나인데 바라보는 방향에 따라 두 개로 보일 뿐이다. 거짓됨을 바로 잡아 참됨으로 나아갈 수 있게 해야 한다. 진여가 따로 있고 생사가 따로 있는 것이 아니라 어느 쪽에서 바라보느냐에 따라 진여이고 생사이다.

부처가 따로 있고 중생이 따로 있는 것이 아니다. 일심의 하나이다. 둘이 아닌 이 자리에서 모든 사물은 영성으로 충만한 것이며 그것은 조금도 헛되지 않아 그 스스로 모든 것을 환히 아는 까닭에 마음이라 한다. 마음은 일심으로 물들기 전의 마음을 지칭한다. 일으키는 이 마음을 잘 알면 진리의 문에 들어갈 수 있다. 감산 덕청이 끊임없이 생각했듯이 우리도 명상을 통해 조용히 관조하고 생각을 정돈하면 진리세계, 깨달음 세계, 일심세계로 들어갈 수 있는 길이 열려 있음을 십우도를 통해 확인수양을 확인한다.

마음의 소를 찾아 나서는 '심우도'는 동자가 소를 찾아 좁고 험한 산길을 지나가는 모습을 보여준다. 소의 뒷모습을 본 동자는 가야할 길이 험난한 줄 알면서도 절대 포기하지 않고 정진한다. 수도 과정에서 발생하는 어려움을 극복하고 부지런히 나아가는 근면함도 드러낸다. 마침내 이러한 노력은 결실맺어 동자가 흰 소와 조우(遭遇)

한다. 이제 소와 친해지는 시기로 전환하면서 일상의 삶이 변모한다.

심우도의 공공작용은 생명기화·생각이화·생활실화의 삼차연동 구조로서 조명할 수 있다. 성·경·신이 실현되는 세계로서 공공덕목을 드러낸다. '음양합덕' 이치에 대한 믿음으로서 '신(信)'의 공공덕목, '해원상생' 실천에 나타난 '성(誠)'의 공공덕목, '인존구현'의 덕망에 나타난 '경(敬)'의 공공덕목으로 구현된다. 심우도 공공작용이 다양·다중·다층으로 드러나는 후천개벽사회는 '복락장엄(福樂莊嚴)'으로 '내재초월' 관점에서 공감미래 인존전망을 제시하고 있다.

도를 깨달은 동자는 신선이 되어 사람을 돕는다. 선천 상극을 보내고 상생을 생활화하여 도통진경을 구현하고 인존구현의 궁극적 소망을 실현한다. 신적 권능과 인간의 역할이 공공작용을 일으킨다. 후천개벽 사회는 공공부조로 인해 신선으로 살면서, '후천인간존엄'으로 인간품위를 새 밝힘 한다고 할 것이다. 물질 변화보다 정신개벽으로 인간 개조에 다가선다.

이는 파니카 관점의 '내재의 초월' 유형의 영성충만으로서, '지상천국건설-세계개벽'에 이르고, 후천개벽으로 인존구현을 일상생활에서 가시화한다. 이러한 관점은 타자에게 지속적인 도움을 주고자 점진 적 수행의 벌판, 시장에 다시 돌아와 보살실천운동을 이어가는 초월내재 영성충만이다.

명상시, '월광유수(Moonlight and flowing water)'는 달빛 내면으로 들어가서 신심을 분발시키는 심우체임을 뜻하며, '영성충만(A spiritual fulfillment)'은 생멸너머 적멸위락의 깨달음을 열어 구하던 구방심이 쉬고 절로 신명나는 휴거이다. 폭포가 바로 떨어지는 '폭포직수(Waterfall direct waterfall)'처럼 텅 빈 충만이 향상일로에 있다고 할 것이다.

조주선사 열반에 맞추어 항상 붓다불성, 또는 영성충만을 바라보는 '일면불월면불' 화두로 다가와 일상생활에서 선보임은 '찬란변신(A brilliant change in appearance)'으로 일진법계를 몸으로 삼는 비로자나불과 둘이 아님을 영성충만으로 드러냄이다.

Moonlight and flowing water

If you would go inside by moonlight
The other side of the rainbow
It Makes you double wall

You'll watch in the moonlight
When you dance under the moonlight
You can find a picture of finding a cow diagram
It's bodily mental curing and spiritual healing doubly

A spiritual fulfillment

The stillness ecstasy beyond life and death
Enjoying the journey of Aranna practice
No false mind in spiritual fulfillment

With a clean public-interested silence
When we take off delusions of discernment
We could stop a searching mind here and there
We would take a break there for the beginning of rest

Waterfall direct waterfall

Falling right down off from a straight cliff
Waterfall direction as magnificent form
It's not interested in height or width

Deserted and broken off from marigold
The words of truth from the heart at night
Regardless of the day and night of the season
It's an empty improvement from spiritual filling

A brilliant change in appearance

A beautiful appearance of disappearing
A shining face in the dark as a bell
The sun's face, The moon's face

The day before Jo Ju zen master died
The words of him as Buddha in the day and night
Understanding of the deep meaning of his own master
The disciple could become aware what's left of the last day

오늘날 힘의 문명은 그것을 상대화시키고 제동을 걸어주는 '타자'의 부재 속에서 출현했다. 자조노력과 자기책임이라는 근대자아에게 근거한 자본주의의 '비인칭성(非人稱性)'·'무차별성(無差別性)'·'익명성(匿名性)'의 폭력에서 발생한 것이 지구적으로 확산되고 무자비하게 타자를 침식하는 자아 이기주의다. 야만스럽고 비정한 자본주의는 제한 없이 세계화와 신자유주의로 마구 달려간다. 그를 상대화시키고 제동 거는 '타자' 없는 것이 그 원인이다. 자본주의에 대해 외부적으로 대항할 수 있는 '타자', '절대 타자'의 소실이야말로 비인간적인 자본주의 세계가 존립한 근본 원인이다.

20세기에 세계를 풍미한 공산주의·사회주의 혹은 각층 시민으로 구성되는 다양한 형태의 '시민운동'도 자본주의 얼개의 '내부'에서 발생한 것이기에 강력한 자본주의를 목전에 두고 상대화시킬 만한 '절대 타자'가 될 수는 없다. 오늘날의 비인간적인 자본주의 세계를 변혁할 수 있는 것은 '시민'이나 '시민 운동'이 아니다.

그것은 자본주의 전체성의 '내부' 시각으로 환원되지 않는 '절대 타자'의 존재, 외부의 '타자'를 전제로 해야 가능하다. 명상시화를 통한 알아차림은 자기이해 변화를 통한 타자의 수용과 이타성의 증진이다. 자본주의 병폐를 막을 수 있는 비판적 안목이다.

명상수련 과정에 명상시화를 확보함으로 자연풍광, 음악곡조, 시적 통찰이 이루어져 주시하는 대상의 느낌 자체에 집중함으로 몰입을 경험할 수 있다. 몰입된 의식은 자극이나 영향에 지배받지 않음으로써 사물본성을 관조하기에 적합한 상태이다. 몰입 경험은 '자연풍광의 기 에너지 흐름에 내맡김을 통하고 음악곡조와 일체를 이루어 지극한 평화로움에 이를 수 있게 된다.

명상시를 통한 알아차림으로 자신을 더욱 자유롭고 가능성을 가진 존재로 인식하며, 생명 에너지를 통찰함으로 우주 만물이 연결되어 있다는 자각으로 이어진다. 이러한 인식변화는 여유로운 삶의 태도를 가능하게 하고, 수용성을 키우며, 자신과 타인 모두를 주요 인물로 여기는 인존체험(人尊體驗)을 낳는 긍정자원으로 활용될 수 있다. 특히 '모두가 연결되어 있음'에 대한 확신이 커질수록 자신에게 일어난 불행한 사건이나 어려운 일을 활인수양 관점에서 재해석한다.

이에 수반되는 조건 없는 감사함으로 표현되어 사소한 일에도 기뻐하는 태도로 전환된다. 혜택으로 유발된 정서로서 자신에게 이익을 주는 특정 대상에 대한 좁은 의미의 감사가 아니라, 존재 자체에 대한 감동으로 이어져 영성적이고 초월적인 경험에 대한 반응으로 나타난다. 타인에 대한 연민과 사랑을 '측은지심'으로 표현하며 돕고자 노력이 더욱 구체화하면서 자선 행위가 남을 위한 희생이 아니라 자신의 성장과 통합된 성격 형성 등 건강한 인성 형성의 원동력이 된다는 확신을 자아낸다. 타인에 도움 되는 것이 자신의 존재가치를 인식하는 바탕을 이룬다.

건강한 자존감을 높여 정신건강에 도움 되며, 명상시 치유힐링을 통해 '자기조절'에서 '자기 탐색'으로 나아가 '자기 해방', '이타적 봉사(selfless service)'로 이어진다. 이처럼 명상시화 일련의 전개도가 나름대로 갖추어지게 되면, 자신의 체험을 토대로 상호 공감과 격려로 나아가기에 자기 개방의 촉매제로 삼을 수 있다. 상호 공감에 토대를 둔 연대 의식은 타인에 대한 이해와 함께 정서적 느낌까지 공유할 수 있는 계기가 될 것이다. 명상시, '두브로니크'는 지상낙원으로 불리는 크로아티아 도시에 관한 시상이다. 저녁노을과 시원한 폭포가 우리를 반긴다.

'명상시화'는 하늘이 되며 비움을 느끼고, 땅이 되어 나눔을 체험하고, 사람이 되어 비춤을 경험함으로 '나'라는 상념도 '너'라는 상념도 함께 내려놓음을 노래한다. 보고 듣고 느끼면서 구하는 '구심고통'에서 벗어나 '공덕회향'으로 자승자박 아뢰야식의 영향권에서 벗어난다.

두브로니크

주황색지붕 두브로니크
크로아티아 국경 너머
올드타운 성벽잔해

보스니아전 파괴
저녁노을 스트라둔
푸른 아드리아 진주
시원한 크라비카 폭포

명상시화

때로는 하늘이 되다가
때로는 바다가 되어
파도처럼 춤추노라

'나'라는 상념 벗고
'남'이라는 상념 던져
빈 배되어 사람 실으며
치유힐링 바다 건너가세

구심고통

보고 듣고 느끼면서
구심고통 내려놓고
이대로 편한 방책

재물 놓는 보시
분노 벗어난 지계
내면상처 멈춘 선정
바깥경계 평정한 지혜

공덕회향

모든 법 마음 드러남이라
생멸 이대로 적멸이요
열반이 생사일여라

꿈꾸는 경계 벗고
자승자박 풀고 나면
무유공포 즉견 깨달음
공덕회향 상공화이로세

명상시 치유힐링 104 **호흡관찰**

오로지 '강함'에 집중했던 종래시각을 '약함'의 방향으로 돌려보면, 지금까지 전혀 인연이 없었고 시야에도 안 들어갔던 '타자'와 만난다. 자신의 '약함'을 인정하고 긍정하는 데에 출현하는 '새로운 자기'를 발견하는 놀라움, 그리고 그 기쁨은 호흡관찰을 통해 배가될 것이다. '강함'의 문명으로 인해 없어져 가는 것들을 호흡관찰을 통해 안정된 정신 속에서 되찾아줄 것이다. 인류의 역사에서는 조만간 21세기만큼 인간이 가진 '약함'의 가치를 다시 보게 되고 요구된 시대는 없었다고 기록할 날이 머지않아 다가올 것이다.

현대를 살아가는 사람들이 해야 할 일은 건강과 자립· 비의존의 '강함'을 과시하는 것이 아니다. '약함' 속에서 새로운 자기를 발견하고 '약함'을 공유하는 타자와 널리 연계· 연대하는 것이다. 이 세기에 세계 전체가 '초고령사회'로 진입하여, 2060년에는 100여 국이나 늘어날 것이다. 인간은 호흡에 의존하는 약한 존재이기에 호흡관찰의 명상으로 자신을 재조명할 수 있다. 이러한 호흡관찰과 달리 부정관법은 '몸이 더럽다'고 관찰함으로 몸에 대한 탐착을 끊어내기 위한 명상으로 알려져 있다. 세존 당시 몸에 대한 '근심'과 '혐오감'을 발생시킴으로써 자살하는 사건이 발생했다.

그 대안으로 붓다는 '호흡관찰(ānāpānasati, 安那般那念)'을 설하였다. 호흡관찰은 들숨과 날숨, 호흡에 대한 알아차림이다. 느낌, 마음, 현상 등의 사념처 분류체계에서 호흡관찰은 '몸'의 영역에 속한다. 붓다는 라훌라에게 말하였다. "너는 마땅히 호흡을 관찰하라. 그러면 근심과 우울증상이 모두 제거될 것이다. 너는 마땅히 깨끗하지 못한 부정관을 닦으라. 그러면 탐욕이 모두 소멸될 것이다. 이것은 들숨과 날숨에 대한 알아차림으로써 밖으로 향하는 '생각'들을 멈추고 호흡에만 집중하는 수행이다."

호흡관찰은 끊임없이 일어나는 생각 대처법으로 들숨과 날숨에 대한 '알아차림'을 활용한다. 탐욕은 삿된 생각에서 생겨나기에, 탐욕을 생겨나지 않게 하는 방법이다. 먼저 삿된 생각을 다스린다. 호흡관찰의 전략은 부정관법처럼 직접적으로 '탐욕'을 다루지 않고 간접조명처럼 탐욕을 불러일으키는 '삿된 생각'을 멈추게 한다.

호흡관찰은 평소 하던 대로 명상 자세를 취하고 허리를 곧게 편 다음 눈을 감고 호흡에 집중한다. 또한 날숨과 들숨을 구분하여 본다. 숨이 길면 숨이 길다고 알아차리고, 숨이 짧으면 숨이 짧다고 알아차린다. 이제 수식관을 해본다. 숨을 깊게 들이마시고, 숨을 내쉬면서 '하나'라고, 숫자를 헤아린다. 다시 숨을 깊게 마신 다음 내쉬면서 둘하고 숫자를 내쉬는 숨에 맞추어 열까지 센다.

숫자 세기를 마쳤으면, 이번에는 아랫배 움직임을 알아차리면서 관찰한다. 숨이 들어오면 들어오면서 아랫배가 팽창한다고 알아차리고, 숨이 나가면 아랫배가 수축한다고 알아차리면서 반복하여 지켜본다. 호흡관찰은 호흡에 집중함으로 생각을 멈추게 된다.

호흡관찰이 긍정적 느낌을 만드는 요인은 부정관법과 달리 '호흡에 집중'하고, '아랫배에 집중'하고, '지금 여기 접촉하면서' 그 결과 '생각을 멈추기' 때문이다. 명상시, '버지니아'는 영국 엘리자베스 일세가 처녀여왕인 것에 유래하며, 미국건국 탄생지로 자리매김 한다.무심으로 돌아가는 '호흡관찰'은 걸림 없는 청정무심 평화에 들고자 들숨과 날숨을 지켜보며 알아차리는 것이 그 요체라고 할 것이다. 눈을 반개로 유지하는 '반개잠수'는 눈을 통째로 뜨면, 빛이 완전히 들어오고 완전히 감으면 혼침에 들기 쉽다. 이러한 반개는 '상주실상' 영성체험으로 이어져 광명실상을 마주하기에 형상마다 공덕장엄으로 충만해진다.

버지니아

영국 엘리자베스 일세
처녀 여왕 명칭유래
미국건국 탄생지

초대 조지워싱턴
삼대 토머스 제퍼슨
미영전쟁 제임스메디슨
유럽간섭배제 제임스먼로

반개잠수

눈을 반쯤 감고 보는
슬기로운 반개잠수
물방울 반사방지

빛을 통째로 보면
먹잇감 놓치게 되니
절제미학 유지하면서
심신치유 이끌어내도다

호흡관찰

숨 들이쉬며 알아차리고
숨 내쉬며 깨어 있어
들숨 날숨 관찰하고

가고 옴 사라지면
찾아드는 맑은 고요
얽힌 속박 벗어나기에
걸림 없는 청정무심평화

상주실상

과거 속에 미래 머물고
지난날에 현재 있어
현재서 미래보네

지혜방편 삼승도
깨친 찰나 일승무념
광명 가득한 상주실상
형상마다 공덕장엄 충만

명상시 치유힐링 105 **홍천월둔**

    인간에게 잠재된 초월적, 신비적 에너지로서 명상수행을 하지 않으면, 각성되지 않은 상태로 잠들어 있다. 이 에너지가 어떤 수행을 통해 깨어나면 황홀경을 겪게 되고 비전을 보면서 그 사람의 몸과 마음 전체가 바뀌게 된다. '쿤달리니'의 힘은 지구 중력과 상대되는 힘으로서 위로 상승하려는 성질이 있다.

    이는 종교의 교조나 성자들이 누린 초능력 또는 신통력 근원이 되는 에너지다. 이 에너지의 각성은 여러 조건으로 각 종교전통의 비전으로 전수되었다. 이 에너지가 각성되면 두드러진 현상이 성으로부터 자유를 획득하게 되는데, 자신을 통제할 수 있음은 물론이고 오르가즘 보다 강한 엑스타시를 경험한다. '쿤달리니'를 상징하는 표상들은 동서고금을 막론하고 도처에서 찾아볼 수 있다. 기독교 십자가의 상이나 선악과의 나무를 휘감고 있는 뱀, 힌두교의 춤추는 시바의 상, 히포크라테스의 문양, 불상 머리 형상, 용의 승천, 무속의 신수 등이 바로 이 쿤달리니 에너지를 상징하는 것들이다.

    이 쿤달리니 힘의 전체적 구조는 인간의 꼬리뼈에 잠들어 있는 성력이 어떤 방편을 통해 깨어나 척추를 타고 각 에너지 센터로서 차크라를 거쳐 정수리까지 올라가는 데 있다. 이 에너지가 정수리까지 이르면 두뇌활동이 활성화되고 일반인들에게 사용되지 않는 두뇌의 여러 부분이 깨어나서 활동하며 초월적 힘의 발현과 삼매체험을 가능하게 한다. 이 힘은 직지심체에도 감추어져 있다.

세계에서 가장 오래된 금속활자 인쇄본, '직지심체요절'이 50년 만에 관람객들을 만났다. 직지를 소장하고 있는 프랑스 파리 국립도서관이 직지 하권을 공개했기 때문이다. 세계 인쇄역사에서 주요위상을 차지하는 구텐베르크 성서보다 78년을 앞선 1377년에 제작됐다. 1880년대, 서울에 머물던 프랑스 외교관이 수집해 경매를 거쳐 1950년 프랑스 국립도서관에 기증됐다.

『디가니까야(Dīgha Nikāya)』에서 석가세존은 아난에게 "아난이여, 중생의식은 빛나는 것이다. 참으로 빛나는 것이다. 그러나 갖가지 번뇌에 의해 덮여 있구나!"라고 설했다. 중생심이 번뇌로만 이루어진 것이 아니라 청정한 대원경지를 지니고 있다. 대승불교의 불성사상이 나오기 이전, 초기 불교에서 '심성본정(心性本淨)'이 있었다.

대승불교의 가르침은 초기불교의 가르침을 적극적으로 발현시킨 것으로, 불성은 힌두교의 '아트만(ātman)'이 변용된 것이라고 볼 수 없다. 이러한 관점에서 파니카(R. Panikkar)는 힌두교를 '내재의 초월', 불교를 '초월의 내재'로 구분하고 그 차이점을 명시하였다.

『대승열반경』에서 불성을 '상락아정(常樂我淨)'이라고 표현하였으니, 결국 아(我, ātman)가 존재하지 않는지 반문하겠지만, 이때의 '아(我)'는 중도실상 '아(我)'이며, 분별 의식하는 영혼의 실체로서의 '아(我, ātman)'는 아니다. 석가세존은 열반의 '상락아정'에 대해 '심의식' 삼전도(三顚倒)의 가능성을 염두에 두고, 활인수양을 특별히 당부했다고 할 것이다.

열반에 대해 석가세존이 '아(我)'라는 용어를 덧붙여 설명했더라도 불성을 실체로 정당화하려고 한 것은 아니다. 참선(參禪)의 수행에서 '태어나기 이전의 본래면목(父母未生前本來面目)'이라는 화두는 의단(疑端)을 형성하는 방편이지만, 근기가 수승하지 못한 이들은 태어나기 이전의 참모습을 실체로 상정하여 '자아'로 오인하기 쉽다.

복잡하기에 심신을 관장하는 실체가 있는 것처럼 상정하기 마련이다. 몸과 마음 근원이 되는 지배자가 실체로서는 존재하지 않듯이, 사회 법질서도 항상 일관된 실체가 있는 것이 아니라 복잡 미묘함이 현상으로 비추어 나타난다. 마음이 법을 주재하지만, 마음 주관의 '근(根)'과 객관의 '경(境)'의 영향을 받아 변화하기 마련이다. 이제 우리는 계율을 현재 상황에 맞게 재구성하여 우리 모두의 삶을 올바른 방향으로 인도해야 할 것이다.

　명상시, '홍천월둔'은 강원도 물안개로 유명한 곳으로 첩첩산중 병풍에 아리랑의 혼이 담겨 있음을 노래한다. 청정한 진여현전을 노래한 '직지심체'는 마음의 본바탕이 '상락아정(常樂我淨)'의 '열반사덕'임을 분명히 밝히고 있다. 눈부시게 명료한 신성한 투명칠흑을 투과해야 묘각심체에 이르기에, 우수절기 맞아 쉬고 또 쉬어가는 '휴거혈거(休居歇居)'를 노래한다.

홍천월둔

홍천월둔 계곡자리 잡고
강원 물안개 길러내곤
스러지는 아라리요

첩첩산중 병풍에
가끔 본 하늘 얼굴
생선 등짐 홍천 장터
아라리 아라리요 아리랑

직지심체

매미울림 허공에 맴돌고
풀 냄새 바람에 날리며
별님 밀어 속삭이고

만법 이대로 참모습
법과 법 간섭하지 않아
산은 산이요 물은 물일뿐
청정한 진여현전 직지심체

투명칠흑

모든 생각과 빛을 넘어
만지거나 볼 수 없는
매혹 넘치는 장엄

눈부시게 명료한
신성진리 투명칠흑
천둥치듯 번개 치듯
못 보는 마음 채우고나

휴거혈거

입춘대길 경칩각성 사이
얼음 녹여 개울 이루며
우수절기 맞이하고나

찬 냉기 녹이면서도
쉬엄쉬엄 쉬어가기에
안락평온 깃든 휴거혈거
그믐밤창가 월광곡 전하네

명상시 치유힐링 106 **마음설계**

　　명상수행에서 화두선보다 안반수의가 유리한 경우가 있다. 공기 출입에 대해 안반
수의가 세밀한 감각을 토로한다. 화두선 수행자의 경우 공기가 인체에 접촉하기 이전
상태의 감각이 예민해진다. 그렇게 될 때, 화두선 수행자는 오랜 기간 호흡 관찰로
이미 부분적으로 차크라가 각성되어 있기에 폭발력이 안반수의보다 미미하다. '쿤달
리니'는 산스크리트어로 동굴 또는 코일을 의미한다. 뇌의 주름을 '쿤다'라고 한다.
'쿤달리니'가 잠잘 동안에는 '삭티'의 힘을 의미하지만, 그것이 발현될 때는 '두르가'
등으로 불린다.

　　명상을 통해 꼬리뼈에서 뇌로 까만색 뱀이나 파란색 뱀 또는 여러 가지 색깔의
뱀들이 실제로 꼬리뼈에서부터 보이는 경우가 있다. 이런 것이 쿤달리니 현상의 전조
이며, 어떤 경우에는 전설적인 동물인 용으로 보이는 수도 있다. 용이 꼬리뼈에서 뇌
로 상승하기 때문이다. 기독교 전통세서 비전의 길이나 천국에 이르는 계단이 나오는
데, 이것은 '슈슘나 맥관'을 통한 '쿤달리니'의 상승을 의미한다. '쿤달리니'의 상승은
성령의 은총과 만나 십자가로 표상되기도 한다. 명상을 통해 '기'에 집중하여 몰입을
경험할 때는 몸이 주는 느낌보다 '기' 에너지의 느낌이 선명해지면서 자유로움과 평
화로움이 커진다.

　　체험이 반복되고, 다양해질수록 삶의 가치관이 정립된다. 이에 무의식적 판단을

통찰하고, 이기적이고 자기중심적 사고에서 벗어나 보다 유연해지며, 타인에 대한 수용성이 커지면서 잡념 없는 상태를 유지하게 되기에 마음설계로 이어진다. 특히 뇌파가 고요하게 안정되어 명료하게 인식하는 상태를 경험하면서 내면에서 일어나는 심리현상을 알아차리고 바라보는 주체인 '관찰자'로 인식한다.

마음의 장애를 넘어서는 훈련이란 뜻의 '마음공부'는 자신을 삶의 주체로 인식하기 시작하는 계기로 만든다고 할 것이다. 점차 역지사지(易地思之) 관점을 가지면서 짧은 시간에 주의집중의 명상상태에 도달, 알아차림을 현저히 촉진한다. 부정적 방어기제는 줄어들고 마음설계와 상관하는 세타파는 느린 뇌파 발생을 연동시킨다.

명상이 깊어지면서 대뇌피질은 안정을 취하고 주의집중 등과 관련 있는 특정 뇌부위의 활동이 증가함으로 보다 구체적인 마음 설계가 이루어진다. 이완된 집중 상태는 주의의 방향을 내부 의식으로 전환해 자기관찰에 유리하여 마음설계 기반을 갖출 수 있게 된다. 기 에너지를 깊게 느껴 잡념이 사라지고, 모든 것을 명료하게 인식할 수 있는 상태, '깨어 있는 상태'에 도달함으로 자기 내면에서 일어나는 다양한 현상들을 판단하거나 개입함이 없이 미래를 자각, 활인수양의 마음 설계를 충분히 할 수 있다.

현실과 그것에 대한 해석으로서의 생각과 감정 사이의 틀을 인식할 수 있는 능력으로 '탈중심화(de-centering)'가 가능해져 감사하고, 감동하고, 감탄할 수 있다. 자존심에서 자존감으로 나아가는 마음설계가 이루어진다. 명상시, '청학선원'은 겨레얼을 모신 청학동로에 자리 잡고 있어 민족의 꿈을 설계하는 장소로 각광을 받고 있다. 삼족오 솟은 솟대 성소에서 무궁화꽃을 피우는 '마음설계'에서 미래디자인이 이루어진다. 영웅의 삶. '길가메시'에서 개과천선 삶의 여정을 확인할 수 있으며, 봄날 눈을 경험하는 '춘설강림'에서 신성의 꿈을 회복한다.

청학선원

해발 구백고자 청학동로
환인 환웅 단군 삼성조
함께 모신 경건순례

공들여 쌓은 돌탑
정교한 상륜석 얹고
삼족오 앉은 솟대성소
삼신정기 백운 휘날리네

마음설계

새록새록 핀 일진영성
해돋이일품 관동팔경
설악 청수 청간정

낙조풍광 장관미
심신치유 영성힐링
미래디자인 마음설계
자연색상 무진장한바탕

길가메시

강한 것이 부드러운 것
극복하지 못하게 되면
적응 못해 사라지고

영웅 삶 길가메시
영생 쫓는 삶이 돼
바빌로니아 전설 이뤄
개과천선 여정 걸었도다

춘설강림

소복소복 간밤 춘설 내려
길이랑 나무랑 지붕이랑
춥다며 이불 덮어주네

온풍 부는 늦봄이나
한 여름날 비껴가면서
야윈 나뭇가지 지르밟고
만월 품은 강물 얼싸안네

가치창조

쿤달리니 각성은 지속적인 진언명상을 통해 가능하다. 쿤달리니 뿐만 아니라 '소주천', '대주천', '양신수행'까지 진언명상을 통해 가능하다. 진언명상을 통해 '쿤달리니'를 각성시키려면 스승을 찾는다. 그 스승이 적합한 진언을 부여하기 때문이다.

진언명상으로 에너지를 점점 개발하며 고도의 선정과 삼매를 경험하게 된다. 그것은 고요한 호수에 돌을 던지면 그 파장이 끝까지 전달되듯이 진언명상을 반복하면 소리의 힘이 순간순간 뭉쳐져 우주의 바다, 영혼바다에 큰 진동을 일으킨다. 진언을 백만 반복하면, 뇌 속의 모든 영역에 스며들어 에테르체, 아스트랄체, 유체를 정화한다. 특히 진언명상으로 차크라에 진동을 일으킨다. 진언수행으로 '쿤달리니'는 체계적으로 완성된다. 진언명상을 호흡과 조화시키면 더욱 효과적이다. 숨을 멈춰서 하고 들이마시면서 하거나 내쉬면서 하기도 한다. 이처럼 진언명상을 계속하면 엄청난 에너지가 뿌리 차크라에서 결집되어 쿤달리니 발현이 가동된다.

1960년대부터 논의를 시작한 자아초월 심리학, 1970년대 중반부터 시작된 마음챙김 명상에 관한 실험과 연구가 진행되었다. 심리학자나 과학자들은 질병을 예방하고 치료하기 위한 자기조절기법과 의식의 수의적 변경을 시도하기 위한 정신 수련으로 명상을 사용한다. 상담이나 심리치료 영역에서는 자기조절로서 주요 의미를 갖는다.

현대명상을 살펴보면, 진언을 반복 암송하는 진언명상, 허버트 벤슨의 이완반응,

임상 표준방법, 마음챙김 기반 스트레스 감소, 마음챙김 기반 인지치료, 변증법적 행동치료, 증상의 완화보다 심리과정에 초점을 두는 수용전념치료 등으로 이루어진다. '가치창조'는 마음의 힘을 수용하고, 어떤 환경이나 사건, 장소, 위치, 상황, 일, 사람의 의미를 만들어 내는 것이 그 자신임을 인식하는 데서 비롯한다. 존 카바트진(John Kabat-Zin, 1944~)은 명상에서 '치유'라는 말을 사용할 때는 먼저 인생관의 변화 즉, 삶을 보는 견해가 달라진다는 뜻을 내포하고, 명상수련에 의해 자기 자신의 전체성을 발견함에 따라 인생관의 변화가 가능해진다고 하였다. 전체성의 발견은 명상을 통해 자신의 참모습을 끊임없이 탐구하는 과정에서 가치창조로 이어지는 체험이다. 깨달음을 얻은 많은 이들은 자신의 참모습을 알고 해탈법열에 이르면 이분법적 대립이 사라지고, 고통에서 벗어나 근본적인 문제 해결이 가능해진다.

명상을 통한 가치창조는 이상적 심리나 부적응적인 모습의 개선에 집중하기보다 자신에게 내재한 근원적 생명력의 바탕을 알고 그 힘을 키우는데서 가능해진다. 이처럼 가치창조는 근본적으로 자기실현을 추구하려는 동기와 스스로 문제를 이해하고 해결할 수 있는 능력을 통해 이루어진다. 스스로를 가치창조 대상으로 삼아 내재된 힘을 일깨우고, 자신의 참모습에 대한 자각이 일어날 때 보다 근본적인 가치창조가 이루어진다.

가치창조를 통해 자신의 근원생명에 대한 깨달음을 추구한다. 이는 자기조절 기법으로 명상 효율성을 나타내고 명상본연의 목적을 강조하는 데 초점을 둔다. 명상시, '포틀랜드'는 하얀 등대가 아름다운 공원사책 바람 쐬기로 정평이 나 있는 곳이다. 이곳에서 가능한 '가치창조'는 활인수양 상태에서 입술 사이로 새어 나오는 꿈이다.

청년기는 으레 자아중심 충동으로 말미암아 '좌절방황'을 겪기 마련이다. 이러한 좌절과 방황을 겪으면, 어디를 머무르든 가치창조의 주체가 되어 '처처작주'로서의 살림을 영위할 수 있다.

포틀랜드

하얀 등대 솟은 포틀랜드
푸른 바다 붉은 색 집
공원산책 바람 쐬기

다양한 별모양상품
메인 주 옛날 플래그
감자로 만든 홀리도넛
포틀랜드가재 요리일품

가치창조

설악봉 구름 걸려 있고
동해굽이 해조떼울음
월정한암 입멸자재

하양보라 장엄신
돌무덤 핀 진달래
잔디 위 달덩이수로
입술사이 꿈 가치창조

좌절방황

좌절방황 시기 청년기
순례하며 섬긴 시기
자아중심 충동질

잠재운 기도로
긴 밤 꼴딱 세고
스승 찾아 순례하며
인연화합 성찰 모색기

처처작주

인연을 깨달아 살면
무아를 증득하고
처처작주 이뤄

마음도 아니고
물건도 아니구나
중연화합 생사파도
여실히 불생불멸파도

명상시 치유힐링 108 **광명환화**

　　명상수행을 통한 무아의 체험은 '나의 전체'가 비워가는 체험이다. 모든 차크라가 사라진다. 쿤달리니 종착역이 무아의 정거장이다. 사하스라차크라에 도착한다. 무심은 아나하타 차크라에 쿤달리니 에너지가 하강했을 때 용천혈에서 폭발함으로 일곱 차크라의 기능부진이 일어날 때 나타나는 하나의 과정이다. 체내의 맥은 세 종류가 있다. 오른쪽 것과 내려가는 쪽, 그리고 평행으로 순환하는 쪽이 있다. 쿤달린가 각성되어서 일곱 차크라의 원초적 형태, 발로 내려간다.

　　장자에서 진인은 발뒤꿈치로 호흡한다는 말이 바로 이것을 지칭하는데, 일곱 차크라는 한의학의 경혈에 따른다. 한번 발로 내려갔다가 다시 회음으로 올라올 때는 일곱 차크라를 활성화시키는 변화요인을 동반하고 올라온다. 이것이 바로 '소주천'과 '대주천'의 차이이다. 광명환화는 명상 수행으로 빛의 만다라를 체험함을 일컫는다.

　　차크라는 바퀴 혹은 '원(圓)'이라는 뜻으로 대우주 에너지에 소우주 인체 에너지가 결합하여 바퀴처럼 회전한다는 의미이다. 또한 척추 특정한 위치에 오라로 알려진 에너지 체계를 통해 색채 진동을 흡수하고 차크라 중심으로 몸 에너지가 회전하는 것을 말한다. 차크라는 색채진동을 흡수하는 몸 에너지 센터로서, 각각의 색이 가진 진동이 몸 척추를 따라 자리 잡고 있는데, 일곱 에너지의 체계를 통해 소용돌이치면서 신경중추와 연동한다. 아울러 차크라가 민감하게 반응하면서 색채 진동을 강화하는 역할도 감당한다.

인체의 수많은 에너지 통로들은 차크라를 통해 에너지를 운반하고 몸과 정신으로 차크라의 에너지를 정화하거나 몸의 여러 선(腺)의 균형을 유지하며 생각과 신체에 영향을 미치고 상관 연동작용을 한다. 또한 인간의 의식과 무의식 양면으로 활동하며 몸에 존재하는 차크라는 약 8만 8천여 개로 이루어져 있다. 또한 40여 개 보조 차크라를 포함, 7 차크라가 척추를 따라 수직으로 분포되어 있다. 몸과 마음, 의식과 무의식에 상관하는 차크라는 살아있는 역동 에너지이다.

이는 심신치유와 영성힐링을 연동시키는 부위이다. 일곱째, '사하스라라 차크라(Sahasrara Chakra)'는 정수리에 위치하며 조화와 통합을 표상한다. 완성 자리로 '왕관 차크라'로 불리는데 모든 에너지를 통일시키고 기타 에너지 형태를 포괄한다. 직관으로 이해하는 모든 것은 온전한 깨달음으로 이어지며 최대 잠재력을 드러낸다.

눈을 감고 고요하게 사유하는 명상은 마음을 고요히 하여 호흡에 집중하고 심신에서 일어나는 생각과 감정을 있는 그대로 알아차리고 마음평정을 유지하게 한다. 마음을 평온하게 하고 호흡과 의식에 집중하는 일종의 정신적 정화 과정이다. 현존하는 마음의 고통과 불안에서 해방되어 자기 본연으로 돌아가는 마음수련이다. 차크라 에너지원에 정신을 집중해서 의식과 대상이 하나 되어 마음 평온과 기쁨을 수반할 때, '광명의 꽃', 광명환화(光明桓華)로서 체험한다.

명상시, '피츠버그'는 펜실베이니아 강철도시로서 애팔래치아산맥을 관통함을 노래한다. '광명환화'는 일곱 번째 차크라가 있는 정수리에 일천엽화(一天曄花)가 결실을 보는 형태로 견성(見性) 오도(悟道)를 표상한다. 원만구족의 만다라는 기독의 십자가 정신과 상통하며 정결한 마음을 회복하여 신상수훈의 팔복구현(八福具現) 영성힐링과 상관연동을 이룬다.

산상수훈의 행복을 대하는 태도는 팔복구현(八福具現)에서 드러나는데, 참된 행복은 행복을 갈구하는 우리의 동경을 깨어 있게 하는 동시에 이 세상을 변화시킨다. 또한 참된 행복은 우리를 내면의 가난으로 이끌어 없이 계신 하느님으로 인도한다. 그리고 영성 충만으로 인하여 세상의 모인 것을 붙잡으려거나 지배하려고 하지 않고 없이 계신 하느님의 통치를 위해 활짝 열려 있다. 아울러 슬픔을 만나더라도 있는 그대로 자신을 거부하지 않고 수용하며 화해한다. 슬픔을 체험하는 것이 오히려 우리 안에 있는 새로운 가능성을 향해 자신을 깨어나게 하고 우리의 내면 자원들과 접촉하게 만든다.

우리가 우리 자신의 결핍감을 통해 결핍을 외면하지 않고 그것을 슬퍼하고 없이 계신 하느님에게 맡길 때, 우리 자신의 영성힐링이 이루어지며 영성 충만으로 영혼의 다른 품격을 얻는다. 애처로움과 달리 마음의 슬픔은 우리의 영혼을 살찌운다. 그것은 아픈 주위에 서성이며 결실을 보지 못하는 나르시시즘과 그 차원이 다르다. 그리고 나 자신이 영성으로 힐링하면 할수록 내 안의 평화가 점점 더 넓게 퍼지게 된다. 아울러 자신과 다른 사람에 대한 자비는 진여현전으로 가는 길이다. 시편 51장에는 이렇게 간청한다. "하느님, 깨끗한 마음을 저에게 만들어 주시고, 굳건한 영을 제 안에 새롭게 하소서."

진여현전이 이루어지면, 진여의 찬란한 빛이 맑음, 깨끗함, 성스러움을 부여한다. 자기 자신을 없이 계신 하느님 안으로 해체한다. 깨끗한 마음을 통해 영성으로 충만한 자기 자신으로 되돌아온다. 상처를 밖에서 치유하지 않고 영성 충만의 빛으로 치유하기에 자신 안에서 새로운 건강을 발견한다. 영성 치유는 참된 행복으로 이끈다.

이처럼 팔복은 명상을 통해 '없이 계신 하느님-眞空妙有' 진여현전을 경험하는 통로이다. 이를 위해 명상으로 심령이 가난함을 일깨울 필요가 있다. 겸손 미덕은 자신의 부족함을 환기하기보다 '없이 계신 하느님'의 은혜로 관심을 돌리게 한다. 또한 애통함으로 말미암은 눈물이 아니라 더 깊은 영성 차원으로 관심을 돌릴 수 있다. 이는 '없이 계신 하느님' 앞에 자신을 내려놓는 존재론적 전환을 가능하게 한다. 겸손이 아집(我執)과 법집(法執, 地獄行 原因)에서 벗어남으로 인하여 화평을 회복하게 되고 주변과 조화를 이룰 수 있다. 이 길은 회복의 정의를 향한 주림과 목마름으로 이어진다고 할 것이다.

이러한 궁핍함은 영성 충만을 갈급해하고 '없이 계신 하느님'의 뜻을 간구하는 자로 변모하게 만든다. 세상의 빛과 소금이 되는 공덕으로 말미암아 겨자씨 정도 크기의 누룩 가치를 체험할 수 있다. 이처럼 진여현전과 화평 회복은 명상 수행 효과로서, 이웃을 자신처럼 사랑하게 되는 변화를 느끼게 한다. 새로운 화평 윤리는 국제 네트워크에 광범위하게 동참하게 만든다. 토론과 교류의 공동체에서 원수조차 포용하는 관계로 나아간다. 화평을 위한 국제 실천은 국제체제 안에서 협력하는 것이며 인권을 신장하기 위해서는 UN과 국제협력 기구 동참 노력을 더욱 강화토록 만들 것이다. 이처럼 자비와 사랑 안에서 온전해지며 자비의 공동체에서 원수까지 포용함으로 영성이 충만하게 되는 힐링을 몸소 체득한다.

성경은 예수 그리스도의 정화 과정을 보여주면서 우리에게 청정심의 가치를 선사하였다. 누가복음에서는 예수의 얼굴이 '없이 계신 하느님'에게 기도하는 동안 정화되었다고 전한다. 명상과 함께 기도는 내면의 혼탁함과 업식(業識)을 정화한다. 깨끗한 청정심은 청정 비로자나불과 만남이다. '없이 계신 하느님'을 보면서 인격 교감으로 상통한다. 진여현전을 체험하면서 우리의 근원적 생명력을 상기한다. 내면 깊은 곳, 청정심을 발견하여 마음 밝히는 명심(明心)을 일깨운다. '없이 계신 하느님'을 대면하는 것이 명상의 목적이다. 극락의 기쁨도 마음속에서 열반을 하느님 얼굴로 바로 보는 것이다.

신명이 나는 성품 향기에 매료되어 자신을 명료하게 인식하는 동시에 하느님 안으로 해체되는 열반을 목도(目睹)한다. 아름다운 모습으로 예수 그리스도와 만나거나 청정 법신 비로자나불을 목격하거나 성현의 모습으로 체득한다. 동서남북 문에 따라 다소 그 모습이 다를 수도 있지만, 중앙의 아름다운 형상을 바로 보면서 신명의 아름다움에서 우리는 마음이 한없이 넉넉함을 확인한다. 마음이 깨끗한 자가 행복하고 치유 받게 되는 것은 자주 흐려진 아름다움에 대한 감각을 일깨워 준다. 하늘나라는 행복이고, 축복이며, 극락이다. 그것이 지금, 여기서 가능함이 명상을 통한 진여현전의 체득이다. 우리가 진여 실상의 성품을 바로 보면, 자성 청정 법신과 둘이 아님을 요달(了達)함으로 마침내 견성(見性)에 이른다고 할 것이다. 명상을 통한 진여현전은 명심견성(明心見性)의 현전이다.

피츠버그

펜실베이니아 강철도시
카네기 멜런 대학교
톱클래스 명문대

오하이오 삼강
적설량 따른 변신
쿠키커터 스타디움
애팔래치아산맥 관통

광명환화

새록새록 핀 광명환화
가슴에 핀 열두 꽃잎
명심공덕 견 실화

정수리 일천엽화
영성충만 견성오도
세계일화 대승한살림
명상시치유 중중무진향

회두시안

병속에 갇힌 새 꺼내려
온갖 궁리 다해보지만
생각 늪에 갇히고나

좌측 뇌 빚는 망념
원숭이우리 만들기에
꼼짝달싹 못하겠더라도
고개 돌리면 피안보이누나

팔복치유

심령가난 애통하는 자
온유하며 긍휼한 자
의 주려 목마른 자

화평케 하는 자
마음이 청결한 자
의를 위한 핍박받음
여덟 손실에 치유힐링

퇴계 활인수양과 진여현전 명상시

퇴계 활인수양과 진여현전 명상시

1. 퇴계의 활인수양

조선의 퇴계(1501~1570)는 사람은 영성자기 본성을 구현하는 자각적 존재로서 사람다워지는 성숙과정을 중시하여 활인수양을 강조하였다. 또한 퇴계는 이(理)를 근원으로 삼고 도덕 감정으로 사단을 확충함으로 거경(居敬)을 활인수양의 요체로 삼았다. 동아시아 신유학사에서 퇴계는 성리학의 한계에 직면함으로 양명학을 거울삼아 성리학을 활인수양으로 심화시켰다. 또한 퇴계는 성리사변(性理思辨)을 통찰하고 마음챙김을 거경으로 살리고자 노력했기에 '동방주자'로서 지대한 영향을 끼쳤다. 조선에서는 퇴계사상으로 성리천리가 널리 부각되었으며, 활인수양으로 지경공부가 이루어지면서 일심의 유기체를 일깨웠다. 퇴계의 저술은 거의 50세 이후 이루어졌는데, 『천명도설(天命圖說)』(1553)과 『성학십도(聖學十圖)』(1568)에서 천리체인의 골격이 드러났다고 할 것이다. 퇴계는 자연과 인간조화, 주체와 대상합일을 추구하는 천리 역동성을 이발(理發)의 관점에서 제시했다. 개체생 명으로서 기발을 경험하지만, 천리가 함께 발동하고 움직여 그 뜻을 이도(理到)로서 확인하면서 천명실천으로 이어진다.

퇴계 활인수양은 마음이 이기(理氣)를 겸하고 성정을 통섭하기에, 공사양면(公私兩面)을 매개함으로 공공도리(公共道理)에 매진한다. 미발상황에서 경으로 존양공덕을 깊게 함으로 존덕성(存德性)을 고양한다고 할 것이다. 또한 이발(已發) 상황에서 성찰에 충실함으로 정일집중 도문학과 존체심법(存體心法)을 정밀하게 탐구한다. 아울러 성품함양으로 존심양상(存心養性)으로 형기한계를 실천으로 극복한다. 심성을 극진히 함양함으로 덕성이 천치와 합치되어 인극수준(人極水準)으로 나아갈 수 있다고 한다. 퇴계는 마음 다스리는 치심(治心)에 관심 가졌다.[1] 일본에서 퇴계학 관심은 1972년 7월, 동경에서 발족한 이퇴계연구회 활동, 1982년 3월 12일, '쿠마모토 이퇴계연구회(熊本李退溪硏究會)' 발단이 기폭제가 되어 '퇴계학의 국제화'가 이루어졌다. 퇴계생존 전후하여 퇴계학이 소개되었지만, 세계적으로는 1970년 이후 본격적으로 소개되어 동서양을 아우르기 시작했다.[2] 퇴계는 조선에서는 물론 일본에서도 참 스승으로 존경 받았으며, 후대에까지 그의 덕성을 칭송하였다. 그 배경으로 에도시대 유학자들과 함께 큐슈의 학맥 공덕과 평가를 경시할 수 없을 것이다.[3]

2. 퇴계 활인수양의 체인천리

1) 활인수양의 연대

퇴계는 성리규명으로 영성자기 본성을 구현하는 자각적 인간존재로서의 특징을 밝혔다. 인간은 강력력으로 기능을 발휘하는 타율적 존재가 아니기에, 사람이 사람다워지는 성숙함으로 활인수양을 실천하고 서원에서 연대의식을 함양한다. 퇴계는 기를 타고 나타나는 도덕 감정을 이(理)의 근원으로 확충하게 하는 활인수양을 중시하였다. 결국 영성자기 성찰로서 인간은 악으로 흐르기 쉬운 감정의 칠정을 도덕 감정, 사단으로 전환하는 도덕적 주체로 살아갈 수 있다.

퇴계는 변화를 상정, 수양인격을 성숙시키며 인격 형성으로 함께 사는 상생 가치를 살렸다. 퇴계는 주체적 의지보다 자연으로 품부 받은 인간 성품, 이(理)를 발양하고 존덕성으로 고양하려고 했기에, 타자와 더불어 감수성을 함양하는 활인수양에 역점을 두었다고 할 것이다. 인식주체로서 이기적이지만 심신수양으로 욕심에서 자유로

---

1) 김태영, 『조선성리학의 역사상』(경희대출판국, 2006), p.387.
2) 성해준, 『동아시아의 사상가 퇴계와 일본』(영남퇴계학연구원, 2021), p.199.
3) 위의 책, p.193, '아베 요시오(阿部吉雄)는 "일본 정신사에서 제 2의 왕인이라도 해도 좋을 만큼 많은 영향을 남긴 학자"로서 퇴계를 높이 평가하였다.

운 새 길을 제시했다. 퇴계의 활인수양은 기발의 사적인 존재가 이발(理發)의 공공존재로서 공사공매(公私共媒) 작용을 살리면, 서로를 잇는 존재로서 대전환함으로 '인(仁)'의 꽃을 피울 수 있다고 한다.

퇴계는 활인수양에 관해 2000여 수의 시를 통해 표현하였다. 스스로의 고통을 줄이는 발고자행(拔苦自行)과 남에게 즐거움을 선사하는 화타여락(化他與樂)을 중시함으로 활인수양에 따른 연대의식을 촉진했다. 그는 선비의 뜻이 독실하지 못하면 스스로 확립하기 어렵다고 보았다. 타인 고통을 목격하는 한, 스스로 자족을 못마땅하게 여기게 되기에, 선비가 뜻을 세우는 입지를 식수(植樹)에 비유하였다. 선비의 뜻 세움이 굳건하다면, 세상이 그르다고 자신을 비웃더라도 걱정할 일은 아니라고 보았다. 오히려 남의 기롱(譏弄)과 비웃음을 생각하면서 더욱 힘쓰면 개선될 수 있다고 여겼다. 또한 자신에게 좋은 것에 쏠려 남이 비난하고 헐뜯음을 근심한다면, 저상(沮喪)하여 선비가 제대로 될 수 없다고도 했다.[4] 수양하는 사람은 결의가 굳세어야 자신을 지켜나갈 수가 있다."[5] 이러한 경계하는 자세를 '독서' 시를 통해 밝혔다.

> 옛 성인 글로 천고마음 전했으니 글을 읽는다는 것이 쉽지 않음이로다.
> 누른 책 중에 성현 마주했으니 허다한 말씀 모두 내가 행할 일이로다.[6]

독서 통해 성현과 견해 다르면, 수양부족 견책하며 성현말씀을 더욱 믿고 간절하게 구해야 한다. 또한 독서하며 글 읽을 때는 아는 학식에 근거, 다른 뜻 구하지 말고 주어진 문장에서 바른 뜻 밝힐 것을 강조하였다.[7] 활인수양은 인격 원만하게 함양하는 '위기지학(爲己之學)'으로 우주천리와 인간윤리를 공부함이고, 덕행 생활에서 실천함이다. 내 몸에 가까운 곳부터 시작하여 깨치고 실천하며 궁행함이 바로 '위인지학(爲己之學)'이다. 조선시대는 경학·성리학·심학을 수양의 위기지학으로 여겼지만, 사장지학(詞章之學)과 과거지학(科擧之學)을 출세지향의 위인지학으로 간주했다.

4) 『退溪先生文集』卷23, 「答黃仲擧」, p.32.
5) 『退溪全書』 「言行錄」 卷1, 「讀書」(金富倫錄): 余雖老而無聞但自少篤信聖賢之言而不拘 於毁譽榮辱亦未曾立異而爲衆所怪若爲學者畏其毁譽榮辱則無以自立矣且內無工夫 而遽然立異爲衆所怪則無以自保矣要之學者須是硬確方能有所據守.
6) 『退溪全書』卷5, '書傳千古心 讀書知不易 卷中對聖賢 所言皆吾事' p.171.
7) 신귀현, 「퇴계이황, 예 잇고 뒤를 이어 고금을 꿰뚫으셨소!」, 『한국철학총서』19 (예문서원, 2001), p.34

위기지학을 성숙한 인간되기 위한 학문이라면, 위인지학은 출세가도 달리는 학문이기에 '지말성격(支末性格)' 나타낸다. 위인지학 토대 부귀욕망은 본질가치 저해한다. 퇴계는 '남 이목에 들기 위한 위인지학'을 훈계하였기에, 논어 문질빈빈(文質彬彬)은 재능보다 덕 쌓기 주력하는 생명미학을 말한다.

> 문장으로 이름다툼 참뜻 잃을 것이니 학업 낮아져 어찌 견딜 수 있으리오
> 어여뻐다 지난날 말 달리듯 했으니 오는 해 공부 어찌 새로 하지 않으랴.8)

퇴계 생존당시는 공맹시절과 달리 부귀공명을 통한 신분 상승 길이 열려 있었다. 퇴계가 성균관에 유학하던 23세, 그는 이웃집에서 심신수양을 설명한 『심경부주(心經附註)』를 보고 흡족하여 그 책을 입수했다. 그는 이 책 읽음으로 성학(聖學)으로 심학 연원과 수양법을 마침내 깨달았다. 당시는 신분 상승 욕망이 지배적이어서 참된 자기실현을 향한 '위기지학' 정신이 무너지는 형국이었다. 이를 안타깝게 여긴 퇴계는 새벽에 일어나 향불 피우고 심경부주 외운 다음 하루를 시작했다. 그는 '심경 한 권 글에 밝은 교훈 실려 있네.'9)라며 찬미했다. 심경부주 읽은 후, 퇴계는 주자의 사상에 흥미가 있었다.

43세, 『주자대전(朱子大全)』 구하고 문 닫고 들어앉아 조용히 읽으며 여름나기까지 계속해 주변에서 몸 상할까 염려했다. 퇴계는 "이 글 읽으면 가슴에서 문득 시원한 기운 생겨 저절로 더위를 모르게 되는데 어찌 병 생기겠는가?"10)라며 독서삼매에 몰입했다. 퇴계는 활인수양으로 '인(仁)'의 꽃 피울 것을 주문했다. 이는 타자행복 염려하는 인간다움의 인격 함양이다. 나와 남의 한 생명 너울거림이기에 공복(共福)을 염려하고 매개한다. '인(仁)'에 뿌리내려 자양분을 흡수함으로 활인수양은 자타의 균형과 사이의 조화를 이룬다.

하늘, 땅, 형제 백성, 또 다른 사물이 어우러져 체인천리를 구현함으로 '인(仁)'의

---

8) 『退溪全書』「言行錄」 卷2. '翰墨爭名已喪眞 那堪學業又低人 可憐往日如奔駟 來歲工夫盡日新'
9) 『退溪全書』卷1, '我思千載人 蘆峯建陽境 藏修一庵晦 著書萬古醒 往者待折衷 來者得挈領 懿哉盛授受 源遠雜魯穎 口耳障狂瀾 心經嘉訓炳' p.198.
10) 『退溪全書』「言行錄」 卷1, 「金富倫錄」: 先生嘗得朱子全書于都下自是閉戶靜觀歷夏不輟或以暑熱致傷爲戒先生曰 講此書便覺胸膈生涼自不知其暑何病之有.

생명 미학을 꽃피운다. 기의 발동에서 비롯하지만, 마음으로 이(理)를 주재하니 때로 도(道)이고, 때로 성(誠)이다.11) 퇴계는 이(理) 가득함은 '실(實)'이고 오롯함은 '경(敬)'이기에, '인(仁)'은 생명체 잠재적 능력으로 여겼다.12) 원대한 존덕성과 엄밀한 도문성 사이 균형을 취하고자 퇴계는 이(理)의 성(性)과 기(氣)의 정(情)이 드러나는 양상을 이기 관점에서 분석하였다. 또한 '이기불상잡(理氣不相雜)'으로 성(性)을 밝히고, '이기불상리(理氣不相離)' 관점으로 성(性)이 정(情)으로 드러나는 선악 혼재의 양상을 다루었다. 기품으로 '성(性)' 말하지만 성선을 온전하게 드러내기 어렵고, 기질로 선악 혼재를 다루어야 하기에 부득불 이기호발(理氣互發) 관점을 취했다.13)

2) 체인천리의 구현

마음은 기질 따라 다르지만, 기의 한계를 극복하고 본성으로 받은 것 깨달아 하늘 섬기고 하늘 명령 온전히 세운다.14) 마음 지극은 연비어약(鳶飛魚躍)에서 묘용활발(妙用活潑)으로 체인천리로 체득된다. 활인수양은 체인천리 체득이 관건이다. "도는 일상으로 유행한다. 가는 곳마다 존재하지 않는 곳 없고, 한 자리라도 빠진 곳 없으니, 어디든 공부 그만둘 수 있겠는가? 경각 멈춤 없어, 찰나라도 이(理) 없는 때 없으니 항시 공부하지 않을 수 있겠는가?"15)한다. 또한 퇴계는 '이(理)와 기 합쳐 마음 이루니 기 거느리면 고요하고 생각 한결같으면 망념 사라진다. 이(理) 서지 못해 기가 이기면 어지럽고 사특(邪慝)하며 망령 섞여 실없는 생각 버린다. '경(敬)만한 것 없으니, 거경으로 한결같게 일관하면 스스로 고요해진다.'16)고 했다. 활인수양은 기의 다

---

11) 위의 책, p. 160.

12) 퇴계, 한형조 독해, 『성학십도, 자기구원의 가이드맵』 (한국학중앙연구원, 2018), p.499.

13) 퇴계는 四端을 理發, 七情을 氣發로 보면서 「心統性情圖」에서 中圖와 下圖로 구분하여 설명하면서 두 관점의 미묘한 차이를 드러냈다.

14) 『孟子集註』「盡心章句 上」: 盡其心者, 知其性也, 知其性, 則知天矣. 存其心, 養其性, 所以事天也. 殀壽不貳, 修身以俟之, 所以立命也.

15) 『退溪先生文集』卷7, 「夙興夜寐箴圖」夫道之流行於日用之間, 無所適而不在, 故無一席無理之地, 何地而可輟工夫, 無頃刻之或停, 故無一息無理之時, 何時而不用工夫.

16) 『言行錄』「論持敬」: 問思慮之所以煩擾何也, 先生曰夫人合理氣而爲心, 理爲主而師其氣, 則心靜而慮一, 自無閒思慮, 理不能爲主而爲氣所勝, 則此心紛綸膠擾, 無所底極, 邪思妄想, 交至疊臻, 正如翻車之環轉, 無一息之定貼也, 又曰人不可無思慮, 只要去閒思慮耳, 其要不過敬而已, 敬則心便一, 一則思慮自靜矣.

양성에서 이(理) 작용을 읽고, '이'가 풍부한 조화 질서에 참여하는 순응으로 경(敬)의 주재성(主宰性)을 감지하게 된다.[17]

퇴계 체인천리에는 거경(居敬)으로 이도(理到)가 이루어짐을 영성으로 체험한다. 퇴계 이(理)는 '지금 여기' 작용으로 활발히 주재하기에, 이도체험(理到體驗)으로 천리가 마음에 임해 천리를 대상화하거나 내면화하게 되니 성령의 임재와 유사하다.

또한 퇴계는 천리를 '주재천(主宰天)'과 도덕천명의 이법천(理法天)으로 인식함으로 관도성오(觀道醒悟)의 묘용을 살렸다. 특히 그는 계신공구(戒愼恐懼) 신독장면(愼獨場面)에 있어 신이 자신을 감시한다고도 여겼다.[18] 천리가 만물에 작용하지만, 그 작용은 사람 마음을 벗어나지 않으므로 이(理)는 스스로 작용할 수 없고 사람 마음을 기다려야 하며 스스로 도달하는 것, 어렵지만, '이(理)는 스스로 작용하기에 마음 작용에 국한하여 말할 필요가 있겠는가?'라고 했다. 그 작용의 오묘함은 이가 발현한 것이기에 마음이 이르는바 따라 이르지 않음이 없고 다하지 않음도 없다. 자신의 격물이 지극하지 못함을 걱정해야지, 이(理) 스스로 이를 수 없다고 걱정할 필요는 없다."[19]

퇴계에게 천리는 현실을 벗어난 관념이 아니라, 역동적이고 활발한 작용의 생명 근원과 상관한다. 이(理) 초월성은 본성 그대로다. 마음이 초월을 실존으로 파악하며 동참한다. 현실은 이(理) 현현(顯現)이며 작용이 마음에 스며들어 자연스럽고 선한 존재로 살아간다. 또한 퇴계는 경으로 궁구하고 '체용일원(體用一源)' 이룰 때, 마음은 전일하고 진지(眞知)에 든다.[20] 천리 인식은 천명지성으로 말미암지만, 현실에서 이가 발해 기가 따르는 이발기수(理發氣隨)와 기가 발해 이(理)가 타는 기발현승(氣發理乘)이 혼재한다.

퇴계는 「심통성정도(心統性情圖)」에서 중도(中圖)와 하도(下圖)로 나누어 정일 집중하는 경(敬) 수양과 존체응용(存體應用) 심법으로 구분했다. 마음에 순선 본성이 갖추

---

17) 『心經附註』「心經贊」: 蓋心者一身之主宰, 而敬又一心之主宰也. 學者熟究於主一無適之說, 整齊嚴肅之說, 與夫其心收斂常惺惺之說, 則其爲工夫也盡, 而優入於聖域, 亦不難矣.
18) 이상은, 『퇴계의 생애와 학문』(예문서원, 2011), p.177.
19) 『退溪先生文集』卷18,「答奇明彦 別紙」: 理在萬物, 而其用實不外一人之心. 則疑若理不能自用 必有待於人心, 似不可以自到爲言. 然而又曰, 理必有用, 何必又說是心之用乎.則其用雖不外乎人心,而其所以爲用之妙,實是理之發見者, 隨人心所至, 而無所不到, 無所不盡. 但恐吾之格物有未至, 不是理不能自到也.
20) 『退溪先生文集』卷6,「戊辰六條疏」: 敬以爲主, 而事事物物, 莫不窮其所當然與其所以然之故, 沈潛反覆, 玩索體認而極其至, 至於歲月之久, 功力之深, 而一朝不覺其有灑然融釋, 豁然貫通處, 則始知所謂體用一源, 顯微無間者, 眞是其然, 而不迷於危微, 不眩於精一而中可執, 此之謂眞知也.

어져 있기에 활인수양에서는 본연지성 천리를 아는 것이 관건이다. 마음이 본연지성 따름은 본성대로 편히 사는 길이기에, 솔성(率性)은 타고난 본성 그대로 이루어짐이라고 할 것이다.21) 천리체인은 천리가 다가오는 이도(理到)와 삼가 우러러보는 거경(居敬)이다. '이도'는 천리가 본성으로 끊임없이 작용하는 공(公)이 사(私)에게 다가옴이라면, '거경'은 자연스럽게 본성대로 살며 천리 다가서는 실존 초월성으로 '사'가 공에 접근함이다.

체인천리는 천리이도와 천리거경의 쌍발로 말미암은 공공개시(公共開示) 현상으로 개인 수양역량 넘어 천리유행(天理流行) 공공발현이다. 거경을 이어감으로 천리가 마음을 주재하게 하면서 하늘 뜻대로 삶을 주재하도록 천명을 헤아리고 살피는 자기성찰은 지경으로 이어간다. 이는 '인욕의 사사로움으로 작위 하는 바 있어 그러한 것이 아니라, 천리 보존으로 인위적인 바 없기에 그러하다.'22)는 이치에 의한다.

아울러 거경은 고요를 위해 생각을 떨치거나 생각을 쉼 없이 해서 궁리를 저버리는 편벽이 아니라 고요할 때나 움직일 때나 한결같이 매사 처처에 중용을 이어감이다. 이러한 천리유행이 타자에 미칠 때, 자타상통 공공행복을 향유한다. 자연스러움이 마음 안팎을 아우르기에 체인천리에 따른 공덕 회향은 자연스럽게 이루어진다. 이는 곧 덕을 쌓은 대로 누린다. 생명 근저 환희로서 기쁨과 슬픔의 경계에서 벗어나 자타의 경계나 차별의식 없이 고요함을 지속으로 이어간다. 다음 시로서 '시작 알리는 마음'을 살펴본다.

「시작 알리며(詠始)」

시가 사람 그르치지 않고 사람 스스로 그렇다네.
흥이 오고 정이 나가면 참아내기 어려운 것임을
풍운이 일렁이는 곳에는 신의 도움이 있고말고.
훈혈이 녹아날 때 저속한 소리는 끊어지는구나.
도연명 지으면 그 마음 진정 후련할 것이지만
초당 두보 고친 뒤에는 으레 길게도 읊었다오.

---

21) 『退溪全書』卷22, 「中庸釋義」: 率性 : 性率홈을 性다이 率홀 솔今按 兩說皆是 註 朱子曰 率性 非人率之也 又曰 此率字 不是用力字 又曰循字 非就行道人說 故 性다이之說 雖似巧 實是

22) 『心經附註』卷4, 「雞鳴而起章」: 蓋聖賢無所爲而然也, 無所爲而然者, 命之所以不已, 性之所以不偏, 而教之所以無窮也, 凡有所爲而然者, 皆人欲之私而非天理之所存, 此義利之分也.

사람들 각각 시에 대한 밝은 눈 갖지 못하지만
시 생각하는 반짝이는 마음 가두지는 않으리라.23)

　　퇴계는 감흥과 정감 깊이를 음미하면서 속음(俗音)을 발견할 수 없는 연유를 수련 상구에서 살펴볼 수 있다. 시가 사람을 그르치지 않은데도 사람이 스스로 그릇되게 바뀌는 것은 시가 사람의 마음을 있는 그대로 형상화하기 때문이다. 퇴계는 학문을 하는 데 있어, 일 있거나 없거나 생각 있을 때나 없을 때를 막론하고 오직 마음을 경에 두고 동정 간의 경을 잃지 않도록 일관한다. 또한 수양 시일수록 다른 사람들에게 감흥과 정감의 깊이를 배가시킬 수 있다 했다. 천지만물이 활발한 이 발현이며 묘용 아닌 것이 없기에, 퇴계는 일상의 모든 곡절이 이법 구현 아님이 없다고 확신하였다. 그는 천인합일 본체론에서 인극(人極)의 확립을 기약하였다. 또한 일상에서 도리를 실천함으로 자신을 바르게 점검하고 향상 일구로 나아갈 수 있다. 이처럼 퇴계의 관심은 왕도 실현보다 거경으로 일관함이자 천덕의 함양에 주력함이다.24)

　　퇴계는 '도를 전할 책임이 자신에게 있음과 외경이 일상을 떠나지 않을 때, 천지가 자리 잡고 만물을 기르며 덕행 실천함으로 천인합일 이룬다.'25) 했다. 시원태극(始源太極)과 인격주재(人格主宰)가 천명에 이르러 실천력을 발휘하기 때문이다. 인격주재에 대한 섬김 자세는 이도천명에 이르러 윤리 실천으로 이어진다. 퇴계는 기존 천명도, '천명'을 상단에 자리 잡은 묘응권(妙凝圈), '천명'으로 수정함으로 인·의·예·지 실현 주체로서 도의 생성을 생동적으로 드러내고자 하였다. "천명도의 천명지권은 주자의 무극과 이기가 오묘하게 합하여 응집한 것으로, 자사의 경우 이기묘합 가운데 무극지리를 지칭하고 이(理)를 성(性)으로 간주했다."26) 이처럼 체인의 천리는 천리의 존숭으로 이어진다.

---

23) 『退溪先生文集內集』 卷3, 「詩」, 〈和子中開居 二十詠〉 其四. '詩不誤人人自誤 興來情適已難禁 風雲動處有神助 葷血消時絶俗音 栗里賦成眞樂志 草堂改罷自長吟 緣他未著明明眼 不是吾緘耿耿心

24) 김태영, 『조선성리학의 역사상』(경희대출판국, 2006), p.411.

25) 『退溪先生文集』 卷7, 「進聖學十圖箚」: 又從而俛焉孶孶 旣竭吾才 則顏子之心不違仁 而爲邦之業在其中 曾子之忠恕一貫 而傳道之責在其身 畏敬不離乎日用 而中和位育之功可致 德行不外乎彝倫 而天人合一之妙斯得矣.

26) 『退溪先生文集』, 권41, 7b, 「雜著·天命圖說後叙」, "天命之圈, 卽周子所謂 無極二五妙合而凝者也, 而子思則就理氣妙合之中, 獨指無極之理而言, 故直以是爲性焉耳."

3. 퇴계의 우주이법과 거경궁리

1) 퇴계의 우주이법

퇴계는 우주이법이 '지금 여기' 작용하며 활발히 주재하기에, 거경으로 이동(理動)에 다가서고 이도(理到)로 천명을 내면화하며, 관도성오로 천리의 묘용을 살릴 수 있음이다.[27]

천리가 만물에 있지만 그 작용은 마음을 벗어나지 않으며 천리는 스스로 작용할 수 없고 인심을 기다려 이루어진다. 작용은 마음을 벗어나지 않지만 그 미묘함은 이법(理法)의 발현으로 마음 도달하는 바에 따른다. 퇴계는 격물이 지극하지 못함을 걱정해야지, 천리가 스스로 이를 수 없음을 걱정할 필요는 없다."[28]고 한다. 인간에서 이법우주는 역동적이고 활발한 작용의 근원이다. 우주이법은 마음으로 초월을 실존적으로 파악하고 동참할 수 있게 발동하고 작용한다. 현실은 우주이법 현현으로 그 작용이 마음에 스며들기에 자연스럽고 선한 존재로 살아간다고 말할 수 있다.

경(敬)으로 궁구하고 체용일원일 때, 전일(專一)하게 되면서 진지(眞知)에 든다.[29] 아울러 우주이법은 '거경'과 '이도'의 만남으로 사단칠정의 이상적인 체득이 가능하다. '거경'은 본성대로 참여하는 실존 초월성으로 개체가 전체에 접근하는 종교적 자세라면 '이도'는 천리는 끊임없이 마음에 작용하여 내재 초월성으로 공(公)이 사(私)에게 다가오는 천명으로 윤리 실천에 결합한다고 할 것이다. 이러한 이법우주에 대한 심정적 감통을 퇴계는 시적 감흥으로 읊어 '봄날 한가롭게(春日閒居)' 시제(詩題)의 명상시에서 버드나무 가지에서 푸른 잎이 돋아나고 많은 꽃나무에서 붉은 꽃이 피어오르는 광경을 묘사했다.

---

27) 이상은, 『퇴계의 생애와 학문』(예문서원, 2011), p.177.
28) 『退溪先生文集』 卷18,「答奇明彦 別紙」: 理在萬物, 而其用實不外一人之心. 則疑若理不能自用 必有待於人心, 似不可以自суд 自為言. 然而又曰, 理必有用, 何必又說是心之用乎. 則其用雖不外乎人心, 而其所以為用之妙, 實是理之發見者, 隨人心所至, 而無所不到, 無所不盡. 但恐吾之格物有未至, 不思理不能自到也.
29) 『退溪先生文集』 卷6,「戊辰六條疏」: 敬以為主, 而事事物物, 莫不窮其所當然與其所以然之故, 沈潛反覆, 玩索體認而極其至, 至於歲月之久, 功力之深, 而一朝不覺其有灑然融釋, 豁然貫通處, 則始知所謂體用一源, 顯微無間者, 眞是其然, 而不迷於危微, 不眩於精一而中可執, 此之謂眞知也.

「봄날 한가롭게(春日閒居)」

푸르게 물든 버드나무 천 가닥
붉게 타오르는 만 송이 꽃
크고 우렁찬 산 꿩 소리에
야인의 집이 화려해지도다.30)

산 꿩의 울음소리를 웅호(雄豪)하다고 표현한 모습에서 이법예찬의 의도가 드러난
다. 꽃과 버드나무 잎, 꿩 울음으로 인해 야인 집마저 사치스러울 정도로 화려하다고
묘사한다. 이러한 역설적 진술에는 이법우주를 아름답게 바라보는 퇴계 심안이 돋보
인다. 우주이법을 아름다운 존재로 인식한 연유에 대해, 그는 '천 가닥' 버드나무 가
지와 '만 송이' 꽃을 묘사함으로 봄을 맞아 발양하는 근원적 생명력을 찬미하고, 물
들이는 염(染)과 타오르는 연(燃)의 대비로 붉음과 푸른 빛 조화의 우주이법을 그렸다.

'크고 우렁찬' 산 꿩 울음에서 감지되는 생기, 짝을 찾는 생명욕구를 '산치성(山雉
性)'으로 규정함으로 우주이법에 눈을 뜨게 된다. 이법우주가 발현하는 봄날 풍광을
묘사하기에 생육 역량에 감동마저 내비친다. 봄 맞은 생명은 아름다움을 느끼며 생명
예찬을 토로한다. 또한 "진달래꽃은 피어 찬란한 노을처럼 밝은데, 비취색 절벽은 그
가운데 펼쳐져 비단 병풍을 이루었네."라고 그리거나 "누가 도원경을 그릴 수 있나,
나무의 꽃들에서 붉은 기운 현란하게 올라오는 것을"이라는 형용으로 우주이법의 개
방식을 확인한다.31) 이는 금과 옥, 비단, 수, 빛 등 현란한 광채 이미지를 사용, 우
주이법 아름다움을 여실하게 표현한다. 퇴계는 만물의 화려한 생명미학을 묘사하는
방식이다.

또한 만물의 양태에서 우주이법의 다양한 전개방식을 감지하고 있다. 또한 '연하
고 짙은 붉은 꽃과 흰 꽃'을 아름답게 묘사하면서 '천지조화가 색색으로 새롭게 만들
었다'라고 묘사하거나, 산록과 수풀을 '붉은 비단, 푸른 비단'으로 그리면서 '조화 솜
씨로 인해 세상에 그 아름다움을 자랑하게 되었다'로 강도를 더해간다.32) 우주 자연

---

30) 綠染千條柳 紅燃萬朵花 雄豪山雉性 奢麗野人家
31) 『퇴계집』 권4, p.141.
32) 『퇴계집』 권2, p.110.

에서 아름다움과 충만 희열을 발견한다. 자연물의 아름다움의 묘사에서 알 수 있듯이, 우주이법 세계를 낙천적으로 바라보기만 해도 깊은 희열이 샘솟는다. 이러한 시각과 심적 상태를 기반으로 퇴계는 낙천적 인생관을 표방한다. 그의 관조는 '계촌즉사(溪村卽事)'라는 시와 '청음석(淸吟石)' 시를 통해 그대로 드러나고 있으니 이를 살펴본다.

「개울가일(溪村卽事)」

벼와 삼, 닭과 개에 아이들까지
푸른 나무 그늘 문반쯤 닫혔네.
어젯밤 용공(龍公) 비 뿌리고 갔나봐
새벽 대야 맑은 물 백운 동동[33]

「맑은 소리바위(淸吟石)」

어지럽게 붉은 융단 헤쳐 가며
한가로이 푸른 물결 지고 왔네.
저녁 시냇가 사는 아이 만나니
쟁반 살아있는 옥이고 올 걸세[34]

자연물의 순박함에서 화려한 아름다움을 모색하지만, 소박함으로 인생 즐거움을 깨닫는다. 그뿐 아니라 안식이 집에 있어 더욱 즐거움을 느낀다. 그는 '반쯤 닫힌 문' 형상을 통해 세상을 거부하지도 않고 속세 더러움을 모두 수용하지 않는 유연성으로 우주이법에 대한 내면평정을 드러낸다. 소박한 즐거움을 선명하게 보여주는 것은 동요 발상에서다. 아침에 비가 갠 광경을 '새벽 세숫대야에 흰 구름이 동동 떠 있는' 것을 바라보는 천진한 시선과 용공(龍公)이 비를 뿌리고 갔으리라.'라는 공상을 표출함으로 유쾌함을 드러내고 있다고 할 것이다.

---

33) 『퇴계집』別集, p.23. '禾麻雞犬共兒孫 碧樹陰中半掩門 昨夜龍公行雨過 曉盤淸戴白雲痕'
34) 『퇴계집』권2, p.81. '亂披紅氍裏 閒擔綠波回 晚與溪童約 盤擎活玉來'

소박하고 사소한 일에 즐거움을 느끼는 모습에서 세상 낙관과 인생 긍정을 동시에 토로하기에 낙천적 인생 태도를 확인할 수 있다.

첫 작품이 삶에서 느끼는 즐거움을 담담한 어조로 표출한 것이라면, 둘째 작품은 시인의 충만한 기쁨을 들뜬 심경으로 토로하고 있다. 그의 이러한 심경 고백은 묘사한 대상들의 화려한 색채감에서 감지된다. 시인은 자신이 헤치고 지나가는 봄꽃들의 무리를 '붉은 융단'으로 형용하고 자기가 지고 가는 술동이를 녹파주(綠波酒)'로 미화함으로 세상과 생활에 드러나는 현란한 아름다움에 대해 흥분마저 토로한다. '어지럽게'라는 동작 역동성과 '한가로이'라는 행위표출에서 자유로운 들뜬 기분이 감지된다. 퇴계의 시적 흥분은 술동이를 지고 '청음석'에 도착했을 때 고조된다.

그는 여기서 시냇가에 사는 아이와의 저녁 약속마저 떠올린다. 아이가 시내에서 잡아 온 물고기를 안주로 하여 자신이 가져온 녹파주를 마시는 순간을 고대하고 있다. '물고기'와 '녹파주'의 묘한 어울림에서 그의 삶에 대한 즐거움을 발견한다. 물고기를 '살아있는 옥'이라는 광채로 표현한 결구에서는 기대감에 설레는 마음과 충만한 기쁨을 여실히 토로하고 있다. 퇴계는 생명 욕구 따라 흥겹게 사는 낙천성을 드러낸다.

독일의 울리히 벡(Ulrich Beck, 1944-2015)은 '근대화 과정에서 발생하는 위험을 지금까지 유효했던 제도 방안, 과학기술로 통제하거나 사회제도로 보상하는 방법으로 극복할 수 있다는 믿음이 깨어진 사회'를 '위험사회'로 규정하였다. 인류에게 닥친 '위험수준'은 예측 불가능하며 자연적·사회적·경제적 재난이 지구전체로 확산되어 특정 국민이나 특정 국가 그리고 특정 종교로 통제할 수 없는 수준에 이르렀으니 '글로벌 위험사회'에 살고 있는 셈이다.[35]

린 화이트(Lynn Townsend White, Jr.)는 생태 위기 근원은 인간과 자연을 이분법적으로 구분한 기독교에 있다고 주장했다. 그는 '현대 생태 위기의 「역사적 근원(The historical roots of our ecologic crisis)」에서 환경위기와 생태계 파괴 원인을 '기독교 오만'이라고 분석했다. 린 화이트에 따르면, 인간이 자연 착취를 일삼은 근거는 유대-기독교의 전통 자연관에 있다고 한다. 유대-기독교 전통은 돌과 나무 등에 영이 있다는 고대 신앙인의 '물활론(Animism)'을 폐기하고 자연은 단지 인간의

---

35) 김용규, 『신-인문학으로 읽는 하나님과 서양문명이야기』(IVP, 2018), p.847.

사용 목적을 위한 도구에 지나지 아니한 것으로 간주하였다.36) 린 화이트는 이렇게 주장했다. "동양 종교와 극단적으로 대비되는 서유럽의 기독교는 인간과 자연의 이원론을 정립했을 뿐만 아니라 결과적으로 인간이 자신의 목적을 위해 자연 착취가 하나님의 뜻임을 강조하였다.37) 이와 대비되는 양상을 퇴계의 '비 개인 석양등대' 시를 살펴본다.

「비 개인 석양등대(夕霽登臺)」

하늘 끝 돌아가는 구름 천만 봉우리
푸른 파도 푸른 봉우리 석양 붉어라
지팡이 끌고 급히 높은 대에 올라가
만리풍 옷깃 헤치며 빙그레 웃노라38)

지팡이를 끌고 급히 높은 대 오른 이유는 비가 갠 후 석양 바닷가 장관을 보기 위해서이다. 시선을 끄는 것은 천만 개 봉우리처럼 보이는 '구름'과 만 리 밖에서 불어오는 '바람'이다. 이는 공간에서 시시각각 바뀌는 '풍운' 변화를 바라보며 우주이법 작용을 감지하는 감성이다. '파란 파도'와 '푸른 산봉우리'를 '붉은 석양'과 대비시켜 자연의 수려함을 묘사한다. 우주이법의 작용을 주시하는 시선과 자연물의 아름다운 경관을 묘사함으로 우주이법의 장엄을 찬미했다고 할 것이다.

'만리풍에 가슴의 옷깃을 헤치며 빙그레 웃는' 모습으로 천지와 병행하는 대인의 풍모를 드러낸다. 퇴계의 시는 자연의 아름다움을 노래한 시작품, 낙천 태도를 형상화한다. 그는 순박한 자연, 소박한 삶에 깃들어 있는 아름다움과 충만한 희열을 모색함으로 생태계와 화해를 모색한다. 우주이법에서 바라볼 때, 시적 감흥으로 조화 우주를 찬미한다. 왕도 실현보다 거경으로 일관하며 천덕함양에 주력하는 모습이다.39) 퇴계는 '도를 전할 책임이 자신에게 있음을 알고, 외경이 일상을 떠나지 않을 때 천

---

36) 이안 브래들리, 이상훈 · 배규식 역, 『녹색의 신』(도서출판 뜨님, 1996), p.15.
37) 위의 책, pp.15-17.
38) 天末歸雲千萬峯 碧波青嶂夕陽紅 攜節急向高臺上 一笑開襟萬里風
39) 김태영, 『조선성리학의 역사상』(경희대출판국, 2006), p.411.

지가 제자리를 잡고 만물을 기르며 덕을 실행함으로 천인합일 경지를 이룬다.'40)고
고백했다.

2) 퇴계의 거경궁리

생태개념에는 생기나 생명 같은 생명 긍정 의식을 포함한다. '생태학(ecology)'은
어원으로 '집'(eco=household: 환경)에 대한 '학문(logos)'을 말한다. 집에 대한 학
문으로 생태학은 바깥 환경에 주목하지만, 동양 전통에서 생태는 환경이 아니라 생동적
삶이다.41) 성리학은 마음에 천리가 내재한다고 보기에 '성즉리(性卽理)'를 표방한다.
또한 도가와 불가의 영향을 받아 자연을 유기체로 간주한다. 유기체 자연관은 인간과
만물을 동등하게 보는 관점이다.42)

이기론의 관점에서 천지자연과 인간은 모두 천리를 품부하고 있지만, 기의 측면에
서 다양한 차이는 존재한다. 천지 만물 근원은 태극(太極)으로 천지 만물 생성의 근원
이자 작용 원리이다. 태극은 운동성을 지니며, 이 운동성은 한순간이라도 단절되지
않는다. 따라서 태극은 천인합일의 통로이다. 인간은 천지자연으로부터 품부 받은 본
성을 내재하기에 부단히 노력한다고 말할 수 있다. 이처럼 만물에 태극 원리가 존재
한다. '퇴계(退溪)'라는 호에서 드러나듯, '퇴(退)'의 대상은 복잡한 인간사이며, '계
(溪)'는 자연 자체이다. 퇴계에게 자연은 여유와 휴식을 제공하는 곳이 아니라 학문
진보를 통한 앎의 완성을 이루는 곳이다. 하늘을 쳐다보고 땅을 내려다보고 자유로이
노닐고 흐뭇함을 합영할 즈음 지난날의 괴로움을 견디며 터득하지 못했음이 눈앞에
선명하게 나타났다고 고백했다.43)

진여현전이 자연에서 이루어지기에, 퇴계에게 있어 자연은 인간과 더불어 존중하
고 함께 하는 생태동반자이다. 퇴계는 『성학십도』를 관통하는 핵심으로 경(敬)을 내세

---

40) 『退溪先生文集』卷7, 「進聖學十圖箚」: 又從而俛焉孳孳 旣竭吾才 則顏子之心不違仁 而爲邦之業在其中 曾子之忠
   恕一貫 而傳道之責在其身 畏敬不離乎日用 而中和位育之功可致 德行不外乎彝倫 而天人合一之妙斯得矣.
41) 김태오(2008), 「혜강 사상의 생태주의적 교육원리」, 『교육철학』 35집, 한국교육철학회, pp.263-264.
42) 이동희, 「한국 성리학의 자연철학적 시사」, 『동양철학』 13집(한국동양철학회, 2000) pp.34-35.
43) 『退溪先生文集』卷37, 「答李平叔」, "而其於俯仰顧眄之頃 優游涵泳之際 昔所辛苦而 不得者 又往往不覺其自呈露
   於心目之間"

왔다. 이를 통해 체득하는 우주이법은 주일무적(主一無適)이다. '주일(主一)'은 '얽매임'이 아닌 전일(專一)이다. '하는 일에 전념하는 주사(主事)'에 있어 '한 가지에 몰입하는 주일(主一)'이 바탕이다.

한 가지 일에 얽매여 복잡해지고 연연해한다면, 사사로운 뜻을 담아 한 가지에 몰입하고 전념하는 '주일무적'이 될 수 없다. 얽매임은 사사롭기에 경의 수행으로 나아갈 수 없다. 독서에 있어서 '몰입'을 강조하고 있다.[44] 현대 물질만능주의 사회는 인간이 물질에 얽매여 있다. 외형적인 것에 치우쳐 '얽매임'에 벗어나지 못하는 표층 생태주의가 아닌, 조화와 공생관점이기에 다양성을 수용하는 심층생태의식과 상관한다. 퇴계는 이발(理發), 이동(理動), 이도(理到)로 상제와 천명에 대한 경외를 나타냈다. 이(理)의 작용을 통해 드러나는 태극의 내재 초월성이 인격 주재자로서의 모습이다.

퇴계는 실천하는 주체로서 '실존 초월성'을 인식함으로 '거경상제'와 '이도천명'을 언급하였다. 상제와 천명에 순응하는 인식이 함께 가능하기에 천리는 마음으로 작용하고 약동하는 하늘의 마음이자 도덕적 명령으로 모습을 드러낸다. 상제는 눈에 보이지 않고 귀에 들리지 않지만, 거경상제 태도로서 초월 실재가 '지금 여기' 눈앞에 현전하는 것 같이 삼가 조심한다. 퇴계는 신명의 성스러움을 대할 때 경건하게 몰입함으로 이(理)가 스스로 마음에 이르도록 하는 것을 일컬어 하늘 인격, 천명으로 술회하였다. 마음속의 천도를 인격으로 모심은 '사천(事天)'이다. '거경상제(居敬上帝)'로서 인격성을 모색하면, '이도천명(理到天命)'은 초월을 현실에서 윤리적으로 살림이다.

인격으로 대상화된 상제는 종교적이며 형이상학 세계로 초월 경험으로 체득하는 대상이다. 이에 따른 하늘 인격, 천명을 추동하는 실존 초월성은 현실의 불완전한 일상에서 천명 윤리를 실천하는 의지처가 된다. 거경상제로 인간이 내재 초월성으로 나아간다면, 이도천명은 일상의 윤리 실천을 통해 실존적으로 긴장하며 이상세계와의 간격을 좁힌다. 퇴계는 '도를 전할 책임이 자신에게 있음을 알고, 외경이 일상을 떠나지 않을 때, 천지가 제자리를 잡게 되면서 만물을 기르고 덕행이 올바로 이루어져 천인합일 경지를 이룰 수 있다.'[45]

---

44) 『自省錄』「答金惇叙富倫」
45) 『退溪先生文集』, 卷7, 「進聖學十圖箚」: 又從而俛焉孶孶 旣竭吾才 則顏子之心不違仁 而爲邦之業在其中 曾子之忠恕一貫 而傳道之責在其身 畏敬不離乎日用 而中和位育之功可致 德行不外乎彝倫 而天人合一之妙斯得矣

4. 자행화타 공덕의 지평융합

1) 활인수양의 공덕상관

프랑스의 과학철학자이며 문학비평가로 알려진 가스통 바슐라르(Gaston Bachelard, 1884-1962)는 과학 인식론과 문예비평 사이를 넘나들었다. 정신활동은 이성과 상상력으로 나타난다. 개념관장 이성과 이미지 관장의 상상력 사이에는 극성이 존재하며 서로를 밀어낸다고 한다. 바슐라르는 정신(esprit)과 영혼(soul)을 구분했다. 이는 정신-이성-개념과 영혼-상상력-이미지로 양분된다. 정신-이성-개념의 축으로 보면, 퇴계의 활인수양과 도다 광선유포는 사상 측면에서 양분되겠지만, 영혼-상상력-이미지 차원에서 상호 소통하기에 인식 지평 융합을 가능하게 함으로 상관 연동을 탐색할 수 있다. 타자와 더불어 공공행복을 지향하는 퇴계 활인수양에는 분노 다스림에 주안점을 둔다. 마음과 천리가 어긋나는 것은 욕망과 감정 때문이다. 감정에서 문제가 되는 것은 분노의 감정이라고 말할 수 있다.

공자는 호학의 인물로 '안연'을 들며 '불천노 불이과(不遷怒 不貳過)'로 평가하였다. 마음은 밭과 같고, 그 속에 씨앗이 있다. 절망의 부정 씨앗이 아닌 희망의 긍정 씨앗에 물을 주려고 노력한다. 분노할 때 이치의 옳고 그름을 볼 수 있다면, 외물 유혹도 스승이다. 퇴계는 『정성서(定性書)』를 통해 밝혔다고 할 것이다. 사물이 밖으로만 알고 이치 구분을 모르면, 이는 이치와 일을 나눔이다. 사물이 밖이 아니라는 것만 인식하고 이치를 기준으로 삼지 않으면, 외물이 주인 자리를 빼앗는 격이다. 군자는 성(性) 안팎 없음을 깨달아 이치에 부합하고 외물을 접해도 사물이 해(害)가 되지 않도록 유의한다. 노할 때 노함을 잊고 이치 옳음을 본다. 노함을 잊는다고 함은 외물을 잊음이고, 이치 옳고 그름을 본다는 것은 한결같이 그 이치를 따름이다.[46]

퇴계는 '안자지락(顔子之樂)'에 관해 낙천(樂天)의 시로 감정을 표출했다. 또한 자연과 인간의 조화, 본성 믿음의 주체적 삶으로 감성과 이성 조화를 꾀했다. 퇴계는

---

46) 退溪全書(1), 答李達李天幾, p.353.

함께하는 휴식과 놀이, 심미와 예술 체험을 강조한다.

「하늘을 즐기며(樂天)」

도를 깨닫고 하늘을 즐기는 성인경지
오직 안자만이 이에서 멀지 않았다네
나는 이제 하늘의 두려움을 알았으니
즐거움이 사이에 있어 노래하려 하네.47)

이처럼 퇴계 활인수양은 실존의미를 드러낼 뿐만 아니라, 미래문화를 창조하기 위한 교두보 역할을 한다. 공덕 상관으로 자연과 인간 조화를 꾀하고, 감성과 이성조화를 이루며, 주체적이며 열린 마음으로 타자 배려에 이바지한다고 할 것이다. 인류사의 대전환을 위한 인간 존엄과 평화의 가치를 새 밝힘 했다고 할 것이다.

2) 체인천리의 회향

수양하는 인간에게 천리 도달의 이도(理到)는 수양자세 일관으로 관도(觀道)로서 영성체험이 이루어진다. 섬김의 거경상제는 성오(醒悟)로 체인한다. 활인수양에 의한 체인천리는 관도성오 순일체험으로 공덕을 타자에게 회향하며 발고여락을 실천하기에 자타의 행복을 이룬다. 수양을 통한 정제 엄숙을 유지하고 일상에서 천리를 상제 인격으로 섬기고 천명 자각으로 타자 배려 윤리적 실천으로 나아감으로 자타가 더불어 행복하기에 공복(共福)과 연동(連動)한다. 상제 계신 듯 삼가는 경외심은 감성 상통으로 이어지고 타자 배려로 수양 공덕을 타자에게 회향한다. 이를 통해 공덕 장엄의 아름다운 미학에 접근한다.

내재 초월의 태극 천리는 상제 인격을 흠모하거나 천명 자각으로 실천 지혜로 이어진다. 태극이 천리로서 내재하고, 마음으로 자각된 천도는 하늘 인격으로 내재한 궁극을 모시는 사천(事天)을 낳기에 그 솔성(率性)으로 지경(持敬)을 유지한다. 하늘

---

47) 退溪全書(1), 內集. '樂天', p.99. "聞道樂天欺聖域/惟顏去此不爭多/我今唯覺天堪畏/樂在中間可詠歌

인격에 적합한 경천(敬天)의 마음가짐으로 마음을 모은다.[48] 천도를 인격으로 모시는 사천(事天)은 상제 외경 체험으로 이어진다. 천리 체인은 천리를 품부 받은 그대로 실천하며 살아감이다. 초월적으로 대상화된 상제는 불완전한 현실에서 초월 실재가 되지만 천명이 추동하는 실존 초월은 일상에서 초월과 현실 사이 긴장 간격을 좁힌다.

퇴계는 배우는 사람에게 "도는 가까이 있는데 스스로 살피지 못한다. 어찌 일상생활 속의 사물을 떠나서 특별한 도리가 있겠는가?"[49]라며 평상심의 가치를 일러주었다. 또한 퇴계는 문학 효용을 중시하여 문장으로 도를 밝히는 '문이명도(文以明道)'에 충실했다. 또한 '양심당(養心堂)' 제목 시를 통해 사람을 해치는 원인이 바로 인욕에 있음도 밝혔다. 천리를 따르면 평온을 유지하지만, 인욕에 덮히면 도끼로 훼손된 나무처럼 된다는 것이다. 명경같이 천리 오묘함을 관조한 퇴계는 성오로 고요한 상태에서 마음을 모으고, 정진하며 엄숙하고 깨어있는 정중지경(靜中持敬)의 도심의 함양을 중시했다.[50] 아울러 퇴계는 도심을 발휘하는 선인이 되도록 일심을 다잡도록 당부했다. 그는 유학경전에 나오는 용어를 활용하여, 이(理)를 대신해 태극(太極), 천리(天理), 천도(天道)를 사용했다.[51] 퇴계의 시에는 도신(道心)에 따른 수양 선비 모습을 그린다.

「간직함을 읊으며(詠懷)」

홀로 숲 속 오두막서 만권 애독하며 한결같은 뜻으로 십여 년 살았다네.
이제야 진리의 근원 깨달은 바 있으니 마음으로 우주를 간파할 듯하네.[52]

퇴계는 기에 선행하는 이(理) 주장을 통해 기의 유한성을 언급했다. 이에 반해 서경덕은 기에 생멸 없고 시종일관하게 '일기항존(一氣恒存)' 하기에 퇴계와 상반된 견해를 취했다.[53] 비록 퇴계철학이 이상주의 틀에 놓여 있다는 비판을 받았지만, 타자

---

48) 김형효, 『원효에서 다산까지』(청계, 2000), p.277.
49) 『退溪先生言行錄』 卷1, 「類編」 敎人章. "道在邇 而人自不察耳 豈日用事物之外 別有一種他道理乎"
50) 김영숙, 『퇴계 시 넓혀 읽고 깊은 맛보기』(영남퇴계학연구원, 2014), p.176.
51) 윤사순, 『퇴계 이황의 철학』(예문서원, 2013), p.201.
52) 『退溪先生文集外集1』 「詠懷」 '獨愛林廬萬卷書 一般心事十年餘 邇來似與源頭會 都把吾心看太虛'
53) 위의 책, p.207.

윤리 측면에서 돋보인다. 신분사회 조선 향촌에서는 양반, 중인, 상민이 더불어 살았는데, 행동 규칙은 엄격했다. 계층별로 사는 집과 입는 옷이 다르며, 호칭까지 달랐다. 퇴계는 상대가 누구이든 차별하지 않고 예로 응대하였다.

지체가 낮고 어린 제자라도 소홀하게 접대치 않았다.[54] 그는 마음에 천리가 품부가 되어 있고 개별사물의 이(理)도 마음에 가득하다고 했다. 개개인은 자신만의 독특한 분수지리(分殊之理)로 독자대본(獨自大本)이 있기에 타자를 배려함으로 인간 존엄을 지킬 수가 있었다. 그의 주리 철학은 자기중심 정복을 앞세운 타자 파괴 자연관을 극복하는 데 일조한다. 현대사회에서 퇴계 유기체의 생명에 대한 외경의식은 심층차원의 생태적 지혜와 상통한다고 할 것이다.

퇴계 활인수양에서 격물치지 궁리는 물론이거니와 치국평천하 왕도 실현에 이르기까지 광범하다고 할 것이다. 미발과 기발 모두 성찰하기에 창제로 묘법연화를 알아차리는 묘법신해와 연동한다. 마음을 경(敬)으로 주재하면, 세상 이치와 실천 도리 그리고 타자배려 의식연동으로 상생을 살린다. 심덕(心德)을 천덕(天德)으로 함양함으로 이도(理到)로 인하여 천명을 체득함으로 도덕적 자아의 주체성을 확립한다. 이처럼 활인수양에서는 천리가 인간에게 도달하는 '이도(理到)'를 강조하는데, 이는 섬김의 자세가 올곧게 드러나면 관도(觀道)로서 체감되기 때문이다.

인간이 천리에 다가서는 정성에 비례하여 천리가 인간에게 다가온다고 할 것이다. 또한 거경상제의 자세는 성오(醒悟)로서도 체인이 가능하기에 '인격천(人格天)'에서 자유로운 '이법천(理法天)'으로 언급한다. 천리 다가서는 순일 체험은 성오의 체험으로 이어진다. 그런데 각자 추구하는 생각이 다르기에 대처하는 경도 허다한 지두(地頭), 시분(時分)이 따른다. 이에 "한번 고요하고 한 번 움직임에도 처지와 시분에 따라 존양하고 성찰하기를 번갈아 가며 공력을 깃들인다."[55]

또한 체인천리는 상대 고통을 경감시키고 즐거움을 부여하는 발고여락(拔苦與樂)으로 작용하기에 자타 행복을 이룬다. 마음을 고요히 가다듬고 한곳으로 모아 정진으로 이어가며 정제 엄숙 자세를 유지함으로 일상 깨침으로 이어져 성오로 열매를 맺

---

54) 김병일, 『퇴계처럼』(글 항아리, 2016), p.152.
55) 퇴계, 고산 역해, 『자성록, 언행록, 성학십도』(동서문화사, 2011), p.410.

는다고 할 것이다. 이렇게 열매를 맺는 과정에서 드러난 퇴계의 명상시는 현대인에게도 심신치유와 영성힐링으로 긍정적인 효과를 나타낼 것이다.

퇴계 활인수양에서 수양은 사람을 살리되, 그 깊이까지 궁구하므로 새로워질 수 있음이다. 사람의 깊이에 이르도록 지속으로 공경하는 마음가짐이 지경(持敬)이다. 이 태도를 이어가면, 자연스럽게 드러나 발견하게 되는 '마음 챙김'은 '심통성정'을 이루어 깨닫는 것이 어렵지 않다. 마음은 허령불측(虛靈不測)으로 사물 만나면 지각할 수 있는 능력을 갖춘다. 활인수양 넓이와 깊이에 따라 천리체인의 감화력은 달라지고 공덕 회향도 다양하게 드러난다.

5. 공덕구현의 진여현전

대승불교 사상에 의하면, 사람은 청정법신, 원만보신, 백억화신을 갖추고 있어 평등하지만 공덕구현에 따른 진여현전에 차이를 나타낸다. 퇴계 활인수양은 타자를 배려하고 섬기는 공공행복 구현에 관건이 있다. 이처럼 살아가며 공덕을 구현하고 세상의 평화, 참신한 교육, 다양한 문화를 갖추는 길이 진여현전에 따른 '활명삼소(活命三笑)'를 가능케 한다.

활명삼소는 근원적 생명력을 일깨워 고통을 뽑아내고 즐거움을 부하는 발고여락의 자비 실천행을 의미한다. 다양한 자연풍광은 하늘을 표상하고, 잔잔한 명상 멜로디는 지축을 나타내고 여러 가지 명상시 표현은 통찰의 알아차림을 드러낸다. 천부경에 나타난 천지인 삼재 이치가 명상시 치유힐링에 그대로 표현되어 있다. 명상시 치유힐링은 108 명상시로 구성되어 있다. 마음의 삼위일체로서 근경식(根境識)이 그대로 투영되어 감각의 여섯 경계가 대상의 여섯 경계와 만나 36가지 표상 작용을 일으키고 이들이 과거, 현재 미래로 이어지기에 108 번뇌 장면을 토로한다.

명상시 치유힐링으로 108 번뇌를 치유하면, 육도윤회에서 벗어나 진여현전에 따른 수다원, 사다함, 아나함, 아라한의 성문사과(聲聞四科)를 통과한다. 먼저 수다원과는 그릇된 진리에 대한 의심이나 견해를 버리고 인과관계에 대한 통찰과 지혜를 얻는 결실을 본다. 이에 명상시 치유힐링 1단계, 27편은 1편당 4 싯구로 이루어져 백팔번뇌 퇴치의 믿음을 갖추도록 함으로 '계(戒)'를 현전한다.

사다함과는 성문사과의 두 번째 경지로서, 한번 사바세계에 다시 돌아오는 '일래과(一來科)'라고도 한다. 수행은 반복으로 그 반복으로 깨달음을 깨달아 얻는다. 제법의 실상인 공성의 체득이 점점 깊어져서 공성을 깨달아 번뇌장이 소멸한다. 이른바 오온이 무상한 이치와 함께 무아를 통찰하게 된다. 오온(五蘊)이 '공(空)'이기에 '무아'로 사유한다면 제법실상에 대한 깨달음이 수다원보다 깊어 간다. 이에 명상시 치유힐링 2단계, 27편은 고요를 깨닫도록 '정(定)'을 현전한다.

아나함과는 성문사과의 세 번째 경지를 말한다. 이른바 번뇌가 없는 천상 세계에 도달하여 무색계의 '무번천'에 태어난다. 이 무번천은 아나함과를 깨달은 사람을 위한 천상계이다. 완전한 깨달음에 이르지 못하고 천상의 즐거움을 향유하기에 해탈의 문으로 다시 나아가야 진여현전이 온전해진다. 욕계 번뇌는 타파했지만, 해탈과는 이룩하지 못해 아라한과로 나아가는 단계이다. 욕계 미혹을 끊었기에 욕계로 다시 돌아오지 않아 '불환과(不還科)'에 도달했다. 명상시 치유힐링 3단계 27편은 지혜를 깨닫도록 '혜(慧)'를 현전한다.

아라한과는 성문사과의 가장 윗자리로서 해탈을 깨달아 얻어 모든 번뇌를 끊고 다시 생사의 윤회 세계로 나가지 않아도 된다. 초기 경전에 의하면, 세존께서 다섯 비구에게 초전 법륜을 굴렸을 때, '이제 여섯 아라한'이 되었다는 대목이 나온다. 이처럼 아라한과는 성문사과의 최상위이자 여래 10호의 하나이다. 아라한을 일컬어 무학, 응공, '무생'이라 한다. 모든 번뇌 도적을 없앴기 때문에 '무적(無賊)', 모든 악을 떠났으므로 '이악(離惡)'이다. 명상시 치유힐링 4단계, 27편은 해탈 자유를 성취하도록 '해탈(解脫)'을 현전한다. 남방불교는 성문사과 성문승, 연기법 관찰의 연각승이지만, 북방의 대승불교는 보살승을 더해 삼승을 추구한다. 양 끄는 성문승, 사슴 끄는 연각승, 소 끄는 보살승이지만, 이 셋은 하얀 소 이끄는 '일승(一乘)'이다.

그런데 명상시 치유힐링으로 해탈을 현전하면, 영성 회통 얼나 미소, 감성 상통의 몸나 웃음, 의사소통에 따른 박장대소 삼소(三笑)가 진여현전으로 이루어진다. 진여현전은 다석 한얼과 파니카((Raimon Panikkar))의 '우주신인론 전망(cosmotheandric vision)'을 닮았다. 다석은 한얼사상을 통해 동양사상으로 기독교 사상을 풀이했다. 또한 파니카는 동서양의 상호문화 상호대화를 추구하며 창조적 합일을 꾀하였다. 이들은 종교 사이의 동화나 대체가 아니라 상호접촉을 통한 이해증진, 상호교섭을 꾀하였다. 특히 파니카는 신적인 것과 하느님의 영, 우주적인 것과 땅의 생기, 인간적인 것과 사람의 생명을 중시했다. 우주신인론의 전망이 상호 유기적이며 중첩적인 방식으로 연계된다고 한다. 신적인 전망도 신명의 밝은 차원이 되어 미지적 전망으로 남아있다.

반면에 다석의 한얼 사상에서는 태극을 하나인 하느님으로 생각하면서 동시에 없이 계신 하느님으로서 무극 또는 태허와 동일시하였다. 없이 계신 하느님은 공(空)의 하느님이다. 불교 니르바나를 닮았기에 하느님을 무심한데 온통 하나로써 빈 탕, 한데, 허공에 비유된다. 이에 우주는 하느님의 존재를 증명한다. 그 하나는 아무것도 알 수 없는 영원한 신비이지만 내 속의 영성으로 그 하늘나라를 열어갈 수 있다. 생사, 부자, 천지, 강약을 합친 사차원의 믿음으로 접근할 수 있다. 다석에 의하면, 예수는 단지 시작으로 완성이 아니다. 후대 사람들이 예수가 이룩하지 못한 일을 계승해야 한다. '가온찍기'의 성령의 빛으로 하느님의 존재와 일치해야 한다. 이에 예수는 자극(玆克)으로 자기를 부단히 이기고 하늘로 올라간 그리스도이다.

그 본질은 아버지를 섬기고 모시는 것으로 부자유친 사상이 예수에게서 드러났다고 했다. 파니카는 예수와 그리스도를 구분하고, 역사적 예수를 넘어서서 현존하는 그리스도가 구언을 펼친다고 여겼다. 그리스도를 우주신인론 전망에서 이해하는 것이 종교다원주의 이해를 가능하게 한다. 그리스도의 보편성에 근거하여 우주의 창조적 생산능력, 그리스도의 인격화가 이루어질 수 있다. 이에 메시아의 존재가 모든 종교 전통에서 이루어질 수 있으며, 만물은 그리스도의 현현으로서 신적인 것이 인간과 우주, 인간적인 것이 신과 우주, 우주적인 것이 인간과 우주를 품을 수 있게 된다. 우주신인론 전망이 영성충망의 그리스도 발견이자 종교 대화의 출발점이다.

파니카는 인도 힌두교를 정점으로 하는 동양사상과 로마 가톨릭 사상을 정점으로 하는 서양사상을 영성으로 회통하게 함으로 우주와 신과 인간이 상즉상입(相卽相入)하는 파노라마를 연출한다고 했다. 반면에 다석은 한사상에 기반을 두고 다원주의 종교 사상을 아우르기에 종교 대화와 종교 실천에 주안점을 두었다고 할 것이다. 계시종교 기독교를 성찰의 기독교로 전환하면서 기독교 믿는 사람은 예수만이 그리스도라고 하지만, 그리스도는 예수만에 국한된 것이 아니라는 언급이다.

그리스도는 영원한 생명, 하느님에게서 오는 성신(聖神)이기에 예수 재림이나 미륵불을 기다릴 필요가 없다는 견해도 피력했다. 불성을 가진 인간이 니르바나를 깨닫듯, 그리스도는 '얼나'이고 근원적 생명력으로 내 속에서 순간순간 '한'으로 탄생하도록 해야 하는 영성 주체이다.

많은 기독교 신앙이 종말을 염원하는 것과 달리, 지금, 이 순간 그리스도를 깨달을 것을 주장하는 것은, 임종 이전에 그리스도를 '얼나'로 솟구치게 하고 끊임없는 니르바나 체험으로 성불을 체험해야 한다는 주장이다. 달라이라마가 남긴 교훈이 있다면, 우리 주변에 전생을 분명히 기억하는 사람이 존재함을 말함이고 불생불멸 나라로 들어가는 길도 모든 존재에게 열려 있음이다.

그런데도 많은 기독 신앙인이 예수만을 메시아로 믿으면서 공산주의 사상을 동시에 신봉하고 실천함은 참으로 아이러니가 아닐 수 없다. 다석은 얼나 깨달음을 통해 모든 사람이 하느님과 일치하게 하는 요건임을 밝혔다. 예수 그리스도를 로마 가톨릭교회에서는 하느님 자신이라고 믿었다. 다석은 사람을 하느님으로 믿는 것은 우상 숭배이니 잘못된 길이라고 지적했다. 예수 그리스도는 얼나로 거듭난 분이지만, 예수에 국한된 것이 아니며 모든 사람에게 열려 있다고 주장했다.

그는 사람의 손은 하느님이 잡고 쓰시는 붓으로 다른 모든 사람에게도 희망의 '한'으로 열어두었다고 했다. 아울러 얼나를 모신 마음을 '기독심(基督心)'으로 풀이하고 밥을 잊고 지조를 지켜 '제나'를 불사르도록 주문한다. 기독교 전통사상과 달리 하느님이 예수 마음에 보낸 얼나가 예수의 새길이며, 진리이고 생명임을 깨닫도록 하는 것이 요체라고 보았다. 예수가 그 길을 찾았듯이, 석가와 공자도 그것을 찾음으로 하느님과 동일 '얼나' 갖춤이 참나 '얼나'를 근원적 생명력으로 표현할 수 있는 이유이다.

또한 '몸나'를 넘어선 '얼나' 구현이 십자가의 정신이라고 했다. 이 세상에 '몸나'로 태어났지만, '얼나'로 거듭남이 매미울음이라고 했다. 이에 사람은 예수를 포함, 섬김을 받으러 온 것이 아니라 목숨 바쳐 몸값 치르러 온 것이 진실이기에 이것이 바로 십자가의 기본 정신이자 '한' 사상의 요체이다. 기독교에서 예수가 그리스도가 되는 것처럼 다른 종교에서도 다른 이름을 가진 그리스도가 출현한다.

우주신인론 보편성에 근거하여 인간의 초월성, 우주적 창조성, 신의 인격화가 이루어진다. 그리스도의 삼위일체는 메시아의 존재를 부각한다. 우주신인론의 차원이 하나로 통합되는 차원에서 서로 다른 종교 전통을 통해 그리스도를 만날 수 있다. 이처럼 우주신인론의 그리스도는 종교 대화의 성립 근거로 작용한다. 각각의 종교 전통의 공통 분모는 얼이다. 이처럼 다석은 예수, 석가, 공자, 맹자, 노자같이 사상적으로 구경의 근본 자리에 이르면 하나의 동일 진리를 관통하게 된다는 사실을 깨달았다.

다석은 각각의 종교 전통을 통해 하느님의 얼 생명을 깨달으면, 다양한 사상들이 한 기틀 위에 정초한다는 것을 발견하였다. 이에 모든 상대적 존재는 하나 속에 들어 있다. 내가 참나인 한의 존재를 증명할 때, 한 사상의 증인이다. 사명을 받아 한의 아들이 되고, 하나의 소리 없는 소리를 마음으로 듣게 된다. 그리고 아버지와 아들 사이에 하나의 뜻이 통한다는 사실을 마음의 귀로 듣게 된다. 이 하나는 가장 큰 나이고, 참 나이며 바로 하나인 하느님의 존재이다.

다석의 한사상은 다원주의 종교사상을 아우르면서 교의에 대한 맹신보다 종교적 실질적 실천을 강조한다. 다석에게 씨알은 신의 아들이고 그리스도이다. 그리스도는 영원한 생명, 하느님한테서 오는 성신이다. 그리스도는 신앙의 대상이 아니라 실천의 주체이다. 하느님을 제대로 깨닫지 못한다면, 예수를 하느님 자리에 올려놓고 신앙하며 마리아를 숭배한다. 한은 큰 나이고 큰 얼이기에 자신 속에 씨알로 존재하며 스스로 씨알과 일치하면 하느님 자신이 되기도 한다. 다석은 그것을 니르바나, 무극, 태허, 하느님이라고 부르지만, 그것은 한낱 이름에 불과하다.

우리는 이것을 믿음의 대상으로 바라볼 것이라기보다 스스로 구현해야 하는 실천 주체로 깨달아야 한다. 다석이 제시한 한사상의 이해구조의 틀은 현대 철학사상의 담론에서도 철학적 보편성을 획득할 수 있는 장점을 갖추고 있다. 다석의 '가온찍기'로서 인간은 우주의 중심적 존재, 신인 합일의 존재라는 사실을 드러낸다. 우리는 하느님의 존재와 하나이며, 하늘나라가 우리 얼나 속에 구현되어 있음을 자각하고 있다.

우리가 신과 하나인 존재라면, 죽음도 없고 죽음 앞에서 두려워할 필요가 없다.

나비가 되기 위해서 고치에서 깨어나듯이 몸과 맘으로 이루어진 '제나'로부터 벗어나 얼나로 변형됨으로써 하느님과 하나가 된다. 태극의 하나를 믿고 찾는 나는 무극의 니르바나에 들어 원의 중심에 든다. 만다라의 '만다'를 깨닫게 된다. 태극이 '무극' 되어 천인합일 부자유친을 이루는 것이 성리(性理)이며, 무위자연이다. 내가 가고 내가 올 뿐, 다른 사람과는 아무 상관이 없다. 사람이 영원으로 사는 이치는 진리를 깨닫는 것이다. 부모에게 몸 받기 이전의 성품을 확철대오 하는 것이다.

이를 위하여 기를 줄이고 이(理)에 서야 하며, 인심을 줄이고 도심에 서야 한다. 실존은 하느님의 얼이 내 속에 드러나는 것이며, 아버지에게서 온 나는 아버지의 아들로 하느님의 얼을 현존하게 하는 것이다. 영원한 생명이 시간 속으로 터져 나온 것을 '긋'이다. 한 점 광명으로서 '긋'은 내 속에 가장 옹근 '속알'이며 이것을 자각하여 깨닫고 나온 것이 '가온찍기'이다. 기역은 하늘에서 온 정신이라면, 니은은 세상이며, 한복판 긋은 내 속의 속알로서 두 사이를 잇는 점이며 '긋'이고 '얼'이다. 생명의 '한 끄트머리'가 영명(靈明)으로 영원으로부터 이어져 온, '한끝'으로서 천상천하 유아독존(唯我獨尊)이다. 이 끝의 얼나로부터 처음도 찾고 마침도 찾아야 한다. 이 긋은 하나의 불꽃이며 성신으로 하느님이 하늘에 계시고 땅에서 어머니가 나를 키우시어 나를 통해 아버지를 섬기게 하고, 아버지 뜻을 계승하여 아버지 뜻을 이루게 한다. 자신이 하늘의 '끄트머리'라는 자각이 '하늘의 병'이자 참되고 삼가고 정성스러운 신앙심이다. 이 신앙심으로 구만리 장천을 날아다니는 붕새가 된다. 얼굴에만 신경 쓰는 미인보다 얼을 중시하는 장부의 삶을 권고한다. 맹자 호연지기도 여기서 나온다. 이 삶은 성령 따르는 삶이자 한얼을 받아 하느님의 아들이 되는 삶이 된다.

얼나가 종교 전통 사이를 매개하는 그리스도이다. 하늘에 머리를 둔 사람은 하느님을 그리워한다. 아버지를 머리에 이고 하느님 뜻을 이루어 간다. 아버지를 섬기고자 뜻을 일으켜 세운 이가 그리스도이다. 내 속에 그리스도를 양육하여 기르는 것이 영원한 생명이자 삶의 길이다. 예수가 하느님을 그리워한 까닭에 그리스도가 되었듯이 그렇게 서도록 하는 그리움에 사무친 이가 그리스도이다. 영원한 생명은 뿌리를 가지는 것이며, 뿌리를 가지면 기름이 풍부해진다. 기름이 풍부하여 말씀이 통하고 입명(立命)의 섬김이 이루어지면 제나 목숨을 건 사람으로 살아가게 된다. 예수는 얼나를 받아 한 사람의 순수한 사람으로 그리스도가 되었지만, 예수만이 그리스도가 아니다. 유대 나라에서는 기름 부음을 받은 사람은 제사장, 선지자가 되었다.

성령의 기름을 받은 사람은 위대한 사람이 아니라 순수한 사람이다. 그리스도는 고유명사가 아니라 보통명사이다. 그리스도는 예수만이 아니고 영원한 생명, 하느님에게서 오는 '성신(聖神)'을 뜻한다. 예수와 하느님을 동일시 하게 된 것은 주일(主一)로서 '하나의 님'이다. 이는 '얼나'로서 하느님이 주신 생명이다. 이 생명은 빛으로서 밝은 것이며 깬 것으로, 예수가 십자가를 통해 흘린 피도 몸 나의 죽음을 넘어서는 얼의 나에 대한 소중함을 만천하에 드러낸 것이다. 이에 '하늘에서 오신 분'은 '얼의 나라'에서 오신 분이며, '하느님의 성령으로 말씀하신 분'이며, 예수는 하느님을 아버지로 부른 사건으로 부자유친의 진리를 갈파한 셈이다.

몸 나로 태어났지만 '얼나' 생명으로 거듭나는 도리에 근거하기에 남을 섬기는 사람은 종으로 섬기는 이치를 시현(示現)한다. 섬김 미학에서 우주의 장엄(莊嚴)이 새어 나오고 공덕이 형성된다. 인생 목적은 하느님께 바치는 제물이 되는 밥으로써 신, 하늘, 땅, 사람이 은총으로 상통한다. 우리의 맘 살림의 하느님 뜻이 중용이다. 자율적 중절이 잘 이루어지면 맘을 하늘의 뜻으로 절제하여 짐승 성질을 버리게 된다. 하늘의 뜻이 세워 사는 이가 하느님 아들이다. 하늘에 계신 아버지가 온전하듯 그 자식들도 온전해진다. 또한 다석은 제자, 함석헌이 하느님의 얼로써 숨쉬기하다가 하느님 뜻 좇기 위해 자신을 떠난 사연을 아쉬워하였다. 이에 사람은 가르쳐서만 되는 것이 아니라 스스로 깨달아야 한다고 힘주어 말했다.

몸뚱이를 위해 자꾸 모을 필요는 없다. 자꾸 비워야 영생할 하느님의 씨알이 자라게 된다. 아울러 다석은 죽은 뒤 화장을 지내 깨끗이 사르는 것이 이상적인 장례법이라고 했다. 얼의 나를 깨닫는 길은 몸의 '제나'로 죽어 가는 마음을 텅 비우는 것이다. 무아가 되기에 마음을 비우는 데서 얼나는 임자가 된다. 명상으로 짐승 '제나'에서 하느님 아들, 얼나로 솟아서 붓다를 성취한다. 태반 불살라 없애듯이 송장도 깨끗이 불살라 버려야 한다는 것이다. 흙은 빌렸으니, 땅에 되돌리는 것이 땅에 되돌려 주고 하늘을 향해 거룩하게 사무쳐 솟아야 한다. 이처럼 다석의 한얼사상과 파니카

우주신인론 전망은 명상을 통한 종교 대화의 초석이라고 할 것이다.

도심(道心)과 시심(詩心)이 만나 시선(詩禪) 일치가 되면, 진여현전이 이루어진다. 이는 화광동진(和光同塵)으로 흙먼지를 뒤집어쓴 중생에 다가서서 근기 따라 법을 설하고 일승(一乘)으로 인도한다. 성문사과의 소승과 보살육지(菩薩六地)의 대승은 일승으로 만난다. 신라의 원효는 전통적으로 내려온 보살십지(菩薩十地)를 보살육지로 풀이하였다. 전통적 보살초지(菩薩初地) 환희지(歡喜地)를 '제일 정심지(第一 淨心地)'라고 부르고, 전통적 제2 이구지(離垢地)부터 제6 현전지(現前地)까지를 덕성을 갖춘 '제이 구계지(第二 具戒地)'라고 불렀다. 그러므로 진여 현전은 전통적인 관점에서는 보살육지에서 이루어진다고 할 것이다.

그리고 전통적 보살칠지(菩薩七地)는 대상에 집착함이 없이 모든 방편을 구사하기에 원효 관점에서는 '제삼 무상방편지(第三 無相方便地)'가 되고, 전통적 보살팔지(菩薩八地)는 원효 관점의 '제사 색자재지(第四 色自在地)', 전통적 보살구지(菩薩九地)는 원효 관점의 '제오 심자재지(第五 心自在地)'를 이루기에, 대상적 사물로부터 오는 동요에서 벗어나고, 마음 결박도 사라져 심신이 자유롭게 되기에 '심신치유'라고 말할수 있다.

그런데 보살로서 구경의 궁극은 전통적인 보살십지의 법운지(法雲地)를 말하고 있는데 원효는 이를 영성 충만으로 보살 수행을 정성스럽게 매듭을 지은 제육 보살진지(第六 菩薩盡地)라고 명명하였다. 따라서 본서의 '진여현전 명상시 치유힐링'은 원효 관점에 따르면, '제일 정심지', '제이 구계지'에서 시작, 명상시 방편을 동원한 '제삼 무상방편지', 몸이 자유로운 '제사 색자재지'와 마음이 자유로운 '제오 심자재지', 그리고 영성 충만의 '제육 보살진지'로 체험되는 영성 추구 여정이 마련되어 있다고 할 것이다.

참고문헌

『법화경 上, 下』 선화상인 강설, 불광출판사, 2018.

『열반경 I, II』 이운허 옮김, 동국역경원, 2017.

김용환, 「유불화통의 동아시민성 함양」 『한국사회와 종교학』 서울대학교 출판문화원, 2017.

김용환, 「공공철학체계와 실천윤리」 『근대한국과 일본 공공성 1』, 한국학중앙연구원 출판부, 2018.

김용환, 『사랑하며 웃으며』, 현대시학사, 2021.

김용환, 『행복하며 깨치며』, 현대시학사, 2022.

김태영, 『조선성리학의 역사상』, 경희대출판국, 2006.

김형효, 『원효에서 다산까지』, 청계, 2000.

백운경한, 『직지, 깨달음의 향기』, 파라미타 출판부, 2000.

성백효, 『심경부주(心經附註)』, 전통문화연구회, 2001.

선화상인 강설, 『법화경 上, 下』, 불광출판사, 2018.

성해준, 『동아시아 사상가 퇴계와 일본』, 영남퇴계학연구원, 2021.

아지트 무케르지, 『군달리니』, 동문선, 1992.

윤사순, 『퇴계 이황의 철학』, 예문서원, 2013.

윤정현, 『없이 계시는 하느님』, 동연, 2022

윤종모, 『창조 성장 이유를 위한 치유명상 5단계』, 동연, 2022.

이운허 옮김, 『열반경 I, II』, 동국역경원, 2017.

신귀현, 「퇴계이황, 예 잇고 뒤를 이어 고금을 꿰뚫으셨소!」,
    『한국철학총서』19, 예문서원, 2001.

지눌, 원순 역해, 『절요: 선의 종착지로 가는 길』, 법공양, 2017.

Paramahansa Yogananda, *The Science of Religion*, Los Angeles: Self
    Realization Fellowship, 1974.

R. Panikkar, *The Unknown Christ of Hinduism*, Maryknoll, NY: Orbis, 1984.

진여현전 명상시 치유힐링

지은이   능혜(能慧) 김용환(金容煥)
발행처   열린서원
발행인   이명권
발행일   제1쇄 2024년 5월 11일

주   소   서울특별시 종로구 창덕궁길 117, 102호
전   화   010-2128-1215
전자우편   imkkorea@hanmail.net
등록번호   제300-2015-130호(1999년)

값 20,000원
ISBN 979-11-89186-44-9 03220